知らなきゃトラブる!

労働関係法の要点 改訂8版

公益社団法人
全国労働基準関係団体連合会 編
（略称 全基連）

公益社団法人 全国労働基準関係団体連合会

は じ め に

　働き方・働かせ方の基本的なルールである労働基準法など労働関係法令の内容を「知ること」、「守ること」は、従業員を雇い入れる人や、日々、仕事を指図する人にとって、職場でのトラブルを防ぐために欠かせない「初めの一歩」であり、経営の基本です。

　しかし、「働き始めてみると話が違う」「いじめ・嫌がらせに遭っている」「労働条件を一方的に引き下げられた」などの相談が、都道府県労働局・労働基準監督署の窓口に寄せられるなど、多くの職場でトラブルが絶えることがありません。

　こうしたトラブルは決して他人事<ruby>（ひとごと）</ruby>ではなく、本書を手にしておられるあなたの会社で今日起きて、明日はあなたが巻き込まれ、明後日以降長期にその渦中に囚われることになってしまわないとはいえません。

　さて、職場のトラブルを防ぐ、芽のうちに摘む、トラブルに発展したときに冷静かつ円滑に対応するには、労働関係法令の基本をきちんと押さえておくことが肝要です。「守ること」は、コンプライアンス上は当然のことですが、それは同時に、有能な人材を採用・育成し、職場を活性化し、生産性を向上させるという好循環の「源」でもあります。

　また、中長期的には、既に深刻な人手不足の局面に突入しており、会社が従業員を選んでいた時代は過ぎ去り、働く人が会社を選ぶ時代になっています。その意味でも、基本的なルールをきちんと守ったうえで、働きやすい職場環境を整えていくことが欠かせません。

　また、一口に基本的なルールといっても、雇入れから退職までのあらゆる場面にさまざまな法律が適用されるとともに、そのルールは働く人と企業を取り巻く環境の変化や時代のニーズを反映してめまぐるしく改正され、多様で複雑かつ膨大なものとなっています。平成30年には、70年ぶりの労働法の大改正といわれる「働き方改革を推進するための関係法律の整備に関する法律」により労働基準法など主要な労働関係法律8本が一括改正されたところですが、最近では、令和3年6月の育介法改正により出生時育児休業制度（産後パパ育休）が創設され、さらに育児休業の分割取得が可能となりました（令和4年10月施行）。また、令和5年3月の労基則等の改正によって労働契約の締結・更新の際における労働条件明示事項が追加されるとともに、裁量労働制の導入や継続には新たな手続きが必要となっています（いずれも令和6年4月から施行）。

　改訂8版では、これらをはじめとする法改正の内容を盛り込んで内容の充実を図り、さらに、「適用猶予期間後の上限規制ルール」や「脳・心臓疾患の労災認定基準」など比較的関心の高い事項についてトピックスで詳細に触れるようにしています。

　また、初版からの「見やすく、分かりやすく、親しみやすい」という方針の下、多くの図表を用いた本解説のほかにQ＆Aや補足解説、トピックスなどを充実させました。さらに、労働関係諸様式の記載例などのダウンロードもできるようになっています。

　本書が、事業主の方や労務管理担当者の方々をはじめ広く労使関係者の皆様に活用され、適正な労務管理に多少なりともお役に立てていただければ編者としてこの上ない喜びとするところです。

　　令和5年11月

編　者

知らなきゃトラブる！
労働関係法の要点

もくじ

⑦ 安全衛生に関する手続き

3 就業規則

4 労働時間・休憩・休日・休暇

5 仕事と生活の調和・両立支援

6 賃 金

⑧ 職場のハラスメントを防止する

⑨ 万一、労働災害が発生したときは

⑩ 解雇するとき・退職するとき

⑪ 未成年者を雇うとき

⑫ 女性労働者を雇うとき

14 派遣労働者を派遣するとき・受け入れるとき

15 その他の働く人の特性に応じたルール

16 労使間でトラブルが発生したときは

［凡例］

●●● **本書で用いるおもな法令等の略称** ●●●●●●●●●●●●●●●●●●●●●●●●●●●●●●●●●●●●

労基法…労働基準法　　労基則…労働基準法施行規則

最賃法…最低賃金法

安衛法…労働安全衛生法　　安衛則…労働安全衛生規則

労災法…労働者災害補償保険法　　雇保法…雇用保険法　　雇保則…雇用保険法施行規則

労働施策総合推進法…労働施策の総合的な推進並びに労働者の雇用の安定及び職業生活の充実等に関する法律
　（※平成30年成立の働き方改革関連法により旧雇用対策法を改称）

職安法…職業安定法

労働時間等設定改善法…労働時間等の設定の改善に関する特別措置法

限度基準…労働基準法第36条第1項の協定で定める労働時間の延長の限度等に関する基準

36指針…労働基準法第三十六条第一項の協定で定める労働時間の延長及び休日の労働について留意すべき事項等
　に関する指針（平30.9.7厚生労働省告示323号）

労働時間適正把握ガイドライン…労働時間の適正な把握のために使用者が講ずべき措置に関するガイドライン（平
　29.1.20基発0120第3号）

健康情報取扱指針…労働者の心身の状態に関する情報の適正な取扱いのために事業者が講ずべき措置に関する指
　針（平30.9.7公示1号）

有期労働契約基準…有期労働契約の締結、更新及び雇止めに関する基準

有期雇用特別措置法…専門的知識等を有する有期雇用労働者等に関する特別措置法

均等法…雇用の分野における男女の均等な機会及び待遇の確保等に関する法律（男女雇用機会均等法）

育介法…育児休業、介護休業等育児又は家族介護を行う労働者の福祉に関する法律（育児・介護休業法）

パート労働法…短時間労働者の雇用管理の改善等に関する法律

パート・有期労働法…短時間労働者及び有期雇用労働者の雇用管理の改善等に関する法律（※平成30年成立の働
　き方改革関連法により上記パート労働法を改称）

パート指針…事業主が講ずべき短時間労働者の雇用管理の改善等に関する措置等についての指針

パート・有期指針…事業主が講ずべき短時間労働者及び有期雇用労働者の雇用管理の改善等に関する措置等につ
　いての指針（※平成30年の働き方改革関連法に関する整備告示により上記パート指針を改称）

同一労働同一賃金ガイドライン…短時間・有期雇用労働者及び派遣労働者に対する不合理な待遇の禁止等に関す
　る指針（平30.12.28厚生労働省告示430号）

派遣法…労働者派遣事業の適正な運営の確保及び派遣労働者の保護等に関する法律（労働者派遣法）

派遣令…労働者派遣事業の適正な運営の確保及び派遣労働者の保護等に関する法律施行令

派遣則…労働者派遣事業の適性な運営の確保及び派遣労働者の保護等に関する法律施行規則

派遣元指針…派遣元事業主が講ずべき措置に関する指針

派遣先指針…派遣先が講ずべき措置に関する指針

若者雇用促進法…青少年の雇用の促進等に関する法律

女性活躍推進法…女性の職業生活における活躍の推進に関する法律

高年齢者雇用安定法…高年齢者等の雇用の安定等に関する法律

障害者雇用促進法…障害者の雇用の促進等に関する法律

個人情報保護法…個人情報の保護に関する法律

個別労働紛争解決促進法…個別労働関係紛争の解決の促進に関する法律

入管法…出入国管理及び難民認定法

技能実習法…外国人の技能実習の適正な実施及び技能実習生の保護に関する法律

人事院員任期法…大学の教員等の任期に関する法律

働き方改革関連法…働き方改革を推進するための関係法律の整備に関する法律（平成30年法律71号）

●●●**「使用者」「事業主」「事業者」の用語の使い分け** ●●●●●●●●●●●●●●●●●●●●●●●●●●●●

　本書では、「使用者」「事業主」「事業者」の用語について、各法令で用いられる用語に即して使い分けています。

使用者…労基法、労働契約法、最賃法など

事業主…労災法、雇保法、育介法、均等法、パート労働法など

事業者…安衛法

付属データのご利用について

労働関係様式の記載例などを収録した付属データをダウンロードできます。ぜひ、ご活用ください。

付属データのダウンロード方法
　　下記のURLにアクセスすることでデータをダウンロードできます。
　　URL　https://www.chosakai.ne.jp/data/331844/RoudouYouten08.zip

付属データ収録内容

■様式記載例 （PDF形式）　★印は、厚生労働省や労働局のサイト内の様式にリンクしています。

■就業規則規程例 （Word形式）
就業規則規程例（一般労働者用）

■相談先のご案内 （PDF形式）
都道府県労働局内総合労働相談コーナー一覧

【ご注意】
● 本規定例・様式等サンプルは、書籍購入者の皆さまの理解を深めるためお役に立てばと思い作成しておりますが、皆さまの責任のもとでご活用ください。
● この規定例・様式等を利用されるうえで生じた、いかなる損害に対しても、公益社団法人全国労働基準関係団体連合会および株式会社労働調査会はその責任を負いかねます。あらかじめご了承ください。

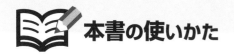

本書の使いかた

　本書は、労働基準法を中心に、労働関係法の基礎知識をできるだけわかりやすく説明した解説のほか、解説に関連したQ＆Aや補足解説などで構成されています。解説、Q＆Aには、それぞれ目次がありますから、本書を始めから読むだけでなく、知りたいときに知りたい事項をこれらの目次から探して該当箇所を調べることができます。

1 ひととおり労働関係法を理解したい──解説を読む

　解説は、事業を開始し、労働者の採用から退職・解雇までの時間の流れに従って配置されています（第1章～第10章）。とくに労務管理を行ううえで留意しなければならない年少者、女性労働者、パート・有期雇用労働者、派遣労働者、高年齢者、障害者および外国人労働者に関しては、章を別立てにして解説しています（第11章～第15章）。

> 各解説では、図解や例を多く用いてわかりやすく説明。その事項に関連する問題や補足解説が欄外に記載されているので並行して読める。
> 必要に応じて知りたいところだけを調べてもよいし、横断的に理解することができる。

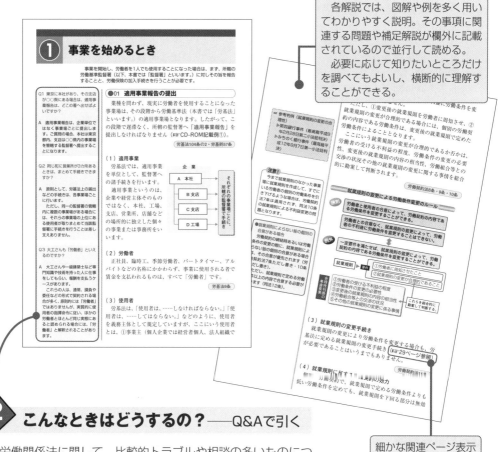

> 細かな関連ページ表示によるナビゲーション。

2 こんなときはどうするの？──Q＆Aで引く

　労働関係法に関して、比較的トラブルや相談の多いものについて、Q＆Aの形式で記載しています。「こんなときはどうすればいいのかな」と思ったら、Q＆Aの目次から該当箇所を探して調べてみてください。

③ ココも押さえておきたい！──少し詳しく見てみよう

　本解説に関連する重要事項について、詳しく説明したり、概要をまとめて整理しています。本解説とあわせて参照してください。

労使協定と労働者代表

　労使協定とは、使用者と「当該事業場において労働者の過半数で組織される労働組合（以下「過半数労働組合」といいます。）、そのような労働組合がない場合は労働者の過半数を代表する者（以下「過半数代表者」といいます。）」（本書では、過半数労働組合と過半数代表者を総称して「労働者代表」と呼びます。）との間で取り決められる協定をいいます。

（1）労使協定の締結が必要な場合

　労基法では、次表に挙げられるように、各事業場において労働条件などの内容を決めるさまざまな場面で、労使協定を結ぶことが要件とされています。また、例えば時間外労働・休日労働に関する協定など、労使協定を結ぶことに加え、所轄の監督署への届出が義務づけられているものもあります。

労使協定が必要な場合

	労使協定を締結する場合	労基法の規定	届出	参照ページ
①	労働者の委託により社内預金を管理するとき	18条2項	必要	
②	購買代金など賃金から一部控除して支払うとき	24条1項		116～117ページ
③	1カ月単位の変形労働時間制を採用するとき※1	32条の2	必要	53～56ページ
④	フレックスタイム制を採用するとき	32条の3	必要※2	57～59ページ
⑤	1年単位の変形労働時間制を採用するとき	32条の4	必要	60～64ページ
⑥	1週間単位の非定型的変形労働時間制を採用するとき	32条の5	必要	53ページ
⑦	交替制など一斉休憩によらないとき	34条の2項		
⑧	時間外労働・休日労働させるとき（36協定）	36条1項	必要	40～51ページ
⑨	月60時間超の時間外労働をさせた場合の代替休暇制度を設けるとき	37条3項		127～129ページ
⑩	事業場外のみなし労働時間制を採用するとき	38条の2第2項	必要※3	64～65ページ
⑪	専門業務型裁量労働制を採用するとき	38条の3	必要	65～66ページ
⑫	年次有給休暇を時間単位で与えるとき	39条4項		76～77ページ
⑬	年次有給休暇の計画的付与を行うとき	39条6項		78ページ
⑭	年次有給休暇取得日の賃金を健康保険の標準報酬月額の30分の1相当額で支払う制度によるとき	39条9項		83ページ

※1　1カ月単位の変形労働時間制は、就業規則または労使協定のいずれかをもって導入することができる。この場合は労使協定は不要。
※2　清算期間が1カ月を超えるフレックスタイム制を採用する場合にのみ届出が必要。
※3　「当該業務の遂行に通常必要とされる時間」として労使協定で定めた時間が法定労働時間を超える場合にのみ届出が必要。

注意！
　上記の労使協定のうち、労働時間等に関する③～⑪については、労働時間等設定改善委員会（ぼぼ91～92ページ参照）の5分の4以上の多数による決議をもって代えることができ、この場合、その時間外労働・休日労働に関する決議以外は、所轄の監督署へ届け出る必要はありません。
　さらに、⑨および⑫については、企業単位で設置される労働時間等設定改善企業委員会（ぼぼ91～92ページ参照）の5分の4以上の多数による決議をもって事業場ごとの労使協定に代えることができます。

④ 重要テーマを押さえる ──トピックスを読む

　労働に関する重要問題をトピックスとして随所で取り上げています。

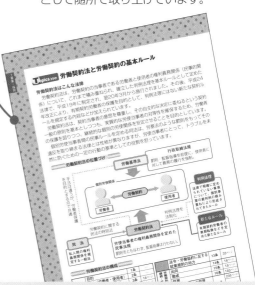

付属データをダウンロードできます
（データのダウンロード方法は㉗ページを参照してください。）

● 様式はどう書けばいいの？ ──様式記載例を参考にする

　監督署などへの届出の手続きをするときや、事業場内で必要書類を作成するときに、どのような書式で、どこにどのように記載すればよいかなど参考にしてください。

● 就業規則にはどんな規定が必要？ ──就業規則規程例を参考にする

　厚生労働省のモデル就業規則を収録しています。規程例を参考に、各職場の実態に合わせてカスタマイズしながら、自社の就業規則を作ることができます。

● どこへ相談すればいいの？ ──相談窓口一覧を見る

　労働関係法令に関する疑問や、個別具体的な労働問題について相談したいときは、各相談窓口を活用してください。

労働関係法の解説

① 事業を始めるとき

事業を開始し、労働者を1人でも使用することになった場合は、まず、所轄の労働基準監督署（以下、本書では「監督署」といいます。）に対しその旨を報告することと、労働保険の加入手続きを行うことが必要です。

Q1 東京に本社があり、その支店が○○県にある場合は、適用事業報告は、どこの監督署へ出せばよいですか？

A 適用事業報告は、企業単位ではなく事業場ごとに提出します。ご質問の場合、本社は東京都内、支店は○○県内の事業場を管轄する監督署へ提出することになります。

Q2 同じ町に営業所が3カ所あるときは、まとめて手続きできますか？

A 原則として、労基法上の届出などの手続きは、各事業場ごとに行います。

　ただし、同一の監督署の管轄内に複数の事業場がある場合には、それらの事業場の上位にある使用者が取りまとめて当該監督署に手続きを行うことは差し支えありません。

Q3 大工さんも「労働者」といえるのですか？

A 大工さんや一級建築士など専門知識や技術を持った人に仕事をしてもらい、報酬を支払うケースがあります。

　これらの人は、通常、請負や委任などの形式で契約される場合が多く、原則的には「労働者」ではありませんが、実質的に使用者の指揮命令に従い、ほかの労働者とほとんど同じ実態にあると認められる場合には、「労働者」と解釈されることがあります。

●01 適用事業報告の提出

　業種を問わず、現実に労働者を使用することになった事業場は、その段階から労働基準法（本書では「労基法」といいます。）の適用事業場となります。したがって、この段階で遅滞なく、所轄の監督署へ「適用事業報告」を提出しなければなりません（☞ ダウンロード記載例 ①）。

　労基法104条の2・労基則57条

（1）適用事業

　労基法では、適用事業を単位として、監督署への諸手続きを行います。

　適用事業というのは、企業や経営主体そのものではなく、本社、工場、支店、営業所、店舗などの場所的に独立した個々の事業または事務所をいいます。

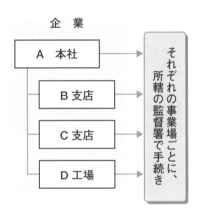

（2）労働者

　正社員、臨時工、季節労働者、パートタイマー、アルバイトなどの名称にかかわらず、事業に使用される者で賃金を支払われるものは、すべて「労働者」です。

　労基法9条

（3）使用者

　労基法は、「使用者は、……しなければならない。」「使用者は、……してはならない。」などのように、使用者を義務主体として規定していますが、ここにいう使用者とは、①事業主（個人企業では経営者個人、法人組織で

は法人そのもの）②経営担当者（法人の代表者など）だけでなく、③工場長や○○課長のように、事業主のために労働者に関する事項を管理する者も含まれます。

　これは、日常的に労働者を管理・監督している者にも責任を負わせることによって、同法に定める労働者の保護を図ろうとするためです。

労基法10条

（4）適用除外

　同居の親族のみを使用する事業および家事使用人については、労基法は適用されません。

労基法116条2項

●02　労働保険の加入手続き

（1）労働保険

　労働者災害補償保険（労災保険）と雇用保険を合わせて、労働保険といいます。

　労働保険は、一部の事業を除き、労働者を1人でも雇っていれば、事業主は必ず加入手続きをしなければなりません。

労働保険

労災保険 ▶▶ 業務上の事由、複数事業で働く労働者の複数の事業の業務を要因とする事由または通勤による労働者の負傷・疾病・障害・死亡等に対して保険給付を行います。
保険料は、事業主が負担します。

雇用保険 ▶▶ 労働者が失業した場合や雇用の継続が困難となった場合に、必要な給付を行います。
保険料は、事業主と労働者とが負担します。

労働保険の適用事業

○：強制適用

保険区分	業種	個人※		法人
		5人未満	5人以上	雇用人数に無関係
労災保険	農林水産業	一部任意適用	○	○
	上記以外	○	○	○
雇用保険	農林水産業	任意適用	○	○
	上記以外	○	○	○

※個人とは、国、地方公共団体、法人の事業所以外の事業所

Q4　会社役員は「労働者」ですか？　それとも「使用者」ですか？

A　会社役員は通常、会社の経営に関わる立場にあり、「使用者」に該当することはいうまでもありません。

　一方、同じ会社役員でも、業務執行権または代表権を持たず、工場長、部長等の職にあって賃金を受ける場合も少なくありません。このような場合には、その限りにおいて「労働者」の立場もあわせ持つことになります。

Q5　労働保険に入らないとどうなりますか？

A　労働保険が未手続きの状態で労災が起こった場合でも、被災した労働者には、保険給付が行われます。

　しかし、災害発生前に、事業主が指導を受けたにもかかわらず手続きを行っていなかった場合には、「故意」によるものとして、労働者に支給された保険給付の全額が事業主から徴収されます。

　また、指導を受けていない場合でも、事業開始日から1年を経過しているのに手続きを行っていなかったときは、「重大な過失」があったものとして、保険給付額の40％が徴収されます。

　また、労働保険の手続きをしていないと、退職した労働者は雇用保険から失業等の給付を受けられなくなってしまいます。

☞ 詳しい加入手続き、計算方法などについては、最寄りの監督署や労働局へお問い合わせください。

（2）労働保険の加入手続き（☞ ダウンロード記載例 ②、③）

　労働保険関係は、新しく事業を開始し、労働者を使用した日に成立します。このとき事業主は、所轄の監督署等へ、①「保険関係成立届」と②「概算保険料申告書」を提出して加入手続きを行わなければなりません。

　そして、その年度分の労働保険料を概算保険料（保険関係が成立した日から年度末までに労働者に支払う賃金見込額×保険料率）として申告・納付します。

　また、雇用保険の加入手続きは、監督署等で労働保険の加入手続きの後、管轄の公共職業安定所（以下「ハローワーク」といいます。）に「雇用保険適用事業所設置届」を提出し、資格取得の手続きをする必要があります。

> ☞ 雇用保険の加入手続きについては、所轄のハローワークへお問い合わせください。

> ● 一元適用事業と二元適用事業
> 　業種によって、労働保険の申告・納付等の方法が異なり、次のように2つの区分に分かれています。
>
> ┌─────────────────┐
> 　一元適用事業
> 　　…労災保険と雇用保険の保険料の申告・納付等を一本化して行う事業
> 　二元適用事業
> 　　…一般に建設業・農林水産業等で、労災保険と雇用保険の保険料の申告・納付等を別個に行う事業
> └─────────────────┘
>
> 　二元適用事業の場合は、一元適用事業とは取り扱いが異なりますので、詳しくは都道府県労働局へお問い合わせください。

労働保険の成立手続き（一元適用事業の場合）

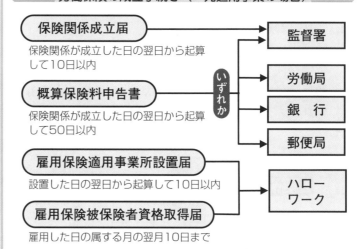

- 保険関係成立届　→　監督署
  - 保険関係が成立した日の翌日から起算して10日以内
- 概算保険料申告書　→　いずれか → 監督署／労働局／銀行／郵便局
  - 保険関係が成立した日の翌日から起算して50日以内
- 雇用保険適用事業所設置届　→　ハローワーク
  - 設置した日の翌日から起算して10日以内
- 雇用保険被保険者資格取得届
  - 雇用した日の属する月の翌月10日まで

（3）労働保険料

原則的な算定方法

$$保険料 ＝ 賃金総額 × （労災保険率 ＋ 雇用保険率）$$

> ● 一般拠出金
> 　労災保険が適用される事業主は、労働保険料のほか、一般拠出金を支払います。
> 　一般拠出金は、「石綿による健康被害の救済に関する法律」に基づき、石綿による健康被害を受けた労働者等への給付の財源の一つとして、業種を問わず事業主が負担するものです。一般拠出金率は一律1,000分の0.02とされ、労働保険の年度更新にあわせ申告・納付します。

●03　労働保険の年度更新

　労働保険の保険料は、保険年度（4月1日〜翌3月31日）ごとに算出します。保険料の納付のしかたとしては、前年に概算で保険料を納付しておき、次の年に実際の保険料が確定した後でその差額を精算します。

　事業を継続している場合は、毎年、年度更新の手続きを行うことが必要です（☞ **年度更新の場合の概算保険**

料・確定保険料申告書の記載例は ダウンロード記載例 ④）。

年度更新の手続き

| 労働保険　年度更新
保険料申告書・納付書 | 原則毎年6月1日〜7月10日 | ・監督署
・労働局
・銀　行
・郵便局 |

労働保険料等の納期限

	3回分割			6/1〜9/30までに 成立した事業場	
	第1期	第2期	第3期	第1期	第2期
期間	4/1〜 7/31	8/1〜 11/30	12/1〜 3/31	成立した日 〜11/30	12/1〜 3/31
納期限	7/10	10/31 (11/14)	翌1/31 (翌2/14)	成立した日 から50日	翌1/31 (翌2/14)

※（　）内は労働保険事務組合に労働保険事務を委託している場合。
※納期限が土曜にあたるときはその翌々日、日曜・国民の祝日にあたるときはその翌日が期限日となる。

　また、労働保険料等は、口座振替によって納付することも可能です。この場合は、口座振替納付開始を希望する納期に応じて、下表の申し込み締切日までに、口座を開設している金融機関の窓口で申し込みの手続きを行います。

口座振替の申し込み締切日と納付日

	第1期	第2期	第3期	第4期
申し込み締切日 （金融機関窓口あて）	2/25	8/14	10/11	1/7
納付日	9/6	11/14	2/14	3/31

※第2期、第3期の納付日は、労働保険料の延納が認められた場合に対象となる口座振替日。
※第4期は、単独有期事業のみ対象。
※口座振替納付日が土・日・祝日の場合には、その後の最初の金融機関の営業日となる。

●04　労働保険事務組合

　労働保険事務組合とは、事業主に代わって労働保険の加入、労働保険料の申告・納付などの手続きを行う団体です。この事務組合は、厚生労働大臣の認可を受けた事業主団体等で、例えば商工会議所や労働基準協会などです。

　事務組合に労働保険に関する事務処理を委託することによって事務の負担の軽減が図られることになりますから、利用を検討されるのもよいでしょう。ただし、事務処理を委託できるのは、一定の範囲の事業主に限られます。

Q6　年度更新の手続きをしないとどうなりますか？

A　本来、労働保険料に係る年度更新の手続きは、事業主の自主的な申告・納付によって行われるものですが、手続きを怠ると、政府が保険料の額を決定することになります。また、追徴金を徴収されることがありますから、適正に申告・納付を行ってください。

●労働保険料の延納
　①概算保険料額が40万円（労災保険または雇用保険のどちらか一方の保険関係のみ成立している場合は20万円）以上の場合、または②労働保険事務組合に労働保険事務を委託している場合には、労働保険料を3回に分割して納付することができます（ただし、10月1日以降に成立した事業場については、延納が認められません。）。

労働保険事務組合への事務の委託

事業主 →（労働保険の事務処理の委託）→ 労働保険事務組合 →（手続きの代理）→ 監督署 ハローワーク 労働局

① 保険関係成立届
② 保険料の申告・納付
③ 年度更新手続き
④ 雇用保険の手続き
　など

【委託できる事業主】

業　　　種	労働者の数
金融業・保険業・不動産業・小売業	常時　50人以下
卸売業・サービス業	常時100人以下
その他	常時300人以下

●05　特別加入

　労働者を使用している事業場では、原則として必ず労災保険に加入しなければなりません。一方、事業主やその家族（家族従事者）、自営業者などは労災保険の適用を受けられません。しかし、業務の実態、災害の発生状況などから見て、労働者に準じて労災保険の保護の対象とするにふさわしい方々がいます。

　そこで、このような方々に対しても、本来の労災保険制度の趣旨を損なわない範囲で、労災保険への任意加入（特別加入）が認められています。

労災法33条～36条

注意！
特別加入ができるのは、労災保険だけです。

●一人親方その他の自営業者
業種が限定され、一例として、個人タクシー事業者、大工・左官などがこれにあたります。
このほか、令和3年・4年の改正により、柔道整復師、あん摩マッサージ指圧師・はり師・きゅう師、歯科技工士、自転車を使用して貨物運送事業を行う人（例えば、フードデリバリー配達員）なども、対象に追加されています。

●特定作業従事者
例えば、農業関係の特定の業務に従事する人、職場適応訓練を受けている人、危険有害作業に従事する家内労働者、介護作業に従事している人などが挙げられます。
このほか、令和3年・4年の改正により、芸能やアニメーション制作の作業に従事している人、ITフリーランス（システムエンジニア、ウェブデザイナー等）も、対象に追加されています。

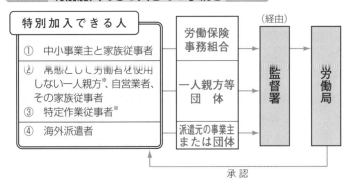

特別加入できる人とその手続き

特別加入できる人		
① 中小事業主と家族従事者	労働保険事務組合	（経由） 監督署 → 労働局
② 常態として労働者を使用しない一人親方※、自営業者、その家族従事者	一人親方等団体	
③ 特定作業従事者※		
④ 海外派遣者	派遣元の事業主または団体	

承認

② 労働者を募集・採用するとき

労働者を雇い入れようとするときは、後日労働条件などについてトラブルが生じないように、あらかじめ契約内容を明確にしておくことが肝心です。

また、労働者の雇入れにあたって、各種保険等の手続きや健康診断の実施なども必要となりますから、注意してください。

●01　労働者の募集・採用

（1）労働者の募集

労働者を募集する方法には、ハローワークを通じて募集する場合のほか、新聞広告や民間の求人誌、求人情報サイトなどに求人広告を掲載する場合があります。

その際、通常は、次の事項を求人情報として、ハローワークへ求人申し込みをしたり、求人媒体に掲載するなどして求職者に示します。

募集時に求人情報として示す事項

①**事業所の情報**（事業所名・所在地・事業内容等）

②**労働条件**（仕事の内容・労働時間・賃金等）

③**応募条件**（資格・学歴等企業が労働者に求める条件）

④**採用選考方法に関する情報**（応募方法・面接日等）

ハローワークを利用する場合は、所轄のハローワークへ求人票を提出し、求人の登録を行う必要があります。詳細については、所轄のハローワークへお問い合わせください。

（2）求人等に関する情報の的確な表示

求人企業は、①求人情報や②自社に関する情報について、虚偽の表示・誤解を生じさせる表示をしてはなりません。これは、新聞、雑誌、頒布文書、ウェブサイト、電子メール、メッセージアプリ、テレビ、ラジオなど、さまざまな広告・連絡手段が的確な表示の義務の対象となります。

また、**次ページ**の措置を講じるなど、求人情報を正確・最新の内容に保たなければなりません。

職安法5条の4

Q7　ハローワークのホームページに求人を載せるにはどうすればよいですか？

A　ハローワークで求人の申し込みをすれば、翌日からホームページ（ハローワークインターネットサービス）に掲載されます。

このサイトでは、求人事業主の意向により、事業所名、所在地、電話番号を提供しており、求人情報を提供する範囲などに応じて、求人情報の提供方法が具体的にいくつか提示されています。
(☞https://www.hellowork.mhlw.go.jp/enterprise/job_offer01.html)

●虚偽の表示の例

例えば、次のような表示は、しないようにすべきであるとされています。

・上場企業でないのに、上場企業であると表示する。

・実際の業種と異なる業種を記載する。

・「正社員」と謳いながら、実際には「アルバイト・パート」の求人だった。　　など

Q8 「誤解を生じさせる表示」とはどのようなものをいうのですか？

A 虚偽の表示ではなくとも、一般的・客観的に誤解を生じさせるような表示は、「誤解を生じさせる表示」に該当します。

例えば、契約社員の募集を「試用期間中は契約社員」など、正社員の募集であるかのように表示する、「月給32万円」と表示しているが、実はそのうちの7万円は固定残業代だった、といったケースなどは、これに該当するものと考えられます。

Q9 募集段階では、例えばやってもらう仕事の内容や賃金額などの詳細が確定していません。面接や内定等の段階で別途明示するということでもよいでしょうか？

A 一定の募集条件に適合する労働者を募集する段階と、具体的に採用する労働者が決まって個別に労働契約を締結する段階とでは、労働条件が異なる場合も考えられます。

しかし、募集段階で未確定の部分について明示を行わないのではなく、一定の幅を持った明示を行うことが適切です。

なお、その場合には、募集時と契約締結時とで労働条件が異なる可能性があることを、募集時に明示しておきましょう。

注意！

裁量労働制を採用している場合は、「○時間働いたものとみなす」などの記載が必要です。

また、いわゆる「固定残業代」を採用する場合は、以下のような記載が必要です。
① 基本給××円（②の手当を除く額）
② 固定残業手当（時間外労働の有無にかかわらず、○時間分の時間外手当として△△円を支給）
③ ○時間を超える時間外労働分についての割増賃金は追加で支給

求人情報を正確・最新の内容に保つための措置

◆募集を終了・内容変更したら、速やかに求人情報の提供を終了・内容を変更する。
例：自社の採用ウェブサイト等を速やかに更新する。

◆求人メディア等の募集情報等提供事業者を活用している場合は、募集の終了や内容変更を反映するよう速やかに依頼する。

◆いつの時点の求人情報か明らかにする。
例：募集を開始した時点、内容を変更した時点 等

◆求人メディア等の募集情報等提供事業者から、求人情報の訂正・変更を依頼された場合には、速やかに対応する。

（3）労働条件の明示

事業主は、ハローワーク等へ求人申し込みをする際や、求人媒体等で労働者の募集を行う際、求職者や募集に応じて労働者になろうとする者等（以下「求職者等」といいます。）に対して、その者が従事すべき業務の内容および賃金、労働時間その他の労働条件を明示しなければなりません。

また、募集当初の明示と労働条件に変更があった場合には、その変更の確定後、できる限りすみやかに、当該変更の内容について明示しなければなりません。

なお、募集時や変更時の労働条件の明示方法は、原則として書面の交付によりますが、求職者等の希望がある場合には、ファクシミリや電子メール等の送信によることも認められています。　　　　　　　　　職安法5条の3

募集時・変更時に明示すべき労働条件等

色文字は令和6年4月1日以降、追加される事項

①業務内容（従事すべき業務の変更の範囲を含む）※
②契約期間（期間の定めの有無、期間の定めがあるときはその期間、有期労働契約を更新する場合の基準（通算契約期間または更新回数の上限を含む））
③試用期間（試用期間の有無、試用期間があるときはその期間）
④就業場所（就業場所の変更の範囲を含む）※
⑤始業・終業時刻、所定外労働の有無、休憩時間、休日
⑥賃金（臨時に支払われる賃金、賞与および労基則8条の賃金を除く）
⑦社会保険・労働保険の適用に関する事項
⑧募集者の氏名または名称
⑨派遣労働者として雇用する場合はその旨
⑩就業場所における受動喫煙防止措置に関する事項

※「変更の範囲」とは、雇入れ直後にとどまらず、将来の配置転換など今後の見込みも含めた、締結する労働契約の期間中における変更の範囲をいいます。

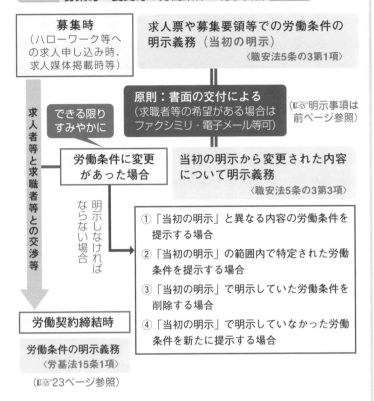

募集時・変更時の労働条件の明示義務

募集時
（ハローワーク等への求人申し込み時、求人媒体掲載時等）

求人票や募集要領等での労働条件の明示義務（当初の明示）
〈職安法5条の3第1項〉

求人者等と求職者等との交渉等

できる限りすみやかに

原則：書面の交付による
（求職者等の希望がある場合はファクシミリ・電子メール等可）
（☞明示事項は前ページ参照）

労働条件に変更があった場合

当初の明示から変更された内容について明示義務
〈職安法5条の3第3項〉

明示しなければならない場合

① 「当初の明示」と異なる内容の労働条件を提示する場合
② 「当初の明示」の範囲内で特定された労働条件を提示する場合
③ 「当初の明示」で明示していた労働条件を削除する場合
④ 「当初の明示」で明示していなかった労働条件を新たに提示する場合

労働契約締結時

労働条件の明示義務
〈労基法15条1項〉
（☞23ページ参照）

（4）求職者の個人情報の取り扱い

　求人企業は、求職者の個人情報を収集する際には、求職者等が一般的かつ合理的に想定できる程度に具体的に、個人情報を収集・使用・保管する業務の目的を明らかにしなくてはなりません。

　また、その業務の目的の達成に必要な範囲で求職者の個人情報を収集・使用・保管する必要があります。

職安法5条の5

（5）採用と労働契約の成立

　採用に至るまでには、企業の募集に対して働きたい人が応募し、その後応募した人の中から、採用試験や面接を経て企業側が採用者を決定するのが一般的です。

　企業側で「この人に来てもらおう」と決め、その場で「採用します」という返事をすれば、そこで労働契約が成立し、そこから労働関係が始まります。また、数日経ってから採否を通知する場合は、通常、採用通知をした時点で労働契約が成立します。

Q10　募集するときは、いつまでに労働条件を明示しなければなりませんか？

A　労働条件の明示は、求職者等と最初に接触する時点までに、労働条件に関するすべての事項を明示することが原則です（職安法に基づく指針）。

　ここで「求職者等と最初に接触する時点」とは、求人者や職業紹介事業者等と求職者等との間で、面談により職業相談、職業紹介を行う時点や、求職者等から電話やメールにより、労働条件等に係る質問を受けた時点を指します。

　この場合、求職者等からの問い合わせが、単に応募希望や面接日の日程調整にとどまる場合は、「最初に接触」には該当しませんが、「応募を検討しているので労働条件の詳細について聞かせてもらいたい」といった場合は、該当します。

Q11　労働条件の変更内容について明示する場合は、変更のない部分も含めて全部明示しなければなりませんか？

A　必ずしもすべての労働条件を網羅することは必要ではなく、変更・追加・削除・特定のあった箇所を明示することでも差し支えありません。

　なお、明示方法については、求職者等が労働条件の変更等を正確に認識しやすくなるよう、変更箇所を明確にしたうえですべてを網羅した求人票を交付したり、当初の明示と変更後の内容の対照表を交付したりするなどの工夫が求められます。

Q12　身元保証契約の有効期間は？

A　身元保証契約は、労働者本人が会社に損害を与えた場合に、保証人にその損害を賠償させるものですが、保証人が不当に長く重い責任に拘束されないよう、身元保証の契約期間の上限が定

められています。期間を定めて身元保証契約を結ぶときは5年、とくに期間を設けないときは3年までとされています（身元保証ニ関スル法律）。

注意！

右の枠「就職差別につながるおそれのある事項」の①～⑪の事項を、エントリーシートや応募用紙に記載させること、面接時に尋ねること、作文の題材等にして把握することは、就職差別につながるおそれがあります。

また、戸籍謄（抄）本や住民票の写しの提出を求めることは、①の事項を把握することに該当します。

現住所の略図等を提出させることは、③④の事項の把握や⑫の身元調査につながるおそれがあります。

Q13　採用後の配置に配慮するため、応募者に既往歴（過去の病歴）を聞いても差し支えありませんか？

A　採用後の適正配置を目的とする場合であっても、既往歴を聞くことは、現在は完治して就労に問題がなくても過去の病歴が社会的に悪いイメージを与えたり、応募者に既往歴があることで不採用になるのではないかという不安を与えるおそれがあります。

このため、現在の業務を遂行する適性・能力を判断するのに関係のない既往歴を聞くべきではありません。

Q14　通勤手当の上限があることから、通勤時間が一定時間以内の者に応募条件を限定してもかまいませんか？

A　通勤時間にどれだけ時間をかけるか、通勤手当の上限を超えた部分は自己負担してでも当該事業所に通勤するかどうかは、応募者が決めることです。

これを事業主側から限定することは不合理と考えられます。

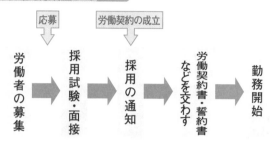

労働契約成立まで

労働者の募集 → 採用試験・面接 → 採用の通知 → 労働契約書・誓約書などを交わす → 勤務開始

応募 → 採用試験・面接
労働契約の成立 → 採用の通知

（6）公正な採用選考

労働契約は、労働者と雇用主との契約ですから、雇用主には、採用方針や採用基準、採否の決定など「採用の自由」が認められています。一方、求職者、労働者には、憲法22条1項により「職業選択の自由」が基本的人権として保障されています。

このため、雇用主には、応募者に広く門戸を開き、本人の本籍地や家族の職業など本人に責任のない事項や、思想・信条によって差別されることなく、適性・能力のみを採用基準とした公正な採用選考が望まれます。

採用選考時には、次のような就職差別につながるおそれのある事項を行わないよう留意してください。

就職差別につながるおそれのある事項

本人に責任のない事項の把握

①本籍・出生地に関すること
②家族に関すること（職業・続柄・健康・病歴・地位・学歴・収入・資産など）
③住宅状況に関すること（間取り・部屋数・住宅の種類・近隣の施設など）
④生活環境・家庭環境などに関すること

本来自由であるべき事項（思想・信条に関わること）の把握

⑤宗教に関すること
⑥支持政党に関すること
⑦人生観・生活信条などに関すること
⑧尊敬する人物に関すること
⑨思想に関すること
⑩労働組合（加入状況や活動歴など）、学生運動などの社会運動に関すること
⑪購読新聞・雑誌・愛読書などに関すること

採用選考の方法

⑫身元調査などの実施
⑬全国高等学校統一応募用紙・厚生労働省履歴書様式例に基づかない事項を含んだ応募用紙（社用紙）の使用
⑭合理的・客観的に必要性のない採用選考時の健康診断の実施

（7）職業紹介における求人不受理

　ハローワークや職業紹介事業者等は、原則としてすべての求人を受理しなければならないこととされています。ただし、一定の法令違反をしている求人者等による求人や暴力団員等による求人については、これを受理しないことができます。

職安法5条の6

求人の不受理の対象条項

労基法*	◆男女同一賃金（4条）　◆強制労働の禁止（5条） ◆労働条件の明示（15条1項・3項） ◆賃金（24条、37条1項・4項） ◆労働時間（32条、36条6項2号・3号、141条3項） ◆休憩、休日、年次有給休暇（34条、35条1項、39条1項・2項・5項・7項・9項） ◆年少者（56条1項、61条1項、62条1項・2項、63条） ◆妊産婦関係（64条の2第1号、64条の3第1項、65条、66条、67条2項）
最賃法	◆最低賃金の効力（4条1項）
職安法	◆労働条件等の明示（5条の3第1項～3項、5条の4第1項・2項） ◆個人情報保護等（5条の5、51条） ◆求人の申し込み（5条の6第3項）　◆労働争議（42条の2→20条準用）◆委託募集（36条）◆報酬関係（39条・40条）
均等法*	◆性差別禁止（5条～7条、9条1項～3項） ◆セクハラ・妊娠等に関するハラスメント防止（11条1項、11条の3第1項）　◆相談等を理由とする不利益取り扱いの禁止（11条2項、11条の3第2項、17条2項、18条2項） ◆母性健康管理措置（12条・13条1項）
育介法*	◆育児・介護休業等の申出等、不利益取り扱い禁止（6条1項、9条の3第1項、10条、12条1項、16条、16条の4、16条の7、16条の3第1項、16条の6第1項、16条の8第1項、16条の9第1項） ◆所定外労働等の制限の請求等、不利益取り扱いの禁止（16条の10、17条1項、18条1項、18条の2、19条1項、20条1項、20条の2、21条2項、23条1項～3項まで、23条の2、26条、52条の4第2項、52条の5第2項） ◆育児・介護休業制度等に関するハラスメント防止（25条1項）、相談等を理由とする不利益取り扱いの禁止（25条2項）
労働施策 総合推進法*	◆パワハラ防止（30条の2第1項）、相談等を理由とする不利益取り扱いの禁止（30条の2第2項）

＊労基法、均等法、育介法および労働施策総合推進法の規定は、派遣法における適用の特例に関する規定（派遣法44条（4項を除く。）、47条の2、47条の3、47条の4）により適用される場合を含む。

不受理の対象となるケース

> **1** 労基法および最賃法のうち、賃金や労働時間等に関する規定
>
> ①　過去1年間に2回以上同一条項の違反について是正勧告を受けている場合
> ②　対象条項違反により送検され、公表された場合
> ③　その他、労働者の職場への定着に重大な影響を及ぼすおそれがある場合
> 　　（社会的影響が大きいケースとして公表された場合等）
>
> **2** 職安法、均等法、育介法および労働施策総合推進法に関する規定
>
> 法違反の是正を求める勧告に従わず、公表された場合

> **注意！**
>
> 　求人者は、職業紹介事業者から、法令に違反しているなど求人不受理の対象となるか否か、自己申告を求められた場合は、応じなければなりません。正当な理由もなく自己申告の求めに応じなかった場合は、求人の申し込みが受理されないことになります。
>
> 　また、事実に相違する申告をした場合には、都道府県労働局による勧告・公表の対象となる可能性があることにも注意が必要です。

> **注意！**
>
> 　求人が不受理となった場合、原則として是正後6カ月間が経過するまでが「不受理期間」とされています。ただし、左のいずれの場合であっても、不受理期間が経過すれば当然に受理できるようになるわけではありません。不受理期間経過後に、是正された状態であることを確認したうえで不受理が解除されます。

> ●「同一条項の違反」
> 　不受理の対象となる左の枠**1**
> ①「同一条項」とは、項レベルまで同一のものをいいます。例えば、労基法37条1項に、1年に2回以上違反している場合をいいます。

Q15 送検される前に違反状態を是正した場合は、不受理期間はどうなるのですか？

A 求人不受理となった事案について、送検された場合であって、すでに法違反が是正されている場合は、法違反の是正から送検までの期間（上限6カ月）を12カ月から減じた期間が、「不受理期間」となります。

〈上記 1 ①、③ および 2 の場合〉

➡ 法違反が是正されるまでの期間に加え、その後さらに違反を重ねないことを確認する期間として、是正後6カ月経過するまでを不受理期間とする。

〈上記 1 ②の場合〉

➡ 法違反に関し送検され、公表されたケースについては、送検後1年間は求人を不受理とする。

ただし、その時点で是正後6カ月を経過していないときは、是正後6カ月時点まで不受理期間を延長する。

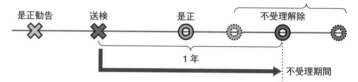

（8）新規学卒者の募集・採用
［1］職場情報の提供義務

新規学卒者の募集を行う企業は、企業規模を問わず、幅広い職場情報（青少年雇用情報）を提供するよう努めなければなりません。

また、応募者や応募を検討している者、求人申し込みをしたハローワークまたは職業紹介事業者から求められた場合は、企業は、**次ページの表の Ⓐ〜Ⓒの3類型**それぞれについて1つ以上の青少年雇用情報を提供しなければなりません。

（若者雇用促進法13条・14条）

情報提供の方法

① ホームページでの公表、会社説明会での提供、求人票への記載などによる、自主的・積極的な情報提供
（ホームページに掲載している場合は、情報そのものの提供に代えて、掲載箇所を示してもよい）

② 応募者等から個別の求めがあった場合は、メールまたは書面による情報提供

応募者等から求められた場合の情報提供項目

Ⓐ〜Ⓒごとに１つ以上の情報を提供

Ⓐ募集・採用に関する状況	◆過去３年間の新卒採用者数、離職者数 ◆過去３年間の新卒採用者数の男女別人数 ◆平均勤続年数（可能な場合は平均年齢も）
Ⓑ職業能力の開発・向上に関する状況	◆研修の有無・内容 ◆自己啓発支援の有無・内容（教育訓練休暇制度、教育訓練短時間勤務制度を含む。） ◆メンター制度の有無 ◆キャリア・コンサルティング制度の有無・内容 ◆社内検定等の制度の有無・内容
Ⓒ企業における雇用管理に関する状況	◆前年度の月平均所定外労働時間の実績 ◆前年度の有給休暇の平均取得日数 ◆前年度の育児休業取得対象者数・取得者数（男女別） ◆役員に占める女性の割合および管理的地位にある者に占める女性の割合

注意！

応募者等が情報提供を求めたことを理由として、例えば説明会等の採用選考に関する情報を提供しないなど、その者に対して不利益な取り扱いをしてはいけません。

● 青少年雇用情報を記載できる様式の活用

ハローワークでは、新卒求人の申し込みを受理するにあたり、求人申込書に「青少年雇用情報欄」を設け、求人者に対してすべての青少年雇用情報の提供を求めることとしています。

また、厚生労働省では、職業紹介事業者等に「青少年雇用情報シート」の活用を推奨しています。

これらの様式を活用して青少年雇用情報を記載するとよいでしょう。

［２］違反事業主に対する求人の不受理

ハローワークは、一定の労働関係法令違反があった事業主については、新規学卒者等の求人申し込みを受け付けないことができます。なお、「新規学卒者等」には、学校等卒業見込者のほか、公共職業能力開発施設等の修了見込者、新卒求人に応募できる卒業者・修了者が含まれます。

☞ 求人の不受理の対象となる場合については、11ページ参照。

［３］採用内定と内定取り消し

企業の経営環境が厳しくなると、新規学卒者の採用内定を取り消す事案も発生します。いったん採用が内定した後に事業主の一方的な都合で取り消されれば、学生のその後の就職活動や生活にも大きな影響を与えることになりますので、事業主は、適正な採用計画を立てて募集・採用活動をし、採用内定取り消しを回避することが求められます。

新規学卒者の募集・採用・内定取り消しの際の留意点

募集時の労働条件の明示等

● 労働条件の明示等に関する事項を遵守する。
● 広告等により提供する募集に関する情報等は、青少年に誤解を生じさせるような表示をしない。また、当該情報を正確かつ最新の内容に保つ。
● 明示する従事すべき業務の内容等は、虚偽または誇大な内容としない。

Q16 新規学卒者の採用内定は取り消すことができますか？また、この取り消しは解雇として考えなければならないのでしょうか？

A 労働契約がどの時点で成立しているかどうかは、一律にはいえませんが、新規学卒者の場合、一般に、遅くとも採用内定の通知がなされ、誓約書を提出しているような段階では、入社時を始期とする、解約権留保付きの労働契約が成立していると考えられています。

このような事案について、裁判実務では、解雇の場合に準じ、客観的に合理的な理由を欠き、社会通念上相当であると認められない採用内定取り消しは無効とされています。

●固定残業代
　名称のいかんにかかわらず、一定時間分の時間外労働、休日労働および深夜労働に対して定額で支払われる割増賃金のことです。

☞ 参考判例
大日本印刷事件判決
（最高裁昭和54年7月20日第二小法廷判決）

注意！
　採用内定取り消しが、2年度以上連続して行われた場合、事業活動の縮小を余儀なくされているとは明らかに認められない場合、取り消しの対象となった学生・生徒に対して十分な対応がされなかった場合など、一定の場合に該当するときは、企業名の公表の対象となります。

注意！
　やむを得ない事情により、新規卒業予定者の採用内定取り消しを行おうとする事業主は、所定の様式により、あらかじめハローワークおよび施設の長（学校長）に通知することが必要です。

☞ 参考：青少年の雇用機会の確保及び職場への定着に関して事業主、特定地方公共団体、職業紹介事業者等その他の関係者が適切に対処するための指針（平成27年厚生労働省告示406号）

Q17 長期雇用による人材育成を前提として、若い人材を募集・採用する際に、「35歳未満の方を募集（経理事務経験者）」としてもよいでしょうか？

●固定残業代を採用する場合は、固定残業代に関する労働時間数と金額等の計算方法などを明示する。
●学校卒業見込者等については、とくに配慮が必要であるため、当初明示した条件の変更・削除、当初明示した条件に含まれない業務の内容等の追加は不適切。採用内定時に労働契約が成立する場合、原則として、採用内定時までに労働条件の明示および変更等の明示を書面の交付により行う。
●求職者等の個人情報を適切に取り扱う。

採用内定時
●採否の結果は、学生に対して明確に伝える。
●採用内定をする場合は、確実な採用の見通しに基づいて行う。
●採用内定者には、採用の時期、採用条件、内定の取り消し事由等を書面で明示する。

採用内定取り消し
●事業主は、採用内定の取り消しを防止するため、最大限の経営努力をする。
●やむを得ない事情により採用内定の取り消しや入職時期の繰り下げを行う場合には、取り消しの対象となった新規卒業予定者の就職先を確保するための最大限の努力をし、学生からの補償等の要求には誠意をもって対応する。
●採用内（々）定と引き替えに、他の事業主に対する就職活動を取りやめるよう強要するなど、職業選択の自由を妨げる行為は行わない。
●労働契約が成立したと認められる採用内定者に対し、自由な意思決定を妨げるような内定辞退の勧奨を行わない。
（☞ 学生へのハラスメント防止対策は184ページ参照）

［4］就職機会の提供
　新規卒業予定者の募集を行う場合は、卒業後少なくとも3年は応募できるようにし、また、できる限り年齢の上限を設けないようにしてください。
　新規学校卒業予定者の採用時期については、通年採用や秋季採用の導入などの個々の事情に配慮した柔軟な対応を積極的に検討することも望ましいことです。
　さらに、学校卒業見込者などが希望する地域などで働ける環境を整備するため、事業主は、地域を限定して働ける勤務制度の積極的な導入や、採用後の就業場所を限定した採用区分に関する将来のキャリア展望に係る情報開示などの措置を講ずるよう努めてください。

（9）募集・採用する際の年齢制限の禁止
［1］年齢制限の禁止と例外

　労働者を募集・採用する際には、原則として、年齢制限をしてはなりません。例外的に年齢制限が認められるのは、次の場合に該当する場合に限られます。

　この年齢制限の禁止規定に違反すると、行政の助言・指導・勧告等の対象となり、また、ハローワークや職業紹介事業者に求人の受理を拒否される場合があります。

> 労働施策総合推進法9条・労働施策総合推進則1条の3・職安法5条の6

年齢制限の禁止と年齢制限が例外的に認められる場合

募集・採用時の年齢制限の禁止

⇕

年齢制限が認められる例外的な場合

1 定年年齢を上限として、当該上限年齢未満の労働者を期間の定めのない労働契約の対象として募集・採用する場合

2 労基法等法令の規定により年齢制限が設けられている場合

3 長期勤続によるキャリア形成を図る観点から、若年者等を期間の定めのない労働契約の対象として募集・採用する場合

4 技能・ノウハウの継承の観点から、特定の職種において労働者数が相当程度少ない特定の年齢層に限定し、かつ、期間の定めのない労働契約の対象として募集・採用する場合

5 芸術・芸能分野における表現の真実性等の要請がある場合

6 60歳以上の高年齢者または特定の年齢層の雇用を促進する国の施策の対象となる者に限定して募集・採用する場合

［2］求められる適性・能力等の明示

　年齢を不問として募集・採用するためには、求人者と求職者とのミスマッチを避けるためにも、職務の内容、職務を遂行するために必要とされる労働者の適性、能力、経験、技能の程度など求職者に求められる事項を、求人票や募集広告などにできるだけ明示する必要があります。

［3］中途採用者の割合の公表

　常時301人以上の労働者を雇用する事業主は、採用した通常の労働者数（正規雇用労働者数）に占める中

A　このケースは、左図の **3** に関するケースです。この場合に年齢制限が認められるためには、①職務経験を不問とすること、②訓練・育成体制・配置など新規学卒者と同じ処遇をすることが必要です。

　したがって、「経理事務経験者」のような職務経験の条件を付けて年齢制限をすることはできません。

Q18　技術者の年齢構成のバランス上、30代の技術者に限定して募集することはできますか？

A　このケースは、左図の **4** に関するケースです。この場合に年齢制限が認められるためには、①特定の年齢層の幅は、30〜49歳までの間で5〜10歳の幅で設定すること、②募集しようとする特定の年齢層の労働者数が、同じ年齢幅の上下の年齢層と比べてそれぞれ2分の1以下であることが必要です。

Q19　長距離トラックの運転者を募集するにあたり、体力を必要とするので、45歳以下の方に限定することはできませんか？

A　左の例外的な場合にあたらない限り、募集・採用の際に年齢制限をすることはできません。この場合は、年齢を不問としたうえで、例えば「長時間トラックを運転し、札幌から大阪まで定期的に往復し、重い荷物（○kg程度）を上げ下ろしする業務であり、持久力と筋力が必要」などのように、業務内容や必要とされる能力等を具体的に記載する必要があります。

> **注意！**
> 　前記のとおり、募集・採用の際は、6つの例外事由に該当する場合を除いて、年齢制限を設けることが禁止されています。
> 　ただし、令和7年3月31日までの間、以下の①〜③を満たす場合

に限り、事業主は、就職氷河期世代（昭和43年4月2日から昭和63年4月1日までの間に生まれた者）に限定した募集・採用を行うことができ、ハローワークによる求人に加え、直接募集や求人広告、民間職業紹介事業者への求人申し込み等の方法を利用することが可能です。

> ①ハローワークに就職氷河期世代で安定した職業に就いていない者を対象とした求人を申し込んでいること
> ②期間の定めのない労働契約の締結を目的としていること
> ③職業に従事した経験があることを求人の条件としないこと

●公表制度の趣旨
中途採用者の割合の公表義務は、人生100年時代にともない職業生活が長期化する中で、中途採用を希望する労働者と企業とのマッチングを促進するため、大企業を中心に伝統的に行われてきた新卒一括採用等の雇用慣行を見直し、通年採用による中途採用を拡大することを目的として、労働施策総合推進法の改正により新設されたものです（令和3年4月1日施行）。

Q20 個人に請負契約で仕事をしてもらっている場合は、労働契約法の適用はないのですか？

A 労働契約法が適用される「労働者」とは、「使用者に使用されて労働し、賃金を支払われる者」をいいます（同法2条1項）。
この定義が示すとおり、労働契約は、①使用者に使用されること、②労働の対償として賃金を支払われること、つまり「使用従属関係」があることを基本としています。
したがって、労働契約法にいう「労働者」は、労基法上の「労働者」と同様、請負・業務委託などの契約の形式にかかわらず、これら2つの点から、実態を見て実質的に判断されます。

途採用者の割合を、おおむね1年に1回、公表しなければなりません。 <code>労働施策総合推進法27条の2</code>

公表義務の内容・公表の方法

● **公表事項**
直近3事業年度の各年度について中途採用で雇い入れた者の割合

$$= \frac{中途採用者数}{雇い入れた通常の労働者数}$$

公表日を明らかにする

● **公表の方法**
インターネット等求職者等が容易に閲覧できる方法

［4］ 年齢制限を設ける場合の理由の提示

［1］の年齢制限が認められる例外に該当し、募集・採用の上限年齢（65歳未満）を定める場合には、求職者や職業紹介事業者等に対して、その理由を書面や電子媒体（電子メール等）により提示することが義務づけられています。

年齢制限の理由が適切に提示されていないと、ハローワークから報告を求められたり、助言・指導・勧告を受ける場合があります。 <code>高年齢者雇用安定法20条</code>

●02 労働契約

労働者を採用することになったら、労働契約を結ぶことになります。契約を結ぶ際には、後でトラブルにならないよう、採用者の労働条件を具体的に示し、労使間で契約内容をしっかり確認しておくことが重要です。

（1）労働契約の意義

労働契約は、労働者が使用者に使用されて労働する義務を負い、使用者が労働者に対して賃金を支払う義務を負うことを内容とする契約です。

労働契約そのものは、労働契約書などの書面がなくても、労使当事者の「雇ってください」「雇います」という意思の合致（＝合意）があれば成立します（このような契約を「諾成契約」といいます。）。 <code>労働契約法6条</code>

（☞なお、就業規則で定める労働条件によって労働契約の内容を決定するときのルールについては32ページ参照）

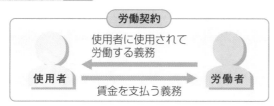

労働契約

労働契約

使用者に使用されて
労働する義務

使用者 ← → 労働者

賃金を支払う義務

（2）労働契約の基本原則

　労働契約は、労使当事者間の自主的な決定によることが基本ですが、労働契約法は、労働契約を締結するとき、あるいは契約の途中で労働条件を変更するときの基本的なルールを定めています。

労働契約法3条

労働契約の基本原則

1	労使対等の合意原則	労働契約は、労働者と使用者が対等な立場における合意に基づいて、締結・変更する。
2	均衡考慮の原則	労働契約は、就業の実態に応じ、均衡を考慮して締結・変更する。
3	仕事と生活の調和への配慮の原則	労働契約は、仕事と生活の調和にも配慮して締結・変更する。
4	信義誠実の原則	労働者も使用者も、労働契約を守り、信義に従って誠実に権利を行使し、義務を履行しなければならない。
5	権利濫用の禁止の原則	労働者も使用者も、労働契約に基づく権利を濫用してはならない。

（3）労働契約内容の理解の促進

　労働契約を締結するとき、または労働条件を変更する場合に、使用者が労働者に提示した労働条件について、労働者がその内容をよく理解しないまま、あるいはあいまいにしたままにしておくと、労使当事者間の認識のズレによって後日トラブルになる原因となります。

　そこで、使用者は、労働者に提示する労働条件と労働契約の内容について、労働者の理解を深めるようにすることが重要です。

　また、労働者と使用者は、労働契約の内容について、できる限り書面で確認するようにしてください。

　これらは、契約を締結する場合に限らず、契約の途中で労働条件を変更する場面や、労働者から問い合わせを受けたときなど、適宜行うことが重要です。

労働契約法4条

Q21　労働契約法にいう「使用者」とは、具体的にどんな人を指すのですか？

A　労働契約法では、「使用者」とは、「その使用する労働者に対して賃金を支払う者」とされています（同法2条2項）。
　具体的には、事業の経営主体をいい、個人企業であれば企業主個人、法人企業であれば法人そのものをいいます。これは、労基法10条の「事業主」にあたり、労基法にいう「使用者」よりも範囲が狭いものです。

Q22　労働契約を結ぶときは、契約書は必要ですか？

A　労働契約そのものは、書面がなくても成立しますが、契約内容を明確にするため、「労働契約書」（☞ ダウンロード記載例 ⑥）を交わすことが望ましいでしょう。

☞ パートタイマー・有期契約労働者に関する均衡待遇ルールについては225ページ以下、派遣労働者に関する均衡待遇ルールについては272ページ以下参照

☞ 仕事と生活の調和（ワーク・ライフ・バランス）については89ページ参照

Q23　契約内容について「労働者の理解を深める」とは、具体的に何をすればよいのですか？

A　例えば、労働者に提示する労働条件や契約内容を明確にわかりやすく説明したり、労働者からの求めに応じて誠実に回答するなどの対応が考えられます。

Q24　書面で確認する事項はどのようなものですか？

A　労働契約法が求める書面で確認する事項は、労基法15条1項で定める労働条件に限らず、例えば、人事異動（配転・出向

17

等）や休業・休暇制度なども含め、広く契約締結時や労働条件を変更する場面などにも書面で確認することが望まれます。

また、とくに有期労働契約の場合は、更新に関する事項などもその対象となります。

Q25 安全配慮義務とは、具体的に何をしなければならないのですか？

A 安全配慮義務の内容は、一律には決められず、労働者の職種、労務内容、労務提供場所等の具体的な状況に応じて、必要な配慮をすることが求められます。

なお、労働安全衛生関係法令には、事業者の講ずべき措置が具体的に定められており、これらの法令を守らなければならないことは当然のことです。

☞ 参考判例（安全配慮義務）
▶陸上自衛隊事件（最高裁昭和50年2月25日第三小法廷判決）
▶川義事件（最高裁昭和59年4月10日第三小法廷判決）

Q26 残業しても一定額以上は割増賃金を支払わないことを労働契約で決められますか？

A 残業について割増賃金を支払わないという労働契約は、労基法37条に違反し、無効となります。

ただし、契約全体が無効になるのではなく、一定額以上支払わないという部分だけが無効となり、割増賃金に関しては37条に従って限度を設けず支払うことになります。

Q27 採用するときに、1年間勤務すること、その途中で辞めたら理由を問わず50万円賠償させることを労働契約で決められますか？

A このような契約は、実害とは

（4）労働者の安全への配慮

使用者は、労働契約にともない、労働者の生命・身体等の安全に配慮しなければなりません。

労働契約法5条

この安全配慮義務は、確立した判例法理を法文化したもので、労働契約を締結すれば契約に付随して当然に発生する使用者の義務です。

また、使用者が配慮すべき労働者の「生命・身体等の安全」には、労働者の心身の健康も含まれます。とくに、労働者が過重労働によって脳・心臓疾患等を発症したり、仕事上のストレスなどによってうつ病になったりしないよう、使用者は、業務管理や職場環境の整備に配慮する必要があります。

（5）労働契約の効力

労働契約は、労使当事者間の合意によってその内容を定めることが基本です。しかし、労基法や労働協約（使用者と労働組合との取り決め）で定める労働条件を下回る内容で労働契約を結んでも、その下回る部分は無効となり、その部分は、労基法または労働協約で定める基準によることになります。

労基法13条・労働組合法16条

また、労働契約で、就業規則で定める基準に達しない労働条件を定めても、その基準を下回る部分は無効となり、その部分は就業規則で定める労働条件によることになります。

労働契約法12条

（☞法令・労働協約・就業規則・労働契約との関係については34ページ参照）

（6）労働契約の禁止事項

①違約金・損害賠償額の予定（労基法16条）
②前借金と賃金の相殺（労基法17条）
③強制貯金（労基法18条）

（7）試用期間

労働者の本採用を決定する前に、一定期間、その労働者の能力や適性を見極めるための試用期間を設けている事業場も少なくありません。

通常、試用期間中とくに問題が見られなければ、その後も労働関係が続くことが前提とされていますが、逆に、「どうもこの人には仕事を任せられない」ということになって、結局辞めてもらうというケースもあり得ます。

このような試用期間を設ける場合は、そのことを契約のときに明示しておくことが必要です。明示がなければ、始めから本採用したことになります。

また、試用期間中であっても、原則として労基法が適用されるほか、社会保険などの資格取得手続きも行わなければなりません。

（8）出 向

出向には、広い意味では、①出向元に籍を置いたまま出向先へ労働者を出向させる在籍型出向と②労働者を出向元から出向先へ移籍させ、出向元との労働契約関係が終了する移籍型出向があります（☞252ページ参照）。

労働契約法では、在籍型出向の場合に、使用者が労働者に出向を命ずることができる場合でも、出向命令がその必要性、対象労働者の選定などの事情に照らして権利の濫用にあたる場合は、その出向命令は無効となると定めています。

労働契約法14条

（9）懲 戒

懲戒は、労働者が企業内の服務規律に違反した場合や、企業秩序を乱す行為をした場合に、その労働者に対して企業が一定の制裁（不利益措置）を加えるものです。一般に、多くの企業では、就業規則などに懲戒に関する規定が設けられています。

しかし、懲戒は、労働者に不利益を加える制裁措置ですから、無制限に認められるわけではありません。

このため、使用者が労働者に対してする懲戒は、本人がした行為の性質・態様などの事情に照らして、客観的に合理的な理由を欠き、社会通念上相当と認められない場合は、権利の濫用として無効となると定められています。

労働契約法15条

無関係に、あらかじめ損害賠償額を定めるものですから、労基法16条に違反し許されません。

また、労働者本人だけでなく、親権者や身元保証人などに損害賠償を負担させることも禁止されています。

Q28 本採用を拒否できる場合は？

A 試用期間付きで採用した労働者に対し本採用を拒否することは、解雇と同じことになりますので、本採用を拒否するためには、①労働者について、採用時にわからなかった事実が試用期間中にわかった場合で、②その事実によって本採用を拒否することが客観的に見て相当であることが必要です。

Q29 試用期間の長さは、どれくらいが適当ですか？

A 試用期間の長さについて、とくに明確な規定はありませんが、労働者の能力や適性を見極める試用期間の目的に照らして、不必要に長い期間を設けることはできません。試用期間の長さとしては、その業務の内容などに応じて、一般には1～3カ月程度のものが多いようです。

☞ 参考判例（在籍型出向）
新日本製鐵（日鐵運輸第二）事件（最高裁平成15年4月18日第二小法廷判決）

☞ 参考判例（懲戒）
ダイハツ工業事件（最高裁昭和58年9月16日第二小法廷判決）

注意！
懲戒は、労基法89条9号にいう「制裁」にあたります。労基法では、事業場で制裁について定めている場合は、就業規則にもその種類と程度を記載することが義務づけられています（☞30ページ参照）。

一般的な懲戒処分の種類

懲戒処分	内　容
けん責・戒告	懲戒処分では最も軽い処分で、一般に始末書を提出させ、将来を戒めるもの。
減　給	懲戒処分としての減給は、いわゆる秩序罰で、労働者が提供した労務に対して本来支払われるべき賃金の額から一定額を差し引くことをいう。 （☞ 減給の制限については31ページ参照）
降　格	懲戒として役職や職能資格を引き下げることをいい、これにともなって賃金も下がる場合が多い。
出勤停止	一定期間、出勤を停止するもので「自宅謹慎」とも呼ばれる。出勤停止期間中は労働していないことから、結果的に賃金は支払われず、また、通常勤続年数にも算入されない。
諭旨解雇	懲戒解雇を若干軽減したもので、労働者に辞表を提出させ、通常退職を促す形式によることが多い。退職金の取り扱いは、減額・不支給となる場合が多いが、自己都合退職として支給するケースもある。
懲戒解雇	懲戒処分の中では最も重い処分であり、労働者を企業外に放逐すること。一般には即時解雇であり、退職金も減額・不支給とされる場合が多い。

Topics >>> 労働契約法と労働契約の基本ルール

労働契約法はこんな法律

　労働契約法は、労働契約の当事者である労働者と使用者の権利義務関係（民事的関係）について、これまで積み重ねられ、確立した判例法理を基本ルールとして定めた法律で、平成19年に制定され、翌20年3月から施行されました。その後、平成24年改正により、有期契約労働者の保護を目的として、判例法理にはない新たな契約ルールを規定する内容などが加えられています。

　労働契約法は、契約当事者の意思を尊重し、その自主的な決定に委ねるという契約一般の原則を基本としつつも、実質的な労使当事者の対等性を確保するため、労働者の保護を図りつつ、継続的な個別の労使関係を安定させることを目的としています。

　個別労使当事者間の民事ルールを定める同法は、労基法のような罰則をもってその違反を取り締まる法律とは性格が異なりますが、労使当事者にとって、トラブルを未然に防ぐための一定の行動の基準としての役割を担っています。

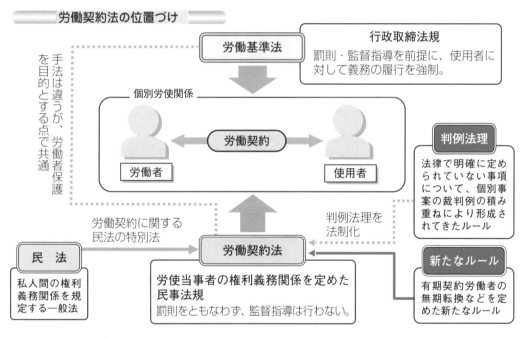

労働契約法の位置づけ

労働契約法の構成

総則	目的	1条	—	継続・終了労働契約の	法令・労働協約に反する就業規則の効力	13条	34ページ
	定義（労働者・使用者）	2条	—		出向	14条	19ページ
	労働契約の基本原則	3条	17ページ		懲戒	15条	19ページ
	契約内容の理解の促進	4条	17ページ		解雇	16条	196ページ
	安全配慮義務	5条	18ページ	契約有期労働	契約期間途中の解雇	17条	240ページ
労働契約の成立・変更	労働契約を決定するときのルール	6条7条	32ページ		契約期間を定める場合の配慮		223ページ
	労働条件を変更するときのルール	8〜10条	32ページ		無期転換ルール	18条	240ページ
	就業規則の変更手続き	11条	33ページ		雇止めのルール	19条	247ページ
	就業規則の基準を下回る労働契約の効力	12条	33ページ				

※労働契約法20条（不合理な労働条件の禁止）は、平成30年7月に公布された働き方改革関連法により、改正後のパート・有期労働法8条に統合されました。

●03　有期労働契約の契約期間

（1）契約期間

　労働契約には、期間の定めのない労働契約と期間の定めのある労働契約（以下「有期労働契約」といいます。）があります（☞有期労働契約のルールについては240ページ以下参照）。

```
労働契約 ┬─ 期間の定めのない労働契約
         │    ▶定年以外には、労働関係が終わる時期が定められていない労働契約。
         │
         └─ 期間の定めのある労働契約（有期労働契約）
              ▶労働関係の始まりと終わりの時期が定められている労働契約。「有期雇用」、「期間雇用」ともいい、このような雇用形態の労働者を「契約社員」といったりします。
```

（2）契約期間の上限

　有期労働契約による場合は、契約期間に上限があり、原則として3年を超える契約は許されず、仮に3年を超える契約を結んでも、その契約期間は3年となります。ただし、一定の専門的知識・技術・経験を持つ労働者や、高年齢者を雇い入れる場合は、5年までの契約が認められています。

労基法14条1項

契約期間の上限と更新

	対象となる場合	契約期間の上限と更新
原則		3年まで → 更新も3年まで →
例外①	①土木事業などの期間が限られた事業の場合 ⑦職業訓練の必要がある場合	必要な期間として定めた期間 →
例外②	①専門的な知識、技術または経験であって、高度のものとして厚生労働大臣が定める基準に該当する場合（平成15年厚生労働省告示356号） ②満60歳以上の者	5年まで → 更新も5年まで →

●5年までの契約が認められる専門的知識等を有する者

　高度の専門的知識、技術または経験を持つ者として、次の厚生労働大臣が定める基準に該当する場合には、例外として、5年までの労働契約を結ぶことが認められます。

①博士の学位を有する者
②公認会計士・医師・歯科医師・獣医師・弁護士・一級建築士・税理士・薬剤師・社会保険労務士・不動産鑑定士・技術士・弁理士
③ITストラテジスト試験合格者、システムアナリスト試験合格者、アクチュアリー試験合格者
④特許法上の特許発明の発明者、意匠法上の登録意匠の創作者、種苗法上の登録品種の育成者
⑤一定の学歴・実務経験を有する技術者等で年収が1,075万円以上の者
⑥国等によりその有する知識・技術・経験が優れたものであると認定されている者

●04 労働条件の明示

労働契約を結ぶ場合には、労働契約書の作成までは義務づけられていませんが、使用者は、労働者に対して労働条件を明確に示さなければならず、一定の事項については書面によって明示しなければなりません。

労基法15条1項・労基則5条

（1）明示しなければならない労働条件

色文字は令和6年4月1日以降、追加される事項

<table>
<tr><td rowspan="2">必ず明示しなければならない事項</td><td>**書面の交付等によらなければならない事項**
①労働契約の期間
②有期労働契約を更新する場合の基準（有期労働契約の通算契約期間または更新回数の上限を含みます。）
③就業の場所・従事すべき業務（就業場所・業務の変更の範囲を含みます。）
④始業・終業の時刻、所定労働時間を超える労働（早出・残業等）の有無、休憩時間、休日、休暇および労働者を2組以上に分けて就業させる場合における就業時転換に関する事項
⑤賃金の決定、計算・支払いの方法および賃金の締め切り・支払いの時期
⑥退職に関する事項（解雇の事由を含みます。）</td></tr>
<tr><td>⑦昇給に関する事項</td></tr>
<tr><td>定めをした場合に明示しなければならない事項</td><td>⑧退職手当の定めが適用される労働者の範囲、退職手当の決定、計算・支払いの方法および支払時期
⑨臨時に支払われる賃金（退職手当を除きます。）、賞与および最低賃金額に関する事項
⑩労働者に負担させる食費、作業用品などに関する事項
⑪安全・衛生
⑫職業訓練
⑬災害補償・業務外の傷病扶助
⑭表彰・制裁
⑮休職</td></tr>
</table>

（2）明示の方法

労働条件の明示方法について、（1）で示した①〜⑥の事項は、原則として書面の交付により明示することが義務づけられていますが、書面によることが義務づけられていない⑦〜⑮の事項についても、あわせて書面で明示して通知することが望ましいでしょう。

なお、「労働条件通知書」のモデルがありますので、活用するとよいでしょう（☞ ダウンロード記載例 ⑦）。

Q30 書面によって明示しなければならない賃金に関する事項とは、具体的にはどのようなものですか？

A 書面によって明示しなければならない賃金に関する事項は、具体的には、基本賃金の額・各種手当の額や支給条件、割増賃金について特別の割増率を定めている場合にはその率および賃金の締切日・支払日です。

☞ 労働契約内容の書面確認については17ページ参照

Q31 退職金は、労働条件として必ず明示しなければならないのですか？

A 会社に退職金制度があれば、労働条件として明示する必要がありますが、退職金制度がなければとくに明示する必要はありません。

Q32 パートタイマーや契約社員についても労働条件の明示は必要ですか？

A パートタイマーや契約社員（有期雇用労働者）を雇い入れる場合も、労働条件を明示する必要があります。少なくとも、「どんな条件で働いてもらうのか」ということは使用者にとっても労働者にとっても重要なことですから、労働条件を明示しなければならないことは、臨時雇いやアルバイトなど労働者についてはみんな同じです。

☞ パート・有期雇用労働者に対する労働条件の明示については220〜223ページ参照

●明示事項の追加

令和6年4月1日から、労働条件の明示事項が追加されます（左表中の色文字部分）。

このうち、「就業場所・業務の変更の範囲」は、すべての労働者

に対して明示しなければなりません。ここで「変更の範囲」とは、将来の配置転換などによって変わり得る就業場所や業務の範囲を指します。

また、この事項は、労働契約を締結するときと、有期労働契約を更新するごとに、書面の交付等の方法で労働者に明示する必要があります。

注意！

労働者が希望していないのに使用者の都合で、ファクシミリや電子メール等で労働条件を明示することは認められません。

Q33 電子メール等で労働条件を明示する場合の「出力することにより書面を作成できるもの」とは、どのようなものですか？

A 電子メール等の本文または電子メール等に添付されたファイルについて、紙による出力が可能であることが必要です。例えば、労働条件通知書に記入し、電子メール等に添付し送信する等、書類の管理がしやすい方法とすることが望ましいでしょう。

また、労働者がプリンターを持っていないなどの個別の事情ではなく、一般的に出力可能な状態に置けば足ります。

注意！

電子メール等のサービスによっては、情報の保存期間が一定期間に限られている場合があることから、労働者が内容を確認しようと考えた際に情報の閲覧ができない可能性があります。このため、使用者が労働者に対して、労働者自身で出力による書面の作成等により情報を保存するように伝えることが望まれます。

ただし、労働者が希望した場合には、①ファクシミリの送信、②電子メール等の送信によることも認められています。②の場合は、労働者がその電子メール等の記録を出力することにより書面を作成することができるものに限られます。

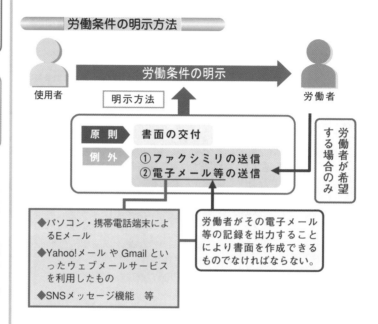

労働条件の明示方法

また、労働条件を明示する際に、使用者は、事実と異なるものとしてはなりません。

（3）労働契約の解除

明示された労働条件が事実と相違する場合には、労働者は、即時に労働契約を解除することができます。また、労働者が就業のため住居を変更した場合で契約解除の日から14日以内に帰郷するときは、使用者は、必要な旅費を負担しなければなりません。

労基法15条2項・3項

●05 労働者名簿と賃金台帳の備え付け

使用者は、事業場で働いている労働者について、氏名・生年月日・住所・雇入年月日などの情報を記録した「**労働者名簿**」を作成し、管理する必要があります。また、各労働者について、賃金額や賃金の計算の基礎となる労働日数・労働時間などの労務管理の記録を「賃金台

帳」として作成し、備え付けておかなければなりません。

労働者名簿や賃金台帳は、例えば、監督署が調査に入ったときに提示を求められたり、労働災害が発生した場合の手続きの際に必要となることがあります（☞ ダウンロード記載例 ⑩、⑪）。

労基法107条・108条

労働者名簿・賃金台帳に記載する事項

労働者名簿に記載する事項

①労働者の氏名
②生年月日
③性別
④住所
⑤従事する業務の種類
（労働者数30人以上の場合）
⑥雇入れの年月日
⑦退職の年月日とその事由
（退職の事由が解雇の場合はその事由を含みます。）
⑧死亡の年月日とその原因
⑨履歴

賃金台帳に記載する事項

①労働者の氏名
②性別
③賃金計算期間
④労働日数
⑤労働時間数
⑥時間外労働時間数・休日労働時間数・深夜労働時間数
⑦基本給、手当その他賃金の種類ごとにその額
⑧賃金の一部を控除した場合はその額

労働者名簿・賃金台帳の管理の留意点

①労働者名簿や賃金台帳は、事業場ごとに作ってください。
②労働者名簿は労働者の死亡・退職・解雇の日から5年間（当分の間、3年間）、賃金台帳は最後の記入の日から5年間（当分の間、3年間）保存してください。

●06 労働保険・社会保険の事務手続き

労働者を雇い入れ、事業主と労働関係が始まると、その事業所が各種保険の適用事業所であれば、そこで使用されることになる労働者はその被保険者となります。

そのため、事業主は、雇い入れた労働者について、資格取得届などの各種の手続きをしなければなりません。

（1）雇用保険に関する手続き

労働者を雇い入れた場合、「雇用保険被保険者資格取得届」を、その労働者が被保険者となった日の属する月の翌月（雇い入れた月の翌月）の10日までに、所轄のハローワークへ提出します。

雇保法7条・雇保則6条

Q34 賃金台帳をパソコンで本社で一括して作ってもよいですか？

A 賃金台帳を紙ではなく、コンピューターのデータとして作る場合は、本社で一括して作っても問題はありません。

ただし、本来は事業場ごとに作るものですから、本社でデータを作成するごとに、各事業場にデータを送信するなどし、事業場ごとにいつでも取り出せるような状態にしておくことが必要です。

Q35 雇用保険に加入しなければならない労働者の範囲は？

A 雇用保険に加入しなければならない労働者の範囲には、一定の適用除外に該当しない限り、正規雇用者（いわゆる正社員）のほか、一定の要件を満たすパートタイマー（週の所定労働時間が20時間以上、31日以上の雇用見込み等）や季節的に雇用される人なども含まれます。

なお、令和4年1月からは、複数の雇用保険の適用事業主に雇用される65歳以上の労働者については、複数の事業主における週の所定労働時間の合計が20

時間以上などの要件を満たせば、本人の申出により雇用保険の被保険者となる特例（雇用保険マルチジョブホルダー制度）が認められています。

☞ 雇用保険の手続きの詳細については、最寄りのハローワークへお問い合わせください。

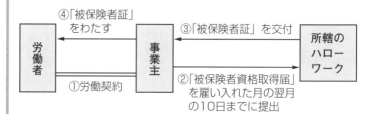

労働者を雇い入れたときの雇用保険の手続き

④「被保険者証」をわたす
③「被保険者証」を交付

労働者 ← 事業主 ← 所轄のハローワーク

①労働契約
②「被保険者資格取得届」を雇い入れた月の翌月の10日までに提出

（2）社会保険に関する手続き

　健康保険と厚生年金保険の場合も、労働者は雇い入れられた日から被保険者となります。

　健康保険と厚生年金保険の手続きは、「健康保険・厚生年金保険被保険者資格取得届」を、所轄の年金事務所等に提出することによって、同時に処理されます。

☞ 詳しくは、所轄の年金事務所や協会けんぽ、健保組合などにお問い合わせください。

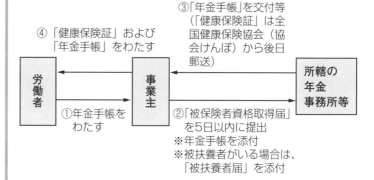

労働者を雇い入れたときの社会保険の手続き

③「年金手帳」を交付等（「健康保険証」は全国健康保険協会（協会けんぽ）から後日郵送）

④「健康保険証」および「年金手帳」をわたす

労働者 ← 事業主 ← 所轄の年金事務所等

①年金手帳をわたす
②「被保険者資格取得届」を5日以内に提出
※年金手帳を添付
※被扶養者がいる場合は、「被扶養者届」を添付

（3）電子申請

　労働保険と社会保険の申請・届出について、インターネットにより手続きを行うことができます。

電子申請・届出等の手続き案内は
☞ https://shinsei.e-gov.go.jp/

●07 雇入れ時の健康診断・安全衛生教育

（1）雇入れ時の健康診断

　労働者に就かせる業務への配置や雇入れ後の健康管理を適切に行っていくうえで、雇入れ時にその者の健康状態を把握しておくことは重要なことです。このため、事業者は、雇入れ時に労働者の健康診断を行わなければならないこととなっています（☞**雇入れ時の健康診断個人票は** ダウンロード記載例 ⑨**参照**）。

　ただし、雇入れの前3カ月以内に健康診断を実施し、その結果を証明する書類を提出した労働者については行う必要はありません。

　　　　　　　　　　　　　安衛法66条・安衛則43条

雇入れ時の健康診断の検査項目

①	既往歴・業務歴	⑦	肝機能
②	自覚症状・他覚症状の有無	⑧	血中脂質
③	身長・体重・視力・聴力・腹囲	⑨	血糖
④	胸部エックス線	⑩	尿
⑤	血圧	⑪	心電図
⑥	貧血		

注意！

　雇入れ時の健康診断の検査項目は、省略することはできません。

　また、雇入れ時の健康診断は、採用するかしないかを判断する目的で実施するものではありません。

（2）安全衛生教育

　労働者を雇い入れたときは、その従事する業務に関する安全衛生のための教育を行わなければなりません。
（☞**詳しくは144～145ページ参照**）

　　　　　　　　　　　　　　　　　安衛法59条

Topics >>> 労働・社会保険とマイナンバー制度

　平成28年1月からマイナンバー制度（社会保障・税番号制度）による個人番号・法人番号の利用が開始されています。労働保険や社会保険の各種届や請求書にも、法人番号や個人番号（マイナンバー）の記載が必要となります。

法人番号・個人番号の記載が必要な届出等様式

保険の種類	おもな届出書等	
	法人番号を記載	個人番号を記載
雇用保険	「雇用保険適用事業所設置届」 「雇用保険適用事業所廃止届」 「雇用保険事業主事業所各種変更届」	事業主は、**個人番号関係事務実施者**[※1]**として提出**[※2] 「雇用保険被保険者資格取得届」 「雇用保険被保険者資格喪失届」 「高年齢雇用継続給付受給資格確認票・（初回）高年齢雇用継続給付支給申請書」 「育児休業給付受給資格確認票・（初回）育児休業給付金支給申請書」 「介護休業給付金支給申請書」
労災保険		事業主は、請求人（労働者または遺族）の委任により、**代理人として提出**[※3] 「障害（補償）等給付支給請求書」 「遺族（補償）等年金支給請求書」 「傷病の状態等に関する届」　　　　　　等
労働保険 （徴収・適用関係）	「労働保険関係成立届」 「労働保険料等申告書」	
社会保険 （健康保険・ 厚生年金保険）		「被保険者資格取得届・70歳以上被用者該当届」 「被保険者資格喪失届・70歳以上被用者不該当届」 「被保険者報酬月額算定基礎届・70歳以上被用者算定基礎届」 「被保険者賞与支払届・70歳以上被用者賞与支払届」 「被保険者報酬月額変更届・70歳以上被用者月額変更届」 「被扶養者（異動）届・第3号被保険者関係届」　　　　　等

※1：行政機関等の行う個人番号利用事務に関して、他人の個人番号を記載した書面の提出等の事務を行う者（民間企業等）
※2：雇用保険の雇用継続給付の場合、在職者の個人番号は、雇用継続給付の届出があった場合に限り、事業主が提出する。
※3：平成27年12月以前に支給決定を受けた労災年金の既受給者の個人番号は、受給者が毎年1回提出する定期報告の際などに取得するため、事業主からは取得しない。

注意！　ハローワークでは、雇用保険に関する上記の個人番号の記載が必要な届出等に個人情報の記載がないと返戻され、個人番号を記入したうえで再提出しなければなりません。

個人番号の取得・管理上の留意点

従業員から個人番号を取得するときは

①**利用目的を特定して明示する**
②**本人確認をする**
　◆**個人番号の確認**
　　…通知カードまたは
　　　住民票（番号付き）等
　◆**身元（実在）の確認**
　　…運転免許証または
　　　パスポート等

｝で番号・身元を確認　または

個人番号カード

個人番号を記載した書類の取り扱い

◆個人番号の利用の必要がなくなったときは、すみやかに廃棄、削除する。

◆請求書等の書類を監督署やハローワークへ郵送する場合は、なるべく簡易書留（追跡可能）を利用する。

◆請求書等を手わたしするときは封筒に入れる等、周囲の目に触れないようにする。

就業規則

就業規則は、労働時間・賃金などの労働条件や、経営上の必要から労働者が就労に際して守らなければならない規律などについて、具体的に定めた職場の規則です。

職場の労働条件や規律を明らかにしておくことは、統一的な労務管理を行ううえで、労使双方にとって、重要な意味を持っています。

●01 就業規則の作成義務

常時10人以上の労働者（パートタイマー、アルバイト、契約社員（有期雇用労働者）などを含みます。）を使用する使用者は、必ず就業規則を作成し、所轄の監督署に届け出なければなりません。

常時使用する労働者の数が9人以下の場合は、就業規則の作成は義務づけられていませんが、トラブルを防止するうえで、就業規則を作成し、労働条件などを明らかにすることが望まれます。

（労基法89条）

●02 就業規則に定める事項

就業規則に定める事項には、**次表**のように、①必ず記載しなければならない事項、②定めをする場合は必ず記載しなければならない事項、③使用者が任意に記載する事項があります。

就業規則に定める事項

	記載事項	内　容	項　目
就業規則	必ず記載しなければならない事項（89条1号～3号）	労働時間関係	①始業・終業時刻 ②休憩時間 ③休日 ④休暇 ⑤交替制で就業させる場合には就業時転換に関する事項
		賃金関係	①賃金の決定・計算の方法 ②賃金の支払いの方法 ③賃金の締め切り・支払いの時期 ④昇給に関する事項
		退職関係	①退職の事由とその手続き ②解雇の事由等

Q36 パートタイマー・契約社員用の就業規則を別に作るべきですか？

A　パート・有期雇用労働者については、通常の労働者の就業規則の中で、パート・有期雇用労働者の場合の取り扱いを規定してもよいですし、別規則を設けることも可能です。就業規則を作るときは、その事業場にいるパート・有期雇用労働者の過半数代表者の意見を聴くようにしてください。

（☞225ページ参照）

Q37 就業規則で基本給の引き下げなど労働条件を変更するときは、労働者の同意を得なければなりませんか？

A　賃金や労働時間などは、労働者にとってとくに重要な労働条件ですから、使用者が合理的な理由なく一方的に労働者に不利益になる内容に変更することは原則として許されません。
（なお、就業規則の変更による労働条件の変更については32～33ページ参照）

就業規則	定めをする場合は必ず記載しなければならない事項（89条3号の2以下）	①退職手当に関する事項 （適用労働者の範囲、退職手当の決定・計算・支払いの方法、支払時期） ②臨時の賃金等（退職手当を除きます。）、最低賃金額 ③食費、作業用品、その他の負担 ④安全・衛生 ⑤職業訓練 ⑥災害補償、業務外の傷病扶助 ⑦表彰・制裁の種類・程度 ⑧その他全員に適用されるもの（旅費・福利厚生等）
	任意に記載する事項	上記以外 （就業規則の制定趣旨、経営理念など）

●03 就業規則の作成・変更手続き

就業規則を作成し、または変更する場合は、次のような手続きが必要です。

労基法90条

（1）意見聴取

就業規則は、使用者が作成・変更するものですが、労働者にも関与し得る機会を与えるため、労働者の過半数で組織される労働組合または労働者の過半数を代表する者（以下、本書では「**労働者代表**」といいます。☞35〜36ページ参照）の意見を聴かなければなりません。

パート・有期雇用労働者の就業規則を別個に作るときは、これらの者を含む全労働者の労働者代表の意見を聴くほか、パート・有期雇用労働者の過半数を代表する者の意見も聴くように努めてください。

（2）届　出

就業規則を作成し、または変更した場合には、所轄の監督署に届出をしなければなりません。このとき**労働者代表の意見を記載した「意見書」を就業規則に添付**します（☞就業規則（変更）届および意見書は ダウンロード記載例 ⑫、⑬参照）。

Q38 意見聴取で賛同を得られなかった場合はどうなりますか？

A ここでいう意見聴取というのは、労働者にあらかじめ就業規則の内容を知らせ、その意見を聴くということで、必ずしも同意を取り付けることまで要求されているわけではありません。

Q39 労働者の代表が意見書を出してくれないのですが？

A 就業規則の手続き自体は、労働者側の意見を聴くことが必要ですが、使用者はその意見に拘束されるわけではありません。
規則の内容をよく説明して意見を聴き、理解を得られるよう努力していることが客観的に見てわかる場合は、監督署では受理するようにしています。

Q40 就業規則はいつから発効しますか？

A 就業規則の発効時期については、いくつかの考えかたがあります。しかし、就業規則の適用を受ける労働者がその内容を知らなければ意味がありませんから、周知された時点からと考えるべきでしょう。
なお、周知された後に「発効日」を設定することは可能です。

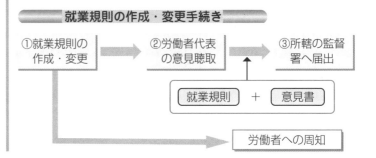

就業規則の作成・変更手続き

①就業規則の作成・変更 → ②労働者代表の意見聴取 → ③所轄の監督署へ届出

就業規則 ＋ 意見書

労働者への周知

（3）労働者への周知

　就業規則は、労働者に周知し、いつでも見られる状態にしておくことが必要です。周知の方法としては、次のいずれかの方法で行ってください。

労基法106条・労基則52条の2

【就業規則の周知方法】
①常に各作業場の見やすい場所に掲示または備え付ける。
②各労働者に書面でわたしておく。
③磁気テープ、磁気ディスクなどに記録し、各作業場に労働者がいつでも確認できる機器を設置する。

●04　減給の制裁

　労働者が職場規律に違反した場合などに、その制裁として、就業規則などで減給について定めているケースが多く見られます。

　就業規則で制裁規定ないし懲罰規定を設けること自体は、その制裁が法令、労働協約、公序良俗（社会通念から見て妥当なこと）に反しない限り、認められています。

　しかし、減給の場合は、労働者の賃金の一部を差し引くことですから、減給額があまり大きいと労働者の生活をおびやかすおそれがあります。そこで、労基法では、減給の範囲について一定の制限（以下の図の①、②）を加えています。

労基法91条

減給の制裁とその制限

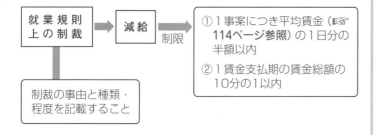

Q41　就業規則を一部のみ変更しましたが、全文届け出なければなりませんか？

A　変更した部分について届け出れば大丈夫です。なお、変更した部分が就業規則全文の中に印刷などによって調製されている場合は、変更部分を明らかにしたうえで全文を届け出ても結構です。

Q42　職務命令違反で出勤停止処分にする場合、無給でも違法になりませんか？

A　出勤停止の場合は、その間労務の提供がないわけですから、その結果としてその分の賃金を支払わないことは、減給制裁の制限に関する労基法91条違反にはなりません。

Q43　賞与から減給することはできますか？

A　就業規則などで、減給は賞与から行うことを明確にしている場合は、賞与から差し引くことは問題ありません。
　ただし、賞与も賃金の1つですから、減給する場合には、①1回の職務違反について平均賃金の半額を超えないこと、②総額が賞与額の10分の1を超えないことが必要です。

☞ 参考判例（就業規則）
▶秋北バス事件（最高裁昭和
43年12月25日大法廷判決）
▶電電公社帯広局事件（最高裁
昭和61年3月13日第一小法
廷判決）
▶フジ興産事件（最高裁平成
15年10月10日第二小法廷
判決）

Q44 就業規則の労働者への周知
とは、どのような方法によれば
よいのでしょうか？

A 就業規則で定める労働条件が
労働契約の内容となるために必
要な「周知」とは、実質的に労
働者が知ろうと思えば知り得る
状態であることをいいます。
具体的には、①事業場の見や
すい場所への掲示・備え付け、
②書面の交付、③磁気テープ等
をいつでも見られるパソコンの
設置などが考えられますが、実
質的に知り得る状態であれば、
これらの方法に限りません。
また、実質的に周知されてい
れば、個々の労働者が知ってい
るか否かは問いません。

Q45 労働者数が10人未満で就
業規則がない場合は、労働契約
法の労働条件の決定ルールは適
用されないのですか？

A 労基法上就業規則の作成義務
のない10人未満の事業場でも、
労働者が就業上遵守すべき規律
と労働条件に関する具体的細目
を定めた規則があれば、就業規
則に準じ、労働条件を決定・
変更する効果を定める労働契約
法7条・10条が適用されます。

注意！

就業規則の変更による労働条件
変更を定める労働契約法10条は、
労働条件が労働者に不利益に変更
される場合に適用されます。
また、就業規則の変更には、既
存の条項を改廃する場合もあれ
ば、新たに労働者に不利益な条項
を創設する場合も含まれます。

●05 就業規則による労働条件の決定・変更のルール

労働契約は、労使当事者間の合意によって、労働条件
などその内容を決定・変更することが基本です。
しかし一方、多くの企業では、就業規則が「職場のル
ール」として定着し、就業規則で定められる労働条件に
よって統一的・集団的に労務管理が行われてきた実態が
あります。
判例では、このような就業規則の役割や実態を踏まえ
て、一定要件のもとで、労働契約の内容である労働条件
を決定・変更する際に、就業規則で定める労働条件によ
ることが認められており、これが判例法理として確立し
ています。
労働契約法もまた、判例法理を法文化し、労働契約を
締結するとき、または契約の途中で労働条件を変更する
ときに、労使合意によることを原則としつつ、例外とし
て就業規則で定める労働条件によることが認められる場
合のルールについて定めています。

（1）労働契約を締結するときの労働条件決定のルール

①合理的な労働条件を定めている就業規則を、②労働
者に周知させていた場合には、個別の労働契約の内容で
ある労働条件は、就業規則で定める労働条件によること
になります。

労働契約法7条

労働契約を締結するときの就業規則による労働条件決定のルール

 労働契約の内容は、労使の合意によって決定する。

 一定の要件を満たす場合に、労働契約の内容は、就業
規則で定める労働条件による。

就業規則 ▶ 要件
労働条件の詳細を定めていない
労働契約の内容を補充・確定

①合理的な労働条件を定めていること
②労働者に周知させていたこと

（2）就業規則の変更による労働条件変更のルール

労働条件を変更する場合は、労使の合意によることが
原則です。そして、使用者は、労働者との合意なく、就

業規則の変更によって、労働者の不利益に労働条件を変更することはできません。

　ただし、①変更後の就業規則を労働者に周知させ、②就業規則の変更が合理的である場合には、個別の労働契約の内容である労働条件は、変更後の就業規則で定めた労働条件によることとなります。

　ここにいう就業規則の変更が合理的であるか否かは、労働者の受ける不利益の程度、労働条件の変更の必要性、変更後の就業規則の内容の相当性、労働組合等との交渉の状況その他の就業規則の変更に関する事情を総合的に勘案して判断されます。

労働契約法8条・9条・10条

☞ 参考判例（就業規則の変更の合理性）
▶第四銀行事件（最高裁平成9年2月28日第二小法廷判決）
▶みちのく銀行事件（最高裁平成12年9月7日第一小法廷判決）

就業規則の変更による労働条件変更のルール

労働者と使用者の合意によって、労働契約の内容である労働条件を変更することができる。

労働者との合意なく、就業規則の変更によって、労働者の不利益に労働条件を変更することはできない。

一定要件を満たせば、就業規則の変更によって、労働契約の内容である労働条件を変更することができる。

就業規則 ▶ 要件
①労働者に周知させたこと
②就業規則の変更が合理的であること

合理性判断の考慮要素
①労働者の受ける不利益の程度
②労働条件の変更の必要性
③変更後の就業規則の内容の相当性
④労働組合等との交渉の状況
⑤その他の就業規則の変更に係る事情

これらを総合的に勘案して判断する。

注意！
　今まで就業規則のなかった事業場に就業規則を作成して、すでにいる労働者の個別の労働条件を引き下げるような場合は、労働契約法7条は適用されず、同法10条の就業規則による不利益変更の問題となります。

●就業規則によらない旨の個別の合意がある場合
　労働契約の締結時あるいは労働条件の変更の際に、就業規則によらない旨の個別の合意がある場合は、その合意が優先されます（労働契約法7条ただし書き・10条ただし書き）。
　ただし、就業規則で定める労働条件以上の内容で合意する必要があります（同法12条）。

（3）就業規則の変更手続き

　就業規則の変更により労働条件を変更する場合も、労基法に定める就業規則の変更手続き（☞30ページ参照）が必要であることはいうまでもありません。

労働契約法11条

（4）就業規則に反する労働契約の効力

　個別の労働契約で、就業規則で定める労働条件よりも低い労働条件を定めても、就業規則を下回る部分は無効

A　労働協約が適用されない労働
者については労働契約法13
条が適用されず、その就業規則は、
協約が適用されない労働者との
関係では労働契約の内容となり
得ます。
　なお、労働協約は、その協約
が事業場の4分の3以上の労働
者に適用されているなど、一定
の要件を満たす場合には、組合
員でない者に対しても適用され
ます（拡張適用。労働組合法17
条・18条）ので、この場合に
は、組合に未加入の者について
も、実質的には労働協約の内容
が労働契約の内容となります。

となり、その部分は、就業規則で定める労働条件による
こととなります。

労働契約法12条

（5）法令・労働協約に反する就業規則の効力

　就業規則が労基法などの法令や労働協約に違反する場
合には、その違反する部分について、就業規則で定める
労働条件は労働契約の内容にはなりません。

労働契約法13条

法令・労働協約・就業規則・労働契約の関係

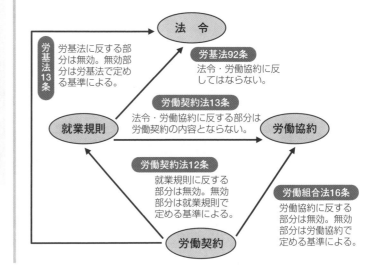

労使協定と労働者代表 ●●●●●●●●●●●●●●●●●●●●●●●●

　労使協定とは、使用者と「当該事業場において労働者の過半数で組織される労働組合（以下「過半数労働組合」といいます。）、そのような労働組合がない場合は労働者の過半数を代表する者（以下「過半数代表者」といいます。）」（本書では、過半数労働組合と過半数代表者を総称して「労働者代表」と呼びます。）との間で取り決められる協定をいいます。

（1）労使協定の締結が必要な場合

　労基法では、次表に挙げられるように、各事業場において労働条件などの内容を決めるさまざまな場面で、労使協定を結ぶことが要件とされています。また、例えば時間外労働・休日労働に関する協定など、労使協定を結ぶことに加え、所轄の監督署への届出が義務づけられているものもあります。

労使協定が必要な場合

	労使協定を締結する場合	労基法の規定	届出	参照ページ
①	労働者の委託により社内預金を管理するとき	18条2項	必要	
②	購買代金など賃金から一部控除して支払うとき	24条1項		118～119ページ
③	1カ月単位の変形労働時間制を採用するとき[1]	32条の2	必要	56～59ページ
④	フレックスタイム制を採用するとき	32条の3	必要[2]	60～62ページ
⑤	1年単位の変形労働時間制を採用するとき	32条の4	必要	63～67ページ
⑥	1週間単位の非定型的変形労働時間制を採用するとき	32条の5	必要	56ページ
⑦	交替制など一斉休憩によらないとき	34条2項		38～39ページ
⑧	時間外労働・休日労働させるとき（36協定）	36条1項	必要	41～51ページ
⑨	月60時間超の時間外労働をさせた場合の代替休暇制度を設けるとき	37条3項		129～131ページ
⑩	事業場外のみなし労働時間制を採用するとき	38条の2第2項	必要[3]	67～68ページ
⑪	専門業務型裁量労働制を採用するとき	38条の3	必要	68～69ページ
⑫	年次有給休暇を時間単位で与えるとき	39条4項		81～82ページ
⑬	年次有給休暇の計画的付与を行うとき	39条6項		83ページ
⑭	年次有給休暇取得日の賃金を健康保険の標準報酬月額の30分の1相当額で支払う制度によるとき	39条9項		88ページ

※1　1カ月単位の変形労働時間制は、就業規則またはこれに準ずるものに定めることによって導入することができる。この場合は労使協定は不要。
※2　清算期間が1カ月を超えるフレックスタイム制を採用する場合にのみ届出が必要。
※3　「当該業務の遂行に通常必要とされる時間」として労使協定で定めた時間が法定労働時間を超える場合にのみ届出が必要。

> **注意！**
>
> 　上記の労使協定のうち、労働時間等に関する③～⑬については、労働時間等設定改善委員会（☞90～91ページ参照）の5分の4以上の多数による決議をもって代えることができ、この場合、⑧の時間外労働・休日労働に関する決議以外は、所轄の監督署へ届け出る必要はありません。
>
> 　さらに、⑨、⑫および⑬については、企業単位で設置される労働時間等設定改善企業委員会（☞90～91ページ参照）の5分の4以上の多数による決議をもって事業場ごとの労使協定に代えることができます。

（２）過半数代表者の要件

　前記のような労使協定を締結する場合に、労働者側の当事者として、事業場に過半数労働組合がない場合は、過半数代表者を選出する必要があります。

　労使協定は、使用者と労働者代表とが、対等な立場での合意に基づいて、労働条件等の内容を取り決めるものですから、協定当事者となる過半数代表者は、労働者の意思を代表する者として、労働者の中から公正に選出しなければなりません。具体的には、過半数代表者は、下図のような要件を満たすものでなければなりません。

　また、使用者は、過半数代表者に対して、不利益な取り扱いをしてはなりません。

　さらに、使用者は、過半数代表者がその事務を円滑に遂行することができるよう必要な配慮を行わなければなりません。

労基則6条の2

過半数代表者の要件と不利益取り扱いの禁止

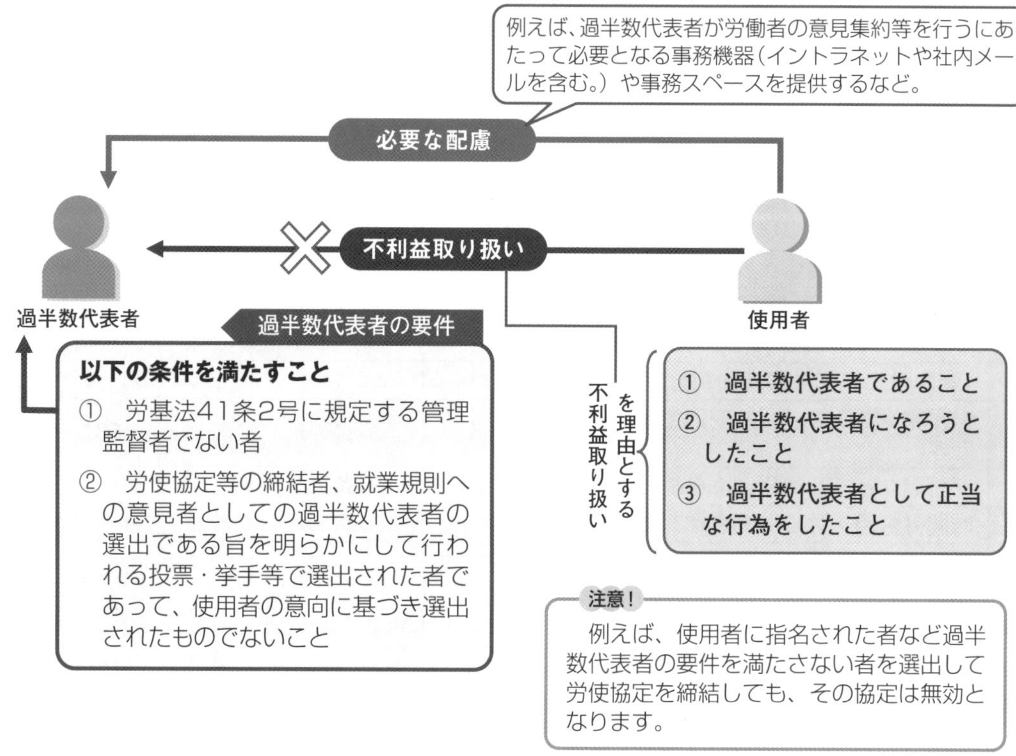

例えば、過半数代表者が労働者の意見集約等を行うにあたって必要となる事務機器（イントラネットや社内メールを含む。）や事務スペースを提供するなど。

必要な配慮

過半数代表者

不利益取り扱い

使用者

を理由とする不利益取り扱い

過半数代表者の要件

以下の条件を満たすこと

① 労基法41条2号に規定する管理監督者でない者

② 労使協定等の締結者、就業規則への意見者としての過半数代表者の選出である旨を明らかにして行われる投票・挙手等で選出された者であって、使用者の意向に基づき選出されたものでないこと

① 過半数代表者であること

② 過半数代表者になろうとしたこと

③ 過半数代表者として正当な行為をしたこと

注意！

　例えば、使用者に指名された者など過半数代表者の要件を満たさない者を選出して労使協定を締結しても、その協定は無効となります。

●協定書等に関する留意点

１ 書類の保存期間

　前ページの各種協定届は、労基法109条で保存が義務づけられている「労働関係に関する重要な書類」に該当し、5年間（ただし、当分の間、3年間）保存しなければなりません。

２ 押印原則の見直し

　令和3年4月から、協定書や決議書など労基法等の各種届出書に従来必要とされていた使用者や労働者の押印または署名は不要とされています。

３ 過半数代表者に関する確認

　過半数代表者の記載のある各種協定届等の様式には、過半数代表者である旨、過半数代表者の要件に該当する者であることを確認するチェックボックス欄が設けられています。ここにチェックがないと、形式上の要件に適合している協定届等とはなりません。

労働時間・休憩・休日・休暇

労働時間や休日などは、重要な労働条件の1つです。労基法で定める労働時間等に関する規制は、最低限守らなければならない労働条件ですから、それらに適合するように就業規則などで労働時間等を定め、運用しなければなりません。また、使用者が、労働者ごとに残業時間・休日出勤などの状況を把握することが大切です。最近とくに問題視されている賃金不払残業（サービス残業）や過労死を防止するうえでも、労働時間等の規制の遵守と適切な管理が重要なカギになっています。

STEP 1 ———— 原則　編

労働時間や休日などに関する労基法の規定は、少々複雑です。まずはじめに、労働時間・休憩・休日の原則について見ていきましょう。

●01　労働時間の原則

（1）労働時間

労働時間とは、労働者が使用者の指揮監督のもとにある時間をいいます。

●所定労働時間
事業場において、就業規則、労働契約などによって決められた1日または1週間などの労働時間。

●法定労働時間
労基法32条または40条で定められている労働時間（1日8時間、1週40時間または44時間）。

《例》
所定労働時間 ▶▶ 9：00〜17：00
（休憩 ▶▶ 12：00〜13：00の1時間）

労働時間には、実作業時間のほか、手待ち時間（すぐ作業に入れるように待機している時間）や一般に準備・片づけ作業の時間も含まれます。

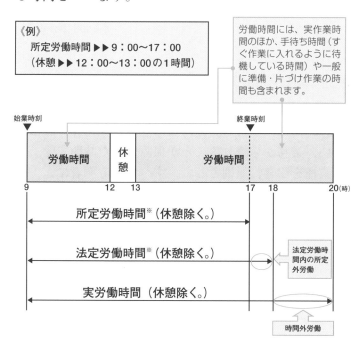

Q47 かけもちで他社で6時間働いている者については、当社で何時間働かせることができますか？

A 2社以上かけもちで働く労働者についても、1日の労働時間は通算して8時間を超えてはならないのが原則です。

他社で6時間働いた者についてはあと2時間働かせることができますが、それ以上の労働は時間外労働となります。

Q48 労働者が自発的に残業した場合、労働時間として扱わなければならないでしょうか？

A 使用者が黙認している場合など、使用者の指揮監督のもとに行われていると認められる場合には、労働時間として扱う必要があります。

労働時間となる		労働時間とならない
いる ←	作業の準備・後始末等 指揮命令下で行われて	→ いない
いる ←	着替え 事業場内において 作業服等の着替えが 義務づけられて	→ いない
いる ←	教育・研修 参加が強制されて	→ いない
特殊健康診断 (有害危険業務) ←	健康診断	→ 一般健康診断

（2）法定労働時間の原則

　労働時間は、原則として、1週40時間、1日8時間までとなっています。

　ただし、常時9人以下の労働者を使用する事業場で、①商業、②映画・演劇業（映画製作の事業は除きます。）、③保健衛生業、④接客娯楽業を営む事業場（これら①から④を「特例措置対象事業場」といいます。）については、1週44時間、1日8時間となっています。

労基法32条・40条

●一斉休憩の原則が適用されない業種
① 運輸交通業
② 商業
③ 金融・広告業
④ 映画・演劇業
⑤ 通信業
⑥ 保健衛生業
⑦ 接客娯楽業
⑧ 官公署

●02　休憩時間の原則

（1）休憩時間の与えかた

　休憩時間は、1日の労働時間の途中に与えなければならない、業務から離れることが保障された時間です。一部の業種を除き、原則として、すべての労働者に、①一斉に与え、②自由に利用できるようにしなければなりません。

　ただし、①の一斉休憩については、この原則が適用される業種であっても、労使間で労使協定を締結すれば、交替で休憩を与えることができます。

（2）休憩時間の長さ

　労基法では、労働時間が6時間を超える場合においては少なくとも45分、8時間を超える場合においては少なくとも1時間の休憩時間を、労働時間の途中に与えなければならないとされています。

労基法34条

Q49 休憩時間中に電話番をさせることはできますか？

A 休憩は、継続する仕事による疲労を回復させるためのものですから、休憩時間中に電話応対をさせると、自由に利用できる休憩を与えたことにはなりません。
　電話番をさせるのであれば、当番制などをとり、その時間は労働時間として、別途休憩を与えなければなりません。

休憩時間の長さ

🧮 1　労働時間が6時間を超える例

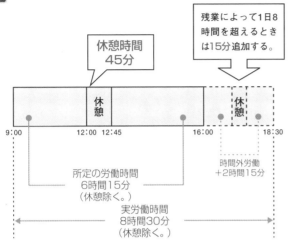

休憩時間
45分

残業によって1日8
時間を超えるときは15分追加する。

休
憩

休
憩

9:00　　　12:00 12:45　　　　16:00　　　18:30

時間外労働
＋2時間15分

所定の労働時間
6時間15分
（休憩除く。）

実労働時間
8時間30分
（休憩除く。）

🧮 2　労働時間が8時間を超える例

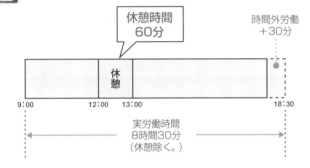

休憩時間
60分

時間外労働
＋30分

休
憩

9:00　　　12:00　13:00　　　　　　　18:30

実労働時間
8時間30分
（休憩除く。）

●03　休日の原則

（1）休日の考えかた

　休日とは、労働義務がない日のことで、原則として、暦日（午前0：00から午後12：00までの24時間）で与えます。したがって、所定の休日とされていても、前日の労働が深夜に及び、午前0：00を過ぎてしまうと、その日は休日を与えたことにはなりません。

（2）週休制の原則

　労基法では、原則として、1週間に1日の休日（法定休日）を与えることが義務づけられています。なお、1週間の労働時間は40時間が原則とされているため、週休2日制をとる事業場のほうがむしろ一般的です。

Q50　休憩時間中の外出を許可制
　　にしてもよいですか？

A　外出許可制をとること自体は、労基法違反になるわけではありません。しかし、本来休憩をどのように使うかは労働者の自由ですから、外出の申出に対して不許可とすることは難しいでしょう。届出制のほうが望ましいと考えられます。

Q51　一斉休憩の原則が適用される事業場において交替で休憩させる場合に、「誰を何時から休憩」のように会社で休憩時間を決められますか？

A　休憩を一斉に与えないで、交替で与える場合は、労使協定を結ぶ必要があります。その中で、休憩の与えかたなどを定めなければなりません。
　　したがって、会社が自由に労働者の休憩時間を割り振ることができるわけではありません。

Q52　翌日にまたがって8時間を超えて働く夜勤のガードマンについても、休憩は1時間でよいでしょうか？

A　労働が深夜に及んで日付が2日にわたっても、一勤務として考え、労基法上は休憩は1時間でもかまいません。
　　ただし、深夜に及ぶ業務ですから、作業能率や健康の面から、食事や仮眠等の時間も配慮してください。

ただし、4週間を通じて4日以上休日を与える方法（いわゆる変形休日制）も認められています。

労基法35条

（3）振替休日と代休

Q53　休日勤務させたのが半日なら、振替休日も半日与えればよいのでしょうか？

A　休日は、暦日、つまり午前0時から翌日の午前0時までの24時間単位で与えなければなりません。
　24時間まるまる仕事から解放された休日を与えるのが趣旨ですから、勤務が半日だからといって、休日も半日分だけでよいというわけではありません。

振替休日と代休の違い

	振替休日		代　休
どんなとき	36協定が結ばれていない場合などに、休日に労働の必要が生じたとき		休日労働や長時間労働をさせた代償として他の労働日を休日とするとき
行うときの要件	①就業規則などにあらかじめ振替休日の規定を置くこと ②振替日を特定すること ③振替日は4週4日の休日が確保される範囲内で、できるだけ近接した日とすること ④振替は前日までに通知すること		就業規則などに取り扱いを定めておくこと
指　定	あらかじめ使用者が指定		使用者が指定することもあるし、労働者の申請によって与えられることもあります。
賃　金	出勤日は休日労働とならないので通常の賃金を支払えばよく、振替休日に対して賃金を支払う必要はありません。		休日出勤日は、休日労働となり、休日出勤手当（割増賃金）を支払わなければなりません。

《例》

	（法定休日）						
	日	月	火	水	木	金	土
（当初の勤務割り）	休			出			
	↓			↓			
（変更後）	出			休			

　振替休日により、水曜日と日曜日を交換しますと、日曜日が労働日に、水曜日が休日となります。その結果、日曜日の労働は通常の労働となり、休日出勤手当（割増賃金）を支払う必要がなくなります。
　一方、日曜日に出勤させ、後になって水曜日に代休を与えた場合は、日曜日の労働はそのまま休日労働となりますので、休日出勤手当（割増賃金）を支払わなければなりません。なお、代休は必ずしも与える義務はありません。

STEP 2 ── 実態に合った労働時間制度の選択とその注意点

労働時間や休日など、STEP 1 で解説したような原則どおりに運用できればそれでよいのですが、実際上は業種や業務内容、繁閑の状況などによっては、不都合が生じる場合もあるでしょう。そこで、労基法では、労働時間の組みかたや残業、休日出勤などの場合も考えてさまざまな規定が置かれています。

●04 時間外労働や休日労働をさせる必要があるとき

（1）時間外労働・休日労働の考えかた

業務の繁閑の状況などによっては、所定の労働時間内で仕事が終わらない場合があります。例えば、納期や締めに間に合わせるために休日返上で作業をさせざるを得なかったり、あるいは突発的な事情によって業務上なんとか対応しなければならず、やむなく残業や深夜労働の必要が出てくることもあるでしょう。

このようなときのために、時間外労働や休日労働をさせることも認められていますが、そのためには、きちんとした手続きを行わなければなりません。

ただし、時間外労働や休日労働は、本来、業務上の必要によって突発的な場合にだけ行うのが原則です。これらの勤務が慢性化しないようにすべきことはいうまでもありません。

●賃金不払残業（サービス残業）
　時間外や休日に働いているにもかかわらず、その部分に対応する割増賃金がきちんと支払われないことをいいます。いわゆるタダ働きです。労働者から見て、タダで労働力を提供しているので「サービス残業」といわれますが、最近は労基法違反であることを明確に表すため「賃金不払残業」というようになっています（☞なお、79ページのトピックス参照）。

▰ 時間外労働とは

《例》所定労働時間：1日7時間（9：00〜17：00）
　　　休憩：1時間（12：00〜13：00）
　　　9：00から翌朝9：00まで働かせた場合

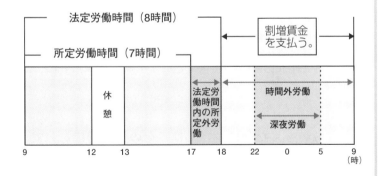

☞ 法定労働時間内の所定外労働に対する賃金については122ページ参照

Q54 所定労働時間が深夜に及ぶときは深夜労働になるのですか?

A 例えば、交替制の夜勤で午後10時から午前5時までが所定労働時間とされていると、働く時間帯は深夜時間帯ですから、深夜労働ということになります。

この場合は、午後10時から午前5時までの労働について、割増賃金（25%増）の支払いが必要です。

Q55 休日の社員研修に参加した場合も休日労働になるのですか?

A 社員研修が、参加を強制されていたり、出席しないと不利益な取り扱いがなされる場合（例えば、賞与査定に影響するなど）には、労働時間となり、それが法定休日に行われると、休日労働ということになります。

Q56 残業時間の計算は、30分未満を切り捨ててもよいのでしょうか?

A 1カ月の残業時間の合計を計算する場合に、30分未満を切り捨てて、30分以上を1時間として切り上げることは認められます。

しかし、1日の残業時間を計算する場合には、1分単位でも時間を切り捨てることはできません。（☞125ページ参照）

法定労働時間（1日8時間、1週40時間が原則）を超える労働を時間外労働といいます。いわゆる残業です。

また、深夜の時間帯（原則：午後10：00～午前5：00）に労働させると深夜労働になります。

時間外労働や深夜労働をさせた分については、その労働者に対して、割増賃金（いわゆる残業代や深夜手当）を支払わなければなりません。

（☞割増賃金については122～131ページ参照）

休日労働とは

法定休日（1週1日が原則）に行わせる労働を休日労働といいます。

《例》就業規則において週の起算日を月曜日とし、完全週休2日制（土日休み）で、日曜日を法定休日と指定している場合

1 土曜日を出勤させたとき

月	火	水	木	金	土	日
出	出	出	出	出	出	休

↑
時間外労働

労基法では、1週間に1日休日があればよいので、土曜日の出勤は、休日労働にはならず、出勤した時間は時間外労働となります（1週40時間を超えた部分が時間外労働になります）。

2 土日2日とも出勤させたとき

月	火	水	木	金	土	日
出	出	出	出	出	出	出

↑　　　　↑
時間外労働　休日労働

日曜日の出勤は、1週間に1日与えなければならない休日（法定休日）に労働させていることになりますから休日労働となります。

休日労働をした分については、その労働者に対して、割増賃金（休日出勤手当）を支払わなければなりません。

（☞割増賃金については122～131ページ参照）

（2）時間外労働・休日労働をさせることができる場合

時間外労働や休日労働をさせることができるのは、次の場合だけです。

> ①災害等のために臨時の必要がある場合 （労基法33条）
> ②労使協定（36協定）を結んだ場合 （労基法36条）

以下では、一般的な場合である②の時間外労働または休日労働に関する労使協定と届出の手続きを説明しましょう。

（3）36協定の締結と届出

時間外労働または休日労働をさせるためには、使用者は、労働者代表（☞35～36ページ参照）と労使協定（以下「36協定」といいます。）を結び、その内容を決めます。

労使協定を結んだら、所定の書類に必要な事項を記載して、所轄の監督署へ届出をする必要があります（☞ 36協定届は ダウンロード記載例 ⑭・⑮参照）。

また、36協定を結んで届け出ることと並行して、就業規則などに、時間外労働または休日労働をさせる場合があること、その場合に労働者はこれに従わなければならないことなどを定める必要があります。

労基法36条1項

36協定の締結から届出まで

❶ 36協定を結ぶ

その事業場で
①労働者の過半数が組合員になっている労働組合（過半数労働組合）
②①のような組合がない場合は、労働者の過半数を代表する人（過半数代表者）

36協定

使用者　　労働者代表

協定で定める事項（☞47～48ページ参照）

❷ 所轄の監督署に36協定を届け出る

❸ 就業規則などに定める
（☞就業規則については29～34ページ）

❹ 36協定の範囲内で時間外・休日労働をさせることができる

●非常災害等により時間外・休日労働をさせる場合

災害や通常発生の予測が困難な事故等のために臨時の必要がある場合は、36協定によることなく時間外労働や休日労働をさせることが認められています（労基法33条）。

この場合は、事前に所轄の監督署長の許可を得る必要がありますが、事態が急迫していて許可を受ける暇がない場合には、例外として事後に監督署長へ届け出ることも認められています。

ただし、事後に届けられたものについて監督署長が審査のうえ不適当と判断されたときは、超過労働分に相当する休憩や休日の付与を命じられる場合があります。

●36協定

労基法36条によって定められている、時間外労働や休日労働に関する労使協定のことです。一般に、条文の数字をとって「さぶろく（36）」協定と呼ばれています。

Q57　36協定があれば、労働者に残業命令を出せますか？

A　36協定が適法に締結・届出されただけでは、法定労働時間を超えて残業をさせることについて使用者が処罰されないというにすぎず、まだ労働者には残業命令に服すべき義務は生じていません。労働者に残業を命ずるには、労働契約や就業規則などに、残業命令に従うべき義務がある旨の規定を設けておくことが必要です。

●時間外労働の上限規制の導入

平成30年7月に公布された働き方改革関連法により労基法が改正され、時間外労働の上限が法律に定められました（平成31年4月1日施行。中小事業主については令和2年4月1日施行）。

これまで、時間外労働の限度として、厚生労働大臣の告示（平成10年労働省告示（限度基準告示））で時間外労働の限度時間が定められていました。しかし、告示では行政指導にとどまり法的な強制力がありませんでした。また、特別条項を設けた場合については上限がなく、制度上際限なく労働させることが可能になっていました。

長時間労働の是正を目的とする上記の改正により、従来の限度基準告示による限度時間が労基法に明記されて格上げされるとともに、特別条項付き協定により労働させることが可能な場合であっても超えることのできない上限が設けられ、その違反に対しては罰則が適用されることとなりました。

注意！

限度時間は、時間外労働の時間数のみの限度です。休日労働の時間数は含まれません。

Q58 特別条項を設けることが認められる場合とは、具体的にはどんな場合ですか？

A 労基法では、「通常予見することのできない業務量の大幅な増加等に伴い臨時的に限度時間を超えて労働させる必要がある場合」と規定しています（同法36条5項）。

これは、全体として1年の半分を超えない一定の限られた時期において一時的・突発的に業務量が増える状況等により限度時間を超えて労働させる必要がある場合をいいます。

具体的にどのような場合を協定するかについては、労使当事者が事業または業務の態様等に即して自主的に協議し、可能な

（4）時間外・休日労働の上限

時間外労働や休日労働は、本来、臨時の必要があってなされるものですから、36協定さえ結べば無制限に時間外労働や休日労働をさせることができるわけではありません。

労基法では、36協定で定める労働時間の延長時間数（時間外労働時間数）の限度時間や、臨時の必要があり、例外的に限度時間を超えて労働させることができる場合でも絶対に守らなければならない時間外労働や休日労働の上限が定められています。これらに違反すると、罰則が適用されます。

［1］時間外労働の限度時間

36協定で時間外労働時間の限度を定めるときは、原則として、次の限度時間を超えないようにしなければなりません。

労基法36条3項・4項

時間外労働の限度時間

限度時間			
1カ月 ▶	45 時間 〔 42 時間 〕	かつ
1年 ▶	360 時間 〔320 時間〕

※〔　〕内は対象期間が3カ月を超える1年単位の変形労働時間制による場合

［2］限度時間を超えて労働させる場合（特別条項付き協定）

臨時的な特別の事情がある場合には、例外として、36協定においていわゆる「特別条項」を設けることにより、限度時間を超えて労働させることが認められています。

ただし、時間外労働や休日労働は本来、突発的・臨時的な事情がある場合にのみ行うべきところ、時間外労働の限度時間をさらに超えて労働させることは、例外中の例外です。このため、特別条項付き協定が認められる場合は、臨時的な特別の事情がある場合に限られますし、また、36協定の特別条項は、法定の上限の範囲内で時間外・休日労働をさせる限度を定めなければなりません。

さらに、特別条項付き協定を締結しているからといって特別条項を安易に発動することのないようにし、

限度時間を超える時間外労働をできる限り短くするよう、労使で取り組んでいくことが重要です。

限り具体的に定める必要があります。

労基法36条5項

特別条項に定める時間外・休日労働の限度とその上限

特別条項に定める限度	協定時間・月数の上限
① 1カ月についての時間外労働と休日労働の時間数の合計	通常の協定（限度時間を超えない協定）で定めた時間を含め **1カ月100時間未満**
② 1年についての時間外労働の時間数	通常の協定で定めた時間を含め **1年720時間以内**
③ 時間外労働が月45時間〔42時間〕を超えることができる月数（回数）	**1年6カ月（6回）まで**

[3] 36協定で定めるところによっても超えることができない実労働時間の上限

使用者は、36協定で定めるところにより時間外・休日労働を行わせる場合であっても、以下の①から③までの要件を満たすものとしなければなりません。これに違反して、①から③までの制限を超えて労働させると、罰則の対象となります。

労基法36条6項

時間外・休日労働の実労働時間の上限

① 坑内労働その他厚生労働省令（労基則18条）で定める健康上とくに有害な業務
　▶ 1日の時間外労働時間数は、2時間以内
　〈労基法36条6項1号〉

② 時間外労働時間数と休日労働時間数の合計が
　▶ 1カ月（単月）100時間未満 〈労基法36条6項2号〉

③ 時間外労働時間数と休日労働時間数の合計が
　▶ 2～6カ月（複数月）平均で80時間以内
　〈労基法36条6項3号〉

注意！
労基法36条6項に違反して、上限時間を超えて労働させた場合は、罰則の対象となります（6カ月以下の懲役または30万円以下の罰金、労基法119条1号）。

●時間外・休日労働時間の絶対的上限の新設
左の実労働時間の上限のうち、①の有害業務の時間外労働の限度については、従来から法律に規定が設けられていたものです。
労基法の改正により、②および③の上限が新たに設けられました。

Q59 「2～6カ月平均で80時間以内」というのはどのような意味ですか？

A　36協定の対象期間におけるいずれの2カ月間ないし6カ月間における時間外労働時間と休日労働時間の1カ月あたりの平均時間が80時間以内でなければならないということです。
連続したどの2～6カ月の平均をとっても80時間を超えてはなりません（47ページの例参照）。

時間外労働の上限規制（まとめ）

罰則
6カ月以下の懲役または30万円以下の罰金（労基法119条1号）

・36協定の締結・届出なく時間外・休日労働をさせた（違反）
・36協定で定めた範囲を超えて労働させた（違反）　　　　等

罰則
6カ月以下の懲役または30万円以下の罰金（労基法119条1号）

上限を超えて労働させた（違反）

協定時間の上限	実労働時間の上限

原則
＝
限度時間を超えない
（通常予見される時間外労働の範囲内）

限度時間　時間外労働のみ

1カ月　45時間〔42時間〕
かつ
1年　360時間〔320時間〕

〈労基法36条3項・4項〉

規制

時間外労働 ＋ 休日労働
■ 単月で100時間未満
■ 2～6カ月平均で80時間以内
〈労基法36条6項2号・3号〉

特別条項
＝
限度時間を超える場合
（臨時的な特別の事情）

■ 時間外労働 ＋ 休日労働
月 100時間未満
■ 時間外労働のみ
年 720時間以内
■ 限度時間（月45時間〔42時間〕）を上回る月数は年6カ月まで

〈労基法36条5項〉

規制

〔 〕内は対象期間が3カ月を超える1年単位の変形労働時間制をとる場合

上限規制―法違反にならないためのチェックポイント

① 「1日」「1カ月」「1年」のそれぞれの時間外労働時間数
② 休日労働の回数・時間数
③ 特別条項の回数（＝時間外労働が限度時間を超える回数）

が36協定で定めた範囲を超えないこと。

④ 月の時間外労働と休日労働の合計が、毎月100時間以上にならないこと。
　→1カ月でも100時間以上となれば法違反
⑤ 月の時間外労働と休日労働の合計について、どの2～6カ月の平均をとっても、1月あたり80時間を超えないこと。

法違反の例

	10月	11月	12月	1月	2月	3月
時間外＋休日労働時間数	20	10	85	70	90	10

3カ月平均で80時間を超え、法違反

🧮 「2～6カ月平均80時間」の算定例

前の協定期間

対象期間が2023年4月1日から1年間の36協定の場合でも、2023年4月について計算するには、前年度の36協定の対象期間に含まれる直前の5カ月分の時間外・休日労働時間数が算定対象となる。

	2022 /11	2022 /12	2023 /1	2023 /2	2023 /3	2023 /4
時間外労働	45	45	30	20	45	80
休日労働		10				
合計	45.0	55.0	30.0	20.0	45.0	80.0

連続するどの2カ月間、3カ月間……6カ月間を平均しても月80時間を超えないこと

算定期間	平均値	
2カ月平均	⇒ 62.5	… 3～4月の平均
3カ月平均	⇒ 48.3	… 2～4月の平均
4カ月平均	⇒ 43.8	… 1～4月の平均
5カ月平均	⇒ 46.0	…12～4月の平均
6カ月平均	⇒ 45.8	…11～4月の平均

参考資料：厚生労働省パンフレット「時間外労働の上限規制　わかりやすい解説」

（5）36協定で定める事項と留意点
［1］36協定で定める事項

　36協定では、下記の事項を定めなければなりません。限度時間を超えない一般の36協定の場合は、**1**の事項を定めます。

　また、特別条項付き協定（限度時間を超える場合）を締結する場合は、**1**の事項に加え、**2**の事項も定めなければなりません。

労基法36条2項・労基則17条

36協定で定める事項

1 一般の協定・特別条項付き協定（共通）

❶労働者の範囲

❷対象期間（1年間）

❸労働時間を延長し、または休日に労働させることができる場合

❹1日、1カ月および1年のそれぞれについて、労働時間を延長して労働させることができる時間または労働させることができる休日の日数

❺協定の有効期間

❻対象期間（1年間）の起算日

❼時間外・休日労働時間は、月100時間未満、2ないし6カ月平均で80時間以内であること

●協定で定める事項と36協定届の様式

　限度時間を超えない一般の36協定の場合は様式9号（☞50ページ参照）により、特別条項付き協定の場合は様式9号の2（☞51ページ参照）により所轄の監督署へ届け出ます。

　様式9号の2は、記載欄が2枚になっています。1枚目には、限度時間を超えない範囲内の通常の協定事項を記載しますので様式9号とほぼ同じです（様式下の協定当事者の氏名や所轄の監督署へ届け出る日付等の記載の有無などに違いがあります。）。

　2枚目は、特別条項に関する記載欄になっており、限度時間を超えて労働させる場合に定めなければならない協定事項について記載します。

Q60　限度時間を超えない通常の範囲内で36協定を結ぶ場合でも、時間外・休日労働時間が月100時間未満、2～6カ月平均で80時間以内であることを協定で定めなければなりませんか？

A 「月100時間未満」「2〜6カ
月平均80時間以内」という時
間外・休日労働の実労働時間の
上限規制（労基法36条6項）は、
限度時間を超える特別条項付き
協定の場合だけではなく、限度
時間の範囲内での36協定にも
かかる規制です。

上記の上限規制は、時間外労
働と休日労働の合計で実際に労
働させる時間の上限を定めたも
のですので、36協定で定めた
範囲内で労働させる場合でも、
この上限を超えてしまう場合が
あります。例えば、36協定で
時間外労働の限度を月44時間
と定めていても、その月の法定
休日に合計56時間労働させた
とすると、月100時間に達して
しまいます。

したがって、36協定におい
て、特別条項の有無にかかわら
ず、労使で上記の上限を超えな
いことを確認し、協定届のチェ
ックボックス欄にチェックを入
れる必要があります。

●36指針
正式名称を「労働基準法第
三十六条第一項の協定で定める労
働時間の延長及び休日の労働につ
いて留意すべき事項等に関する指
針」（平成30年厚生労働省告示
323号）といいます。
従前は、時間外労働の限度時間
等を定めた限度基準告示に従い、
監督署による行政指導が行われて
いました。
平成30年の改正にともない新
たに策定された36指針は、改正
後の労基法の趣旨を踏まえなが
ら、限度基準告示からさらに踏み
込み、時間外労働だけではなく休
日労働の適正化を図ることも明確
にしています。そして、労使当事
者の時間外・休日労働の適正化に
向けた取り組みを促進するため、
協定をするにあたって留意すべき
事項を示しています。

2 特別条項で定める事項

❶ 1カ月についての時間外労働と休日労働の合計時
間数
❷ 1年についての時間外労働時間数
❸ 限度時間を超えて労働させることができる月数
❹ 限度時間を超えて労働させることができる場合
❺ 限度時間を超えて労働させる労働者に対する健康
福祉確保措置
❻ 限度時間を超えた労働に係る割増賃金率
❼ 限度時間を超えて労働させる場合の手続き

（☞ 協定事項ごとの留意事項については50〜51ページ、
36協定の記載例は ダウンロード記載例 ⑭⑮参照）

［2］36協定で定める時間外・休日労働に関する指針

労基法の規定に基づき、36協定を締結するにあたっ
て労働時間の延長および休日の労働について留意すべ
き事項等について指針（36指針）が定められています。
36協定の締結当事者（労使当事者）は、この指針の内
容に適合するように協定の内容を定めなければなりま
せん。

また、監督署は、36協定の締結当事者に対して、こ
の指針に関し必要な助言・指導を行うことができます。

労基法36条7項〜 10項

36指針で定められている事項の概要

1 労使当事者の責務

36協定の労使当事者は、労働時間の延長および休日の労働
は必要最小限にとどめられるべきであること等に十分留意し
たうえで協定をするように努めなければならない。

2 使用者の責務

①使用者は、36協定で定めた範囲で労働させた場合であっ
ても、安全配慮義務（労働契約法5条、☞18ページ参照）
を負うことに留意しなければならない。
②使用者は、脳・心臓疾患（過労死等）の労災認定基準で
示される労働時間の目安（☞193ページ参照）に留意し
なければならない。

3 業務区分の細分化

時間外・休日労働をさせることができる業務の区分を細分化してその業務の範囲を明確にしなければならない。

4 限度時間を超えて労働させることができる場合

〈特別条項付き協定の場合〉

(1)「臨時的に限度時間を超えて労働させる必要がある場合」をできる限り具体的に定めなければならない。

(2) 特別条項で定める①1カ月の時間外・休日の労働時間数、②1年の時間外労働時間数を限度時間にできる限り近づけるように努めなければならない。

(3) 限度時間を超えて労働させる時間に係る割増賃金率は、法定を上回る率とするよう努めなければならない。

5 1カ月未満の期間労働する労働者

1カ月未満の期間で労働する労働者の時間外労働は、目安時間を超えないように努めなければならない。

[**目安時間**]　1週間：15時間／2週間：27時間
　　　　　　　4週間：43時間

6 休日労働に関する留意事項

休日労働の日数はできる限り少なく、休日労働の時間をできる限り短くするように努めなければならない。

7 健康福祉確保措置

限度時間を超えて労働させる労働者に対する措置は、次のうちから協定することが望ましい。

①医師による面接指導
②深夜業の回数の制限
③勤務間インターバルの導入
④代償休日または特別な休暇の付与
⑤健康診断
⑥連続した年休取得の促進
⑦心とからだの相談窓口の設置
⑧配置転換
⑨産業医等による助言・指導、保健指導

Q61 36指針の内容に反する36協定はどうなりますか？

A 36指針は、時間外・休日労働を適正なものとするために留意すべき事項等を定めたものです。例えば、36協定を適用する業務の区分が細分化されていないなど、法定要件を満たしているものの、指針に適合しない36協定は直ちには無効とはなりません。

ただし、労基法36条9項の規定により、行政官庁（監督署）は36指針に関し必要な助言・指導を行うことができることとされていますので、行政指導の対象となります。

Q62 健康福祉確保措置のうち、深夜業の回数制限や勤務間インターバルの導入を行う場合、具体的な回数や時間数等の基準がありますか？

A 深夜業を制限する回数の設定や、勤務間インターバル（終業から始業までの継続した休息時間）の時間数等について、一律に決まった基準があるわけではありません。

これらも含めて、その具体的な取り扱いについては、労働者の健康および福祉を確保するため、各事業場の業務の実態等を踏まえて、必要な内容を労使間で協定すべきものです。

❶労働者の範囲

36協定の対象となる「業務の種類」および「労働者数」を協定する。業務の区分を細分化し、その範囲を明確にする。

❸労働時間を延長し、または休日に労働させることができる場合

時間外・休日労働をさせる必要のある事由は具体的に定める。

❺36協定の有効期間

協定が効力を有する期間。労働協約の場合を除く。対象期間が1年間に限られるため、有効期間は最短でも原則として1年間。定期的な見直しのため1年間とすることが望ましい。

❷対象期間（1年間）

36協定により労働時間を延長し、または休日に労働させることができる期間。事業の完了や業務の終了までの期間が1年未満の場合でも、対象期間は1年間とする必要がある。

様式9号（限度時間を超えない場合）

令和3年4月から、36協定届に使用者の押印・署名は不要となりました。また、様式に、過半数代表者の選出要件を満たしていることを確認するチェックボックスが新設されました。

時間外労働
休日労働 に関する協定届

事業の種類	事業の名称	事業の所在地（電話番号）	協定の有効期間

❹1日、1カ月、1年のそれぞれの期間について労働時間を延長して労働させることができる時間または労働させることができる休日の日数

必ず「1日」「1カ月」「1年」のそれぞれについて定める。例えば、「3カ月」について定めることも可能だが、上記については必ず定める。

❽過半数代表者の要件を満たすこと

過半数代表者は、管理監督者でないこと、かつ、36協定をする者を選出することを明らかにして実施される投票、挙手等の方法による手続きにより選出された者であって使用者の意向に基づき選出されたものでないことを確認し、チェックボックスにチェックを入れる。これらの要件を満たしていても、チェックがないと形式上の要件に適合した協定届とはならない。

❻対象期間の起算日

36協定で定める1年について労働時間を延長して労働させることができる時間を適用する期間の起算日を明確にするもの。その1年においては、協定の有効期間にかかわらず、起算日は同一の日でなければならない。

❼時間外・休日労働は「月100時間未満」かつ「2～6カ月平均で80時間以内」を満たすこと

労使で上記の上限を超えないようにすることを確認し、チェックボックスにチェックを入れる。チェックがないと法定要件を満たさないものとしてその36協定は無効となる。

4
労働時間等

❹限度時間を超えて労働させることができる場合

臨時的に限度時間を超えて労働させる必要がある場合を、できる限り具体的に定める（36指針5条1項）。

- ●予算、決算業務
- ●ボーナス商戦にともなう業務の繁忙
- ●納期のひっ迫
- ●大規模なクレームへの対応
- ●機械のトラブルへの対応　　　　　　　　　　　　など

✕「業務の都合上必要な場合」
✕「業務上やむを得ない場合」
（恒常的に長時間労働を招くおそれあり）

❻限度時間を超えた労働に係る割増賃金率

- ◆限度時間を超える時間外労働に係る割増賃金率を、「1カ月」、「1年」それぞれについて定める。
- ◆この場合の割増賃金率は、法定を超える率とするよう努めなければならない（36指針5条3項）。
- ◆割増賃金率は、就業規則にも必ず定めておく。

様式9号の2（限度時間を超える場合）特別条項（2枚目）のみ

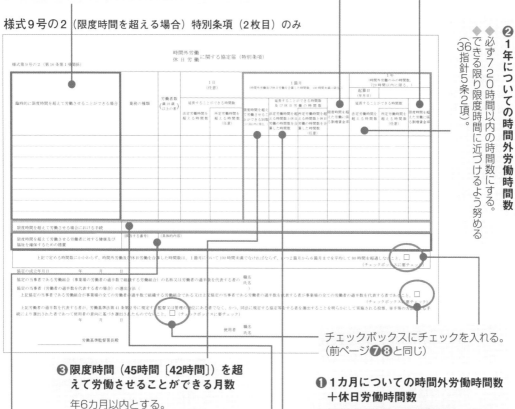

❷1年についての時間外労働時間数
◆必ず720時間以内の時間数にする。
◆できる限り限度時間に近づけるよう努める（36指針5条2項）。

チェックボックスにチェックを入れる。
（前ページ❼❽と同じ）

❸限度時間（45時間〔42時間〕）を超えて労働させることができる月数

年6カ月以内とする。

❺限度時間を超えて労働させる労働者に対する健康福祉確保措置

次のうちから選択することが望ましい。

①医師による面接指導
②深夜業の回数の制限
③勤務間インターバルの導入
④代償休日または特別な休暇の付与
⑤健康診断
⑥連続した年休取得の促進
⑦心とからだの相談窓口の設置
⑧配置転換
⑨産業医等による助言・指導、保健指導

これらに加え、ほかの措置を「⑩その他」として定めてもよい。

❶1カ月についての時間外労働時間数＋休日労働時間数

- ◆必ず100時間未満の時間数にする。「100時間未満」という記載ではなく、具体的に時間数を記載する。
- ◆できる限り限度時間に近づけるよう努める（36指針5条2項）。
- ◆できる限り休日労働の時間数を少なくするよう努める（36指針7条）。

❼限度時間を超えて労働させる場合の手続き

- ◆36協定の締結当事者が合意した協議、通告その他の手続きを定める。
- ◆定めた手続きは、1カ月ごとに限度時間を超えて労働させることができる具体的事由が生じたときに必ず行わなければならない。
- ◆とられた手続きの時期、内容、相手方等を書面等で明らかにしておく。

（6）上限規制の適用が除外・猶予される事業・業務

事業・業務の性質や実情から、時間外・休日労働に関する原則的な規制の適用になじまないものとして、上限規制の適用が除外されているものや適用が猶予されている（令和6年3月31日まで）ものがあります。

［1］適用が除外される業務

新技術・新商品等の研究開発業務に従事する労働者には、上限規制（①限度時間（☞44ページ参照）、②特別条項を設ける場合の要件（☞44ページ参照）、③時間外・休日労働が月100時間未満、2～6カ月平均で80時間以内（☞45ページ参照））が適用されません。

労基法36条11項

［2］適用が猶予される事業・業務

次の事業・業務については、時間外労働の上限規制の適用日（改正法施行日）である平成31年4月1日から5年間（令和6年3月31日まで）、上限規制の適用が猶予されています。

猶予期間中および猶予期間経過後の取り扱いについては、それぞれの事業・業務ごとに定められています。

労基法139条～142条

上限規制の適用が猶予される事業・業務の取り扱い

		～令和6年3月31日	令和6年4月1日～	
建設の事業	工作物の	上限規制は適用されない ［適用されない上限規制の内容］ ①限度時間 ②特別条項を設ける場合の要件 ③時間外・休日労働が月100時間未満、2～6カ月平均で80時間以内	・災害の復旧・復興の事業を除き、上限規制をすべて適用。 ・災害の復旧・復興の事業の場合は、時間外・休日労働について、左の③の規制が適用されない。	（36協定様式・一般条項） 様式9号の3の2（※） （36協定様式・特別条項付き） 様式9号の3の3（※）
自動車運転の業務			・特別条項付き36協定を締結する場合の時間外労働の上限は年960時間。 ・③の規制が適用されない。 ・「時間外労働が月45時間を超える月数は年6カ月まで」の規制が適用されない。 ＊このほか、「自動車運転者の労働時間等の改善のための基準」（改善基準、平成元年労働省告示7号、令和4年改正）が適用される。	（一般条項） 様式9号の3の4 （特別条項付き） 様式9号の3の5
医師			・特別条項付き36協定を締結する場合の時間外・休日労働の上限は最大で年1860時間。 ・③の規制が適用されない。 ・「時間外労働が月45時間を超える月数は年6カ月まで」の規制が適用されない。 ＊医療法等に追加的健康確保措置等の定めあり。	（一般条項） 様式9号の4 （特別条項付き） 様式9号の5
鹿児島県・沖縄県の砂糖製造業		上記③の規制が適用されない	・上限規制がすべて適用される。	（一般の事業・業務と同じ） 様式9号 様式9号の2

（※）　災害の復旧・復興の事業を含む場合。

（☞自動車運転の業務および医師に関する上限規制等は次ページ参照）

Topics >>> 適用猶予期間後の上限規制ルール
～自動車運転者、医師の業務～

前ページで説明したとおり、令和6年4月1日からは、これまで時間外労働の上限規制の適用が猶予されていた事業・業務についても上限規制の対象となります。ただし、このような事業・業務については、長時間労働の背景に、業務の特殊性や取引慣行の課題があることから、適用猶予期間後に適用される上限規制の内容は、一般の事業・業務に適用されているものとは異なっているものがあります。

ここでは、令和6年4月から適用される、タクシーやトラック、バスの運転者（自動車運転者）と医師に関する上限規制等の新しいルールについて、概要を簡単に紹介します。

「自動車運転者の労働時間等の改善のための基準（改善基準）」の概要

自動車運転者の労働時間等の規制については、「自動車運転者の労働時間等の改善のための基準」（平成元年労働省告示7号）により、拘束時間、休息期間、運転時間等について基準等が設けられています。令和4年12月に過労死等の防止の観点から、この改善基準が改正され、前ページの上限規制とともに令和6年4月1日から適用されます。

① タクシー運転者の場合

※ハイヤーの場合は別途定められている。

	日　勤	隔　勤
1カ月の 拘束時間	288時間以内	262時間以内 ＊地域的その他特別な事情がある場合、労使協定により270時間まで延長可（年6カ月まで）
1日の 拘束時間	1日13時間以内（上限15時間） ＊14時間を超える回数は週3回までが目安。	2暦日について22時間以内 ＊2回の隔日勤務を平均して隔日勤務1回あたり21時間以内。
休息期間	継続11時間以上を基本 （下限：継続9時間）	継続24時間以上を基本 （下限：継続22時間）
休日労働	休日労働は2週間に1回を超えない、休日労働によって拘束時間の上限を超えない。	

② トラック運転者の場合

1カ月・ 1年の 拘束時間	原則	1カ月284時間以内 かつ 1年3,300時間以内	例外	労使協定により、1カ月310時間まで（1年の拘束時間が3,400時間を超えない範囲で年6カ月まで）延長可。 ①284時間を超える月は連続3カ月まで、かつ、 ②月の時間外・休日労働が100時間未満となるよう努める。
1日の 拘束時間	原則	13時間以内（上限15時間）　＊14時間を超えるのは、週2回までが目安。		
	例外	宿泊を伴う一定の長距離貨物運送の場合、16時間まで延長可（週2回まで）		
休息期間	原則	継続11時間以上を基本（下限：継続9時間）		
	例外	宿泊を伴う一定の長距離貨物運送の場合、継続8時間以上（週2回まで） ＊休息期間のいずれかが9時間を下回る場合は、運行終了後に継続12時間以上の休息期間を与える。		
運転時間	2日平均1日：9時間以内　　　2週平均1週：44時間以内			
連続 運転時間	4時間以内 ＊運転の中断時には、原則として休憩を与える（1回おおむね連続10分以上、合計30分以上）。 ＊10分未満の運転の中断は、3回以上連続しない。			
休日労働	休日労働は2週間に1回を超えない、休日労働によって拘束時間の上限を超えない。			

③ バス運転者の場合

①② いずれかの基準	①拘束時間	原則	1カ月 281 時間以内、かつ1年 3,300 時間以内
		例外	貸切バス等乗務者については、労使協定により、1カ月 294 時間まで（1年の拘束時間が 3,400 時間を超えない範囲で年6カ月まで）延長可。 ＊281 時間を超えるのは連続4カ月まで
	②4週平均1週あたり拘束時間	原則	4週平均1週あたり 65 時間以内、かつ52週で 3,300 時間以内
		例外	貸切バス等乗務者については、労使協定により、52週中24週までは、4週平均1週あたり 68 時間まで、かつ、52週で 3,400 時間まで延長可。 ＊4週平均1週あたり 65 時間を超えるのは連続16週まで
1日の拘束時間			13時間以内（上限15時間）　＊14時間を超えるのは、週3回までが目安。
1日の休息期間			継続11時間以上を基本（下限：継続9時間）
運転時間		原則	2日平均1日：9時間以内　　4週平均1週：40時間以内
		例外	貸切バス等乗務者については、労使協定により、52週中16週までは、4週平均1週あたり 44 時間まで、かつ52週で 2,080 時間まで延長可。
連続運転時間		原則	4時間以内（運転の中断は1回連続10分以上、合計30分以上） ＊高速バス・貸切バスの高速道路の実車運行区間の連続運転時間は、おおむね2時間までとするよう努める
		例外	緊急通行車両の通行等にともなう軽微な移動の時間も、30分まで連続運転時間から除くことができる。
休日労働			休日労働は2週間に1回を超えない、休日労働によって拘束時間の上限を超えない。

医師の時間外労働の上限規制の概要

　令和6年4月1日から適用される医師の時間外労働の年間の上限は、一般の労働者と同程度である960時間（A水準）となります（休日労働を含みます。）。しかし、医療機関が、地域医療の確保などの必要からやむを得ず、所属する医師にこれを上回る時間外・休日労働を行わせる必要がある場合は、その理由に応じて、都道府県知事から指定を受けることにより、その上限を年1860時間まで認める仕組みがとられます。

　また、これと併せて、医師の健康確保の観点から、時間外・休日労働時間が月の上限を超えることが見込まれる医師に対する面接指導や、勤務間インターバルの確保といった措置の実施が、医療機関の管理者に義務づけられます（追加的健康確保措置）。

指定区分水準に応じた時間外労働の上限時間と健康確保措置

医療機関に適用する水準 （長時間労働が必要な理由）		年の上限時間 （休日労働含む）	健康確保措置	
A水準	原則（指定取得は不要）	960 時間	時間外・休日労働が月100時間以上と見込まれる医師への面接指導の実施義務	勤務間インターバルは努力義務
連携B水準	他院と兼業する医師の労働時間を通算すると長時間労働となるため	通算で1,860 時間 （各医療機関では960 時間）		勤務間インターバル（休息時間）の確保義務 （※時間外・休日労働が年960時間を超えることが見込まれる者が対象）
B水準	地域医療の確保のため	1,860 時間		
C-1 水準	臨床研修・専門研修医の研修のため	1,860 時間		
C-2 水準	長時間修練が必要な技能の修得のため	1,860 時間		

●05 変形労働時間制──弾力的な労働時間制度

（1）変形労働時間制の種類と概要

（Ⅰ）1カ月単位の変形労働時間制

　1カ月以内の一定の期間について、平均して1週間あたりの労働時間が法定労働時間（40時間が原則）を超えなければ、1日8時間を超える日または1週40時間を超える週があっても法違反になりません。
（☞詳しくは56〜59ページ）

　　　　　　　　　　　　　　　労基法32条の2

（Ⅱ）フレックスタイム制

　3カ月以内の一定期間（清算期間）の総労働時間を定めておき、労働者がその範囲で各日の始業・終業時刻を選択して働くことができるのがこの制度の特徴です。

　清算期間について、平均して1週間あたりの労働時間が法定労働時間（40時間が原則）を超えなければ、法定労働時間を超える日または週があっても時間外労働とはなりません。
（☞詳しくは60〜62ページ）

　　　　　　　　　　　　　　　労基法32条の3

（Ⅲ）1年単位の変形労働時間制

　1カ月を超え、1年以内の一定の期間について、平均して1週間あたりの労働時間が法定労働時間（40時間）を超えなければ、1日8時間を超える日または1週40時間を超える週があっても法違反になりません。
（☞詳しくは63〜67ページ）

　　　　　　　　　　　　　　　労基法32条の4

《例》夏場が忙しいアイスクリーム会社

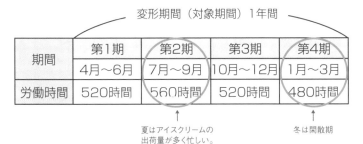

	第1期	第2期	第3期	第4期
期間	4月〜6月	7月〜9月	10月〜12月	1月〜3月
労働時間	520時間	560時間	520時間	480時間

変形期間（対象期間）1年間

夏はアイスクリームの出荷量が多く忙しい。　　冬は閑散期

●変形労働時間制

　業種や業務の内容によっては、いつも業務量が一定しているとは限りません。忙しいときとゆとりのあるときとの波があって、必ずしも1日ないし1週間の所定労働時間を原則どおりに組むことができないことも少なくないでしょう。

　そこで労基法は、一定の条件のもとで、労働時間を弾力的に組む「変形労働時間制」を認めています。一定期間の中で業務の繁閑に応じて、原則週平均40時間となるように労働時間をおさめれば、特定の週や日に法定労働時間を超えても法違反にならないという制度です。これにより、業務の状況に応じて効率的な労働時間の配分ができますので、全体として労働時間の短縮にもつながります。

●変形労働時間制の活用
[1カ月単位の変形労働時間制]
☞例えばこんなときに……
・月初めは比較的ヒマだが、月末締めであるため、月末の1週間が忙しいとき

[フレックスタイム制]
☞例えばこんなときに……
・子どもを保育所に預けてから出勤する労働者がいる場合
・自宅に介護を要する人がいる場合

[1年単位の変形労働時間制]
☞例えばこんなときに……
・年末が決算期に入るため、12〜1月が忙しい場合
・商品が季節物であるため、1年の特定の時期に受注が集中する場合

●特例措置対象事業場と変形労働時間制

　特例措置対象事業場では、週の法定労働時間が44時間とされています。

　このような事業場が変形労働時間制をとる場合、（Ⅰ）1カ月単位の変形制・（Ⅱ）フレックスタイム制（清算期間が1カ月以内）については、1週あたり平均44時間以内となるように労働時間を組めば

法違反となりません。

これに対して、(Ⅱ)フレックスタイム制(清算期間が1カ月超)、(Ⅲ)1年単位の変形制では、例外なく1週あたり平均して40時間、(Ⅳ)1週間単位の非定型的変形制では、例外なく1週40時間を超えないように労働時間を組む必要があります。
(☞特例措置対象事業場について38ページ参照)

☞ 変形労働時間制をとる場合の手続きなどの詳細については、最寄りの監督署へお問い合わせください。

Q63　1カ月単位の変形制において法定労働時間を超える日や週について、労働時間の限度はありますか?

A　1カ月単位の変形制では、平均して1週あたりの労働時間が40時間(特例措置対象事業場では44時間)以内におさまればよいので、とくに1日または1週の労働時間について限度が設けられているわけではありません。

もっとも、例えば1日15時間という労働時間が妥当かどうかは、安全・健康等の面からも配慮する必要があります。

（Ⅳ）1週間単位の非定型的変形労働時間制

労働者の数が29人以下の小売業、旅館、料理店および飲食店について、1週間の労働時間が40時間の枠内におさまっていれば、1日について10時間まで労働させることができます。　　　　労基法32条の5

以上のような変形労働時間制のうち、比較的多く利用されている1カ月単位および1年単位の変形労働時間制、フレックスタイム制について、詳しく見ていきましょう。

（2）1カ月単位の変形労働時間制
［1］1カ月単位の変形労働時間制とは

1カ月単位の変形労働時間制は、月締め処理などの業務の忙しい時期が毎月見込まれる場合などに利用できます。この場合、忙しい時期の所定労働時間が1日8時間、1週40時間の原則を超えていても、1カ月で平均して1週間あたり40時間(特例措置対象事業場(☞**38ページ参照**)は44時間)以内になっていれば時間外労働の扱いをしなくて済むので、柔軟に労働時間を設定できます。

《例》毎月月末が忙しくなる場合
　　　休日‥毎週日曜日・祝日、土曜日は隔週で休日
　　　変形期間‥1日から31日までの1カ月間

日	月	火	水	木	金	土
			1	2	3	4
			7時間	7時間	7時間	4時間
5	6	7	8	9	10	11
休み	7時間	7時間	7時間	7時間	7時間	休み
12	13	14	15	16	17	18
休み	休み	7時間	7時間	7時間	7時間	4時間
19	20	21	22	23	24	25
休み	7時間	7時間	7時間	7時間	7時間	休み
26	27	28	29	30	31	
休み	8時間	8時間	8時間	9時間	9時間	

最後の週(27日〜31日まで)の労働時間は42時間となり、1週40時間を超えていますが、1カ月間トータルで見れば、次の計算のとおり、平均して1週間あた

り40時間を超えていないので、時間外労働の扱いをする必要はありません。

【1週間あたりの平均労働時間】

= <u>169時間</u> ÷（31日÷7）= 38.16時間 ＜ 40時間
　　↑　　　　　　　　　↑
　この月の　　　　　この月を
　総労働時間　　　週に換算

---

［2］1カ月単位の変形労働時間制をとる場合の手続き

　1カ月単位の変形労働時間制は、就業規則その他これに準ずるもので定め、または労使協定の締結により導入することができます。

1カ月単位の変形労働時間制を就業規則などによって実施する場合の手続き

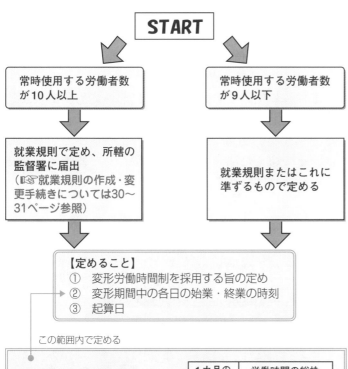

Q64　労働者が9人以下の事業場で1カ月単位の変形制をとる場合は、必ず労使協定によらなければなりませんか？

A　労働者が9人以下の事業場では、1カ月単位の変形制の導入にあたっては、労使協定の締結・届出の方法によるほか、就業規則またはこれに準ずるものに規定し周知する方法も認められています。
　なお、この準ずるものに関し、9人以下の事業場においては、就業規則の作成・届出義務はありませんが、就業規則を作ることはむしろ望ましいことです。

注意！

　労使協定の締結によって実施する場合には、①変形期間と変形期間の起算日、②対象となる労働者の範囲、③変形期間中の各日および各週の労働時間、④協定の有効期間について協定し、所轄の監督署に届出を行う必要があります。
　なお、常時10人以上の労働者を使用する事業場が労使協定を締結し届出を行う場合には、左図のとおり就業規則（変更）の届出も必要となります。

（労働時間及び休憩時間）

　第○条　労働時間は、毎月１日を起算日とする１か月単位の変形労働時間制によることとする。

　　２　１日の所定労働時間は、７時間30分とする。ただし、毎月月末の５労働日の所定労働時間は、９時間とする。

　　３　始業・終業時刻及び休憩時間は次のとおりとする。

	始業時刻	終業時刻	休憩時間
月末の５労働日	８時30分	18時30分	正午から13時まで
上記以外の労働日	８時30分	17時	

Q65　他の週に休日を振り替えた結果、あらかじめ定めたその週の労働時間を超えた場合も割増賃金を支払わなければなりませんか？

A　例えば、１カ月単位の変形制で事前に定めた週の労働時間が40時間の週から、48時間の週へ休日を振り替えても、変形期間内の総労働時間に変動はありません。しかし、40時間とあらかじめ協定で定めた週については、休日の振替によって労働日が増え、40時間を超えることになりますから、その部分は時間外労働として、割増賃金を支払わなければならなくなります。

［３］１カ月単位の変形労働時間制をとる場合の時間外労働の考えかた

　１カ月単位の変形労働時間制においても、あらかじめ就業規則や労使協定などで定めた各日・各週の労働時間を超え、労働時間の総枠を超えてしまう場合には、その超えた部分は時間外労働として割増賃金を支払わなければなりません。

１カ月単位の変形労働時間制のもとで時間外労働となる時間

①１日についての時間外労働
　あらかじめ8時間を超える時間を定めた日はその時間を超えて、それ以外の日は8時間を超えて労働させた時間

②１週についての時間外労働
　あらかじめ40時間（特例措置対象事業場は44時間）を超える時間を定めた週はその時間を超えて、それ以外の週は40時間（特例措置対象事業場は44時間）を超えて労働させた時間

③対象期間についての時間外労働
　対象期間（変形制をとる期間）における法定労働時間の総枠を超えて労働した時間（①②で時間外労働となる時間を除きます。）

1カ月単位の変形労働時間制における時間外労働の考えかた

《例》変形期間が1カ月（起算日：毎月1日）、所定労働時間が月間で165時間の場合

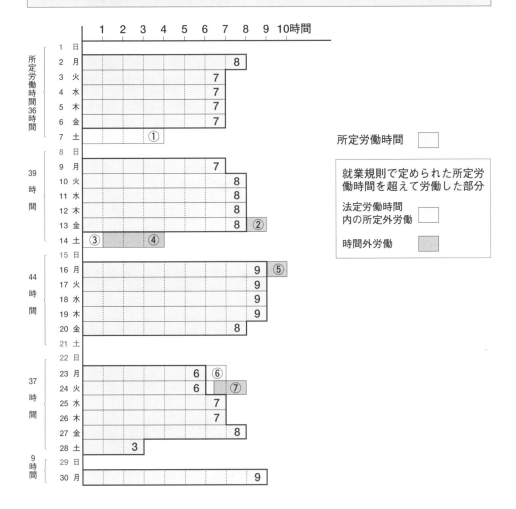

所定労働時間 ☐

就業規則で定められた所定労働時間を超えて労働した部分

法定労働時間内の所定外労働 ☐

時間外労働 ▨

①は、1日について見れば法定の8時間以内であり、1週間でも法定の40時間を超えておらず、1カ月で見ても1カ月の法定労働時間の総枠171.4時間（※）を超えてないので、この週の所定労働時間を超えていても、時間外労働とはなりません。

②は、1日の法定労働時間の8時間を超えているので、時間外労働となります。

③は、②の部分を除いて1日8時間、1週40時間、1カ月171.4時間を超えていないので、時間外労働とはなりません。

④は、1日8時間を超えていませんが、1週40時間を超えるため、時間外労働となります。

⑤は、所定労働時間（9時間）を超え、1日の法定労働時間も超えているので時間外労働となります。

⑥は、1日8時間、1週40時間、1カ月171.4時間を超えていないので、時間外労働とはなりません。

⑦は、1日8時間、1週40時間以内ですが、1カ月で見た場合は、所定労働時間と①③⑥⑦の合計が173時間となるため、1カ月の法定労働時間の総枠171.4時間を超えた1.6時間が時間外労働となります。

※1週間の法定労働時間（40）× $\dfrac{1カ月の日数（設例では30日）}{7}$ ≒171.4

（3）フレックスタイム制

［1］フレックスタイム制とは

フレックスタイム制とは、3カ月以内の一定期間（清算期間）の総労働時間を定めておき、労働者がその範囲内で各日の始業および終業の時刻を選択して働く制度です。

清算期間を単位として、清算期間中の労働時間が平均して週あたりの法定労働時間を超えないように所定労働時間を決めます。

［2］フレックスタイム制をとる場合の手続き

フレックスタイム制を実施するときは、次の手続きをとることが必要です。

要件1 就業規則その他これに準ずるものに、始業・終業の時刻を労働者の決定に委ねる旨を定めること

要件2 書面による労使協定で制度の内容を定めること

【定めること】
①対象労働者の範囲
②清算期間（3カ月以内）
③清算期間における総労働時間
④標準となる1日の労働時間
⑤コアタイムを定める場合はその時間帯の開始・終了時刻
⑥フレキシブルタイムを定める場合はその時間帯の開始・終了時刻
⑦清算期間が1カ月を超える場合は協定の有効期間

●清算期間

フレックスタイム制において、労働契約上労働者が労働すべき時間を定める期間で、3カ月以内とされています。1カ月単位、1週間単位等でも可能です。

●清算期間における総労働時間

フレックスタイム制において、労働契約上労働者が労働すべき時間です。要するに所定労働時間のことであり、所定労働時間は清算期間を単位として定めることになります。この時間は、清算期間を平均し1週間の労働時間が法定労働時間の範囲内となるように定める必要があります。

●フレキシブルタイムとコアタイム

フレキシブルタイムとは、労働者がその選択によって労働することができる時間帯をいい、これに対してコアタイムとは、労働者が必ず労働しなければならない時間帯をいいます。

これらの時間帯は、必ずしも設けなければならないものではありませんが、設ける場合には必ず、労使協定でその開始および終了の時刻を定める必要があります。

フレックスタイム制

《例》

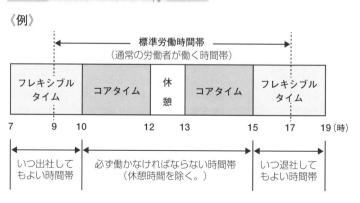

要件3 労使協定を所轄の監督署へ届け出ること
（清算期間が1カ月を超える場合のみ）

［3］清算期間が1カ月を超える場合

清算期間が1カ月を超え3カ月以内の制度による場合は、当該清算期間を1カ月ごとに区分した各期間（最後に1カ月未満の期間を生じたときには、当該期間）ごとに当該各期間を平均し1週間あたりの労働時間が50時間を超えない範囲内で労働させなければなりません。

また、1週間あたり50時間を超えて労働させた場合は、その超えた時間について、当該月における割増賃金の支払いが必要となります。

［4］時間外労働となる時間

フレックスタイム制のもとで時間外労働となる時間は次のとおりです。

①清算期間が1カ月以内の場合

▶ 清算期間における実労働時間数のうち、法定労働時間の総枠を超えた時間

清算期間における実労働時間数	−	週の法定労働時間	×	清算期間における暦日数 / 7

②清算期間が1カ月を超え3カ月以内の場合

▶ **A** と **B** の合計

A 清算期間を1カ月ごとに区分した各期間*における実労働時間のうち、各期間を平均し1週間あたり50時間を超えて労働させた時間

清算期間を1カ月ごとに区分した期間*における実労働時間数	−	$50 \times$ 清算期間を1カ月ごとに区分した期間*における暦日数 / 7

B 清算期間における総労働時間のうち、その清算期間の法定労働時間**の総枠を超えて労働させた時間
（ **A** で算定された時間を除く）

＊最後に1カ月未満の期間を生じたときは当該期間
＊＊特例措置対象事業場も週あたり40時間

注意！
清算期間が1カ月を超えるフレックスタイム制を導入する場合に、労使協定の届出をしないと罰則の適用があります（☞協定届は ダウンロード記載例 ⑯参照）。

●清算期間の上限

平成30年の法改正により、フレックスタイム制の清算期間の上限が1カ月から3カ月に延長されました。

従来、清算期間中の総労働時間と実労働時間に過不足があった場合に、1カ月以内の清算期間ごとに、割増賃金の支払いや欠勤の取り扱いにする等の必要がありましたが、改正により、最大3カ月の期間の中で、労働時間の過不足を調整することが可能になりました。

なお、清算期間を1カ月ごとに区分した各期間において、1週間あたり50時間を超えた労働時間については、その月ごとに割増賃金を支払う必要があります。

注意！
フレックスタイム制のもとで時間外・休日労働をさせる場合も、36協定の締結・届出が必要です。

なお、フレックスタイム制の場合は、1日について延長することができる労働時間を協定する必要はありません。

注意！
特例措置対象事業場については、清算期間が1カ月以内の制度を採用する場合は、清算期間全体を平均し週あたりの労働時間が超えてはならない時間は「44時間」となります。

一方、清算期間が1カ月を超える制度を採用する場合は、特例措置対象事業場であっても、清算期間全体を平均し週あたりの労働時間が超えてはならない時間は、「40時間」となります。

Q66　フレックスタイム制では、休日労働の取り扱いはどうなるのですか？

A　フレックスタイム制のもとで、休日労働（原則１週１日の法定休日の労働）を行った場合には、休日労働の時間は、清算期間における総労働時間や時間外労働とは別個のものとして取り扱われます。

　なお、休日労働をした時間については、35％以上の割増賃金率で計算した賃金の支払いが必要です。

総労働時間	休日労働		法定労働時間の総枠を超えていたら時間外労働となる
	休日労働以外	時間外労働	
		法定内労働	

つまり

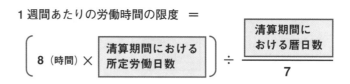

A　１カ月ごとに、週平均50時間を超えた時間

＋

B　清算期間を通じて、法定労働時間の総枠を超えて労働した時間（ A の時間を除く）

が時間外労働となる

［5］適用期間が短い者の取り扱い

　清算期間が１カ月を超えるフレックスタイム制で労働させた期間が、その清算期間よりも短い労働者については、その労働させた期間を平均して１週間あたり40時間を超えて労働させた時間について、労基法37条の規定に従い、割増賃金を支払わなければなりません。

［6］完全週休２日制の場合の清算期間における労働時間の限度

　完全週休２日制のもとでフレックスタイム制をとる場合には、労使協定で「所定労働日数×８時間」の時間数を清算期間における法定労働時間の総枠とすることができます。

$$
１週間あたりの労働時間の限度 = \left(8（時間） \times \boxed{\begin{array}{c}\text{清算期間における}\\\text{所定労働日数}\end{array}} \right) \div \frac{\boxed{\begin{array}{c}\text{清算期間に}\\\text{おける暦日数}\end{array}}}{7}
$$

（4） 1年単位の変形労働時間制

［1］ 1年単位の変形労働時間制とは

　1年単位の変形労働時間制とは、1カ月を超え1年以内の期間内で、業務に繁閑の差がある場合に、繁忙期に長い労働時間を、閑散期に短い労働時間を設定することにより、効率的に労働時間を配分し、年間の総労働時間の短縮を図ることを目的とした制度です。

［2］ 1年単位の変形労働時間制をとる場合の手続き

　1年単位の変形労働時間制を実施するときの要件は、次のとおりです。

要件1 対象期間は1カ月を超え1年以内とすること

　1年が最長期間ですから、1年はもちろん、2カ月、3カ月、6カ月などの対象期間を採用することが可能です。

要件2 対象期間を平均した1週間あたりの所定労働時間は40時間以下とすること

　対象期間を平均して、1週あたり40時間を超えないように、対象期間内の各日、各週の所定労働時間を全期間にわたって定めなければなりません（例外あり。☞右欄参照）。

　対象期間の所定労働時間の総枠は、次の計算式で求めます。

$$40\ 時間 \times \frac{対象期間の暦日数}{7}$$

要件3 対象期間における労働日数は、1年間に280日以内とすること　※対象期間が3カ月を超える場合

　対象期間が1年未満の場合は次の計算式で労働日数の上限を求めます。

$$280\ 日 \times \frac{対象期間中の暦日数}{365\ 日}$$

●各日・各週の所定労働時間を全期間にわたって定めない場合の取り扱い
　対象期間を1カ月以上の期間に区分することとした場合には、
　①最初の期間における労働日
　②最初の期間における労働日ごとの労働時間数
　③最初の期間を除く各期間における労働日数
　④最初の期間を除く各期間における総労働時間数
を定めればよいこととなっています。
　この場合、最初の期間を除く各期間の労働日と労働日ごとの労働時間については、遅くてもその期間の始まる日の30日前に、労働者代表（☞35〜36ページ参照）の同意を得て、書面により定めなければなりません。

●最長労働時間の例外

　隔日勤務のタクシー運転者の１日の限度時間は16時間です。

　また、積雪地域の建設業の屋外労働者等については制限が設けられていません。

要件4 1日の所定労働時間は最長10時間まで、1週間の所定労働時間は最長52時間までとすること

　対象期間が３カ月を超える場合には、さらに次のような制限（例外あり。☞**左欄参照**）があります。

①週48時間を超える所定労働時間を設定するのは連続3週以内とすること。

②対象期間を初日から3カ月ごとに区切った各期間において、週48時間を超える所定労働時間を設定した週の初日の数が3以内であること。

週48時間を超える場合の要件

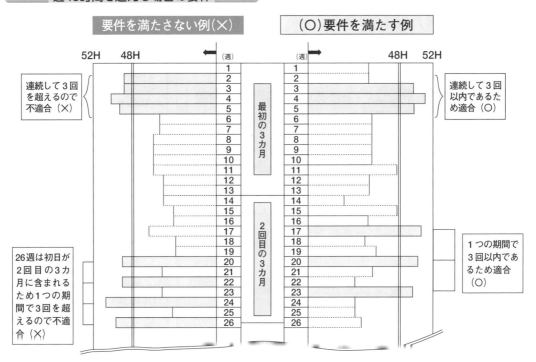

要件5 連続して労働する日数は最長6日までとすること

　ただし、特定期間（労使協定により対象期間のうちとくに繁忙な時期として定めた期間をいいます。）を設けた場合には、１週１日の休日を確保できる日数、すなわち、最長12日まで延長することができます。

要件6 労働時間が法定労働時間を超えた場合には、その超えた時間について割増賃金を支払うこと

（時間外労働の考えかたについては☞58ページ参照）

要件7 上記要件1〜6を満たすとともに、次の事項について労使協定を締結し、これを監督署に届け出ること

また、常時10人以上の労働者を使用している事業場については、1年単位の変形労働時間制を採用する旨を就業規則に記載し、これを監督署に届け出ること

① 対象労働者の範囲
② 対象期間および起算日
③ 特定期間を定める場合にはその期間
④ 労働日および労働日ごとの労働時間
⑤ 労使協定の有効期間

（☞1年単位の変形労働時間制に関する協定届は ダウンロード記載例⑰参照）

注意！

1年単位の変形労働時間制のもとで時間外労働になる時間について、58ページの下枠中の②は、特例措置対象事業場であっても、「44時間」ではなく「40時間」と読み替えてください。

Q67 1年単位の変形労働時間制の対象者に、中途採用者や中途退職者を含めることはできるのでしょうか？

A できます。この場合、対象期間より短い期間労働した人に対しては、これらの労働者が実際に勤務した期間を平均して週40時間を超えて働いた時間（次の計算式で求めます。）について、割増賃金の清算を行わなければなりません。

$$\boxed{\begin{array}{c}\text{実勤務期間における}\\\text{実労働時間}\end{array}} \quad - $$

$$\frac{\boxed{\begin{array}{c}\text{実勤務期間の}\\\text{暦日数}\end{array}}}{7日} \times \boxed{40時間}$$

1年単位の変形労働時間制──就業規則の規定例 ●●●●●●●●●●

第○条　労使協定により1年単位の変形労働時間制を採用し、所定労働時間は対象期間を平均して1週40時間以内とする。ただし、1年単位の変形労働時間制が適用されない場合については、1週40時間とする。

2　1年単位の変形労働時間制の労働日ごとの所定労働時間、始業・終業時刻及び休憩時間は、次のとおりとする。

なお、年間における休日は、別紙（**注：別紙は67ページ**）に定める年間カレンダー表によるものとする。

月	所定労働時間	始業時刻	終業時刻	休憩時間
3月、7月 12月	8時間30分	午前8時30分	午後6時	正午〜 午後1時
1月〜2月 4月〜6月 8月〜11月	7時間30分	午前9時	午後5時30分	同上

3　第1項の対象期間は1年間とし、その起算日は毎年1月1日からとする。

1年単位の変形労働時間制に関する労使協定

　○○株式会社と従業員代表○○○○は、1年単位の変形労働時間制に関し、次のとおり協定する。

（勤務時間）
第1条　所定労働時間は、1年単位の変形労働時間制によるものとし、1年を平均して週40時間を超えないものとする。
　　2　1日の所定労働時間、始業・終業の時刻、休憩時間は次のとおりとする。
　　　　①　3月、7月、12月　　所定労働時間　1日　8時間30分
　　　　　　　　　　　　　　　（始業　午前8時30分、終業　午後6時、
　　　　　　　　　　　　　　　休憩　正午〜午後1時）
　　　　②　前記①以外の期間　（1月〜2月、4月〜6月、8月〜11月）
　　　　　　　　　　　　　　　所定労働時間　1日　7時間30分
　　　　　　　　　　　　　　　（始業　午前9時、終業　午後5時30分、
　　　　　　　　　　　　　　　休憩　正午〜午後1時）

（起算日）
第2条　対象期間の起算日は令和○年1月1日とする。

（休　日）
第3条　休日は、別紙（**注：別紙は次ページ**）年間カレンダーのとおりとする。

（特定期間）
第4条　特定期間は次のとおりとする。
　　　　　　（3月5日〜3月16日）

（対象となる従業員の範囲）
第5条　本協定による変形労働時間制は、次のいずれかに該当する従業員を除き、全従業員に適用する。
　　　　①　18歳未満の年少者
　　　　②　妊娠中または産後1年を経過しない女性従業員のうち、本制度の適用免除を申し出た者
　　　　③　育児や介護を行う従業員、職業訓練または教育を受ける従業員その他特別の配慮を要する従業員に該当する者のうち、本制度の適用免除を申し出た者

（有効期間）
第6条　本協定の有効期間は、起算日から1年間とする。

　　　　　　　令和○年12月26日

　　　　　　　　　　　　　○○株式会社　代表取締役　　○○○○　印
　　　　　　　　　　　　　従業員代表　製造第二課係長　○○○○　印

[別紙] 年間カレンダー　令和○年1月〜令和○年12月

1月

日	月	火	水	木	金	土
			(1)	(2)	(3)	(4)
(5)	6	7	8	9	10	(11)
(12)	(13)	14	15	16	17	(18)
(19)	20	21	22	23	24	(25)
(26)	27	28	29	30	31	

2月

日	月	火	水	木	金	土
						(1)
(2)	3	4	5	6	7	8
(9)	(10)	(11)	12	13	14	(15)
(16)	17	18	19	20	21	(22)
(23)	24	25	26	27	28	

3月

日	月	火	水	木	金	土
						1
(2)	3	4	(5)	6	7	8
9	10	11	(12)	13	14	15
(16)	17	18	19	20	(21)	(22)
(23)	24	25	26	27	28	29
(30)	31					

4月

日	月	火	水	木	金	土
		1	2	3	4	(5)
(6)	7	8	9	10	11	(12)
(13)	14	15	16	17	18	(19)
(20)	21	22	23	24	25	26
(27)	28	(29)	30			

5月

日	月	火	水	木	金	土
				1	2	(3)
(4)	(5)	6	7	8	9	(10)
(11)	12	13	14	15	16	(17)
(18)	19	20	21	22	23	(24)
(25)	26	27	28	29	30	(31)

6月

日	月	火	水	木	金	土
(1)	2	3	4	5	6	(7)
(8)	9	10	11	12	13	(14)
(15)	16	17	18	19	20	(21)
(22)	23	24	25	26	27	(28)
(29)	30					

7月

日	月	火	水	木	金	土
		1	2	3	4	(5)
(6)	7	8	9	10	11	12
(13)	14	15	16	17	18	19
(20)	(21)	22	23	24	25	26
(27)	28	29	30	31		

8月

日	月	火	水	木	金	土
					1	(2)
(3)	4	5	6	7	8	(9)
(10)	(11)	(12)	(13)	(14)	(15)	(16)
(17)	18	19	20	21	22	(23)
(24)	25	26	27	28	29	(30)
(31)						

9月

日	月	火	水	木	金	土
	1	2	3	4	5	(6)
(7)	8	9	10	11	12	(13)
(14)	(15)	16	17	18	19	(20)
(21)	(22)	(23)	24	25	26	(27)
(28)	29	30				

10月

日	月	火	水	木	金	土
			1	2	3	(4)
(5)	6	7	8	9	10	(11)
(12)	(13)	14	15	16	17	(18)
(19)	20	21	22	23	24	(25)
(26)	27	28	29	30	31	

11月

日	月	火	水	木	金	土
						1
(2)	(3)	4	5	6	7	(8)
(9)	10	11	12	13	14	(15)
(16)	17	18	19	20	21	(22)
(23)	(24)	25	26	27	28	(29)
(30)						

12月

日	月	火	水	木	金	土
	1	2	3	4	5	6
(7)	8	9	10	11	12	13
(14)	15	16	17	18	19	20
(21)	(22)	(23)	24	25	26	27
(28)	29	(30)	(31)			

※○数字は休日、下線の7日間は48時間を超える週

●06　労働時間の管理が難しいとき

　例えば、外回りの営業職や、専門的な知識・技術を要する業務など、管理者が労働時間を正確に管理したり、仕事のやりかたをあれこれ指示するのが困難で、ある程度労働者自身の裁量に委ねたほうが都合のよい場合があります。このような場合には、次の制度により、一定の時間働いたものとみなすことができます。

（1）事業場外のみなし労働時間制

　事業場の外で業務を行う場合、管理者がその労働者についていって労働時間や仕事を管理することはできません。労働者が外に出て働いている間、具体的な仕事の進めかたや時間配分などは、どうしても本人の判断に任せざるを得ない場合があります。

　このように、具体的な指揮監督の及ばない事業場外で仕事をする場合で、一定の要件を満たすときは、労働時間について、一定の時間（みなし労働時間）働いたものとみなそうというのがこの制度の趣旨です。

労基法38条の2

対象となるのは？	事業場外の仕事で、使用者の指揮監督が及ばず、労働時間の算定が困難な業務 次のような場合は適用できません。 ①グループで仕事をする場合で、そのメンバーの中に労働時間の管理をする者がいる場合 ②携帯電話等によって随時使用者の指示を受けながら仕事をしている場合 ③事業場において、訪問先、帰社時刻等当日の業務の具体的指示を受けた後、指示どおりに業務に従事し、その後事業場に戻る場合
労働時間の取り扱いは？	【原則】所定労働時間 労働したものとみなします。 ↓ 【所定労働時間では終わらない場合】 　その業務を行うのに通常必要とされる時間 労働したものとみなします。
どんな手続き？	「その業務を行うのに通常必要とされる時間」（労使協定で定めた場合はその時間）が法定労働時間を超える場合のみ、所轄の監督署へ届出を行います。

Q68 「その業務を行うのに通常必要とされる時間」とは、具体的にはどのように考えればよいのでしょうか？

A　例えば、ある事業場外での業務について、8.5時間で済むこともあれば、9.5時間要することもあるが、平均すれば9時間かかるような場合であれば、「その業務を行うのに通常必要とされる時間」は9時間となります。

（2）裁量労働制

　裁量労働制とは、業務の時間配分や仕事の進めかたについて、使用者が具体的な指示をするのではなく、労働者の裁量に委ねた場合に、労使であらかじめ定めた時間働いたものとみなす制度です。

　裁量労働制には、①専門業務型裁量労働制と②企画業務型裁量労働制の2種類があります。

●裁量労働制をとるときの注意
　裁量労働制は、あらかじめ決められた時間労働したものとみなす制度ですが、使用者が全く勤務状況を把握しなくてよいわけではありません。
　裁量労働制のもとでも、例えば、タイムカードなどで出退時刻などの記録をとったり、定期的に業務報告をさせるなどによって、勤務状況の把握が必要でしょう。
　また、労基法では、労働時間の状況に応じ労働者の健康や福祉を確保するための措置を協定・決議し、使用者が実施すべきことを定めています。

	専門業務型	企画業務型
対象となる労働者	研究開発業務や情報処理システムの分析または設計の業務など専門的な19（※)の業務に就く労働者	事業運営の企画、立案、調査および分析の業務を行う労働者で、業務の遂行手段や時間配分を自らの裁量で決定する者
労働時間の取り扱い	労使協定で定めた時間働いたものとみなす。	労使委員会の決議で定めた時間働いたものとみなす。
実施手続き	労使協定で制度の内容を定め、その協定を所轄の監督署へ届け出る。	労使委員会で制度の内容を定め、その決議を所轄の監督署へ届け出る。

（※）令和6年4月から、「銀行・証券会社におけるM&Aアドバイザーの業務」が追加され、20業務となる。

[１] 専門業務型裁量労働制　　労基法38条の3

専門業務型裁量労働制の導入手続き

労使協定で制度の内容を定める

使用者 → 労使協定 → 労働者代表 （☞35〜36ページ）

労使協定で定める事項

（☞35〜36ページ）

① 制度の対象とする業務
② 1日の労働時間としてみなす時間（みなし労働時間）
③ 業務の遂行方法、時間配分などについて従事する労働者に具体的な指示をしないこと
④ 対象労働者の労働時間の状況に応じた健康・福祉確保措置
⑤ 苦情処理に関する措置
⑥ 制度の適用にあたって労働者本人の同意を得ること
⑦ 制度の適用に労働者が同意をしなかった場合に不利益な取り扱いをしないこと
⑧ 制度の適用に関する同意の撤回の手続き
⑨ 労使協定の有効期間（3年以内が望ましい）
⑩ 労働時間の状況、健康・福祉確保措置の実施状況、苦情処理措置の実施状況、同意および同意の撤回の労働者ごとの記録を協定の有効期間中およびその期間満了後5年間（当面の間は3年間）保存すること

※色文字部分は令和6年4月1日から追加

届出

所轄の監督署

[２] 企画業務型裁量労働制　　労基法38条の4

企画業務型裁量労働制の導入手順

❶ 労使委員会を設置する

【委員会の要件】

① 委員会の委員の半数については、労働者代表（☞35〜36ページ）に任期を定めて指名されていること。
② 委員会の議事について、議事録が作成・保存されるとともに、労働者に対する周知が図られていること。
③ 委員会の運営規程が定められていること。

（☞35〜36ページ）

定める事項

　イ　委員会の招集・定足数・議事に関する事項
　ロ　対象労働者に適用される評価制度およびこれに対応する賃金制度の内容の説明に関する事項
　ハ　制度の趣旨に沿った適正な運用の確保に関する事項（制度の実施状況の把握の頻度や方法など）
　ニ　開催頻度（6月以内ごとに1回）
　ホ　その他委員会の運営に必要な事項

※色文字部分は令和6年4月1日から追加

注意！

以下では、令和6年4月1日から適用される労基則等、改正後の裁量労働制の内容について説明しています。

4 労働時間等

●労使委員会

企画業務型裁量労働制をとる場合は、労使協定ではなく労使委員会の決議が必要とされていることに特徴があります。

労使委員会は、労使が労働条件を審議する機関であることから、委員会の決議をもって、他の労働時間や年次有給休暇に関する協定に代えることができます。このうち、36協定に代えて時間外労働・休日労働に関する決議をした場合は、その決議を所轄の監督署へ届け出る必要があります。

●労働者側委員の選出

労働者代表の指名による労使委員会の労働者側委員は、使用者の意向に基づくものであってはならないとされています。

また、使用者は、指名された委員が労使委員会の決議等に関する事務を円滑に遂行できるよう必要な配慮をしなければなりません。
（令和6年4月から）

Q69 当社では、本社から営業基本方針が示されており、具体的な営業計画は支店ごとに策定することになっています。この場合でも企画業務型裁量労働制を支店に導入できますか？

A 本社・本店に限らず、その事業場に関する事業の運営に影響を及ぼすような独自の事業計画や営業計画の策定を行う事業場であれば対象事業場となります。
　逆に、本社などから具体的な指示を受けて個別の営業活動のみを行っている事業場は、対象にはなりません。

Q70 対象労働者に適用される賃金・評価制度を変更する場合は、事前に労使委員会に説明しなければならないのでしょうか？

A 対象労働者に適用される評価制度・賃金制度の変更の内容については、労使委員会に事前に説明することが原則です。事前に説明することが困難な場合であっても、変更後遅滞なく説明する必要があります。

Q71 令和6年4月から、監督署への定期報告は、決議の有効期間の始期から6カ月以内の報告の後は、1年以内ごとに1回とのことですが、1年しないうちに有効期間が終わってしまう場合は、定期報告をしなくてもよいでしょうか？

A 有効期間が満了した場合であっても有効期間中の制度の実施状況に係る報告が必要です。
　例えば、有効期間が1年の場合に、有効期間の始期から6カ月後に1回目の定期報告後、1年以内に、残りの有効期間中の実施状況について、2回目の定期報告をする必要があります。

2 労使委員会で決議する～委員の5分の4以上の多数で決議

【決議事項】

① 制度の対象とする業務
② 対象労働者の範囲
③ 1日の労働時間としてみなす時間（みなし労働時間）
④ 対象労働者の労働時間の状況に応じて実施する健康・福祉を確保するための措置
⑤ 対象労働者からの苦情の処理のため実施する措置
⑥ 制度の適用に当たって労働者本人の同意を得ること
⑦ 制度の適用に労働者が同意をしなかった場合に不利益な取り扱いをしないこと
⑧ 制度の適用に関する同意の撤回の手続き
⑨ 対象労働者に適用される賃金・評価制度を変更する場合に、労使委員会に変更内容の説明を行うこと
⑩ 労使委員会の決議の有効期間（3年以内が望ましい）
⑪ 労働時間の状況、健康・福祉確保措置の実施状況、苦情処理措置の実施状況、同意および同意の撤回の労働者ごとの記録を決議の有効期間中およびその期間満了後5年間（当面の間は3年間）保存すること

※色文字部分は令和6年4月1日から追加

3 所轄の監督署長へ決議を届け出る

4 対象労働者の同意を書面等で得る

　使用者は、下記の事項を明示・説明し、書面によるなどして労働者の同意を得る。
　・制度の概要
　・制度の適用に同意した場合に適用される評価制度とこれに対応する賃金制度の内容
　・同意しなかった場合の配置・処遇　　　　　など

5 対象労働者を対象業務に就かせる（制度実施スタート）

制度を導入した後は

■運用の過程で必要なこと

① 対象労働者の労働時間の状況に応じ、健康・福祉確保措置を実施する。
② 対象労働者からの苦情処理措置を実施する。
　　　　　　　　　　　　　　　　　　　　　　　　など

■労働時間の状況、健康・福祉確保措置、対象労働者の同意・同意の撤回の実施状況について、決議の日から6カ月以内ごとに1回＊、所轄の監督署長に報告する。

＊令和6年4月1日からは、決議の有効期間の始期から起算して、初回は6カ月以内に1回、その後は1年以内ごとに1回。

[3] 裁量労働制の運用等に関する留意事項
（専門業務型・企画業務型共通）

① 適用労働者の裁量を確保する

適用労働者から時間配分の決定等に関する裁量が失われたと認められる場合には、労基法の労働時間に関する規定に関して、労働時間のみなしの効果は生じない。

② 労働者の同意・その撤回に関する手続きを明確化する

労使協定または労使委員会の決議で、下記について明確にする。

◆ 制度の概要、制度の適用に同意した場合に適用される評価制度とこれに対応する賃金制度の内容、同意しなかった場合の配置・処遇を、使用者が労働者に明示・説明すること

◆ 同意の撤回の申出方法、申出先の部署・担当者、撤回後の配置・処遇またはその決定方法

③ 適正にみなし労働時間を設定し相応の処遇をする

労使協定または労使委員会でみなし労働時間を設定する際、対象業務の内容、適用労働者に適用される評価制度とこれに対応する賃金制度を考慮して適切な水準のものとなるようにし、適用労働者の相応の処遇を確保する。

④ 健康・福祉確保措置を講ずる

1〜4までの措置、5〜10までの措置をそれぞれ1つずつ以上実施することが望ましい。

とくに把握した対象労働者の勤務状況とその健康状態を踏まえ、3を実施することが望ましい。

事業場の全員を対象	1	勤務間インターバルの確保
	2	深夜労働の回数制限
	3	労働時間の上限措置（一定の労働時間を超えた場合の制度の適用解除）
	4	年次有給休暇についてまとまった日数連続して取得することを含めたその取得促進
個々の対象労働者の状況に応じて講ずる	5	一定の労働時間を超える対象労働者への医師の面接指導
	6	代償休日または特別な休暇の付与
	7	健康診断の実施
	8	心とからだの健康問題についての相談窓口設置
	9	適切な部署への配置転換
	10	産業医等による助言・指導または対象労働者に産業医等による保健指導を受けさせること

注意！

労働者の同意は、「自由な意思」に基づいてなされたものでなければなりません。

例えば、同意に先立ち、導入後の処遇等について、使用者が労働者に誤った説明をしたために、労働者が裁量労働制の適用の是非を適切に検討・判断できないままに同意に至ったというような場合には、自由な意思に基づいて同意されたとはいえません。

この場合には、労働時間のみなしの効果は認められないとされています。

Q72　労使協定や労使委員会の決議で、制度の対象労働者からの同意の撤回を認めないこととすることはできますか？

A　裁量労働制は、同意の撤回が可能であることを前提として、同意の撤回に関する手続きを協定事項や労使委員会の決議事項としています。

したがって、労使協定や労使委員会の決議によって同意の撤回を認めないことを定めることはできません。

Q73　裁量労働制の適用労働者の労働時間の状況を把握する方法として、自己申告制によることも認められますか？

A　裁量労働制の規定（労基法38条の3第1項4号、38条の4第1項4号）の「労働時間の状況」とは、安衛法66条の8の3で把握が義務づけられている「労働時間の状況」（☞152ページ参照）と同じ意味です。

したがって、裁量労働制が適用される労働者の労働時間の状況の把握方法は、タイムカードによる記録、パーソナルコンピュータ等の電子計算機の使用時間の記録等の客観的な方法その他の適切なものであることが必要とされています。やむを得ず客観的な方法により把握し難い

場合には、労働者の自己申告による方法も、「その他の適切な」把握方法と考えられます。

⑤ 適用労働者からの苦情処理体制を整える

◆制度の適用に労働者の同意を得る際に、苦情の申出先、申出方法等を書面で明示する等、苦情処理措置の具体的内容を労働者に説明することが適当。
◆苦情には至らない運用上の問題点についても幅広く相談できる体制を整備することが望ましい。

●07 労働時間などの規定の適用を受けない場合

（1）労働時間規制の適用が除外される労働者

　従事する業種、職業内容の性質上、次のような人には、これまで説明した労働時間、休憩および休日に関する規定が適用されません。ただし、深夜労働および年次有給休暇に関する規定は適用されます。

労基法41条

Q74　主任以上の者を「管理監督者」とすることはできますか？

A　労基法上の管理監督者にあたるのは、「経営者と一体的な立場にある者」とされています。主任、係長、マネージャーなど名称はともかく、権限や待遇などが通常の労働時間の規制になじまないような実態があるかどうかで判断すべきです。
　ただ役職名がついているだけでは「管理監督者」とはいえず、企業・組織の態様にもよりますが、実際これにあたるのはごく限られた人たちです。（☞次ページ参照）

注意！
　③④の労働者について、労働時間などの規定を適用しないようにするには、所轄の監督署へ許可申請の手続きをとる必要があります。

労働時間などの規定が適用されない人

適用されない人	こんな人
①農水産業従事者	農業、畜産、養蚕、水産などの自然条件に左右される業務に従事している人
②管理監督者機密事務取扱者	事業の監督または管理の地位にある人や、機密の事務を取り扱う人で、経営者と一体となって仕事をする人 **例えば……** 工場長、部長、秘書など
③監視・断続的労働従事者	**（イ）監視に従事する人** 　一定部署にあって監視するのを本来の業務とし、常態として身体の疲労または精神的緊張の少ない人 **例えば……**守衛、メーター監視など **（ロ）断続的労働に従事する人** 　労働時間中、常に作業をしているわけではなく、手待ち時間が多く実作業時間が少ない人 **例えば……**学校の用務員、社長付き運転手、寄宿舎の管理人など
④宿日直勤務者	仕事の終了から翌日の仕事の開始までの時間や休日に、事業場で電話応対、巡視など非常事態に備えて待機している人

管理監督者の範囲の適正化 ●●●●●○●●○●●●●○●●●●○●●●

（1） 管理監督者にあたるか否かの判断要素

「管理監督者」とは、労働条件の決定その他労務管理について経営者と一体的な立場にある者をいい、労働時間、休憩、休日の制限を受けません。

会社内で、例えば課長、係長、店長など管理職の地位にある労働者を、実質的には管理監督者としての裁量や責任権限等を与えられていないにもかかわらず、管理監督者として取り扱い、時間外労働手当などが支払われていない不適切な事案も多く見られます。

管理監督者にあてはまるかどうかは、役職名ではなく、その①職務内容、責任と権限、②勤務態様、③賃金等の待遇の実態によって判断されます（解釈例規：昭和22年9月13日発基17号・昭和63年3月14日基発150号）。

管理監督者にあたるか否かの一般的な判断要素

判断要素	内　　容	判断のポイント
職務内容	労働時間、休憩、休日等に関する規制の枠を超えて活動せざるを得ない重要な職務内容を有していること	労働条件の決定その他労務管理について、経営者と一体的な立場にあり、労働時間等の規制の枠を超えて活動せざるを得ない重要な職務内容を有していなければ、管理監督者とはいえない。
責任と権限	労働時間、休憩、休日等に関する規制の枠を超えて活動せざるを得ない重要な責任と権限を有していること	「課長」「リーダー」といった肩書があっても、自らの裁量で行使できる権限が少なく、多くの事項について上司に決裁を仰ぐ必要があったり、上司の命令を部下に伝達するにすぎない者は、管理監督者とはいえない。
勤務態様	現実の勤務態様が、労働時間等の規制になじまないようなものであること	管理監督者は、時を選ばず経営上の判断や対応が要請され、労務管理においても一般労働者と異なる立場にあることが必要。労働時間について厳格な管理をされているような場合は、管理監督者とはいえない。
賃金等の待遇	賃金等について、その地位にふさわしい待遇がなされていること	管理監督者は、その職務の重要性から、定期給与、賞与、その他の待遇において、一般労働者と比較して相応の待遇がなされていなければならない。

なお、多店舗展開する小売業、飲食業等の店舗における店長等については、その管理監督者性を否定する要素を示した通達が発出されています（平成20年9月9日基発0909001号）。

（2） 管理監督者の取り扱い

管理監督者に該当する場合でも、労基法で保護される労働者に変わりはありません。労働時間等の規制がないからといって、決して「何時間働かせてもかまわない労働者」ではなく、健康保持の観点からも、長時間労働をさせないように配慮する必要があります。

管理監督者の労務管理上の留意点

❶ 長時間労働をさせないように配慮

● 健康を害することがないよう、長時間労働をさせないようにする。
● 長時間労働となった場合は、医師による面接指導等の措置を講ずる（☞149〜152ページ参照）。

❷ 深夜割増賃金・年休の取り扱い

● 深夜労働（午後10時〜午前5時までの労働）の割増賃金は支払わなければならない（☞122ページ参照）。
● 年休は、一般の労働者と同様に与えなければならない（☞80〜88ページ参照）。

注意！
管理監督者に該当しないにもかかわらず、社内で管理監督者として取り扱われ、時間外割増賃金等が支払われなかった場合に、民事訴訟で労働者が使用者に対して不払いの割増賃金相当額等の損害賠償請求をするケースや、労基法37条違反として罰金刑に処せられた刑事裁判例も見られます。

●高度プロフェッショナル制度の
新設
　高度プロフェッショナル制度（「特
定高度専門業務・成果型労働制」
とも呼ばれます。）は、平成30年
の法改正により、労基法に新設さ
れました。
　時間ではなく成果で評価される
働きかたを可能とすることによ
り、労働者の能力や意欲を引き出
し生産性の向上を通じて企業競争
力の強化を図るとともに、このよ
うな多様な働きかたを希望する労
働者のニーズに対応することを目
的として設けられたものです。

●労使委員会
　高度プロフェッショナル制度の
導入要件である労使委員会の設置
や決議等の手続きの基本的なしく
みは、企画業務型裁量労働制（☞
69～72ページ参照）の場合と共
通しています。
　また、労使委員会の決議事項に
関する具体的な内容や制度の実施
や運用に関して関係者が留意すべ
き事項などについては、指針（平
成31年厚生労働省告示88号）で
詳細が定められています。

注意！
　69ページの欄外「労働者側委員
の選出」は、高度プロフェッショナ
ル制度の場合にもあてはまります。

Q75　制度の適用対象となるのは
　　どのような人ですか？

A　①使用者との合意に基づいて
　職務が明確に定められており、
　かつ、②年収が1,075万円以上
　の労働者が対象となります。
　　①の職務の合意は、業務の内
　容、責任の程度および求められ
　る成果について書面（本人の希
　望がある場合はパソコンにデー
　タ保存したものも可）で記載し
　たもの（職務記述書）に、その
　労働者の署名を受ける方法によ
　ります。
　　なお、上記の対象労働者の要
　件を満たす場合でも、その労働

（２）高度プロフェッショナル制度
［１］高度プロフェッショナル制度の概要
　高度プロフェッショナル制度は、高度の専門的知識
等を有し、職務の範囲が明確で一定の年収要件を満た
す労働者を対象として、労使委員会の決議や本人の同
意、健康確保措置を講ずることなどを要件として、労
働時間、休憩、休日および深夜の割増賃金の規定を適
用しないこととする制度です。
労基法41条の2

制度の導入手順

1 労使委員会を設置する

【委員会の要件】
①　委員会の委員の半数については、労働者代表（☞35～36ページ）
　に任期を定めて指名されていること。
②　委員会の議事について、議事録が作成・保存されるとともに、
　労働者に対する周知が図られていること。
③　委員会の運営規程が定められていること。

2 労使委員会で決議する～委員の5分の4以上の多数で決議

【決議事項】
①　対象業務（新技術等の研究開発業務等の法定5業務）
②　対象労働者の範囲
③　「健康管理時間」を把握する措置
④　休日確保措置
⑤　選択的健康・福祉確保措置
⑥　健康管理時間の状況に応じた健康・福祉確保措置
⑦　対象労働者の同意の撤回に関する手続き
⑧　対象労働者からの苦情処理措置
⑨　不同意労働者に対する不利益取り扱いの禁止
⑩　決議の有効期間および当該決議は再度決議をしない限り
　更新されない旨
⑪　委員会の開催頻度および開催時期
⑫　〔労働者数が常時49人以下の事業場の場合〕労働者の健康
　管理等を行うのに必要な知識を有する医師を選任すること
⑬　決議の基づき講じた措置等に関する記録を有効期間中お
　よびその後5年間（当分の間、3年間）保存すること

3 所轄の監督署へ決議を届け出る

4 対象労働者の同意を書面で得る

　次の①～③の内容を明らかにした書面に労働者の署名を受ける
ことにより、労働者の同意を得る。

①　同意をした場合には、労基法第4章の労働時間、休憩、休日お
　よび深夜の割増賃金に関する規定が適用されないこととなる旨
②　同意の対象となる期間
③　②の期間中に支払われると見込まれる賃金の額

5 対象労働者を対象業務に就かせる（制度実施スタート）

┌─ 制度を導入した後は ─

■ 運用の過程で必要なこと

① 対象労働者の健康管理時間を把握すること
② 対象労働者に休日を与えること
③ 対象労働者の選択的措置および健康・福祉確保措置を実施すること
④ 対象労働者の苦情処理措置を実施すること
⑤ 同意しなかった労働者に不利益な取り扱いをしないこと　等

■ ①～③の状況を所轄の監督署に報告する
（決議から（※）6カ月以内ごとに1回の定期報告）

（※）令和6年4月1日からは、「決議の有効期間の始期」から起算

[2] 適用労働者の健康・福祉を確保するための措置等

　高度プロフェッショナル制度のもとでは、業務の遂行に広い裁量が与えられ、使用者が具体的な指示をしないため、一般の労働者のように労働した時間を厳格に管理することになじみません。このため、制度適用者が長時間労働・過重労働による健康障害に陥らないよう、労使委員会の決議などを通じ、健康を確保するための措置を講じなければならないしくみになっています。

━━ 制度適用者の健康を確保するための措置等 ━━

健康管理時間の把握

健康管理時間 ▶ 対象労働者が事業場内にいた時間（在社時間）と事業場外において労働した時間との合計の時間

把握方法

※労使委員会の決議により休憩時間など労働していない時間を除くことができる。

┌─────────────────────────────┐
│ 原則として客観的な方法（タイムカードやパソコンの │
│ 使用時間の記録等）による。事業場外で労働する場合 │
│ で、かつ、やむを得ない場合に限って自己申告を認める。 │
└─────────────────────────────┘

健康・福祉確保措置

　次の **1**～**3** のすべての措置を決議し、これに従い措置を講じなければならない。

1 休日確保措置 ← 必ず実施
（年間104日以上、かつ4週を通じて4日以上の休日を確保）

2 選択的措置 ← それぞれ次ページの措置から選択して実施

3 健康管理時間に応じた健康・福祉確保措置 ←

者が制度の適用を受けることに同意しなければ、適用されません。

┌─ **注意！** ─────────┐
│ 　適正な決議がなされていない場合または前ページの③～⑤の決議内容に基づく措置を講じていない場合や、決議の届出がされていない場合は、高度プロフェッショナル制度の法律上の効果は生じません（労働時間等の規定が一般労働者と同様に適用されます。）。 │
└─────────────────┘

Q76　健康管理時間について、労使委員会で休憩時間を除くことを決議していましたが、実際には始業時刻と終業時刻しか把握しておらず、休憩時間を把握していなかった場合はどうなりますか？

A　ご質問のような場合は、労使委員会の決議内容に従って健康管理時間が把握されていないことになりますので、高度プロフェッショナル制度の法律上の効果は生じません。
　なお、休憩時間を除くことを決議していないにもかかわらず、休憩時間を除いた時間を健康管理時間としていた場合もまた、健康管理時間の把握が適切になされているとはいえません。

注意！
高度プロフェッショナル制度の適用者については、別途安衛法で、週あたり40時間を超える健康管理時間が１月あたり100時間を超えた場合に面接指導の実施が義務づけられています。また、その結果について医師の意見を聴いて、必要に応じ職務内容の変更等の事後措置をとらなければなりません（☞156～157ページ参照）。

② の選択的措置（次の４つからいずれかを選択）

①勤務間インターバル（休息時間11時間以上）の確保＋深夜業の回数制限（月４回以内）

②健康管理時間の上限措置（週あたり40時間を超える健康管理時間が１カ月100時間以内、３カ月240時間以内）

③連続した休日の付与（原則、年１回以上の連続２週間の休日、年休以外）

④臨時の健康診断（週あたり40時間を超えた健康管理時間が１カ月あたり80時間を超えた者または申し出た者に対し実施）

③ の健康・福祉確保措置（次のうちからいずれかを選択）

◆上記の選択的措置のうち、労使委員会で決議をした措置以外のもの

◆代償休日または特別な休暇の付与

◆心とからだの相談窓口の設置

◆配置転換

◆産業医等の助言指導に基づく保健指導

◆医師による面接指導（安衛法で義務づけられているもの以外）

●08　労働時間の適正管理

（１）労働時間を適正に把握すべき使用者の責務

　各労働者が、何時に仕事を始めて何時に終わったのかがわからないようでは、一体どこからどこまでが労働時間なのかがあいまいになり、時間外労働をした時間もわからなくなってしまいます。そうなると、時間外で働いた部分に見合うだけの割増賃金がきちんと支払われず、また、働きすぎによる健康障害の防止対策を的確に講ずることもできません。

　使用者は、その事業場で働いている労働者ごとに、実際に働いた時間を適正に把握・管理する必要があります。

労働時間をきちんと管理していないと…

① 時間外労働をした部分に見合う割増賃金が支払われない。

② 仕事が忙しいままに、際限なく長時間労働を行わせてしまうことになりかねず、過労死の引き金となる場合がある。

Q77 タイムカードの打刻時間と実態にズレがあるときはどうすればよいですか？

A　まず、労働者に適正なタイムカードの打刻について、徹底を図ることが必要でしょう。そのうえでズレがあるとのことであれば、労働時間の算出にあたっては、例えば残業命令書やこれに対する報告書などと突合することが必要でしょう。

（２）労働時間の把握・管理のしかた

　厚生労働省が示す「労働時間の適正な把握のために使用者が講ずべき措置に関するガイドライン」（平成29年１月20日基発0120第３号。以下「労働時間適正把握ガイドライン」といいます。）では、労働時間の考えかたや、労働時間の適正な把握のために使用者が講ずべき措置、

注意事項などについてについて示されています。このガイドラインの内容に従って、適正な労働時間の把握・管理を行ってください。

　ガイドラインに示されている、使用者が講ずべき措置の内容は次のとおりです。

労働時間の適正な把握方法と注意事項

1 労働日ごとに始業・終業時刻を確認・記録する

　使用者は、労働者の**労働日ごとの始業・終業時刻**を確認し、適正に記録する。

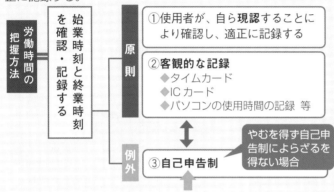

自己申告制による場合は次の措置を講ずること

①労働者・管理者への説明

　自己申告を行う労働者や、労働時間を管理する者に対しても自己申告制の適正な運用等ガイドラインに基づく措置等について、十分な説明を行う。

②必要に応じて実態調査し、所要の労働時間の補正をする

　自己申告により把握した労働時間と、入退場記録やパソコンの使用時間等から把握した在社時間との間に著しい乖離がある場合には実態調査を実施し、所要の労働時間の補正をする。

③**労働者による適正な申告を阻害するような措置はとらない**

◆使用者は、労働者が自己申告できる時間数の上限を設ける等適正な自己申告を阻害する措置を設けてはならない。

◆36協定の延長することができる時間数を超えて労働しているにもかかわらず、記録上これを守っているようにすることが、労働者等において慣習的に行われていないか確認する。

2 **賃金台帳を適正に調製し、労働時間の記録に関する書類を保存する** (最後の記録から5年間(当分の間、3年間)保存)

賃金台帳
◆労働日数　　　◆労働時間数
◆時間外労働時間数
◆休日労働時間数　◆深夜労働時間数

●ガイドラインの対象とならない労働者

　次の労働者は、労働時間適正把握ガイドラインの対象となりません。

・管理監督者等の労働時間等の規定が適用されない労働者(労基法41条、☞72ページ参照)
・事業場外のみなし労働時間制(労基法38条の2)が適用される労働者で、労働時間の把握が困難なもの(☞67〜68ページ参照)
・裁量労働制が適用される労働者(労基法38条の3、38条の4、☞68〜72ページ参照)
・高度プロフェッショナル制度が適用される労働者(労基法41条の2、☞74〜76ページ参照)

　しかし、これらの労働者についても、健康確保を図る必要がありますので、事業者は過重な長時間労働を行わせないようにするなど、適正な労働時間等の管理を行う責務があり、安衛法に規定されている労働時間の状況の把握義務は、高度プロフェッショナル制度の適用者以外のすべての労働者がその対象となります(☞152〜153ページ参照)。

注意!

　賃金台帳の記載事項を記入していない場合や、故意に虚偽の労働時間数を記入した場合は罰則の対象となります。

Q78 在宅でテレワークを行う従業員の労働時間はどのように把握すればよいですか？

A　テレワークを行う場合でも、パソコンの使用時間の記録など原則として客観的な方法で始業・終業時刻を把握する必要があります。例えば、Eメールで業務の開始や終了を報告・連絡させる方法や、外部からでもアクセス可能な始業・終業時刻等の勤怠管理ツールによる方法などがあります。

　また、業務から一時離れる場合（いわゆる中抜け）がありますが、この時間について使用者が業務の指示をせず、自由利用が保障されていれば、休憩時間あるいは時間単位年休として取り扱うことができます（テレワークガイドライン、☞104ページ参照）。

　なお、在宅勤務者について事業場外のみなし労働時間制（☞67～68ページ参照）を適用することも考えられますが、①情報通信機器を通じた使用者の指示に即応する義務がないこと、②随時使用者の具体的な指示に基づいて業務を行っていないことといった要件を満たす必要があります。

労働時間の記録に関する書類

◆出勤簿　　◆タイムカード　　◆残業命令書
◆労働者が自ら記録した報告書　　　　　など

❸ 労務管理の責任者は労働時間管理に関する職務を行う

　労務管理を行う部署の責任者は、労働時間管理の適正化に関する事項を管理し、労働時間管理上の問題点の把握とその解消を図る。

❹ 労働時間等設定改善委員会等を活用する

　使用者は、事業場の労働時間管理の状況を踏まえ、必要に応じ労働時間等設定改善委員会（☞90～91ページ参照）等の労使協議組織を活用し、現状を把握して問題点とその解消策等を検討する。

労働時間の考えかた

　労働時間とは、使用者の指揮命令下に置かれている時間のことをいい、使用者の明示または黙示の指示により労働者が業務に従事する時間は労働時間にあたります。

　労働時間にあたるか否かは、労働契約、就業規則、労働協約等の定めにかかわりなく、労働者の行為が使用者の指揮命令下に置かれたものと評価できるか否かにより客観的に定まります。

　また、客観的に見て使用者の指揮命令下に置かれているか否かは、労働者の行為が使用者から義務づけられ、またはこれを余儀なくされていたといった状況の有無等から、個別具体的に判断されます。

（☞労働時間に「なる」もの・「ならない」ものの具体例は38ページ参照）

Topics >>> 賃金不払残業（サービス残業）をなくすために

　賃金不払残業（いわゆるサービス残業）とは、所定労働時間外に、実際に働いた労働時間に見合う所定の賃金や割増賃金を支払わないで労働をさせることをいい、労基法37条等違反となります。

　とりわけ、労働時間がきちんと管理されていない場合には、誰が何時間働いたのか把握されていませんから、適正な賃金も支払われませんし、どこまでが仕事なのか際限がなくなってしまうことも考えられます。そうなると、時間外労働が慢性化して長時間労働が続き、疲労が積み重なって、最悪の場合、過労死や過労自殺にもつながりかねません。

　そこで、厚生労働省では、労使の取り組みにより賃金不払残業を解消することを目的として、①労働時間適正把握ガイドラインの遵守、②職場風土の改革、③適正な労働時間管理を行うシステムの整備などを盛り込んだ「賃金不払残業の解消を図るために講ずべき措置等に関する指針」（平15.5.23基発0523004号）を示しています。

賃金不払残業解消のために取り組むポイント

1　労働時間適正把握ガイドラインを守る

　使用者は、労働者ごとに労働時間を適正に把握する（☞76〜78ページ参照）。
　また、労働組合は、このことを労働者に周知する。

2　職場風土を改革する

　「賃金不払残業があるのは仕方がない」という職場の風潮をなくしていくために、経営トップ自ら決意を表明し、社内の実態を把握することや、企業内・労働組合内での教育が有効。

3　適正な労働時間管理のためのシステムを整える

①出退勤時刻等の記録や社内アンケートなどにより実態を把握し、適正な労働時間管理システム（マニュアル作成など）を確立する。
②社内の労働時間管理制度とその運用状況、業務体制などの見直しを検討する。
③賃金不払残業を是正する観点を人事考課の要素として取り入れる。

4　責任体制を明確にし、チェック体制を整える

①各事業場ごとに労働時間管理の責任者を明確にしておく。
②相談窓口を設置する。
③労働組合も、相談窓口の設置や、賃金不払残業の実態を把握した場合の対応などを行う。

（1）年休を与えるとき

年次有給休暇（本書では「年休」といいます。）は、次の要件を満たす労働者に与えなければなりません。

労基法39条1項

> ① 採用後６カ月以上**継続勤務**し、全労働日の**８割以上出勤**したこと
> ② ①の６カ月後は、１年間**継続勤務**し、その全労働日の**８割以上出勤**したこと

［１］ 継続勤務

継続勤務とは、出勤を意味するように見えますが、ここでは労働契約の存続期間（つまり在籍期間）のことをいいます。したがって、長期療養のために休職している期間も継続勤務期間として取り扱う必要があります。

［２］ 出勤率

入社後の６カ月間、または以後の１年間ごとに出勤率が８割以上であることが、年休の取得要件となります。

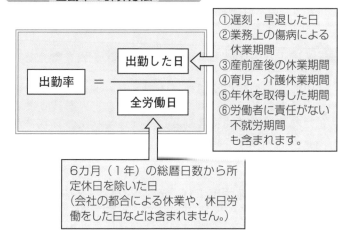

出勤率の計算方法

$$出勤率 = \frac{出勤した日}{全労働日}$$

①遅刻・早退した日
②業務上の傷病による休業期間
③産前産後の休業期間
④育児・介護休業期間
⑤年休を取得した期間
⑥労働者に責任がない不就労期間
も含まれます。

６カ月（１年）の総暦日数から所定休日を除いた日
（会社の都合による休業や、休日労働をした日などは含まれません。）

●こんな場合でも「継続勤務」

年休取得のための「継続勤務」とは、実質的に労働関係が継続している場合をいいます。

例えば、

・私病で休職している期間
・雇用形態が変更した場合
（定年による嘱託への変更、臨時工から本工への変更など）
・契約更新によって6カ月以上勤務することになった場合

でも、「継続勤務」といえます。

Q79 賞与査定の際に、年休を欠勤扱いとすることができますか？

A 賞与の査定基準として、欠勤を考課査定の対象とすること自体は問題ありません。

しかし、この欠勤の中に年休を含めることによって、事実上労働者の年休の取得を妨げることになるような取り扱いをすることはできません。

Q80 消化しきれなかった年休の分の賃金を支払って買い上げることはできますか？

A もともと年休の目的は、日頃の業務から離れて休むことですから、買い上げる代わりに休めなくなってしまっては意味がありません。したがって、原則として年休を買い上げることはできません。

ただし、法定の付与日数（☞次ページの表）を超えて与えている年休を買い上げても法違反の問題はありません。

4 労働時間等

（2）年休の付与日数

年休は、6カ月継続勤務し、8割以上出勤した場合に10日与える必要があります。その後は、継続勤務年数が雇入れ後、2年6カ月までは6カ月を超えて1年増加するごとに1日を加算し、2年6カ月経過後からは、継続勤務1年ごとに2日ずつ加算した日数を与えなければなりません。ただし、最高20日を限度とすることができます。

労基法39条2項

通常の労働者の年休付与日数

勤続年数	6カ月	1年6カ月	2年6カ月	3年6カ月	4年6カ月	5年6カ月	6年6カ月以上
付与日数	10日	11日	12日	14日	16日	18日	20日

通常の労働者より勤務時間や勤務日数が少ないパートタイマーについても、年休を与えなければなりません。（☞パートタイマーの年休の日数については236ページ参照）

（3）時間単位年休

事業場で労使協定を締結すれば、年に5日を限度として、時間単位で年休を与えることができます（以下「時間単位年休」といいます。）。

なお、この協定は、所轄の監督署へ届け出る必要はありません。

労基法39条4項

労使協定で定める事項

①対象労働者の範囲
- ●希望する労働者ができるだけ公平に利用できるようにする。
- ●「事業の正常な運営」を妨げる場合は、対象労働者の範囲を限定できる。
- ●取得目的によって範囲を限定することはできない。

②時間単位年休の日数
- ●年5日以内の範囲で定める（前年度からの繰り越しがある場合は、その繰り越し分も含めて5日以内）。

③時間単位年休1日の時間数
- ●1日の所定労働時間数をもとに、1日の年休が何時間分の時間単位年休に相当するかを定める。
- ●1時間に満たない端数がある場合は、時間単位に切り上げる。（例：1日の所定労働時間が7時間30分の場合→8時間）

Q81 年休で休んでいる者を会社の都合で呼び出せますか？

A 年休は、いったん与えた以上、年休中の労働者を呼び出すことができないのが原則です。労働者本人が同意している場合には、呼び出して来てもらうこともできますが、その場合は年休を取り消して改めて年休を与えるべきでしょう。

注意！
時間単位年休は、労基法89条1号の「休暇」に関する事項ですから、労使協定を締結して制度を導入する場合は、就業規則にもその内容を記載しなければなりません。

Q82 労働者から時間単位年休を多くしてほしいというニーズがあるので、年5日を超える時間単位年休を取得できるように労使協定を結ぶことはできますか？

A 本来、年休は日単位で取得することが原則ですから、労基法はこの趣旨が損なわれないように、時間単位年休の上限を年5日までと定めているのです。したがって、年5日を超える時間単位年休の日数を協定で定めることはできません。

なお、法定の付与日数を超える年休を付与している場合には、法定の日数を超える部分について年5日を超える時間単位年休を与えることは可能です。

④1時間以外の単位で与える場合の時間数
- ●2時間単位、4時間単位など1日の所定労働時間数を上回らない整数の時間単位で定める。

時間単位年休の取り扱いに関する注意点

1 時間単位で与える

1時間未満の単位（30分単位等）で与えることはできない。

2 時間単位年休に支払われる賃金は日単位の年休と同じベースで

時間単位年休1時間分の賃金額
＝次のいずれかをその日の所定労働時間数で割った額

①平均賃金
②所定労働時間労働した場合に支払われる通常の賃金
③標準報酬月額の30分の1相当額（労使協定が必要）

①～③のいずれによるかは、日単位の年休の場合と同様にし、就業規則に定めること

3 時季変更権も認められる

時間単位年休も、「事業の正常な運営を妨げる場合」には、使用者による時季変更権の行使が認められる（☞下記（4）参照）。

4 時間単位年休の計画的付与は認められない

時間単位年休は、労働者が請求した時季に時間単位で年休を与えるものであるため、計画年休（☞次ページ参照）を時間単位で与えることはできない。

（4）年休を取得する時季

年休は、原則として、労働者の好きなときに自由に取らせなければなりません。

しかし、労働者から申出のあった日に休まれてしまうと、事業の正常な運営を妨げる場合に限り、使用者には、年休を他の日に変えてもらう権利（**時季変更権**といいます。）が認められています。

ただし、単に「忙しいから」という理由だけで年休の時季を変更することはできず、例えば、必要な交替要員を確保しておいてもなお年休の申出が集中した場合など、事業の正常な運営を妨げる客観的に見てやむを得ないと認められる場合でなければ、時季変更権を行使することはできません。

労基法39条5項

注意！

事業場内で時間単位年休の制度を導入している場合でも、日単位の年休を請求する労働者に対して、使用者側から時間単位年休の取得を強制することはできません。

日単位で取得するか、時間単位で取得するかは、あくまでも労働者の選択によるものです。

Q83 業務が繁忙な時間帯などを「時間単位年休を取得できない時間帯」として労使協定で定めることができますか？

A 時間単位年休は、「事業の正常な運営を妨げる場合」以外は、労働者からの請求を制限することはできません。

したがって、ご質問のように時間単位年休を取得できない時間帯を設定するほか、所定労働時間の途中で時間単位年休を取得することを制限したり、1日の間に取得できる時間単位年休の時間数を制限することも認められません。

Q84 退職間際の労働者から、残った年休を退職までの勤務日に充てたいと言われたら、拒むことはできませんか？

A 法的には、年休は労働者の権利ですから、退職間際の年休の申請に対して拒むことはできません。

実際上、退職前の業務の引き継ぎなどの必要がある場合は、退職日を遅らせてもらうなど、退職する労働者と話し合ったほうがよいでしょう。

（5）年休の計画的付与（計画年休）

年休は、労働者の権利として法的に認められていながら、現実には業務が忙しかったり、何となく他の人に気兼ねしてしまい、労働者にとってもなかなか取りづらい職場が多いのが現状です。

それなら事業場全体で、年間計画などの中に年休も組み込んで、計画的に年休を取らせる日を決め、休暇を取りやすくしようとするのが、計画的付与の制度です。

労基法39条6項

――― 計画年休にするときの注意！ ―――
① 少なくとも5日は、労働者が好きなときに使える休暇として残しておかなければなりません。
② 計画年休によるときは、労使協定（☞35～36ページ参照）でその内容を定めなければなりません。
（協定を監督署に届け出る必要はありません。）

▶ 計画的付与の方式（例）

年休の計画的付与

一斉付与方式
▶事業場全体の休業により一斉に年休を付与する方式。具体的な年休の付与日を協定する。

班別の交替制付与方式
▶班・グループ別に交替で年休を付与する方式。班・グループ別に具体的な年休の付与日を協定する。

個人別付与方式
▶年休取得計画表を作成し、個人別に年休を付与する方式。計画表を作成する時期や手続き等について協定し、個々の具体的な付与日は計画表によって決める。

（6）使用者の時季指定による年休の付与
［1］使用者の時季指定義務

使用者は、法定の年休の付与日数（☞81、236ページ参照）が10日以上である労働者に対し、その日数のうち5日については、基準日*から1年以内に、労働者ごとにその時季を定めて付与しなければなりません。

労基法39条7項

＊**基準日**……継続勤務した期間を雇い入れ後6カ月経過日から1年ごとに区分した各期間（最後に1年未満の期間を生じたときはその期間）の初日。要するに年次有給休暇が発生する日。

Q85 一斉付与方式を導入する場合、年休権がない労働者や年休日数の少ない者についてはどのように扱えばよいでしょうか？

A 年休権がない労働者や年休日数の少ない労働者については、計画的付与の対象とすることはできないので、使用者は、特別の休暇を与えるなど、年休の日数を増やす等の措置を講ずることが望ましいものです。

また、このような措置をとらずにこれらの労働者を休業させる場合に、とくに労働契約や就業規則等により手当等の支払いについて定めがないときは、原則として、少なくとも休業手当（平均賃金の6割以上）の支払いが必要です（☞132ページ参照）。

Q86 計画的付与制度を導入し、労使協定で休暇日指定しましたが、これを業務の都合などで変更することはできますか？

A 労使協定で定めた当初の休暇日を、使用者が一方的に変更することはできません。また、労働者も原則としてその休暇日に拘束されることとなり、仮に当該休暇日とは別の日に年休を取得することを申し出ても、当該休暇日に年休を取得しないことは一般に認められないと考えられます。

労使協定で指定された休暇日を変更する場合は、労使協定の変更手続きの定め等に基づき、適切な手続きを経てなされる必要があります。

●年休の時季指定の義務化
依然として年休の取得が進まない実態があることから、平成30年の法改正により、すべての労働者が最低でも年5日の休暇を取得できるように、使用者が時季指定をして年休を付与することが義務づけられました。

注意！
使用者が時季指定義務に違反すると、罰則の対象となります（30万円以下の罰金）。

Q87　使用者が時季を指定しましたが、結果的に労働者が取得しなかった場合でも、義務を果たしたことになりますか？

A　確実に年5日の年休を取得させることが法の趣旨ですから、使用者は時季を指定しただけでは義務を果たしたことにはなりません。実際に基準日から1年間に5日取得していなければ、法違反となってしまいます。

　　また、労働者に対しても、制度の趣旨を理解してもらうことや、例えば取得しない理由が業務の都合によるものであれば、業務の内容や業務分担を調整するなどの対応が必要です。

Q88　パートタイマーで付与される年休の日数が10日未満の人でも、前年度の繰り越し日数を含めると10日以上になる場合は、使用者が時季指定をして与えなければならないのでしょうか？

A　年休の時季指定義務の対象となるのは、当年度に付与される法定の年休の日数が10日以上の場合です。前年度からの繰り越した年休の日数は対象とはなりません。したがって、所定労働日数が少なく、比例付与される年休日数が10日に満たない場合は、使用者が時季指定により年休を付与する必要はありません。

Q89　使用者が指定した時季を後から使用者や労働者が変更することはできますか？

A　使用者が労働者に再度意見を聴き、その意見を尊重して時季を変更することは可能です。

使用者の時季指定による付与

〈法定どおり年休を付与する場合〉

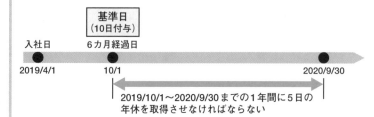

基準日
（10日付与）

入社日　　　6カ月経過日

2019/4/1　　10/1　　　　　　　　　　　　2020/9/30

2019/10/1～2020/9/30までの1年間に5日の
年休を取得させなければならない

対象となる労働者・時季指定の方法

対象となる労働者

▶ 法定の年休の付与日数が10日以上である労働者

◆パートタイマーや有期契約労働者であっても、10日以上年休が付与される労働者であれば対象となる。

◆管理監督者（☞72ページ参照）や高度プロフェッショナル制度（☞74～76ページ参照）の適用者も、労基法の年休に関する規定の適用を受けるので、時季指定の対象となる。

時季指定の方法

▶ ①労働者の意見を聴いてその意向を尊重する

　時季指定にあたっては、労働者の意見を聴取しなければならない。聴取した意見は、尊重するよう努めなければならない。

②基準日から1年の間に時季を指定して取得させる

　時季指定の時期は、必ずしも基準日から1年間の期首に限られない。例えば6カ月、9カ月経過した時点で年休を5日取得していない労働者に時季の希望を聴いて時季指定をして取得させることも考えられる。

③半日単位での時季指定もできる

　労働者から「半日単位で取得したい」という希望があった場合は、0.5日として半日単位で与えることができる（時間単位での時季指定はできない。）。

　なお、休暇に関する事項は、就業規則に必ず記載しなければならない事項ですから（☞29ページ参照）、時季指定の対象となる労働者の範囲や時季指定の方法などを、就業規則に必ず記載するようにしてください。

［2］時季指定しなくてよい場合

①労働者が時季指定して取得した年次有給休暇がある場合（☞82ページ参照）、または②労使協定により年休の計画的付与を行った場合（☞83ページ参照）は、その与えた有給休暇の日数分については、使用者の付与義務の対象となる「年5日」から控除することができます。つまり、①、②の日数については、使用者が重ねて時季指定をして付与する必要はありません。

なお、年休は原則として、労働者が好きな時季を指定して取得するものですから、年5日を超えて使用者が時季を指定して与えることはできません。

労基法39条8項

労働者が取得した年休・計画的付与による年休がある場合

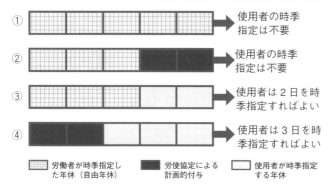

① → 使用者の時季指定は不要

② → 使用者の時季指定は不要

③ → 使用者は2日を時季指定すればよい

④ → 使用者は3日を時季指定すればよい

労働者が時季指定した年休（自由年休）
労使協定による計画的付与
使用者が時季指定する年休

半日単位で取得した年休の控除

労働者が自ら取得した年休や計画的付与により取得した年休が半日単位の年休である場合にも、これらを0.5日として、時季指定義務がかかる5日から控除することができる（時間単位年休は控除できない。）。

［3］法定よりも前倒しで年休を付与する場合

事業場によっては、入社と同時に年休を付与したり、年休の管理を簡便化するために基準日を年度の初日に合わせたりするなど、法定の基準日よりも前に年休を付与している場合があります。このような前倒し付与のいくつかのパターンに応じて、時季指定に関する取り扱いが定められています。

労基法39条7項ただし書き、労基則24条の5

Q90 基準日から1年間のうちに、育児休業や休職をしている者にも時季指定して年休を与えなければなりませんか？

A 年休の時季指定義務がかかる1年間のうちに、育児休業から復帰した労働者や復職した労働者も、原則として時季指定の対象となります。

ただし、残りの期間の労働日が少なく、5日の年休を取得させることが不可能な場合は、法違反にはなりません。

Q91 これまで会社所定休日としてきたお盆休みや年末年始休みを年休として会社が時季指定により与えてもよいでしょうか？

A 年休とは別の特別休暇を時季指定する年休に振り替えたり、法定休日ではない会社の所定休日としてきた休日を労働日に変更したうえでその日を年休として使用者が時季指定することは、年休の取得促進を目的とする法の趣旨に沿わないものとして認められません。

Q92 前年度から繰り越した年休を取得した場合は、その日数分を時季指定義務がかかる5日から控除することはできますか？

A 実際に取得した年休が、前年度からの繰り越し分の年休か、当年度に付与された年休かは問いません。

したがって、前年度からの繰り越し分として取得した年休を、時季指定すべき5日の年休から控除することができます。

注意！

前倒し付与の場合でも、法定の付与日数が10日以上あれば、付与日数の合計が10日に達した時点で使用者に時季指定義務が発生します。

🖩 前倒しで年休を与える場合の例

1 10日以上の年休を前倒しで付与する場合

第一基準日*¹から1年以内の期間に、その時季を指定して与えなければならない。

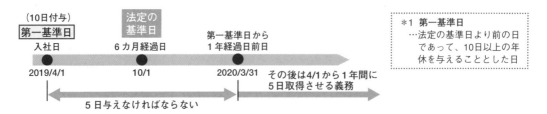

(10日付与)		
第一基準日	法定の基準日	第一基準日から1年経過日前日
入社日	6カ月経過日	

2019/4/1　　　　10/1　　　　2020/3/31　　その後は4/1から1年間に5日取得させる義務

←―― 5日与えなければならない ――→

*¹ 第一基準日
…法定の基準日より前の日であって、10日以上の年休を与えることとした日

2 付与期間に重複（ダブルトラック）が生じる場合

履行期間*³の月数を12で除した数に5を乗じた日数について、当該履行期間中に、時季指定して与えることができる。

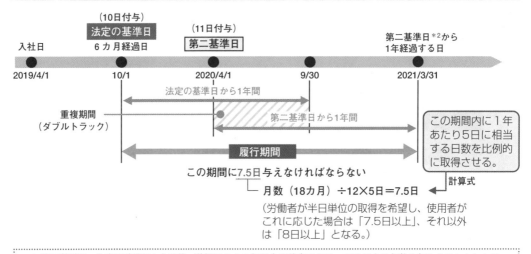

(10日付与)		(11日付与)		第二基準日*²から1年経過する日
法定の基準日		第二基準日		
入社日	6カ月経過日		9/30	

2019/4/1　　　10/1　　　2020/4/1　　　9/30　　　2021/3/31

法定の基準日から1年間

重複期間
（ダブルトラック）　　　　　　第二基準日から1年間

履行期間

この期間内に1年あたり5日に相当する日数を比例的に取得させる。

この期間に7.5日与えなければならない

└ 月数（18カ月）÷12×5日＝7.5日

計算式

（労働者が半日単位の取得を希望し、使用者がこれに応じた場合は「7.5日以上」、それ以外は「8日以上」となる。）

*² 第二基準日…法定の基準日または第一基準日から1年以内の特定の日で、10日以上の年休を与えることとした日
*³ 履行期間…法定の基準日または第一基準日を始期として、第二基準日から1年を経過する日までの期間

3 第一基準日から1年以内の期間または履行期間が経過した場合

その経過した日から1年ごとに区分した各期間（最後に1年未満の期間を生じたときは、当該期間）の初日を基準日とみなして時季指定義務の規定を適用する。

（A）第一基準日から1年経過後

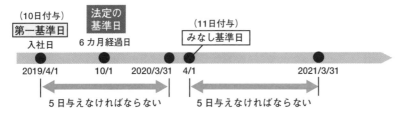

(10日付与)	法定の基準日		(11日付与)	
第一基準日			みなし基準日	
入社日	6カ月経過日			

2019/4/1　　10/1　　2020/3/31　4/1　　　　2021/3/31

←― 5日与えなければならない ―→　←― 5日与えなければならない ―→

（B）第二基準日から1年経過後

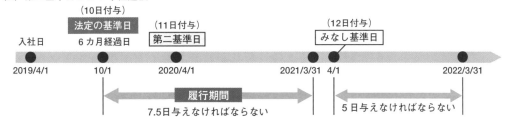

4 年次有給休暇の一部を基準日より前の日から与える場合

10日未満の日数が合わせて10日以上になる日までの間の特定日のうち最も遅い日を第一基準日とみなして **1** から **3** までの取り扱いを適用する。

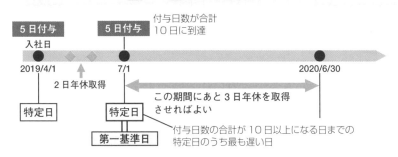

（7）年休の管理

使用者は、労働者ごとに、年休を与えた時季、日数および基準日を記載する年次有給休暇管理簿（年休管理簿）を作成し、5年間※（当分の間、3年間）保存しなければなりません（☞ ダウンロード記載例 ⑲ 参照）。

この年休管理簿は、労働者名簿または賃金台帳とあわせて調製することもできます。 労基則24条の7、55条の2

※令和2年労基則改正により変更

年休管理簿の作成・保存

```
労働者名簿    ←──あわせて調製可能──
賃金台帳
                  年休管理簿  ──→  5年間保存
                                    （当分の間、3年間）
```

【管理簿に記載すべき年休】
①労働者の時季指定による年休（労基法39条5項）
②計画的付与による年休（労基法39条6項）
③使用者による時季指定による年休（労基法39条7項）

【記載事項】
①年休を付与した時季
②年休を取得した日数（半日単位、時間単位で取得した日数を含む）
③基準日（法定の基準日のほか、前倒し付与の場合の第一基準日、第二基準日を含む）

Q93 年休管理簿は、パソコンデータにして管理してもよいでしょうか？

A 労働者名簿や賃金台帳と同様の要件を満たしたうえで、電子機器（パソコン等）を用いて磁気ディスク、磁気テープ、光ディスク等により調製することは差し支えないとされています。

Q94 年休の申請は3日前までにすることにしてもよいでしょうか？

A 年休の申請手続きについて、とくに労基法に定めはありませんが、労働者が年休をとりづらくするような定めをすることは望ましくありません。

年休の申請に対して、使用者がそれを拒めるのは、事業の正常な運営を妨げる場合に限られますから、その判断が可能な日までの申請を認めるべきでしょう。一般的には、前日までに申請することにしている事業場が多いようです。

Q95　年休取得日の賃金となる「通常の賃金」とはどんなものですか？

A　「通常の賃金」とは、所定労働時間労働した場合に支払われる通常の賃金ですから、年休を取った日も通常どおり出勤したものとして取り扱えばよいでしょう。

Q96　1日4時間勤務だったパートタイマーが、6時間勤務に変更した後で年休を取った場合、年休日の賃金はどちらを基準とするのですか？

A　年休日の賃金は、年休を取った日における契約内容によって支払うべきものです。この場合は、年休取得時、つまり6時間分の賃金を支払わなければなりません。

Q97　年休取得日の賃金から通勤費を差し引いても問題ありませんか？

A　通勤費は、通勤にかかった実費を弁償する性格のものです。年休を取った日には通勤費はかかりませんから、年休に対する賃金に通勤費を含めないことにしても必ずしも違法ではありません。
　　ただし、就業規則などであらかじめ通勤費は出勤した日についてのみ支払う旨明確にしておくほうがよいでしょう。
　　また、定期券代として支給している場合は、現実には年休の日の分の通勤費を差し引くことはできないでしょう。

なお、事業場で、例えば部署ごとに年休の取得計画表を作ることにより、計画的に業務を進めることにつながりますし、また、毎月の給与明細書などに、年休の付与日数や残日数を記載しておくと、労働者自身の年休取得への意識づけにもなります。各事業場で、年休を取得しやすい環境を整備することが大事です。
（☞ 年休の取得計画表の例は、ダウンロード記載例 ⑱ 参照）

（8）年休に対する賃金

　年休は、「有給」休暇ですから、年休に対しても賃金を支払わなければなりません。
　年休を取った日は通常勤務したものと同じように考え、通常どおりの賃金を支払っているのが一般的ですが、何をベースにして賃金を計算するのかについては、3つの方式が認められています。

労基法39条9項

━━━━ 年休に対する賃金の支払いかた ━━━━

　どの方式によって賃金を支払うかは、あらかじめ就業規則またはこれに準ずるものに規定しておく必要があります。

【年休に対する賃金】（次のいずれかを選択）
① 平均賃金（☞114ページ参照）

$$平均賃金 = \frac{3カ月間に支払われた賃金総額}{3カ月間の総日数}$$

② 通常の賃金
③ 標準報酬月額（健康保険法）の30分の1に相当する額
※③の場合は、労使協定（☞35～36ページ参照）が必要です。

5 仕事と生活の調和・両立支援

職業生活を送る一方で、子育てや家族の介護といった家庭生活や、ケガや病気の治療など、働く人それぞれの生活にさまざまな事情があります。また、転職やキャリアアップなどのために働きながら勉強している人、地域活動やボランティア活動をしている人もいます。こうした仕事以外の個々人の生活があることを前提に、仕事とともに個々人の生活も充実させる（仕事と生活の調和＝ワーク・ライフ・バランス（WLB）ともいわれます。）ために、あるいは働く人の家庭生活や病気の治療などと仕事との両立を容易にするために、事業主に対し、労働関係法令で一定の措置を義務づけるとともに、多様で柔軟な働きかたを可能とするための労使の自主的な取り組みが求められています。

●01 労働時間等の設定の改善のための取り組み

「労働時間等の設定の改善に関する特別措置法」（以下「労働時間等設定改善法」といいます。）は、労働時間等の設定の改善に向けた自主的な努力を促すことにより、労働者がその能力を有効に発揮することや、健康で充実した生活を実現することを目指した法律です。

この法律は、労働時間等の設定の改善に関して、事業主等の責務や、その実施体制の整備、国の事業主等に対する援助などについて定めています。また、同法の規定に基づき、事業主等が具体的な取り組みを進めるうえで参考となる事項（取り組みメニュー）などを定める「労働時間等設定改善指針」（労働時間等見直しガイドライン）が策定されています（☞同指針で定める取り組みメニューは93ページ参照）。

（1）労働時間等の設定の改善とは

労働時間等設定改善法が定義する「労働時間等の設定」とは、労働時間、休日数、年休を与える時季、深夜業の回数、終業から始業までの時間その他の労働時間等に関する事項を定めることをいいます。そして、「労働時間等の設定の改善」とは、このような労働時間等に関する事項の設定を、労働者の健康と生活に配慮するとともに、多様な働きかたに対応したものへと改善することをいいます。

労働時間等設定改善法1条の2

> ●ワーク・ライフ・バランスと労働時間等設定改善指針
>
> 急速な少子高齢化や深刻な人手不足に直面する中で、企業にとっても、いかに人材を確保・育成するかが重要な経営課題となっています。また、個人のライフスタイルや価値観が多様化する一方、依然として長時間労働や過重労働による心身の健康問題が懸念される事案も多く発生しています。
>
> 働く人が、仕事だけではなく、家庭生活や個人の生活も、個々人が望むバランスをもって充実させる「仕事と生活の調和」（ワーク・ライフ・バランス（WLB））を実現するため、平成19年に政労使トップの合意により「仕事と生活の調和推進のための行動指針」が策定（平成22年に改定）され、社会全体としてこの課題に取り組む方針が明確にされています。
>
> また、これを踏まえて厚生労働省が策定している「労働時間等設定改善指針」（平成20年厚生労働省告示108号）には、事業場における労働時間等の設定の改善に向け労使が自主的に取り組みを進めるための具体的な手法等が示されています（☞概要は93ページ参照）。

●労働時間等設定改善法の改正
　平成30年の働き方改革関連法により、労働時間等設定改善法が改正され、事業主等の責務規定の中に、勤務間インターバル制度の導入を努力義務として位置づけられるとともに、取引上必要な配慮事項が追加されました。

●取引上配慮すべき事項
　事業主が他の事業主との取引上配慮すべき事項として、労働時間等設定改善指針では、次のような事項について配慮することとしています。
① 週末発注・週初納入、終業後発注・翌朝納入等の短納期発注を抑制し、納期の適正化を図ること。
② 発注内容の頻繁な変更を抑制すること。
③ 発注の平準化、発注内容の明確化その他の発注方法の改善を図ること。

（2）事業主等の責務

　労働時間等設定改善法では、事業主等の責務として次のような事項が定められています。

労働時間等設定改善法2条

事業主等の責務

事業主の努力義務

▶ その雇用する労働者の労働時間等の設定の改善を図るため、必要な措置を講ずるよう努めなければならない。

◆業務の繁閑に応じた労働者の始業・終業時刻の設定
◆健康および福祉を確保するために必要な終業から始業までの時間の設定（＝勤務間インターバル制度 ☞92ページ参照）
◆年休を取得しやすい環境の整備　　　　　　　など

とくに配慮を必要とする労働者についての措置

▶ とくに配慮を必要とする労働者の事情を考慮した休暇の付与や労働時間等の設定に努めなければならない。

◆その心身の状況、労働時間等に関する実情に照らして、健康の保持に努める必要があると認められる労働者
◆子の養育、家族の介護を行う労働者
◆単身赴任者
◆自発的な教育訓練を受ける労働者

取引上必要な配慮

▶ 他の事業主と取引を行う場合に、取引上必要な配慮をするように努めなければならない。

◆著しい短納期発注や発注内容の頻繁な変更をしない。
◆他の事業主の労働時間等の設定の改善に関する措置の円滑な実施を阻害するような取引条件を付けない。　など

（3）労働時間等設定改善（企業）委員会

　労働時間等の設定の改善に関する労使の話し合いのための協議機関として、労働時間等設定改善法には、労働時間等設定改善委員会および労働時間等設定改善企業委員会の制度が定められています。

　これらの委員会は、労働時間等の設定の改善について調査審議する機関で、事業主委員と労働者委員で構成されます。一定の要件を満たすこれらの委員会の決議は、特例として、労基法が要件として定める労働時間等に関する労使協定を代替する効果が認められています。

労働時間等設定改善法7条、7条の2

委員会の要件と労基法の特例

（労働時間等設定改善委員会）……事業場ごとに設置

委員会の要件

事業主代表委員と労働者代表委員により構成

① 委員の半数が、事業場の過半数労働組合（過半数代表者）の推薦に基づき指名されていること
② 委員会開催のつど議事録が作成され、5年間（当分の間、3年間）保存されていること
③ 委員会の運営規程が定められていること

要件を満たす場合

5分の4以上の多数による決議 → 労基法で定める労働時間等に関する労使協定に代替することができる（☞代替できる労使協定は右枠を参照）

（労働時間等設定改善企業委員会）……企業単位で設置

委員会の要件

事業主代表委員と労働者代表委員により構成

(1) 上記の労働時間等設定改善委員会の要件を満たすこと
(2) 事業場ごとに過半数労働組合（なければ過半数代表者）との書面による労使協定で、労働時間等設定改善企業委員会に調査審議させ、事業主に対して意見を述べさせることを定めていること

要件を満たす場合

5分の4以上の多数による決議 → 労基法で定める①代替休暇、②時間単位年休および③年休の計画的付与に関する労使協定に代替することができる

注意！

使用者は、労働時間等設定改善委員会の委員が決議等に関する事務を円滑に遂行することができるよう必要な配慮を行わなければなりません（令和6年4月1日から）。

●労働時間等設定改善員会の決議が代替できる労使協定

要件を満たす労働時間等設定改善委員会の5分の4以上の多数による決議をもって労基法の労使協定と同様の効果を持つものは、次の事項です。

① 1カ月単位の変形労働時間制
② フレックスタイム制
③ 1年単位の変形労働時間制
④ 1週間単位の非定型的変形労働時間制
⑤ 一斉休憩によらない場合
⑥ 時間外・休日労働（36協定）
⑦ 月60時間超の時間外労働に関する代替休暇制度
⑧ 事業場外のみなし労働時間制
⑨ 専門業務型裁量労働制
⑩ 時間単位年休
⑪ 年休の計画的付与

なお、上記のうち⑥の時間外・休日労働に関する事項については、決議を所轄の監督署へ届け出る必要があります。

労働時間等の設定のしかたを改善するための実施体制

1 実態を把握する

①始業・終業時刻、②年休の取得、③時間あたりの業務負担の度合いなどの実態を適正に把握する。

2 労使間の話し合いの機会を設ける

労働時間等設定改善（企業）委員会（☞上記参照）を設置するなど労使で協議する機会を設ける。

3 要望・苦情に対応できる体制をつくる

個別の従業員からの要望・苦情に対応するため、担当者を配置したり、苦情処理制度を導入する。

4 業務を見直す

・業務計画の策定などにより業務を見直す。
・要員を確保する。

5 計画的に取り組む

・具体的な目標を設定したうえで措置の内容、導入・実施予定などの計画を策定し、計画に従って取り組む。
・計画は、労使の話し合いの機会に労働者の意見を聴き、これを踏まえて策定する。
・計画は、随時その効果を検証し、必要に応じて見直す。

☞「勤務間インターバル制度」サイト（厚生労働省の働き方・休み方改善ポータルサイト内）https://work-holiday.mhlw.go.jp/interval/
また、制度を導入する中小事業主向けの働き方改革推進支援助成金（勤務間インターバル導入コース）があります。詳しくは都道府県労働局雇用環境・均等部(室)へお問い合わせください。

（4）勤務間インターバル

勤務間インターバルとは、前日の終業時刻と翌日の始業時刻の間に一定時間の休息を確保することをいいます。

労働者の生活時間や睡眠時間を確保し、労働者の健康の保持や仕事と生活の調和を図るために有効なものとして、労働時間等設定改善法では、事業主に対しその導入に努めることとされています。

勤務間インターバルの導入手順

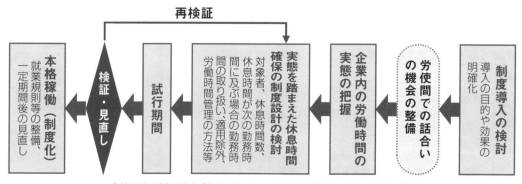

資料出所：厚生労働省「勤務間インターバル制度普及促進のための有識者検討会」報告書（平成30年12月）

勤務間インターバル制度の例

【例1】 休息時間を11時間としたうえで、休息時間を確保するために勤務開始時刻は10時からとなり、始業時刻の8時から10時までの時間を勤務したものとみなすもの

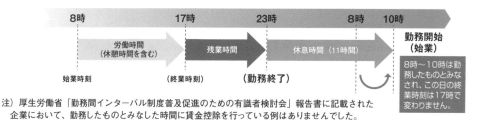

注）厚生労働省「勤務間インターバル制度普及促進のための有識者検討会」報告書に記載された企業において、勤務したものとみなした時間に賃金控除を行っている例はありませんでした。

【例2】 休息時間を11時間としたうえで、休息時間を確保するために始業時刻を繰り下げるもの

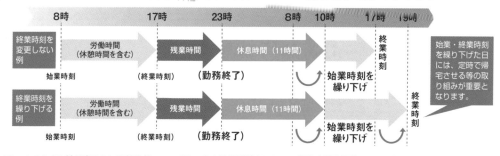

注）フレックスタイム制が適用される労働者については、その清算期間内において労働時間を調整している例もあります。

資料出所：厚生労働省パンフレット「ワーク・ライフ・バランスの実現のためには、労使の自主的な取組が重要です。」

労働時間等設定改善指針が示す取り組みの手法 ●●●●●●●●●

労働時間等の設定を改善するための一般的な手法

● 労働者の抱える多様な事情・業務の態様に対応した労働時間等の設定

- ◆ 変形労働時間制を活用する（☞55〜59,63〜67ページ）
- ◆ フレックスタイム制を活用する（☞60〜62ページ）
- ◆ 裁量労働制を活用する（☞68〜72ページ）

● 年休を取得しやすい職場環境をつくる

- ◆ 年休を取得しやすい雰囲気づくり
- ◆ 計画的な年休の付与（☞83ページ）
- ◆ 年休の取得状況を確認する制度の導入
- ◆ 取得率の目標設定の検討
- ◆ 年休管理簿の作成・保存（☞87ページ）
- ◆ プラスワン休暇等連続した長期休暇の取得促進、取得時期の分散化
- ◆ 時間単位年休（☞81〜82ページ）・半日単位年休の活用
- ◆ 年休の早期付与（転職に不利にならないしくみ）
- ◆ キッズウィークにより分散化された子どもの学校休業日や地域のイベント等に合わせた年休取得への配慮

● 時間外・休日労働を削減する

- ◆ 意識改革
- ◆ 「ノー残業デー」「ノー残業ウィーク」の導入・拡充等
- ◆ 時間外労働の上限の遵守（☞44〜47ページ）
- ◆ 36指針に留意する（☞48〜49ページ）

● 労働時間を適正に管理する

（☞76〜78、152〜154ページ）

● 多様なワークスタイルを活用する

- ◆ 多様な正社員制度を導入する
- ◆ ワークシェアリング
- ◆ テレワーク等を活用する（☞104〜107ページ）

● 始業・終業時刻に関する措置を講ずる

- ◆ 深夜業の回数の制限
- ◆ 勤務間インターバル（☞前ページ）の導入
- ◆ 朝型の働きかたの導入

とくに配慮を必要とする労働者の労働時間等の設定のしかたの工夫

とくに健康に配慮する必要がある人

- ◆ 健康診断や面接指導の結果を踏まえた医師の意見を勘案し、必要なときは労働時間の短縮、深夜業の回数の減少などの措置を適切に講ずる（☞146〜157ページ）
- ◆ 病気休暇からの円滑な職場復帰支援
- ◆ 時間外・休日労働が多い労働者について、代休やまとまった休暇の付与、業務の見直し、配置転換など
- ◆ メンタルヘルスケア（☞169〜170ページ）

妊娠中・出産後の女性

- ◆ 労基法の妊産婦に関する規定の遵守（☞211〜216ページ）
- ◆ 妊産婦の保健指導・健康診査を受けるために必要な時間の確保（☞216ページ）

キャリアアップのために勉強している人

- ◆ 有給教育訓練休暇、長期教育訓練休暇などの特別な休暇の付与
- ◆ 始業・終業時刻の変更
- ◆ 勤務時間の短縮
- ◆ 時間外労働の制限

子育てや家族の介護をしている人

- ◆ 育介法の遵守と周知（育児・介護休業、子の看護休暇、介護休暇、所定外労働の免除、時間外労働の制限、深夜業の制限、勤務時間の短縮の措置）（☞94〜103ページ）
- ◆ 子どもの出生時の父親の休暇制度
- ◆ 法定を上回る、より利用しやすい育児休業制度
- ◆ 時間単位付与制度の活用も含めた年休の取得促進、時間外・休日労働の削減等による育児・介護に必要な時間の確保

単身赴任者

- ◆ 休日の前日の終業時刻の繰り上げ、休日の翌日の始業時刻の繰り下げ
- ◆ 休日前後の時間単位・半日単位の年休の付与
- ◆ 特別休暇の付与

公民権の行使または公の職務の執行をする労働者

- ◆ 公民権を行使し、または公の職務（裁判員制度による裁判員の職務等）を執行するための休暇制度等

地域活動などをしている人

- ◆ 特別な休暇の付与
- ◆ 時間単位・半日単位の年休の付与
- ◆ 休暇等の制度の周知

Q98 育児休業期間中は、賃金を支払わなくてもよいのですか?

A　育児休業期間中の賃金については、法律上支払義務はありません。有給にするか無給にするかは、各事業場で就業規則などで決めておきましょう(介護休業にも同じことがいえます。)。

　また、育児・介護休業中収入が減る労働者へのバックアップとして、雇用保険法上の育児休業給付、介護休業給付などがありますので、詳しくは、ハローワークへお問い合わせください。

●要介護状態
　負傷、疾病、身体上・精神上の障害により、2週間以上の期間にわたり常時介護を必要とする状態をいいます。

Q99　子どもが1歳6カ月になるまで育児休業を取ることができるのはどんな場合ですか?

A　育児休業は、原則として1歳(パパ・ママ育休プラスの場合には1歳2カ月)になるまでの子を養育するための休業です。

　しかし、子の1歳の誕生日の前日(パパ・ママ育休プラスの場合には1歳2カ月までの間の育児休業終了予定日)にどちらかの親が育児休業中で、かつ、次のような事情がある場合には、特例として子が1歳6カ月になるまで休業することができます。

・保育所入所を希望しているが入所できない場合
・子が1歳以降に養育する予定だったもう1人の親が、死亡・負傷・疾病などにより子を養育することが困難になった場合
・新たな産前・産後休業、育児休業、産後パパ育休、介護休業の開始により育児休業が終了した場合で、当該休業に係る子または家族が死亡等した場合

　なお、1歳6カ月に達する時点で同様の事情がある場合は、再度申出をして最長2歳になるまで休業期間を延長することができます。

●02　育児や介護を行う労働者に関する取り扱い

　小さい子どもを養育する労働者や、家族の介護を行う労働者の職業生活と家庭生活の両立を支援するために、休業や時間外労働の制限などについて定めているのが「育児休業、介護休業等育児又は家族介護を行う労働者の福祉に関する法律」(以下「育介法」といいます。)です。

　なお、対象となる労働者は女性労働者に限らず、男性労働者もまたこの法律の適用を受けます。

(1)育児・介護休業

　育児休業は、原則として労働者が1歳に満たない子を養育するための休業です。一方、介護休業は、労働者が要介護状態にある対象家族(☞次ページ表中介護休業の「対象となる家族」欄参照)を介護するための休業です。

　労働者は、育児休業の場合は、子1人につき原則として2回まで、分割して取得することができます。介護休業の場合は、介護の必要な家族1人につき、通算93日まで、3回を上限として分割で取得することができます。

　どちらの休業も、日雇い・一定の期間雇用者の場合や労使協定で対象外にできる一定の労働者の場合を除いて、労働者から書面等により申出があった場合には、事業主は休業を取らせなければなりません。

育介法5条〜9条、9条の6、11条〜15条

育児休業と介護休業

対象となる労働者	育児休業	介護休業
	労働者(日雇いを除く。)	労働者(日雇いを除く。)
	[対象となる期間雇用者] 　申出をした時点で、次の要件を満たすことが必要 ・子が1歳6カ月(2歳までの休業の場合は2歳)を経過する日までに労働契約期間が満了し、更新されないことが明らかでないこと	[対象となる期間雇用者] 　申出をした時点で、次の要件を満たすことが必要 　介護休業取得予定日から起算して93日経過する日から6カ月を経過する日までに労働契約期間が満了し、更新されないことが明らかでないこと
	※このほか、雇用期間が1年に満たないなど一定の労働者については、労使協定で対象外にすることができます。	

対象となる家族	子 （特別養子縁組の監護期間中の子、養子縁組里親に委託されている子等を含む。）	・配偶者（事実婚も含む。） ・父母・子 ・祖父母・兄弟姉妹・孫 ・配偶者の父母
回数・期間	・子1人につき、原則2回 （一定の場合は再取得可能） ・原則として、子が1歳になるまでの連続した期間 （一定の場合は最長2歳になるまで可能）	・対象家族1人につき、通算93日まで、3回を上限として分割で取得可能

> **注意！**
> 　1歳までの育児休業は、分割して2回取得することができます。
> 　しかし、1歳6カ月まで、2歳までの育児休業は、分割して取得することはできません（各1回）。

1歳以降の育児休業

　令和3年の育児・介護休業法の改正により、1歳以降の育児休業（保育所に入所できない等の理由で延長した場合）について、育児休業期間の途中で父母が交代で取得したり、特別の事情がある場合に再取得することが可能になりました。

（1）育児休業の開始日の柔軟化

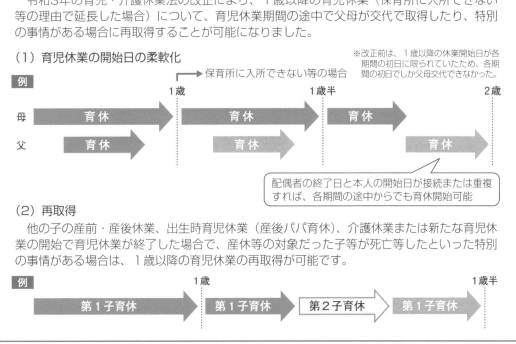

　※改正前は、1歳以降の休業開始日が各期間の初日に限られていたため、各期間の初日でしか父母交代できなかった。

（2）再取得

　他の子の産前・産後休業、出生時育児休業（産後パパ育休）、介護休業または新たな育児休業の開始で育児休業が終了した場合で、産休等の対象だった子等が死亡等したといった特別の事情がある場合は、1歳以降の育児休業の再取得が可能です。

（2）男性の育児休業の取得促進
［1］出生時育児休業（産後パパ育休）

　出生時育児休業（「産後パパ育休」とも呼ばれます。）とは、産後休業をしていない労働者が、原則として出生後8週間以内の子を養育するためにする休業です。例えば、男性が配偶者（妻）の出産後の退院に付き添ったり、産後の家事・育児をサポートするなどのために休業を取得することが想定されます。これは、（1）の育児休業とは別に取得することができます。

育介法9条の2～9条の5

> ●出生時育児休業（産後パパ育休）の新設
> 　出生時育児休業（産後パパ育休）は、令和3年の育児・介護休業法の改正により、主に男性が配偶者（妻）の出産時や産後に、より柔軟に休業が取得できるよう新設されたものです（令和4年10月1日施行）。
> 　これに伴い、従来の「パパ休暇」（出産後8週間以内の父親等の育児休業に関する特例）は廃止されました。

Q100 子の出生後7～10週の休業の申出があった場合、出生後7～8週は自動的に出生時育児休業になりますか？ また、子の出生後8週のうち4週までの休業はすべて出生時育児休業として取り扱うよう労使で取り決めてよいでしょうか？

A 育児休業の申出と出生時育児休業の申出はそれぞれ別の権利として労働者に付与されるものです。

そのため、「産後○週間以内の期間についての休業の申出は出生時育児休業の申出とする」といった自動的・一律の取り扱いはできません。また、労使協定等でそのような取り扱いとすることを事前に取り決めることもできません。

Q101 出生時育児休業期間中の就業について、労働者から、勤務時間外の夜間の2時間でテレワークであれば勤務可能と申出がありましたが、認めてよいでしょうか？

A 休業期間中の就業可能な時間帯等の申出は、所定労働時間内の時間帯に限って行うことができます。したがって、労働者は、所定労働時間外の時間帯で就業の申出を行うことはできません。

●関連する制度

出生時育児休業（産後パパ育休）期間中の就業日数が一定の水準以内である場合には、雇用保険の出生時育児休業給付金の支給対象となります。

☞ 詳しくはハローワークへお問い合わせください。

また、一定の要件を満たす場合には、育児休業期間（出生時育児休業期間を含みます。）中の社会保険料が免除されます。

☞ 詳しくは年金事務所や健康保険組合へお問い合わせください。

出生時育児休業（産後パパ育休）

対象となる労働者	●産後休業をしていない労働者（日雇いを除く。） [有期雇用労働者の場合] 申出時点で、子の出生日（出産予定日がそれより遅い場合はその日）から起算して8週間経過する日の翌日から6カ月経過日までに労働契約期間が満了し、更新されないことが明らかでないこと ※雇用期間が1年に満たないなど一定の労働者については、労使協定で対象外にすることができます。
期間	原則として子の出生後8週間以内の期間内で通算4週間（28日）まで
回数	子1人につき、分割して2回まで （※2回に分割する場合はまとめて申出が必要）

また、出生時育児休業の場合は、労使協定を締結している場合に限り、労働者が合意した範囲で休業中に就業することができます。

休業中の就業と手続きの流れ

1 労使協定を締結する

事業主と労働者の過半数代表との間で、休業期間中に就業させることができる労働者を書面で協定する。

2 協定の対象労働者から申し出る

休業開始予定日の前日までに、①就業可能日、②就業可能時間帯（所定労働時間内の時間帯に限ります。）等を書面等（事業主が認めれば、FAX、電子メール等も可）で申し出る。

3 労働者に提示する

事業主は、労働者に、労働者からの申出の範囲内で就業候補日、時間帯等を書面等＊で速やかに提示する。

4 書面等で労働者の同意を得る

労働者の同意の範囲で就業させることができる。（原則として、労働者は休業開始予定日の前日まで同意の撤回可）

【就業の範囲】

①休業期間中の所定労働日数の2分の1以下
②休業期間中の所定労働時間の合計の2分の1以下
③休業開始予定日・休業終了予定日の労働時間数はその日の所定労働時間数未満

5 労働者へ通知する

事業主は、労働者に、①同意を得た旨、②就業日時その他の労働条件を書面等＊で速やかに通知する。

＊労働者が希望する場合は、FAX、電子メール等も可。

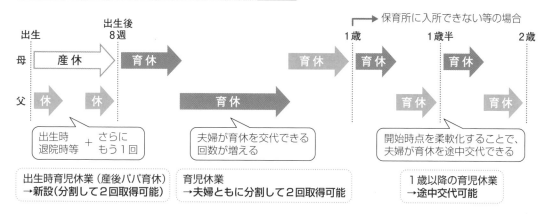

育児休業・出生時育児休業の取得例

保育所に入所できない等の場合

| | 出生 | 出生後8週 | | | 1歳 | 1歳半 | 2歳 |

母　産休　育休　育休　育休　育休　育休

父　休　休　育休　育休　育休

出生時退院時等 ＋ さらにもう1回

夫婦が育休を交代できる回数が増える

開始時点を柔軟化することで、夫婦が育休を途中交代できる

出生時育児休業（産後パパ育休）
→新設（分割して2回取得可能）

育児休業
→夫婦ともに分割して2回取得可能

1歳以降の育児休業
→途中交代可能

5 両立支援等

［2］ パパ・ママ育休プラス

　育児休業の期間は、原則として子が1歳になるまでの間です。しかし、父母ともに育児休業を取得する場合の特例として、子が1歳2カ月になるまでの間に、父母それぞれ1年間育児休業を取得することが認められます（「パパ・ママ育休プラス」といいます。）。

　この特例の対象となるには、次の要件を満たしていなければなりません。

育介法9条の6

①配偶者が、子が1歳になる日以前のいずれかの日に育児休業※をしていること。

②本人の育児休業開始予定日が、子が1歳になる日の翌日以前であること。

③本人の育児休業開始予定日が、配偶者がしている育児休業※の初日以後であること。

※出生時育児休業（産後パパ育休）を含む。

パパ・ママ育休プラスの例

子が1歳2カ月に達するまでの間に、父母それぞれが1年まで休業する

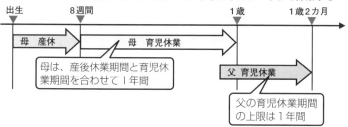

| 出生 | 8週間 | | 1歳 | 1歳2カ月 |

母　産休　母　育児休業

母は、産後休業期間と育児休業期間を合わせて1年間

父　育児休業

父の育児休業期間の上限は1年間

Q102　妻が先に育児休業に入る予定ですが、夫の育児休業を申し出る時点でまだ妻が育児休業をしていない場合でも、パパ・ママ育休プラスの特例を受けられますか？

A　パパ・ママ育休プラスによる子が1歳2カ月までの育児休業を申し出る時点では、配偶者が本人より先に育児休業をしているなど、法に定める要件を満たす見込みでもかまいません。

97

Q103　子の看護休暇や介護休暇を半日単位で取得させることはできますか？

A　時間単位での取得に加え、これまでと同様の半日単位での取得を可能とする制度を設けることもできます。

　ただし、次の例のように、看護・介護休暇1日分をすべて時間単位で取得する場合と比べて労働者にとって不利益な制度や運用とならないようにする必要があります。

> 例）1日の所定労働時間
> ：8時間
> 午前休：3時間
> 午後休：5時間
> ↓
> 午前休に相当する「3時間」の休暇が2回で計6時間を「1日」としてしまうと、時間単位休暇8時間分で「1日」の場合に比べて2時間分不利となってしまう。

Q104　年度の途中で1日の所定労働時間数が変更された場合、時間単位での取得の取り扱いはどうしたらよいでしょうか？

A　時間単位で取得できる日単位に満たない時間数は、所定労働時間数の変動に比例して変更されます（1時間未満の端数は1時間に切り上げ）。

　また、所定労働時間数の変更前に休暇を申し出た場合でも、変更後に取得する場合は、変更後の所定労働時間数をもとに取り扱います。

> 例）介護休暇の残日数・時間
> ：3日と3時間
> 1日の所定労働時間
> ：8時間→5時間に変更
> ↓
> 【変更前】3日（8時間で「1日分」）と3時間
> 【変更後】3日（5時間で「1日分」）と2時間（※）
> ※3時間×5／8＝1.875時間
> →切り上げて2時間

（3）子の看護休暇

　小学校に上がる前の子を養育する労働者から申出があった場合は、病気やケガをした子の世話をしたり、子に健康診断や予防接種を受けさせるために、看護休暇を取らせなければなりません。

　看護休暇を取得できる日数は、対象となる子が1人のときは年5日まで、2人以上のときは年10日までとなっています。

　また、看護休暇は、時間単位で取得することもできます。

> 育介法16条の2〜16条の4

時間単位の休暇の取り扱いの注意点

1　取得の単位

　1日の所定労働時間数に満たない範囲で、労働者が希望する整数の時間数で取得させる。

2　時間単位休暇1日の時間数

　時間単位で取得する休暇1日分の時間数は、1日の所定労働時間とし、1時間未満の端数は切り上げる。
　例）1日の所定労働時間が7時間30分の場合→8時間

3　時間単位での取得の対象外とできる労働者

　業務の内容、業務体制に照らして、時間単位で休暇を取得することが困難と認められる業務に従事する労働者については、労使協定で制度の対象外とすることができる。
　注：時間単位での取得の対象外となる労働者でも、日単位の取得を認めなければならない。

4　「中抜け」時間の取り扱い

　法律上は、就業時間の途中から休暇を取得して就業時間の途中に戻る「中抜け」を認めることまでは求められていないが、認めるよう配慮することが望ましい。

（4）介護休暇

　要介護状態にある対象家族の介護をしたり、通院の付き添いなどの世話をするために、労働者から申出があった場合は、介護休暇を取らせなければなりません。

　介護休暇を取得できる日数は、要介護状態にある対象家族が1人のときは年5日まで、2人以上のときは年10日までとなっています。

　また、介護休暇は、時間単位（その取り扱いについては、上記の子の看護休暇と同じ。）で取得することもで

きます。

育介法16条の5・16条の6

（5）時間外労働・深夜労働の制限

小学校に上がる前の子を養育する労働者または要介護状態にある対象家族の介護を行う労働者から請求があった場合は、1カ月24時間、1年150時間までしか時間外労働をさせることができません。

また、これらの労働者から請求があった場合は、深夜（午後10：00～午前5：00）に労働させることはできません。

育介法17条・18条・19条・20条

（6）所定外労働の免除

3歳未満の子を養育する労働者または要介護状態にある対象家族を介護する労働者が請求した場合には、事業主は、「事業の正常な運営を妨げる場合」を除き、その労働者を所定労働時間を超えて労働させてはなりません。

ただし、日雇労働者などには適用がありません。また、勤続年数が1年未満の労働者や週の所定労働日数が2日以下の労働者については、労使協定で対象外とすることができます。

「事業の正常な運営を妨げる場合」にあたるか否かは、その労働者が所属する事業所を基準として、その労働者の担当する作業の内容、作業の繁閑、代替要員の配置の難易等を考慮して客観的に判断します。

育介法16条の8・16条の9

（7）育児のための短時間勤務制度の導入

事業主は、3歳未満の子を養育する労働者が希望すれば利用できる短時間勤務制度を設けなければなりません。

ただし、日雇労働者や1日の所定労働時間が6時間以下の者には適用がありません。また、**次ページの図の労働者**については、労使協定で制度の対象外とすることができますが、これらの労働者のうち、③の労働者については、短時間勤務制度に代わる代替措置を講ずる必要があります。

そして、短時間勤務のパターンとして、原則として1日の所定労働時間が6時間のものを含むものでなければなりません。

育介法23条1項・2項

Q105 介護休暇を取得した日数は、介護休業期間に通算されるのでしょうか？

A 介護休暇は、比較的短期の介護のニーズに対応した休暇で、一定の継続した期間を想定した介護休業とは別の制度です。

このため、介護休暇は介護休業と別途取得することができ、介護休暇を取得した日数は、介護休業期間である「通算して93日」にはカウントしません。

注意！

所定外労働の免除期間と時間外労働の制限期間は、重複しないようにしなければなりません。

Q106 短時間勤務制度と所定外労働の免除を併用することはできますか？

A 短時間勤務制度が適用される期間と所定外労働の免除期間と重複して制度を利用することができます。

Q107 短時間勤務のパターンとして、週の所定労働日数を少なくするパターンを設けてもよいでしょうか？

A 短時間勤務制度は、原則として6時間勤務のパターンを必ず設けなければなりません。

この勤務パターンとあわせて、例えば7時間勤務や隔日勤務、週3日勤務といった複数のパターンを設けることができます。

Q108 短時間勤務制度の申出の手続きはどのようにしたらよいでしょうか？

A 短時間勤務制度の適用の申出手続きについては、とくに法律上規定はなく、各事業所で定めることができます。

ただし、制度を利用する労働者に過重な負担を求めることがないように配慮してください。また、育児休業などの他の制度の申出手続きを参考にし、例えば育児休業と同様に申出期限を「制度適用の1カ月前まで」としてもよいでしょう。

Q109 「育児に関する目的で利用できる休暇」とは、具体的にはどのようなものが該当しますか？

A 育児目的の休暇としては、いわゆる配偶者出産休暇や、入園式、卒園式など行事参加を含めた育児にも利用できる多目的休暇などが考えられます。

また、時効にかかった年休の積み立てによる休暇制度の一環として育児目的の休暇を措置することも考えられます。

注意！

「取得を控えさせるような形」とは、例えば、取得の申出をしないように威圧する、申し出た場合の不利益をほのめかす、取得の前例がないことをことさらに強調する、といったものが該当します。このようなものに該当するかどうかは、全体として取得を控えさせるような効果を持つかどうかという観点から実質的に判断されます。

労使協定で短時間勤務制度の対象外にできる労働者

①雇入れから1年未満の者
②週の所定労働日数が2日以下の者
③業務の性質、業務の実施体制に照らして短時間勤務の措置を講ずることが困難な者

例：交替制、流れ作業方式による製造ラインで短時間勤務者を組み込むことが困難な業務、労働者数が少なく、短縮時間分の作業を代替できない業務

代替措置

（1）育児休業制度に準ずる措置
（2）始業時刻変更等の措置
●フレックスタイム制
●始業・終業時刻の繰り上げ・繰り下げ
●保育施設の設置運営その他便宜の供与

（8）介護のための所定労働時間の短縮等の措置

事業主は、要介護状態にある対象家族の介護をする労働者について、対象家族1人につき、所定労働時間の短縮等の措置（次の①〜④のいずれかの措置）を講じなければなりません（選択的措置義務）。これらの措置は、介護休業とは別に、利用開始日から3年以上の期間で2回以上利用できます。 （育介法23条3項）

① 所定労働時間の短縮措置
② フレックスタイム制度
③ 始業・終業時刻の繰り上げ・繰り下げ
④ 介護サービス費用の助成その他これに準ずる制度

（9）育児目的休暇の導入促進

小学校に上がる前の子を養育する労働者は、育児に関する目的で利用できる休暇制度を設けるよう努めなければなりません。ここでいう休暇は、子の看護休暇、介護休業および労基法上の年休として与えられるものを除き、出産後の養育について出産前において準備することができる休暇を含みます。 （育介法24条1項）

（10）個別の制度周知・休業取得の意向確認

事業主は、本人または配偶者（事実婚も含みます。）の妊娠・出産等を申し出た労働者に育児休業制度等を個別に周知し、取得意向を確認しなければなりません。

個別周知と意向確認は、育児休業（出生時育児休業を含みます。）の申出が円滑に行われることを目的としていますので、取得を控えさせるような形で行ってはなりません。 （育介法21条1項）

個別周知する事項と周知・意向確認の方法

個別周知事項	周知・意向確認方法
①～④のすべての事項	①～④のいずれか
①育児休業・出生時育児休業制度の内容等	①面談（オンライン可）
②育児休業・出生時育児休業の申出先 （例：人事部など）	②書面交付
③育児休業給付制度の内容等	③ファクシミリ
④労働者が育児休業・出生時育児休業期間に負担すべき社会保険料の取り扱い	④電子メール等
	※③・④は労働者が希望した場合に限る。

（11）育児休業を取得しやすい雇用環境整備の措置

　事業主は、育児休業（出生時育児休業を含みます。）の申出が円滑に行われるよう、次のいずれかの措置を講じなければなりません。

育介法22条1項

①育児休業（出生時育児休業を含む。以下同）に関する研修の実施
②育児休業に関する相談体制の整備（相談窓口設置）
③自社の労働者の育児休業取得事例の収集・提供
④自社の労働者へ育児休業制度と育児休業取得促進に関する方針の周知

（12）その他の措置

　事業主は、以上に掲げた措置のほか、次のような措置をとらなければなりません。

● 就業場所の変更に際しての配慮 〈育介法26条〉

　勤務地の変更、転勤などの際、労働者の育児・介護の状況に十分配慮しなければなりません。

● 職業家庭両立推進者の選任の努力義務 〈育介法29条〉

　育児・介護を抱える労働者が、仕事と両立していけるように、育介法に定められた措置を実施するための業務を行う人を選任するように努めてください。

●周知・意向確認の方法
　面談はオンラインでも可能ですが、対面で行う場合と同程度の質が確保されることが必要です。音声のみの通話は、面談による方法に含まれません。
　また、電子メール等には、イントラネット（企業内LAN）、Webメール、SNS（LINE、Facebook、メッセンジャー等）も含まれますが、送信する情報を出力して書面を作成できるものに限られます。

●育児休業制度等を周知する努力義務
　事業主は、労働者またはその配偶者が妊娠・出産したことを知った場合や、労働者が介護していることを知った場合に、その労働者に対し、個別に関連制度を周知するよう努めなければなりません（育介法21条の2）。

Q110　育児休業に関する相談体制の整備として、メールアドレスやURLを定めて相談窓口として従業員に周知してもよいでしょうか？

A　実質的に相談に対応できる体制を整えていれば、必ずしも物理的な窓口設置に限られずメールアドレスやURLを定めて相談窓口として周知する方法も可能です。

Q111　育児・介護休業や時間外労働の制限などの規定に違反すると処罰されるのですか？

A　育介法には、事業主に義務づけられる措置規定の違反について罰則はありません。ただし、これらの規定に違反して是正勧告を受けても従わないでいると、企業名公表の対象になります。また、行政官庁から報告を求められた場合に報告しなかったり、虚偽の報告をしたりすると、20万円以下の過料が課されます。
　なお、これらの規定に違反し

て、休業を拒んだり、解雇したりすると、労働者が裁判所に訴えを起こし、民法上、公序良俗違反や不法行為（民法90条、709条）として損害賠償を請求されるケースも実際にあります。

☞ 育児・介護等に関するハラスメントの防止措置については、178～182ページ参照。

（13）不利益取り扱いの禁止

　育児・介護休業、子の看護休暇、時間外労働の制限等を申し出・請求したこと、または取得したこと等を理由に、解雇など労働者にとって不利益な取り扱いをしてはなりません。

> 育介法10条・16条・16条の4・16条の7・16条の10・18条の2・20条の2・21条2項・23条の2

不利益取り扱いとなる場合

ア　育児休業・産後パパ育休を申し出たこと・休業をしたこと
イ　産後パパ育休期間中の就業可能日等を申出・同意しなかったこと等
ウ　介護休業を申し出たこと・休業をしたこと
エ　看護休暇を申し出たこと・休暇を取得したこと
オ　介護休暇を申し出たこと・休暇を取得したこと
カ　所定外労働の免除を求めたこと・所定労働時間を超えて労働しなかったこと
キ　時間外労働の制限を求めたこと・制限時間を超えて労働しなかったこと
ク　深夜業の制限を求めたこと・深夜に労働しなかったこと
ケ　本人または配偶者の妊娠・出産等を申し出たこと
コ　所定労働時間の短縮措置等を申し出たこと・制度を利用したこと

これらを理由として

不利益取り扱いの禁止

◆解雇　　◆期間を定めて雇用される者の契約の不更新
◆当初明示されていた契約の更新回数の上限の引き下げ
◆退職強要、正社員からパートタイマー等の非正規社員への転換の強要
◆自宅待機命令
◆労働者の希望する期間を超え、その意に反して所定外労働の免除、時間外労働の制限、深夜業の制限、所定労働時間の短縮措置等を適用すること
◆降格　　◆減給、賞与等の不利益な算定
◆昇進・昇格の人事考課での不利益な評価
◆不利益な配置の変更
◆就業環境を害すること（パワハラなど）　　など

●公表の方法
　育児休業取得状況は、インターネットの利用その他適切な方法で、一般の人が閲覧できるように公表してください。
　自社のホームページのほか、厚生労働省が運営するウェブサイト「両立支援のひろば」（https://ryouritsu.mhlw.go.jp/）に掲載する方法があります。

（14）育児休業取得状況の公表（令和5年4月施行）

　常時雇用する労働者数が1,000人を超える事業主は、毎年少なくとも1回、男性の育児休業等の取得の状況（育児目的休暇を含むことも可）を公表しなければなりません。

> 育介法22条の2

育児と仕事の両立支援制度（まとめ）

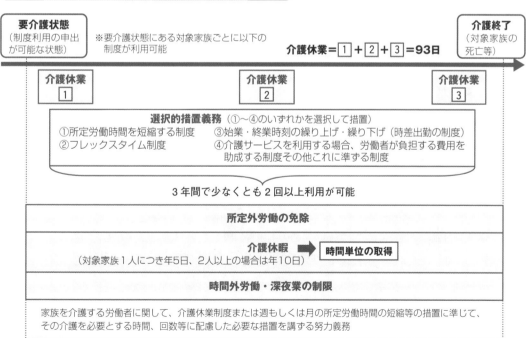

出産（予定）日　産後8週間　1歳　1歳6カ月　2歳　3歳　就学

産前産後休業

始業時刻変更等の措置※（努力義務）

| 産後パパ育休 | 育児休業 | 一定の場合、最長2歳まで取得可 → | 育児休業またはそれに準ずる措置（努力義務） |

男性は子の出生日（または予定日）から取得可能

所定労働時間の短縮措置等（原則：短時間勤務制度） ／ 所定労働時間の短縮またはそれに準ずる措置（努力義務）

所定外労働の免除 ／ 所定外労働の免除またはそれに準ずる措置（努力義務）

子の看護休暇 → 時間単位の取得
（子1人につき年5日、2人以上の場合は年10日）

時間外労働・深夜業の制限

その他、小学校就学前の子を養育する労働者について、配偶者出産休暇、入園式に参加するための休暇などの育児目的で利用できる休暇制度を設ける努力義務

※始業時刻変更等の措置：フレックスタイム制、始業・終業時刻の繰り上げ・繰り下げ、保育施設の設置運営その他便宜の供与。子が1歳になるまでは育児休業を取得していない労働者が対象。

介護と仕事の両立支援制度（まとめ）

要介護状態（制度利用の申出が可能な状態）　※要介護状態にある対象家族ごとに以下の制度が利用可能

介護休業＝ 1 ＋ 2 ＋ 3 ＝93日

介護終了（対象家族の死亡等）

介護休業 1 ／ 介護休業 2 ／ 介護休業 3

選択的措置義務（①～④のいずれかを選択して措置）
①所定労働時間を短縮する制度
②フレックスタイム制度
③始業・終業時刻の繰り上げ・繰り下げ（時差出勤の制度）
④介護サービスを利用する場合、労働者が負担する費用を助成する制度その他これに準ずる制度

3年間で少なくとも2回以上利用が可能

所定外労働の免除

介護休暇 → 時間単位の取得
（対象家族1人につき年5日、2人以上の場合は年10日）

時間外労働・深夜業の制限

家族を介護する労働者に関して、介護休業制度または週もしくは月の所定労働時間の短縮等の措置に準じて、その介護を必要とする時間、回数等に配慮した必要な措置を講ずる努力義務

5 両立支援等

テレワークガイドライン ●●●●●●●●●●●●●●●●●●●●●●●●●●●●

　時や場所にとらわれないテレワークは、働く人にとって、通勤の負担がなくなることによる心身の負担の軽減や業務効率化につながり、ワーク・ライフ・バランスに資する働き方の一つです。他方、企業にとっても、業務効率化による生産性の向上、オフィスコストの削減などのメリットがあります。さらに、ウィズコロナ・ポストコロナの「新たな日常」、「新しい生活様式」に対応した働き方としても活用が進んでいます。

　令和3年3月に改定された「テレワークの適切な導入及び実施の推進のためのガイドライン」（テレワークガイドライン）では、テレワークの導入と実施に当たり、労務管理を中心に、労使双方にとって留意すべき点、望ましい取り組み等が示されています。

ガイドラインの概要

テレワークの導入に際しての留意点

■ 対象業務
- ◆一般にテレワークを実施することが難しい業種・職種であっても個別の業務によっては実施できる場合がある。管理職側の意識を変えることや、業務遂行の方法の見直しを検討することが望ましい。
- ◆オフィスに出勤する労働者のみに業務が偏らないよう、留意することが必要。

■ 対象者
- ◆正規雇用労働者、非正規雇用労働者といった雇用形態の違いのみを理由としてテレワーク対象者から除外することのないよう留意。
- ◆在宅での勤務は生活と仕事の線引きが困難になる等の理由から在宅勤務を希望しない労働者について、サテライトオフィス勤務やモバイル勤務の利用も考えられる。
- ◆特に新入社員、中途採用の社員や異動直後の社員は、コミュニケーションの円滑化に特段の配慮をすることが望ましい。

■ 導入に当たっての望ましい取り組み
- ◆不必要な押印や署名の廃止、書類のペーパーレス化、決裁の電子化等が有効。職場内の意識改革をはじめ、業務の進めかたの見直しに取り組む。
- ◆労働者や企業の状況に応じた適切なコミュニケーションを促進するための取り組みを行う。
- ◆企業のトップや経営層がテレワークの必要性を理解し、方針を示すなど企業全体として取り組む。

労務管理上の留意点

■ 人事評価制度
- ◆人事評価は、企業が労働者に対してどのような働きを求め、どう処遇に反映するかといった観点から、企業がその手法を工夫して、適切に実施することが基本。
- ◆人事評価の評価者に、適正評価のための訓練等の機会を設ける等の工夫が考えられる。
- ◆テレワークを行う場合の評価方法を、オフィスでの勤務の場合の評価方法と区別する際には、誰もがテレワークを行えるようにすることを妨げないように工夫することが望ましい。
- ◆時間外等のメール等に対応しなかったことを理由として不利益な人事評価を行うこと、テレワークを実施せずにオフィスで勤務していることを理由として、オフィスに出勤している労働者を高く評価すること等は、適切な人事評価とはいえない。

■ **費用負担**

◆ テレワークを行うことによって労働者に過度の負担が生じることは望ましくない。

◆ 個々の企業ごとの業務内容、物品の貸与状況等により、費用負担の取り扱いはさまざま。労使のどちらがどのように負担するか等についてはあらかじめ労使で十分に話し合い、企業ごとの状況に応じたルールを定め、就業規則等において規定しておくことが望ましい。

◆ 在宅勤務に伴う費用について、業務に要した実費の金額を在宅勤務の実態を踏まえて合理的・客観的に計算し、支給することも考えられる。

■ **人材育成**

◆ オンラインでの人材育成は、その利点を活かす工夫をすることも有用。

◆ テレワークを導入した初期あるいは機材を新規導入したとき等には、必要な研修等を行うことも有用。

◆ 自律的に働くことができるよう、管理職による適切なマネジメントが行われることが重要。管理職のマネジメント能力向上に取り組むことも望ましい。

テレワークのルールの策定と周知

◆ 労基法上の労働者については、テレワークを行う場合でも、労基法、最賃法、安衛法、労災保険法等の労働基準関係法令が適用される。

◆ 使用者は労使で協議して策定したテレワークのルールを就業規則に定め、労働者に適切に周知することが望ましい。

さまざまな労働時間制度の活用—労働時間の柔軟な取り扱い

◆ 労基法上のすべての労働時間制度でテレワークが実施可能。このため、テレワーク導入前に採用している労働時間制度を維持したまま、テレワークを行うことが可能。

◆ 通常の労働時間制度および変形労働時間制では、始業・終業の時刻や所定労働時間をあらかじめ定める必要があるが、必ずしも一律の時間に労働する必要がないときには、テレワークを行う労働者ごとに自由度を認めることも考えられる。

◆ フレックスタイム制は、労働者が始業・終業の時刻を決定することができる制度であり、テレワークになじみやすい。

◆ テレワークにおいて、① 情報通信機器が、使用者の指示により常時通信可能な状態におくこととされていないこと、② 随時使用者の具体的な指示に基づいて業務を行っていないこと、のいずれも満たす場合には、事業場外みなし労働時間制（☞67ページ参照）を適用することができる。

労働時間管理の工夫

■ **労働時間の把握**

◆ 労働時間の管理については、本来のオフィス以外の場所で行われるため使用者による現認ができないなど、労働時間の把握に工夫が必要。一方、情報通信技術を活用する等によって、労務管理を円滑に行うことも可能。

◆ 労働時間の把握については、「労働時間適正把握ガイドライン」（☞76ページ参照）を踏まえ、次の方法によることが考えられる。

　　・パソコンの使用時間の記録等の客観的な記録を基礎として、始業・終業時刻を確認する

　　・労働者の自己申告により把握する（☞自己申告の留意点については77ページ参照）。

■ テレワークに特有の事象の取り扱い

◆ 中抜け時間（一定程度労働者が業務から離れる時間）を把握する際の工夫

・１日の終業時に、労働者から報告させる

・中抜け時間について、休憩時間として取り扱い終業時刻を繰り下げたり、時間単位の年次有給休暇として取り扱う

・始業・終業の時刻の間の時間について、休憩時間を除き労働時間として取り扱う

◆ 長時間労働対策

・メール送付の抑制等やシステムへのアクセス制限等

・時間外・休日・所定外深夜労働についての手続き
：労使の合意により、時間外等の労働が可能な時間帯や時間数をあらかじめ使用者が設定する等

安全衛生の確保

◆ 自宅等においてテレワークを実施する場合でも、事業者は、労働者の安全と健康の確保のための措置を講ずる必要がある。テレワークの実施を予定する労働者を雇い入れたとき、労働者の作業内容を変更し、テレワークを初めて行わせるときは、テレワーク作業時の安全衛生教育を行うことも重要。

◆ テレワークでは、労働者が上司等とコミュニケーションを取りにくい、上司等が労働者の心身の変調に気づきにくいという状況となる場合が多く、事業者は、健康相談体制の整備や、コミュニケーションの活性化のための措置を実施することが望ましい。

◆ 自宅等で安全衛生に配慮したテレワークが実施されるよう、「自宅等においてテレワークを行う際の作業環境を確認するためのチェックリスト（労働者用）」を活用すること等により、作業環境に関する状況の報告を求める。必要な場合には、労使が協力して改善を図り、またはサテライトオフィス等の活用を検討することが重要。

労働災害の補償

◆ 労働契約に基づいて事業主の支配下にあることによって生じたテレワークにおける災害は、業務上の災害として労災保険給付の対象となる。

◆ 使用者は、労働災害に備え、以下のような対応を行うことが望まれる。

・情報通信機器の使用状況などの客観的な記録や、労働者から申告された時間の記録を適切に保存する。

・労働者が負傷した場合の災害発生状況等について、使用者や医療機関等が正確に把握できるよう、当該状況等を可能な限り記録しておくことを労働者に周知する。

ハラスメントへの対応

◆ テレワークの際にも、オフィスに出勤する働き方の場合と同様に、ハラスメントを行ってはならない旨を労働者に周知啓発する等、ハラスメントの防止対策を十分に講じる必要がある。

セキュリティへの対応

◆ 情報セキュリティの観点からすべての業務を一律にテレワークの対象外と判断するのではなく、関連技術の進展状況等を踏まえ、解決方法の検討を行うことや業務ごとに個別に判断することが望ましい。

自営型テレワークに関するガイドラインの概要

「自営型テレワークの適正な実施のためのガイドライン」（平成30年2月）

自営型テレワークとは

▶ 注文者から委託を受け、情報通信機器を活用して主として自宅または自宅に準じた自ら選択した場所において、成果物の作成または役務の提供を行う就労（法人形態の場合、他人を使用している場合などを除く。）

[仲介事業者が注文者とテレワーカーとの間であっせんするケース]

仲介事業者とは、①他者から業務の委託を受け、当該業務に関する仕事を自営型テレワーカーに注文する行為を業として行う者、②自営型テレワーカーと注文者との間で、自営型テレワーカーの仕事のあっせんを業として行う者、③インターネットを介して注文者と受注者が直接仕事の受発注を行うことができるサービス（いわゆる「クラウドソーシング」）を業として運営している者をいう。

5 両立支援等

····· 関係者が守るべき事項（おもなもの）

1 募集

募集内容の明示	注文者または自営型テレワークの仕事のあっせんを業として行う仲介事業者は、文書、電子メールまたはウェブサイト上等で次の事項を明示すること。 ① 仕事の内容 ② 成果物の納期予定日（役務が提供される予定期日または予定期間） ③ 報酬予定額・支払期日・支払方法 ④ 諸経費の取り扱い ⑤ 提案等に係る知的財産権の取り扱い ⑥ 問い合わせ先
募集から契約までの間に取得した提案等の取り扱い	・選考外の用途で応募者に無断で使用等しないこと。 ・知的財産権を契約時に譲渡等させる場合は、募集の際にその旨を明示すること。

2 契約条件の文書明示

契約条件の明示	注文者は、自営型テレワーカーと協議のうえ、次の事項を明らかにした文書を交付すること（電子メールまたはウェブサイト上等の明示でも可）。 ① 注文者の氏名または名称、所在地、連絡先 ② 注文年月日 ③ 仕事の内容 ④ 報酬額・支払期日・支払方法 ⑤ 諸経費の取り扱い ⑥ 成果物の納期（役務が提供される期日または期間） ⑦ 成果物の納品先および納品方法 ⑧ 検査をする場合は、検査を完了する期日（検収日） ⑨ 契約条件を変更する場合の取り扱い ⑩ 成果物に瑕疵がある等不完全であった場合やその納入等が遅れた場合等の取り扱い（補償が求められる場合の取り扱い等） ⑪ 知的財産権の取り扱い ⑫ 自営型テレワーカーが業務上知り得た個人情報および注文者等に関する情報の取り扱い
保存	明示した文書または電子メール等を3年間保存すること。

3 契約条件の適正化

報酬額	◆同一または類似の仕事をする自営型テレワーカーの報酬、仕事の難易度、納期の長短、自営型テレワーカーの能力等を考慮することにより、自営型テレワーカーの適正な利益の確保が可能となるように決定すること。 ◆見積りを作成する際には、必要以上に見積りを繰り返すものの契約締結に至らない場合等、自営型テレワーカーの過度な負担とならないような見積りとすることが望ましい。
報酬の支払期日	成果物を受け取った日または役務の提供を受けた日から起算して30日以内とし、長くても60日以内とすること。
納期	作業時間が長時間におよび健康を害することがないように設定すること。その際、通常の労働者の1日の所定労働時間の上限（8時間）も作業時間の上限の目安とすること。
契約条件の変更	◆契約条件を変更する場合は、自営型テレワーカーと十分協議のうえ、文書等を交付すること。 ◆自営型テレワーカーに不利益が生ずるような変更を強要しないこと。
契約解除	自営型テレワーカーに契約違反等がない場合、契約解除により自営型テレワーカーに生じた損害の賠償が必要となること。

その他、成果物の内容に関する具体的説明、報酬の支払い、成果物に瑕疵がある場合や納入が遅れた場合等の取り扱い、継続的な注文の打切りの場合における事前予告等に関する事項

4 その他

仲介手数料、登録料、紹介料、システム利用料等を問わず、自営型テレワーカーから仲介に係る手数料を徴収する場合には、仲介事業者は、手数料の額、手数料の発生条件、手数料を徴収する時期等を、自営型テレワーカーに対し、あらかじめ、文書または電子メール等で明示してから徴収すること。

その他、物品の強制購入等の禁止、注文者の協力、個人情報等の取り扱い、健康確保措置、能力開発支援、担当者の明確化、苦情の自主的解決等に関する事項

副業・兼業の促進に関するガイドライン ●●●●●●●●●●●●●●

　個人のキャリア形成や収入増加といった労働者のニーズに加え、企業にとっても多様な人材活用につながるものとして副業・兼業を普及・促進するにあたり、各企業が適正に運用していくためのルールや留意事項等について、「副業・兼業の促進に関するガイドライン」（平成30年1月）が策定されました。このガイドラインは、令和2年9月に改定され、労働時間の管理・計算の考え方や方法、健康管理措置等について、より具体的に詳細が示されています（最終改定：令和4年7月）。

5 両立支援等

ガイドラインが示す副業・兼業に関するルールと留意事項（概要）

① 基本的な考え方

◆ 副業・兼業を進めるにあたっては、労働者と企業双方が納得感を持って進めることができるよう、企業と労働者との間で十分にコミュニケーションをとることが重要。

◆ ①安全配慮義務（労働契約法5条）、②秘密保持義務、③競業避止義務、④誠実義務に留意する。

◆ 就業規則において、原則として労働者は副業・兼業を行うことができること、例外的に、上記①〜④に支障がある場合には、副業・兼業を禁止・制限できることとしておくこと等が考えられる。

　➡ モデル就業規則を参照・活用する（第14章第70条）。
　　https://www.mhlw.go.jp/stf/seisakunitsuite/bunya/koyou_roudou/roudoukijun/zigyonushi/model/

※モデル就業規則の解説には、副業・兼業に関する裁判例についても記載されていますので、あわせてご参照ください。

② 労働時間管理

　労働者が事業主を異にする複数の事業場で労働する場合には、労基法38条1項に基づき、労働時間を通算して管理することが必要。

1 労働時間の通算が必要となる場合

◆労働者が事業主を異にする複数の事業場において、労基法に定められた労働時間規制が適用される労働者に該当する場合に、労働時間が通算される。
◆事業主、委任、請負など労働時間規制が適用されない場合には、その時間は通算されない。
◆法定労働時間、上限規制（単月100時間未満、複数月平均80時間以内、☞45ページ参照）について、労働時間を通算して適用される。
◆労働時間を通算して法定労働時間を超える場合には、長時間の時間外労働とならないようにすることが望ましい。

2 副業・兼業の確認

◆使用者は、労働者からの申告等により、副業・兼業の有無・内容を確認する。
◆使用者は、届出制など副業・兼業の有無・内容を確認するためのしくみを設けておくことが望ましい。

3 労働時間の通算 （詳細は110ページ参照）

4 時間外労働の割増賃金の取り扱い

◆上記 3 の労働時間の通算によって時間外労働となる部分のうち、自社で労働させた時間について、時間外労働の割増賃金を支払う必要がある。

③ 健康管理

◆ 使用者は、安衛法に基づき、健康診断（☞146ページ参照）、長時間労働者に対する面接指導（☞149ページ参照）、ストレスチェック（☞157ページ参照）やこれらの結果に基づく事後措置等を実施しなければならない。

◆ 使用者の指示により副業・兼業を開始した場合は、
　・原則として他社との情報交換により、難しい場合には労働者からの申告により他社の労働時間を把握し、自社の労働時間と通算した労働時間に基づき、健康確保措置を実施することが適当。
　・他社との間で、労働の状況等の情報交換を行い、それに応じた健康確保措置の内容に関する協議を行うことが適当。

◆ 使用者が労働者の副業・兼業を認めている場合は、健康保持のため自己管理を行うよう指示し、心身の不調があれば都度相談を受けることを伝えること、副業・兼業の状況も踏まえ必要に応じ法律を超える健康確保措置を実施することなど、労使の話し合い等を通じ、副業・兼業を行う者の健康確保に資する措置を実施することが適当。

④ 情報の公表

　　労働者の多様なキャリア形成を促進する観点から、企業は、副業・兼業を許容しているか否か、また条件付許容の場合はその条件について、自社のホームページ等において公表することが望ましい。

〈その他〉労働・社会保険
◆ 複数事業主に雇用され、それぞれ雇用保険の被保険者要件を満たす場合は、その者が生計を維持するに必要な主たる賃金を受ける雇用関係についてのみ雇用保険の被保険者となる。
◆ 複数事業主に雇用され、それぞれ厚生年金・健康保険の被保険者要件を満たす場合は、被保険者がいずれかの事業所の管轄年金事務所等を選択。　　　　　　　　　　　　　　　　　　　　等
☞ 複数就業者の労災保険給付については、188ページ以下参照

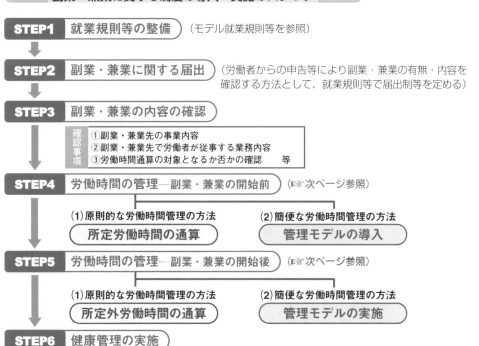

副業・兼業に関する制度の導入・実施のステップ

STEP1 就業規則等の整備 （モデル就業規則等を参照）

↓

STEP2 副業・兼業に関する届出 （労働者からの申告等により副業・兼業の有無・内容を確認する方法として、就業規則等で届出制等を定める）

↓

STEP3 副業・兼業の内容の確認

確認事項　①副業・兼業先の事業内容
　　　　　②副業・兼業先で労働者が従事する業務内容
　　　　　③労働時間通算の対象となるか否かの確認　　　等

↓

STEP4 労働時間の管理—副業・兼業の開始前 （☞次ページ参照）

（1）原則的な労働時間管理の方法　　所定労働時間の通算
（2）簡便な労働時間管理の方法　　管理モデルの導入

↓

STEP5 労働時間の管理—副業・兼業の開始後 （☞次ページ参照）

（1）原則的な労働時間管理の方法　　所定外労働時間の通算
（2）簡便な労働時間管理の方法　　管理モデルの実施

↓

STEP6 健康管理の実施

労働時間の通算

労働時間の通算の基本

> 　副業・兼業を行う労働者を使用する使用者は、労基法38条1項の規定により、それぞれ、自らの事業場における労働時間制度をもとに、①自らの事業場（自社）における労働時間と②労働者からの申告等により把握した他の使用者の事業場（他社）における労働時間とを通算して管理する。

起算日が異なる場合

　週の労働時間の起算日または月の労働時間の起算日が、自社と他社とで異なる場合でも、自社の労働時間制度における起算日をもとに、そこから起算した各期間における労働時間を通算します。

通算して時間外労働となる場合

　自社における労働時間と他社における労働時間とを通算して、自社の労働時間制度における法定労働時間を超える部分が、時間外労働となります。

　労働時間の通算方法には、（1）原則的な労働時間管理の方法と（2）簡便な労働時間管理の方法の2とおりがありますが、どちらの方法にするかは、自社で取り入れやすい方法で決めてください。

（1）原則的な労働時間管理の方法

1 所定労働時間の通算（前ページ STEP4 の(1)）

　STEP3 で確認した副業・兼業の内容に基づき、自社の所定労働時間と副業・兼業先の所定労働時間を通算し、時間外労働となる部分があるかを確認します。

　所定労働時間を通算した結果、自社の労働時間制度における法定労働時間を超える部分がある場合は、その超えた部分が時間外労働となり、時間的に後から労働契約を締結した企業が自社の36協定で定めるところによってその時間外労働を行わせることになります。

[例]

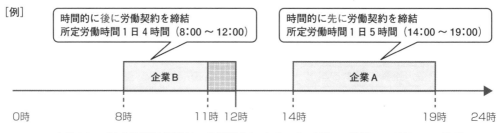

→企業Bに、法定時間外労働が1時間発生します。（5時間＋4時間ー8時間＝1時間）

2 所定外労働時間の通算（前ページ STEP5 の(1)）

　副業・兼業の開始後は、自社の所定外労働時間と副業・兼業先における所定外労働時間とを当該所定外労働が行われる順に通算します。

　通算した結果、自社の労働時間制度における法定労働時間を超える部分がある場合は、その超えた部分が時間外労働となり、そのうち自ら労働させた時間について、自社の36協定の延長時間の範囲内とする必要があるとともに、割増賃金を支払う必要があります。

自社と副業・兼業先のいずれかで所定外労働が発生しない場合の取り扱い

- ◆自社で所定外労働がない場合は、所定外労働時間の通算は不要。
- ◆自社で所定外労働があるが、副業・兼業先で所定外労働がない場合は、自社の所定外労働時間のみ通算する。

5 両立支援等

[例]

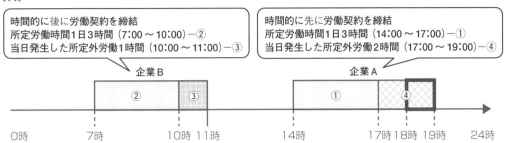

→①＋②＋③＋（④のうち1時間）で法定労働時間に達するので、企業Aで行う1時間の所定外労働（18：00〜19：00）は法定時間外労働となり、企業Aにおける36協定で定めるところにより行うこととなります。企業Aはその1時間について割増賃金を支払う必要があります。

（2）簡便な労働時間管理の方法

　副業・兼業の日数が多い場合や、自社と副業・兼業先の双方で所定外労働がある場合などにおいては、労働時間の申告等や労働時間の通算管理において、労使双方の手続き上の負荷が高くなることが考えられます。管理モデルは、そのような場合において、労使双方の手続き上の負荷を軽くしながら、労基法に定める最低労働条件が遵守されやすくなる方法です。

1　副業・兼業の開始前（109ページ STEP4 の（2））

時間的に先に労働契約を締結していた使用者Aの事業場における法定外労働時間

＋

時間的に後から労働契約を締結した使用者Bの事業場における労働時間（所定労働時間および所定外労働時間）

合計時間数 ← 時間外労働の上限規制（単月100時間未満、複数月平均80時間以内）の範囲内で、各々の使用者の事業場における労働時間の上限をそれぞれ設定する。

2　副業・兼業の開始後（109ページ STEP5 の（2））

　各々の使用者が 1 で設定した労働時間の上限の範囲内で労働させる。

[例] Aに所定外労働がある場合（A・Bで所定外労働が発生し得る場合に、互いの影響を受けないようあらかじめ枠を設定）

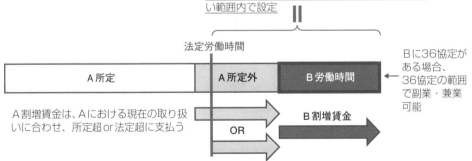

使用者Aは、自らの事業場における法定外労働時間の労働について ➡ それぞれ、自らの事業場における36協定の延長時間の範囲内とし、割増賃金を支払う。

使用者Bは、自らの事業場における労働時間の労働について ➡

賃　金

賃金は、労働者にとって生活の原資となる重要なものです。また、お金に絡む問題ですから、実際、賃金をめぐって労使間でトラブルになったケースも決して少なくありません。

具体的な賃金の額や支給条件などは、労使間の契約で自由に決めることができます。しかし、①契約時に賃金に関する条件を明確にしておくこと、②賃金の支払いかたや割増賃金、最低賃金などに関する労基法・最低賃金法（以下「最賃法」といいます。）等で定められたルールを守ることが必要です。

●01　賃　金

（1）賃金の範囲

労基法では、賃金とは、賃金、給料、手当、賞与その他名称のいかんにかかわらず、労働の対償として使用者が労働者に支払うものとされています。

（労基法11条）

しかし、賃金の形態や名称は、各事業場によってさまざまですから、具体的に何が賃金で何がそうでないのかを判断するのは、なかなか難しい問題です。

通常、賃金かどうかを判断するには、次の要件を満たしているかどうかがポイントになります。

> ●労働の対償
> 「労働の対償」として支払うとは、使用者が労働者に支払うもののうち、労働者が使用者の指揮命令下で行う労働に対して、見返り（報酬）として支払うことをいいます。

【賃金かどうかの判断の基準】
①　使用者が支払うものであること
②　労働の対償であること

賃金と「なる」もの・「ならない」もの

賃金となるもの		
●定期賃金（給与）		
●諸手当（住宅手当、精勤手当、職能手当など）		
●賞与（ボーナス）		
賃金とならないもの		
①使用者が支払わないもの	例）客が直接手わたすチップなど	
②任意的・恩恵的なもの	例）結婚祝金、死亡弔慰金など	＊就業規則・労働契約等であらかじめ支給条件が決められている場合には賃金となる。
③福利厚生施設	例）住宅の貸与など	＊住宅の貸与を受けない人に定額の手当が支払われている場合には、その額を限度として賃金となる。
④企業設備の一環であるもの	例）制服、作業着、労働者持ちの器具の損料など	
⑤実費弁償的なもの	例）出張旅費など	

【退職金の取り扱い】

退職金（退職手当）は、必ずしも使用者が支払わなければならないものではなく、退職金制度を設けるか否かは任意です。

しかし、就業規則・退職金規程などで支給条件を明確に定めている場合には、社内の制度として成り立っているわけですから、労働条件の1つとして賃金の支払いに関するルールが適用されます。

退職金の持つ性格

① **功労報償**
長年会社に貢献してきた見返りとしての性格

② **老後の生活保障**
引退後の生活資金としての性格

③ **賃金の後払い**
支給条件などが就業規則などで明確化されていれば、他の賃金と同じ労働条件の1つとなり、退職時に支払われるため、賃金の後払いとしての性格を持ちます。

Q112 同業他社へ転職する労働者に対しても退職金を支払わなくてはならないのですか？

A 退職後に競業関係にある会社に就職したというだけで一概に退職金を支払わないことが認められるわけではありません。そのような取り扱いをする場合は、そうすることの合理的な理由と退職金規程上の明確な根拠、具体的な事案における顕著な背信性があることが前提となります。

Q113 退職金の支払時期を退職してから1カ月後とすることができますか？

A 退職金については、就業規則などであらかじめ支払時期を定めていれば、その時期に支払うことができます。

ココも チェック！

賃金請求権等の消滅時効 ●●●●●●●●●●●●●●●●●●●

労基法で定める賃金の請求権は、権利を行使することができる時（賃金支払期日）から5年を経過すると、時効によって消滅します。賃金請求権のほか、その他の請求権についても、次のように消滅時効期間が定められています。

賃金請求権等の消滅時効期間   労基法115条

労基法115条の対象となる請求権		時効期間
①賃金（退職手当を除く。）の請求権	金品の返還（23条。賃金の請求に限る。）、賃金の支払い（24条）、非常時払い（25条）、休業手当（26条）、出来高払制の保障給（27条）、時間外・休日労働等に対する割増賃金（37条）、年休中の賃金（39条9項）、未成年者の賃金請求権（59条）	**5年**※ （当分の間、3年）
②災害補償の請求権	療養補償（75条）、休業補償（76条）、障害補償（77条）、遺族補償（79条）、葬祭料（80条）、分割補償（82条）	**2年**
③その他の請求権	帰郷旅費（15条3項、64条）、退職時の証明（22条）、金品の返還（23条。賃金を除く。）、年休請求権（39条）	**2年**
④退職手当の請求権	＊労働協約または就業規則によってあらかじめ支給条件が明確にされている場合（24条）	**5年**

※①の賃金請求権の消滅時効期間は、従来2年でしたが、令和2年の労基法改正により、5年に延長されました。ただし、これには経過措置が設けられ、当分の間、3年とされています。

（2）平均賃金

労基法12条

［1］平均賃金の役割

平均賃金は、解雇予告手当、休業手当、年休の賃金、災害補償、減給の限度を算定する尺度となるものです。

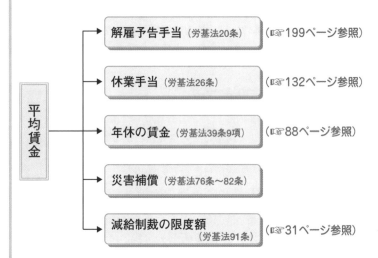

解雇予告手当（労基法20条）	（☞199ページ参照）
休業手当（労基法26条）	（☞132ページ参照）
年休の賃金（労基法39条9項）	（☞88ページ参照）
災害補償（労基法76条～82条）	
減給制裁の限度額（労基法91条）	（☞31ページ参照）

［2］平均賃金の算定方法

平均賃金は、原則として、それを算定する事由が発生した日の前日（賃金締切日がある場合には直前の賃金締切日）からさかのぼって3カ月間に支払われた賃金をベースに、次のような計算式で求めます。

注意！ 次のものは賃金総額から控除します。

① 臨時に支払われた賃金（結婚手当、私傷病手当、退職金など）
② 3カ月を超える期間ごとに支払われる賃金（賞与など）
③ 法令・労働協約に基づいて支払われるもの以外の実物給与など
④ 産前産後の休業期間など算定期間から除かれる期間中に支払われた賃金

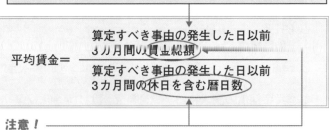

$$平均賃金 = \frac{算定すべき事由の発生した日以前3カ月間の賃金総額}{算定すべき事由の発生した日以前3カ月間の休日を含む暦日数}$$

注意！
この3カ月間の中に、次の期間がある場合は、その期間の日数およびそれに対応して支払われた賃金額を除いて計算します。

① 業務上の負傷・疾病による療養のための休業期間
② 産前産後の休業期間
③ 使用者の責に帰すべき事由による休業期間
④ 育児・介護休業期間
⑤ 試用期間

注意！
日給制・時給制・請負給制をとっている場合や、日雇労働者については、平均賃金の算定方法が異なりますから、詳しくは、最寄りの監督署へお問い合わせください。

Q114　日給で雇用され、雇入れから3週間の者がケガをして休業した場合、平均賃金の算定はどうすればよいですか？

Ａ　雇入れから3カ月たたないうちにケガをした場合、雇入れの日からケガをした日の前日（賃金締切日がある場合には直前の賃金締切日。ただし、算定期間が1カ月未満となってしまう場合には雇入れ後の期間。）までの期間の賃金総額と総日数で計算します。
　ただし、この方法で算出した金額が、賃金総額を実際に労働した日数で割った額の100分の60を下回る場合には、こちらの金額が平均賃金となります。

●02　賃金の支払いかたのルール

（1）賃金支払いの5原則

　賃金は、労働者の重要な生活の原資ですから、使用者から労働者への支払いが確実になされなければなりません。そのため、労基法では、賃金の支払いかたについて、5つの原則を規定しています。

労基法24条

（1）通貨払いの原則

　賃金は、通貨（強制通用力のある貨幣）で支払わなければなりません。

　賃金の支払いは、労働者にとって最も安全で便利な通貨で支払うこととし、現物支給を原則として禁止しています。

　実物給与などによることができるのは、
①労働協約に別段の定めがある場合
　　労働協約は、労働組合法にいう労働協約（労働組合と使用者との書面による取り決め）に限られ、協約の適用を受ける労働者に対してのみ実物給与が認められます。
②労働者の同意がある場合
　　次の方法による支払いも認められます。

1）銀行等の預貯金口座への振り込み
（☞詳しい手続き等は117〜118ページ参照）

2）証券総合口座への払い込み

3）資金移動業者の口座への資金移動

（2）直接払いの原則

　賃金は、直接労働者に支払わなければなりません。

　賃金を、仲介者などに一括して支払ったり、代理人に支払ったりすることはできません。これは、使用者と労働者との間に介在する者（職業仲介人や親方など）による中間搾取（ピンハネ）を防ぐためです。賃金は必ず労働者本人に支払ってください。

●証券総合口座への払い込み

　賃金の支払いかたは、労働者の同意があれば、証券総合口座への払い込みによることも可能です。

　証券総合口座は、顧客の資産を安全性の高い証券投資信託に限定して運用するもので、運用益を顧客に還元しつつ、随時預り金等の払い戻しができるようになっています。

●資金移動業者の口座への賃金支払い（賃金のデジタル払い）

　近年、キャッシュレス決済が普及し、送金サービスが多様化していることを背景に、令和5年4月から、労働者が指定する資金移動業者の口座（いわゆる○○ペイなどのキャッシュレス決済口座）への資金移動による支払方法も認められています（口座残高の上限は100万円）。

　ただし、この方法による場合は、次のような措置をすべて講じる必要があります。

・労働者が銀行口座または証券総合口座への賃金支払いを選択することもできるようにすること
・労働者に対し、この方法による賃金支払いについて必要事項を説明すること
・労使協定を締結（35ページ）したうえで、労働者の個別の同意を得ること

Q115　賃金を家族の人に支払ってもよいですか？

A　労働者本人の親権者であっても、本人の「代理人」に対して使用者が賃金を支払うことはできません。しかし、例えば、本人が病気でその妻が「使者」として受け取る場合は、文字どおり単なる「お使い」ですから、問題ありません。

ただし、本人に支払うのと同一と見られる「使者」に対して支払うことは差し支えありません。

（3）全額払いの原則

賃金は、全額支払わなければなりません。

使用者は、確実な支払いを保障するため、労働の対価である賃金を全額支払わなければならず、原則として控除することはできません。

 控除できるのは、
　①法令に別段の定めがある場合
　　　…税金、社会労働保険料など
　②労使協定がある場合（☞詳しくは118〜119ページ参照）
　　　…購買代金、社宅費など
　なお、この場合の労使協定は、監督署へ届け出る必要はありません。

（4）毎月払いの原則

賃金は、毎月1回以上支払わなければなりません。

賃金は、労働者にとっては重要な生活の原資となりますから、賃金の支払いの間隔が不当に長いと、生活が不安定になってしまいます。そこで、少なくとも毎月1回以上支払わなければなりません。

 毎月払いでなくてもよいのは、
　①結婚手当など臨時に支払われる賃金
　②賞与
　③1カ月を超える期間の出勤成績によって支払われる精勤手当
　④1カ月を超える一定期間の継続勤務に対して支払われる勤続手当
　⑤1カ月を超える期間にわたる事由によって算定される奨励加給、能率手当

（5）一定期日払いの原則

賃金は、一定の期日を定めて支払わなければなりません。

Q116　欠勤・遅刻・早退によって就労しなかった分の賃金を支払わなくても全額払いの原則に反しませんか？

A　賃金は、そもそも労働の対価として支払われるものですから、欠勤・遅刻・早退などの不就労について、使用者に賃金の支払義務はありません。これをノーワーク・ノーペイの原則といいます。したがって、不就労部分の賃金を差し引いて支払っても、全額払いの原則に反しません。

Q117　欠勤1日に対する賃金カット額はどのようにして計算すればよいですか？

A　労基法上は、欠勤の賃金カット額の計算方法についてとくに規定はありません。
　一般的にとられている方法としては、1日の賃金額を出して欠勤1日につきその額をカットする方法です。1日の賃金額を出すには、月給額を1年間における1カ月平均の所定労働日数で割る方法などがあります。

Q118　賃金の支払日を「月の第4金曜日に支払う」と定めてもよいでしょうか？

A　賃金の支払期日は、特定されていなければなりません。「第4金曜日」という定めは、月によって支払日が7日の範囲で変動することになりますから認められません。

賃金が不定期に支払われることになると、労働者にとって、生活設計を立てにくくなってしまうため、労基法では、決まった周期で賃金が支払われるように定められています。

また、支払日は、例えば「毎月25日」などのように特定されていなければなりません。

（2）賃金の口座振り込み・控除協定

以上の賃金支払いの原則の例外としてよく利用されているのが、上記 **(1)** と **(3)** に記した賃金の口座振り込みと賃金から社宅費などを差し引いて支払う方法です。これらの手続きについて、少し詳しく見ていきましょう。

［1］賃金の口座振り込み

●1 賃金の口座振り込みの要件

賃金の口座振り込みは、通貨払いの原則の例外として、銀行その他の金融機関に設けられている労働者個人の預貯金口座へ振り込むことによって賃金を支払うものです。　　　　　　　　労基則7条の2

賃金を口座振り込みによって支払う方式にするには、次の要件を満たさなければなりません。

> ① 労働者の同意があること
> ② 労働者が指定する本人名義の預貯金等の口座に振り込まれること
> ③ 振り込まれた賃金の全額が所定の賃金支払日に引き出し得ること

●2 賃金の口座振り込みによる場合の手続き

① 労使協定を結ぶ

口座振り込みの実施について、労働者代表（☞35〜36ページ参照）との間で書面による協定を結びます。（☞協定例は ダウンロード記載例 ⑳参照）

> 【協定で定める事項】
> イ 口座振り込みの対象となる労働者の範囲
> ロ 口座振り込みの対象となる賃金の範囲およびその金額
> ハ 取扱金融機関の範囲
> ニ 口座振り込み実施の開始時期

Q119 賃金の支給日が休日にあたった場合、後日に支払うことはできますか？

A 支払日が会社の所定休日にあたる場合は、その休日明けの日に支払うことは、違法にはなりません。

ただし、就業規則などで「支払日が休日の場合は、その翌日に支払う」などの定めを設けて明確にしておいてください。

Q120 賃金の口座振り込みについて労使協定があっても、これに同意しない労働者には現金で支払わなければなりませんか？

A 口座振り込みについては、労働者の個別の同意が必要です。これに反対している労働者に対しては、現金で支払わなければなりません。

注意！

この場合の労使協定は、監督署へ届け出る必要はありません。

② 「口座振込同意書」をとる

労働者の書面による同意が必要です。（☞記載例は ダウンロード記載例 ㉑参照）

【口座振込同意書に記載する事項】
イ　口座振り込みを希望する賃金の範囲およびその金額
ロ　指定する金融機関店舗名・預貯金の種類・口座番号
ハ　開始希望時期

③ 賃金支払日には、給与明細書を出す

口座振り込みの対象となっている個々の労働者に対しては、所定の賃金支払日に、賃金の支払いに関する計算書（給与明細書）を発行してください。

【給与明細書に記載する事項】
イ　基本給、手当その他賃金の種類ごとにその金額
ロ　源泉徴収税額、社会保険料額などの賃金から控除した項目ごとにその金額
ハ　口座振り込みを行った金額

Q121　計算ミスで賃金の支払いに過不足があったときは、翌月の賃金で精算してもよいですか？

A　賃金は、支払うべき額の全額を支払うことが原則ですから、不足分については翌月に持ち越さないで支払う必要があります。一方、過払分について翌月の賃金から差し引くには、原則として労使間の控除協定が必要ですが、金額がさほど大きくなければ、協定がなくても全額払いの原則に反しないと解されています。

［2］賃金からの控除協定

全額払いの原則の例外として、所得税の源泉徴収や社会保険料を賃金から控除することが法令で認められているほか、労使協定によって、賃金から一定のものを控除して支払うことができます。

例えば、購買代金、社宅費、社内積み立て、組合費、財形積み立てといったものが控除されているケースが多く見られます。

●1　賃金から控除するときの手続き

法令で控除することが認められているもの以外について賃金から控除する場合は、労使協定を結ばなければなりません。この労使協定は、すでに説明した36協定などと同じように、使用者と労働者代表（☞35〜36ページ参照）との間で結びます。

とくに、協定書の決まった様式はありませんが、少なくとも、次の事項を定める必要があります（☞協定例は ダウンロード記載例 ㉒参照）。

【控除協定で定める必要がある事項】
イ　控除の対象となる具体的な項目
ロ　各項目別に定める控除を行う賃金支払日

● 2　控除額の限度

賃金の一部控除について、とくに限度額が決められているわけではありませんが、賃金は労働者の生活の原資となるものですから、その生活に支障をきたすほど大きな金額を控除することは望ましくありません。

（3）端数処理

賃金の支払いについて、就業規則などに定めをしたうえで、次のように端数処理することもできます。

端数が生じた場合	処理のしかた
①1カ月の賃金支払額（賃金の一部を控除して支払う場合は控除した額）に100円未満の端数が生じた場合	50円未満の端数を切り捨て、それ以上を100円に切り上げる。
②1カ月の賃金支払額に1,000円未満の端数が生じた場合	翌月の賃金支払日に繰り越して支払う。
③割増賃金を計算する場合の端数処理	☞125ページ参照

●03　賃金額の決めかたのルール

（1）賃金の決定

賃金の額を具体的にいくらにするかは、労働契約などによって、労使間の合意で自由に決めることができます。

ただし、賃金を定める際には、最低限次のようなルールを守ってください。

① 国籍・信条・社会的身分によって差別しないこと
　　　　　　　　　　　　　　（憲法14条・労基法3条）
② 男女同一賃金の原則を守ること（労基法4条）
　　女性であることを理由として、男性の賃金と差別的な取り扱いをしないこと（☞210ページ参照）
③ 最低賃金の額以上で定めること（最賃法4条）

（2）最低賃金

賃金の最低基準については、最賃法で定められており、原則として、常用労働者・臨時雇い・パートタイマー・アルバイトを問わず事業場で働くすべての労働者に適用されます。労働契約などで最低賃金に満たない賃金を定めても無効となります。

Q122　使用者が労働者に対して持っている債権（住宅購入貸付金など）を退職金と相殺することはできますか？

A　原則として、貸付金と退職金とを相殺することはできませんが、労働者の意思に基づく場合は相殺が認められます。

ただし、あらかじめ労使協定でどのような場合に相殺できるのかなどを具体的に定めておく必要があります。

Q123　最低賃金に満たない契約をするとどうなりますか？

A　最低賃金に満たない契約は無効です。ただし、契約そのものが無効になるのではなく、最低賃金に満たない部分のみが無効となります。つまり、最低賃金と同じ額に引き上げた額で定めたものとして取り扱われます。

なお、最低賃金以上の賃金を支払わないと、最賃法違反となります。

119

Q124　A県にある派遣会社から
都内の派遣先に派遣されている
派遣労働者には、どの最低賃金
が適用されますか？

A　派遣労働者には、就業してい
る場所や従事している業務の実
態に合わせて、派遣先事業場の
所在する地域の地域別最低賃金
（派遣先の事業やそこで働く労
働者に適用される特定最低賃金
が定められているときはその特
定最低賃金）が適用されます。
　したがって、この場合は、派
遣先事業場の所在地である東京
都の最低賃金が適用されます。

Q125　最低賃金の適用について、
例外的な取り扱いはないのでし
ょうか？

A　精神または身体の障害により
著しく労働能力が低い労働者等
については、都道府県労働局長
の許可を受けた場合に、最低賃
金額から労働能力等を考慮して
一定率で減額した額が、その者
に適用される最低賃金額となり
ます（最賃法7条）。

［１］最低賃金の種類

　最低賃金は、大きく分けて、①地域別に定められる
もの（地域別最低賃金）と、②一定の事業や職業につ
いて定められるもの（特定最低賃金）の２種類があり、
ほぼ毎年改正されています。

最低賃金の種類

最低賃金	**地域別最低賃金**
	▶ 各都道府県ごとに決定され、その都道府県内のすべての労働者と使用者に適用される。（例：○○県最低賃金）
	特定最低賃金
	▶ ほとんどが「○○県○○業最低賃金」の名称で、その都道府県内の一定の事業や職業に従事する労働者とその使用者に適用される。（例：○○県各種商品小売業最低賃金など）

　地域別最低賃金と特定最低賃金の両方の適用を受け
る労働者については、そのうちの最低賃金額が高いも
のが適用されます。

最賃法6条

［２］最低賃金の対象

　最低賃金の対象となるのは、通常の労働時間、労働
日に対応する賃金に限られます。一般的には、毎月の
賃金のうち、基本給と諸手当（次に掲げる賃金・手当
を除きます。）がそれにあたります。

最低賃金の対象から除かれるもの

① 臨時に支払われる賃金（結婚手当など）
② 1カ月を超える期間ごとに支払われる賃金（賞与など）
③ 割増賃金（時間外手当・休日出勤手当・深夜勤務手当）
④ 精皆勤手当
⑤ 通勤手当
⑥ 家族手当

［３］最低賃金のチェック方法

　支払われる賃金が最低賃金額以上となっているかど
うかを調べるには、最低賃金の対象となる賃金額と適
用される最低賃金額を以下の方法で比較します。支払
われている賃金が日給、週給、月給制などの場合は、

対象となる賃金額を時給額に換算して最低賃金と比較します。

1	時間給の場合	時間給≧最低賃金額（時間額）
2	日給の場合	日給÷1日の平均所定労働時間（時間額に換算）≧最低賃金額（時間額）
3	月給の場合	月給÷1カ月の平均所定労働時間（時間額に換算）≧最低賃金額（時間額）
4	上記1、2、3が組み合わさっている場合	例えば、基本給が日給で各手当（職務手当など）が月給の場合 ❶ 基本給（日給）⇒2の計算で時間額を出す ❷ 各手当（月給）⇒3の計算で時間額を出す ❸ ❶と❷を合計した額≧最低賃金額（時間額）

🖩 実際に最低賃金と比較してみましょう

《例》労働者Mさん
年間所定労働日数　　260日
月給　　173,500円
（対象外の手当を除いた額）
1日の所定労働時間は8時間

○○県最低賃金
時間額1,004円

最低賃金は、時間額で定められていますから、労働者Mさんの賃金を時間額に換算し、最低賃金と比較することになります。

労働者Mさんの時間額は、月給額を年間の1カ月平均所定労働時間数で割れば求められます。具体的には、次の計算式で求めます。

$$\frac{月給額}{年間の1カ月平均所定労働時間数} = \frac{月給額}{1日の所定労働時間 \times 年間の所定労働日数 \div 12}$$

これが、最低賃金以上であればよいわけです。

この例であてはめてみると、

$$\frac{173,500円}{8時間 \times 260日 \div 12} = 1,000.96\cdots ≒ 1,000円 < 最低賃金（1,004円）$$

したがって、この場合は、最低賃金を満たしていないことになり、この賃金を支払うことは最賃法違反となります。

最賃法4条

●出来高払制等（請負制）による場合

左のほか、出来高払制その他の請負制による場合は、これら出来高払制等によって計算された賃金の総額を、当該賃金計算期間に出来高払制等によって労働した総労働時間数で除して時間当たりの金額に換算し、最低賃金額（時間額）と比較します。

Q126　最賃法に違反するとどうなるのですか？

A　地域別最低賃金の額以上の賃金を支払わないと、50万円以下の罰金の対象となります（最賃法40条）。

また、労働者は、事業場の最賃法令違反の事実を、労働局や監督署へ申告することができます。使用者は、申告した労働者に対して、解雇などの不利益な取り扱いをすることはできません（同法34条）。

なお、特定最低賃金が適用される場合に、その額に満たない賃金（地域別最低賃金以上のものに限ります。）しか支払われていない場合は、最賃法上の罰則の対象にはなりませんが、賃金の一部の不払いとして、労基法24条1項（全額払いの原則）の違反となり、同法上の罰則が適用されます（30万円以下の罰金）。

Q127　2社かけもちで働く労働
者については、時間外労働の割
増賃金はどちらの会社が支払う
のですか?

A　2社以上かけもちで働く場合
の労働時間については、自社の
労働時間制度をもとに、自社で
の労働時間と他社での労働時間
を通算し、自社の労働時間制度
における法定労働時間を超える
部分が時間外労働となる、とい
うのが基本的な考え方です。
　具体的な計算方法については、
110ページをご参照ください。

Q128　遅刻した者がその日に残
業した場合も、残業時間に対す
る割増賃金の支払いが必要です
か?

A　労基法上、時間外労働の割増
賃金の支払いが義務づけられて
いるのは、実労働で法定労働時
間(8時間)を超える労働です。
したがって、遅れてきた場合は、
その日の業務開始以降の実労働
時間で8時間を超えた部分につ
いてのみ割増賃金を支払うこと
になります。

Q129　出張先での残業について
も割増賃金の支払いは必要です
か?

A　出張の場合で、労働時間の算
定が難しいときは、事業場外の
みなし労働時間制(☞67〜
68ページ)の適用が考えられ
ます。
　なお、出張業務が法定労働時
間を超えて行われることが使用
者の業務命令であると認められ
る場合には、時間外労働の割増
賃金を支払わなければなりませ
ん。

●04　割増賃金

(1) 割増賃金の支払いが必要な場合

　使用者は、時間外労働、休日労働または深夜労働をさせた場合には、通常の賃金に一定率以上割り増しをして賃金を支払わなければなりません。

労基法37条

割増賃金の支払いが必要な場合

割増賃金の支払いが必要な場合	割増率
時間外労働 (法定労働時間(1日8時間・1週40時間、特例措置対象事業場は1週44時間)を超える労働)	25%以上
	1カ月60時間超の部分は**50%以上** (☞125ページ参照)
深夜労働 (午後10:00〜午前5:00までの労働)	25%以上
休日労働 (週1日または4週4日の法定休日の労働)	35%以上

※1カ月45時間超60時間以下または1年360時間超の時間外労働については25%超とする努力義務があります(☞49ページ参照)。

こんなときは…

🖩　1　就業規則などで定めた所定労働時間が、法定労働時間(8時間)よりも短いとき

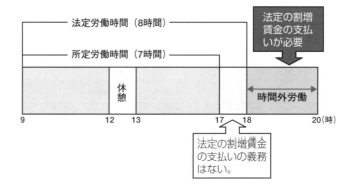

> 《例》所定労働時間:1日7時間
> 　　　(9:00〜17:00、休憩:12:00〜13:00)

　所定労働時間を超えても、法定労働時間(1日8時間)内であれば、法定の割増賃金を支払う必要はなく、通常の賃金または就業規則などで定めた計算方法により算出した額を支払うことになります。

🖩 2　時間外労働が深夜に及んだとき

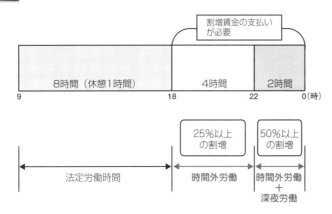

　時間外労働が深夜に及んだときは、時間外労働の割増25%以上＋深夜労働の割増25%以上、つまり50%以上の割増賃金の支払いが必要です。

🖩 3　休日労働で、通常の勤務日の時間外労働の時間帯まで労働させたとき

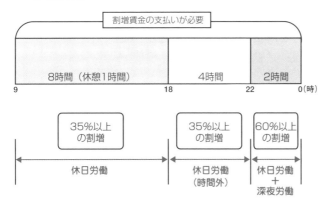

　休日労働が、通常の勤務日の時間外にあたる時間帯に及んでも、あくまで「休日労働」ですから、割増率は35%以上ということになります（休日労働（35%以上）＋時間外労働（25%以上）＝60%以上ではありません。）。

　また、休日労働が深夜労働になると、休日労働の割増35%以上＋深夜労働の割増25%以上、つまり60%以上の割増賃金の支払いが必要となります。

Q130　徹夜で残業をさせ、深夜の時間帯に3時間仮眠時間を設けた場合、この仮眠時間についても割増賃金を支払わなければなりませんか？

A　仮眠時間が手待ち時間ではなく、労働から完全に解放されている時間と認められる場合には、その時間を差し引いた時間についてのみ、割増賃金を支払えば足ります。

Q131　深夜緊急で呼び出して労働させた場合の割増賃金の支払いはどうなるのですか？

A　1日の労働時間は、原則として暦日（0：00～24：00）で考えます。
　例えば、深夜午前1：00に呼び出して労働させた場合、前日の労働の延長ではなく、当日の始業・終業時刻が繰り上がったものと考えられます。
　したがって、午前1：00から午前9：00までは、その日の法定労働時間となり、午前9：00以降の労働は時間外労働ということになります。

Q132　休日に労働させても代休を与えれば割増賃金を支払わなくてもよいですか？

A　代休というのは、休日労働があった場合に、使用者が後から便宜的に所定労働日の労働を免除することです。あらかじめ休日と定めた日に労働させていることに変わりはありませんから、休日労働の割増賃金を支払う必要があります。
（なお、代休と振替休日の違いは40ページ参照）

Q133　経営が苦しいので、労使合意のうえ、当分の間、割増賃金を支払わないこととしてよいでしょうか？

A　労基法の規定は、労使の合意によってもその適用を回避することはできませんので、法定の割増賃金を支払わなければ法に違反し無効です。

Q134 35％以上の割増賃金を支払う対象となる法定休日はあらかじめどの日か決めておくべきですか？

A 法定休日（原則：1週1休）は、必ずしも休日を特定することを義務づけているわけではありません。

しかし、法定休日と法定外休日とで異なる割増率を設けている場合には、就業規則などで単に「1週に1日」ではなく、具体的に一定の日（毎週日曜日など）を法定休日と定めるほうが望ましいでしょう。

● 1時間あたりの賃金額の計算方法
○時間給→その金額
○日　給→1週間における1日平均所定労働時間数で除した金額
○週　給→4週間における1週平均所定労働時間数で除した金額
○月　給→1年間における1カ月平均所定労働時間数で除した金額
○年俸制その他
　　　→上記に準じて算定した金額

Q135 割増賃金を定額で定めてもよいですか？

A 割増賃金を定額制にすること自体は直ちに違法とはなりません。

ただし、労働者に支払われた割増賃金が、法で定められた計算方法で算定した実際の割増賃金の額を下回らないようにしなければなりません。下回っている場合には、その差額分を別途支払う必要が生じます。

（2）割増賃金の計算方法
［1］割増賃金の計算式

割増賃金の額は、原則として次のように計算されます。

［2］割増賃金の算定基礎賃金

割増賃金の額を求める場合に基礎とする賃金は、通常の労働日または労働時間の賃金です。割増賃金の計算に使われる賃金は、原則として時間を単位とし、月給制や日給制でも1時間あたりの金額に換算して計算します。

また、この算定基礎賃金からは、下枠に掲げる手当・賃金を除きます。

割増賃金の算定基礎賃金から除外されるもの
（労基法37条5項　労基則21条）
① 家族手当
② 通勤手当
③ 別居手当
④ 子女教育手当
⑤ 住宅手当
⑥ 臨時に支払われた賃金（結婚手当など）
⑦ 1カ月を超える期間ごとに支払われる賃金
（賞与など）

算定基礎賃金から除外されるものは、上記の①〜⑦のみです。つまり、①〜⑦以外の賃金はすべて算入しなければならないことになります。

また、これらの賃金に該当するか否かは、名称ではなく実質で判断されます。とくに、住宅手当は、住宅に要する費用に応じて算定されるものでなければ該当しませんので、注意してください。

6 賃金

［3］割増賃金の計算例

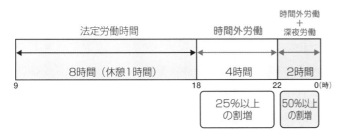

《例》労働者Ｓさん　（月給制）
①基本給　　　180,000円　　　1日の所定労働時間　8時間
②職能給　　　 30,000円　　　1年間を通じた1カ月の平均
③通勤手当　　 17,000円　　　所定労働日数
④住宅手当　　 20,000円　　　　　　　　　　　　　 20日

まず、労働者Ｓさんの割増賃金の算定基礎賃金は、

$$180,000円＋30,000円＝210,000円$$

（③④は、算定基礎から除外されます。）

次に、この日の割増賃金は、

$$\frac{210,000円}{8時間 \times 20日} \times \left((4＋2)時間 \times 1.25 ＋ 2時間 \times 0.25 \right)$$

割増賃金の算定基礎賃金
の1時間あたりの金額

時間外労働時間数　　　深夜労働時間数

$$＝10,500円$$

［4］端数処理

割増賃金を計算する際の端数処理のしかたとして、次のように取り扱うことも認められています。

（☞賃金の端数処理については119ページ参照）

端数処理のしかた

端数が生じた場合	処理のしかた
①1カ月間の時間外労働、休日労働および深夜労働について、それぞれの時間数の合計に1時間未満の端数がある場合	30分未満の端数を切り捨て、それ以上を1時間に切り上げる。
②1時間あたりの賃金額および割増賃金額に1円未満の端数が生じた場合	50銭未満の端数を切り捨て、それ以上を1円に切り上げる。
③1カ月間の時間外労働、休日労働、深夜労働について、それぞれの割増賃金に1円未満の端数を生じた場合	

☞ 請負給などの出来高払制では、計算方法が異なりますので、最寄りの監督署へお問い合わせください。

注意！

1日における時間外・休日・深夜労働の各時間数に端数が生じても、1分単位の時間を切り捨てることはできません。

Q136　1カ月目に40時間40分、2カ月目に40時間20分、3カ月目に39時間40分の時間外労働をさせた場合に、各月ごとの割増賃金の計算の際に、時間外労働時間数を1時間単位で端数処理することはできますか？

A　1カ月ごとに30分未満を切り捨て、それ以上を1時間に切り上げて端数処理し、その時間数を通算してその期間の割増賃金を計算することも認められます。
このケースの場合に端数処理すると、1カ月目は41時間、2カ月目は40時間、3カ月目は40時間となり、3カ月の合計で121時間となります。

●中小企業の月60時間超の時間
外労働割増賃金率の引き上げ
　月60時間を超える時間外労働
に対する50％以上の割増賃金率
は、令和5年3月末までの間、中
小企業には適用が猶予されていま
した。しかし、令和5年4月からは、
この措置が廃止され、中小企業も
大企業と同様に、月60時間を超
える時間外労働に対しては、50％
以上の率で算定した割増賃金を支
払うことが義務づけられています。

注意！

　1カ月60時間を超える時間外
労働の割増賃金率と1カ月の起算
日は、「賃金の決定、計算及び支
払の方法」（労基法89条2号）に
関する事項ですから、就業規則に
も規定してください。

Q137　土日休みの週休2日制を
とり、法定休日を特定していな
い場合で、暦週（日～土）の日
曜日と土曜日の両方に労働させ
た場合は、割増賃金を計算する
際にどちらを法定休日労働とし
て取り扱うのですか？

A　この場合は、当該暦週におい
て後順に位置する土曜日の労働
が法定休日労働となります。
　なお、4週4日の休日制を採
用している場合、ある休日に労
働させたことによって、以後4
週4日の休日が確保されなくな
るときは、その休日以後の休日
労働が法定休日労働となります。

（3）時間外労働が月60時間を超える場合

　1カ月について60時間を超える時間外労働をさせた場
合には、使用者は、その超えた時間について50％以上の
率で計算した割増賃金を支払わなければなりません。

labor基法37条1項ただし書き

　また、事業場で労使協定を締結すれば、月60時間以下
の時間外労働に対する割増賃金率（25％以上）との差に
相当する部分（50％以上－25％以上。以下「引き上げ分」
といいます。）の割増賃金の支払いに代えて、有給の休暇
（代替休暇）を与えることができます（☞129ページ参照）。

［1］月60時間を超える時間外労働に対する割増賃金率

　月の時間外労働時間数ごとに割増賃金率をまとめる
と、次のようになります。

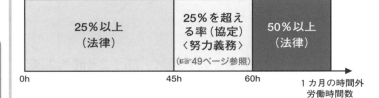

●1　「1カ月」の起算日

　時間外労働をカウントする場合の「1カ月」とは、
暦に従った1カ月の期間をいいます。その起算日
は、例えば「毎月1日」、「賃金計算期間の初日」あ
るいは「36協定で定めた一定の起算日」などのよう
に、各事業場で決めることができます。

●2　休日労働との関係

　「法定休日」（1週1日または4週を通じて4日の
休日。☞39～40ページ参照）に労働させた場合は、
35％以上の割増賃金の支払いが必要です。一方、
「所定休日」（法定休日以外の日で会社が休日と定め
る日）に労働させても「休日労働」にはなりません。
しかし、この日に労働させたことによって週の法定
労働時間を超える場合には「時間外労働」となりま
すので、この時間外労働時間数もカウントに入れて
1カ月について時間外労働時間数を積み上げた結果

60時間を超えた場合には、その超えた時間分に対して50%以上の割増賃金の支払いが必要となります。

● 3　深夜割増賃金との関係

　1カ月60時間を超える時間外労働があった場合であって、その時間の中に深夜時間帯（午後10時〜午前5時）の時間があったときには、さらに深夜割増賃金（25%以上）を上乗せした割増賃金を支払わなければなりません。

　なお、時間外労働が1カ月60時間以下の場合も同様に、深夜時間帯の時間にあたる部分については、それぞれに定められた割増賃金率（☞ **前ページの図参照**）に深夜割増賃金率を上乗せして計算した割増賃金を支払わなければならないことはもちろんです。

```
月60時間を超えた時間について

┌─────────────┐      ┌─────────────┐
│  月60時間超    │      │             │
│ 時間外割増賃金率 │  ＋  │ 深夜割増賃金率 │  ＝  ⬭ 75%以上
│   50%以上     │      │   25%以上    │
└─────────────┘      └─────────────┘
```

🖩 **具体例で見る割増賃金率の適用区分**

《例》■1カ月の起算日：毎月1日
　　　■法定休日：日曜日　　　■法定休日以外の休日：土曜日
　　　■月の時間外労働の割増賃金率
　　　　45時間以下：25%　45時間超60時間以下：30%　60時間超：50%
　　　■法定休日労働の割増賃金率：35%

カレンダー中の色字は時間外労働時間数

日 法定休日	月	火	水	木	金	土
	1 5時間	2 5時間	3	4 5時間	5 5時間	6 休み
7 5時間	8 5時間	9	10 5時間	11	12 5時間	13 5時間
14 休み	15	16 5時間	17	18 5時間	19	20 休み
21 休み	22 5時間	23 5時間	24 5時間	25	26	27 休み
28 5時間	29	30 5時間	31			

░…月45時間を超える時間外労働
▓…月60時間を超える時間外労働

⬇

時間外労働	45時間以下	1・2・4・5・8・10・12・13・16日	25%
	45時間超60時間以下	18・22・23日	30%
	60時間超	24・30日	50%
法定休日労働		7・28日	35%

Q138 変形労働時間制をとっている場合は、1カ月60時間を超える時間外労働時間数をどのように計算すればよいですか？

A 変形労働時間制をとっている場合に時間外労働となる時間は、58ページのとおりです。
　この時間外労働となる時間を、それぞれの1カ月の起算日から累積して計算します。

Q139 みなし労働時間制をとっている場合は、時間外労働時間数はどのように計算すればよいですか？

A みなし労働時間制の場合は、労使協定等で定めた「みなし労働時間」が法定労働時間を超える場合に、その超えた時間が時間外労働となります（☞68ページ参照）。この時間外労働となる時間数を1カ月の起算日から、累積して計算します。

Q140 清算期間が1カ月を超えるフレックスタイム制をとっている場合は、50%以上の割増賃金を支払わなければならない時間外労働時間数はどのように計算すればよいですか？

A 清算期間を1カ月ごとに区分した各期間について、それぞれの賃金支払日に、週平均50時間を超えた時間に対する時間外労働の割増賃金を支払わなければならず、この時間が月60時間を超える部分については50%以上の割増賃金を支払わなければなりません。
　また、清算期間の最終の期間（最終月）には、その月の週平

均で50時間を超えた時間と、清算期間における法定労働時間の総枠を超えた時間（前記各期間の週平均50時間を超えた時間を除きます。）について、最終の期間の賃金支払日に割増賃金を支払わなければなりません。この時間が60時間を超える部分については50％以上の割増賃金を支払うこととなります（☞なお、時間外労働となる時間については61～62ページ参照）。

Q141　限度時間を超える時間外労働に関する割増賃金率を、月45時間を超えた場合は30％、1年360時間を超えた場合は35％としています。時間外労働が月45時間を超えていて、かつ、1年360時間を超えた場合は、どちらの割増賃金率を適用するのですか？

A　この場合に、どちらの割増賃金率を適用するかについては、各事業場において、特別条項付き36協定に定めがある場合はそれによります。
　　しかし、特段定めがない場合は、一般的には、高いほうの割増賃金率を適用します。

Q142　限度時間を超える時間外労働に関する割増賃金率を、月45時間を超えた場合は30％、1年360時間を超えた場合は40％としています。1年間の限度時間を超えた場合に適用される40％の割増賃金の支払い対象となる時間数を計算する際に、すでに30％の割増賃金を支払った1カ月の限度時間を超えた時間外労働時間数を控除してもよいでしょうか？

A　特別条項付き協定で、1年間の限度時間を超えて40％の割増賃金を支払う時間外労働時間数を計算する際に、すでに30％の割増賃金を支払った1カ月の限度時間を超える時間外労働時間数を控除する旨を定めている場合は可能です。

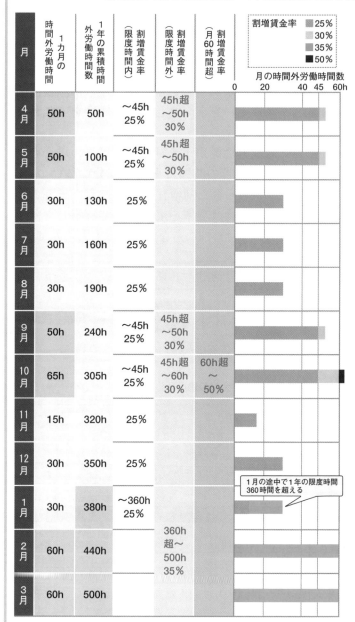

法定を超える割増賃金率を定めた特別条項付き協定による例

割増賃金率：月45時間超：30％　　1年360時間超：35％の場合

割増賃金率　■25％　■30％　■35％　■50％

月	1カ月の時間外労働時間	1年の累積時間外労働時間数	割増賃金率（限度時間内）	割増賃金率（限度時間外）	割増賃金率（月60時間超）
4月	50h	50h	～45h 25％	45h超～50h 30％	
5月	50h	100h	～45h 25％	45h超～50h 30％	
6月	30h	130h	25％		
7月	30h	160h	25％		
8月	30h	190h	25％		
9月	50h	240h	～45h 25％	45h超～50h 30％	
10月	65h	305h	～45h 25％	45h超～60h 30％	60h超～50％
11月	15h	320h	25％		
12月	30h	350h	25％		
1月	30h	380h	～360h 25％		
2月	60h	440h		360h超～500h 35％	
3月	60h	500h			

1月の途中で1年の限度時間360時間を超える

［2］代替休暇

●1　休暇に代替できる部分

　事業場で労使協定を締結すれば、1カ月60時間を超えた時間外労働について、50％以上の割増賃金の支払いに代えて有給の休暇（代替休暇）を取得させることができます。

　ただし、休暇に代替することができるのは、60時間を超える時間外労働に対する割増賃金率（50％以上）と60時間以下の時間外労働に対する割増賃金率（25％以上）との差にあたる部分（引き上げ分）です。

　したがって、代替休暇を与える場合でも、最低でも25％の割増賃金を支払わなければなりません。

労基法37条3項

代替休暇のイメージ

1カ月の時間外労働が80時間のケース

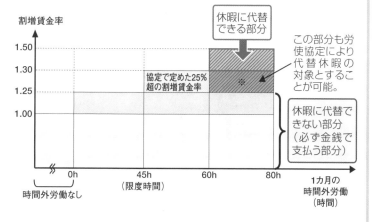

●2　労使協定

　代替休暇を取得できるようにするには、事業場の過半数労働組合、これがない場合は事業場の過半数代表者との間で労使協定を締結する必要があります。

　この協定は、事業場で代替休暇の制度を設けることを可能にするものではありますが、個々の労働者に代替休暇の取得を義務づけるものではありません。したがって、労使協定があるからといって一律に代替休暇を取得させるものではなく、個々の労働者が実際に取得するか否かは、あくまでも労働者の意思によって決まります。

注意！

　代替休暇は、年休（☞80～88ページ参照）とは異なるもので、「通常の労働時間の賃金が支払われる休暇」です。したがって、代替休暇を取得した日の賃金を、平均賃金や標準報酬月額の30分の1相当額で支払うことは認められません。

Q143　代替休暇を半日取得した日に半日の年休を取得し終日出勤しなかった場合、年休の出勤率の算定はどうなるのですか？

A　半日の代替休暇と半日の年休を取得した場合は、その日は年休の出勤率の算定基礎に含まれ、出勤率の算定については、年休を取得した日として出勤したものとみなされます。

Q144　代替休暇の取得日に緊急の必要のため、休暇取得者に出勤を命ずることはできますか？

A　代替休暇取得日には、労働義務がありません。労働者の同意なく、使用者の都合によって労働者を呼び出すことはできません。

　また、労働者が同意して出勤した場合に、取得可能な代替休暇の最小の単位（1日または半日）を満たさない場合には、代替休暇を取得したことにはなりません。

注意！

　代替休暇は、労基法89条1号に定める「休暇」に関する事項です。代替休暇の制度を設ける場合には、就業規則にもその内容を定める必要があります。

Q145 代替休暇の時間数に生じる端数を切り上げたり切り下げたりすることはできませんか？

A　例えば月60時間以下の時間外割増賃金率25％、月60時間を超える時間外割増賃金率50％としている事業場で月85時間の時間外労働をさせた場合、代替休暇の時間数は、(85−60)×(50％−25％)＝6.25時間となり、1日または半日単位に満たない端数が生じます。

　この場合に、代替休暇の時間数を、切り上げまたは切り下げで端数処理することはできません。

　この場合の基本的な処理方法としては、①端数の時間分を50％の割増賃金で支払う、または②他の有給休暇と合わせて1日または半日単位の休暇とすることとなります。

Q146 労働者が月60時間を超えた当該1カ月の末日の翌日から2カ月を超えた時点で代替休暇を取得した場合は、引き上げ分の割増賃金は支払わなくてもよいのでしょうか？

A　代替休暇の取得可能期間2カ月を過ぎた後に労働者が休暇を取得した場合であっても、それは代替休暇には該当しません。この場合は、2カ月を超えた時点の直後の賃金支払日に代替休暇に相当する割増賃金を支払わなければなりません。

Q147 代替休暇の取得の意向確認としては、どの程度確認する必要があるのでしょうか？

A　意向確認の程度は、取得する意向があるか否かの程度でかまいません。実際の取得日や取得単位などの具体的な事項は、後から労働者の意向を踏まえて決めることとしても差し支えありません。

労使協定で定める事項

①代替休暇の時間数の具体的な算定方法

代替休暇の時間数 ＝ [1カ月の時間外労働時間数 − 60] × 換算率※

※換算率＝ [代替休暇を取得しなかった場合に支払うこととされている割増賃金率（50％以上）] − [代替休暇を取得した場合に支払うこととされている割増賃金率（25％以上）]

②代替休暇の単位

●1日または半日単位で与える。
●半日は厳密に所定労働時間の2分の1でなくてもよい。労使で協定して半日の定義を決めておく。

【1日または半日未満の端数がある場合】
《例》1日の所定労働時間：8時間、代替休暇の時間数が10時間あるケース

①端数分を割増賃金で支払う

8時間	2時間

1日の代替休暇

金銭で支払う

②端数分に他の有給休暇を合わせて半日単位の休暇とする

8時間	2時間	2時間

1日の代替休暇　　半日休暇

他の有給休暇をプラス

③代替休暇を与えることができる期間

1カ月60時間を超える時間外労働が行われた当該1カ月の末日の翌日から2カ月以内の期間に与えることを定める。

【2カ月分合算して取得するケース】
代替休暇を与えることができる期間として1カ月を超える期間を定めた場合は、1カ月目の代替休暇と2カ月目の代替休暇を合わせて取得することもできます。

《例》代替休暇の時間数が、4月に6時間発生、5月に2時間発生したケース（取得可能期間：2カ月）

4月	5月	6月	7月
6時間分	取得	期間	
	2時間分	取得	期間

4月分と5月分を合わせて8時間（1日分）の休暇をここで取得できます。

④代替休暇の取得日の決定方法、割増賃金の支払日

労働者に代替休暇取得の意向があるか否かによって割増賃金の支払いかたが異なる。協定で取得日の決定方法（意向確認の手続き）、割増賃金の支払日を定めておく（☞**次ページ**参照）。

🖩 代替休暇取得の意向確認のパターン

《例》賃金締切日：月末　賃金支払日：翌月15日　代替休暇は2カ月以内に取得
　　　代替休暇を取得しなかった場合の割増賃金率：50％
　　　代替休暇を取得した場合の割増賃金率：25％

（A）労働者に代替休暇取得の意向がある場合

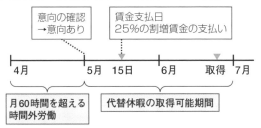

（B）労働者に代替休暇取得の意向があったが、実際には取得しなかった場合

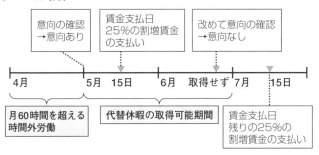

（C）労働者に代替休暇取得の意向がない場合、労働者の意向が確認できない場合等

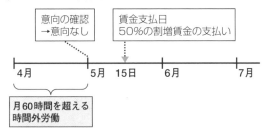

（D）労働者に代替休暇取得の意向がなかったが、やっぱり取得したいと意向を表明した場合

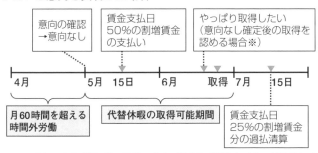

※当初の意向確認の際に取得の意向が示されず引き上げ分の割増賃金が
　支払われた場合は、取得を認めないと労使協定で定めることも可能

Q148 労働者が希望した代替休暇の取得日を使用者が変更したり、拒否することはできますか？

A 代替休暇を実際に取得するか否かは、労働者の判断によります。このため、使用者による一方的な変更等は認められず、当然労働者の意向を踏まえたものとなります。

Q149 引き上げ分の割増賃金も含めて支払った後になって「代替休暇を取得したい」と言う労働者からの請求を拒めますか？

A 当初の意向確認の際に労働者が代替休暇の取得の意向を示さず、引き上げ分も含めて割増賃金を支払った後、労働者から取得請求があった場合に、これを認めるか否かは、各事業場で決めることができます。この点もあわせて労使協定で定めておけばなおよいでしょう。
　この場合の処理についてとくに協定がない場合でも、労使協定で定めた意向確認の手続きに従って労働者の意向を確認していれば、割増賃金支払い後の代替休暇の取得請求を拒むことは可能です。

Q150 代替休暇を与えることとして、割増賃金の一部を支払わないことは、賃金の毎月払いの原則や全額払いの原則に反することになりませんか？

A 代替休暇を与えることを前提として通常の賃金支払日に割増賃金の一部を支払わないことは、代替休暇制度を設けた法の予定する範囲の行為ですから、毎月払いの原則や全額払いの原則に反するものではありません。
　ただし、取得期間内に代替休暇を取得できない場合には、それが確定した賃金計算期間に係る賃金支払日に、代替休暇とする予定だった部分の割増賃金を支払わなければなりません。これが支払われない場合には、全額払いの原則に反することになります。

●05　その他の賃金

（1）非常時払い

　賃金は一定期日に支払うことが原則となっています。ただし、労働者やその労働者の収入で暮らしている家族などが、急な事情でお金が必要になった場合に、労働者から請求があったときは、その労働者がすでに労働した分の賃金を繰り上げて支払わなければなりません。

労基法25条

こんなとき…出産・疾病・災害・結婚・死亡・帰郷（やむ得ない事由により1週間以上にわたる場合に限ります。）

（2）休業手当

　使用者の責に帰すべき事由によって、労働者が就労できなかった場合は、その休業期間中、使用者は労働者に対して、平均賃金（☞114ページ参照）の60％以上の休業手当を支払わなければなりません。

　この「使用者の責に帰すべき事由」とは、使用者の故意や過失または信義則（民法1条2項）上これと同視すべき事由のほか、使用者の責任とはいえない経営上の障害も、天災事変などの不可抗力に該当しない限りはこれに含まれます。

　例えば、資材の不足・事業場設備の欠陥等経営上の障害が原因で休業させた場合などは、休業手当を支払わなければなりません。

労基法26条

（3）出来高払制の保障給

　出来高払制などの請負給で使用される労働者の賃金については、出来高が少ない場合であっても、労働時間に応じて一定額を保障する必要があります。

　保障給の額についてはとくに決められていませんが、通常の実収賃金とあまりへだたらない程度の収入（平均賃金の6割程度以上が目安）が確保されるように、保障給の額を定めてください。

労基法27条

Q151　午前で業務を打ち切り、午後は会社都合で休業した場合、休業手当はどのように支払えばよいですか？

A　休業した日のうち、一部労働させた時間があっても、労基法上は、その日について、平均賃金の60％以上の金額が支払われていれば足ります。

　例えば平均賃金12,000円、時間給に換算すると1,500円の人が、3時間労働して残り5時間が休業となった場合を考えてみましょう。

　この場合、平均賃金12,000円の60％、つまり7,200円が支払われていれば法違反の問題はありませんので、3時間分の賃金4,500円と休業手当2,700円を支払えば労基法上の問題はないことになります。

Q152　営業職の賃金を歩合制で支払う場合に、一定額を保障する必要がありますか？

A　業績がゼロであっても、労働している以上は最低賃金を下回ることはできませんし、賃金が労働者の生活を支えていることから考えても一定額を保障する必要があり、労基法でも保障給を定めるように規定しています。

　保障額の目安としては、平均賃金の60％程度とするのが妥当とされています。

Topics >>> 会社が倒産して賃金が支払われないとき
——未払賃金立替払制度——

　未払賃金立替払制度とは、企業が倒産したために、賃金が支払われないまま退職した労働者に対して、その未払賃金の一定範囲について国（独立行政法人労働者健康安全機構へ委託）が事業主に代わって立替払いする制度です（賃金の支払の確保等に関する法律7条）。

　未払賃金立替払制度は、労働者を保護するための制度です。国が立て替えたからといって、事業主の支払義務がなくなるわけではなく、国が立替分について求償※していくことになり、また、事業主が労基法24条違反となることはいうまでもありません。

※求償…他人のために債務を弁済した者が、その他人に対して返還を請求すること。
　　　　この場合は、事業主に代わって賃金の立替払いをした国が、本来の支払義務者である事業主に対して立替払額の返還を請求すること。

【1】こんなときに立替払いを受けられる

　労災保険の適用事業主が倒産して、労働者に賃金が支払われない場合に、国が労働者に対して立替払いをします。

　立替払いを受けることができる労働者は、裁判所への破産等の申立日または監督署への事実上の倒産についての認定申請日の6カ月前の日から2年の間に、当該企業を退職した労働者であって、2万円以上の未払賃金があるものに限られます。

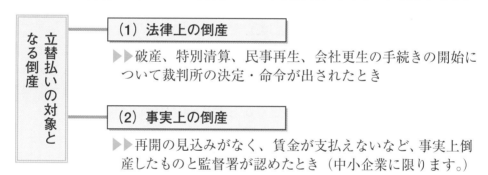

立替払いの対象となる倒産

（1）法律上の倒産
▶▶破産、特別清算、民事再生、会社更生の手続きの開始について裁判所の決定・命令が出されたとき

（2）事実上の倒産
▶▶再開の見込みがなく、賃金が支払えないなど、事実上倒産したものと監督署が認めたとき（中小企業に限ります。）

【2】立て替えられる金額

　原則として、未払いとなっている賃金の総額の80％の額が労働者へ支払われます。ただし、立替払額には限度があり、年齢によって下表のとおりとなっています。

退職労働者の退職日における年齢	未払賃金の上限	立替払いの上限（未払賃金の80％）
45歳以上	370万円	296万円
30歳以上45歳未満	220万円	176万円
30歳未満	110万円	88万円

☞詳しくは、最寄りの監督署や労働局にお尋ねください。

7 安全衛生に関する手続き

労働契約で定められた労働条件が法令どおりきちんと守られてさえいればそれでよいのでしょうか？ 労働者が働き、それに対して賃金を支払うという労働契約の基本に付随して、使用者（事業者）には、労働者が仕事をする際に、ケガをしたり、病気になったりしないように、事業場の安全衛生面に配慮する義務（安全配慮義務）が課せられています。

また、労働安全衛生法（本書では「安衛法」といいます。）では、事業場における安全衛生管理のしくみや、労働者の健康確保のほか、危険・有害業務に就かせる場合に事業者が講じなければならない措置などを細かく規定し、労働者の安全・労働衛生の確保を図ることとしています。

☞ 安全配慮義務については18ページ参照

●事業者
　労基法では、各条文の義務の履行責任者を「使用者」と呼びますが、安衛法では「事業者」という言葉を使います。
　これは、個人事業であれば事業主個人を、法人であれば法人そのものを指します。
　労基法の「使用者」が役職者などを含むのに対して、安衛法の「事業者」は労働者に対する安全衛生の管理責任を明確にするため、事業経営の利益の帰属主体そのものを義務主体としています。

●01　安全配慮義務と安衛法の目的

安全配慮義務とは、労働者が事業者の指示のもとに労務を提供する過程において、労働者の生命や身体、健康を危険から保護するよう十分に配慮すべき事業者の義務をいいます。

この義務を事業者が果たさず、労働災害を発生させた場合には、債務不履行に基づく民事上の損害賠償の責任（民法415条）が生じます。

安衛法は、労働災害の防止など労働者の安全と健康を確保するため、事業者が講じなければならない措置の具体的な内容を定めるとともに、さらに快適な職場環境の形成の促進などを目的としています。

安衛法の基本的な枠組み

安衛法

安全衛生管理体制

安全衛生管理について、事業者の責任を明確にしたうえで、事業場内において安全衛生に関する業務を行うスタッフを設置し、事業者を頂点とする安全衛生管理体制を作ることが義務づけられています。事業場の規模や業種などに応じ必要なスタッフの種類・人数等が定められています。

安衛法10条〜19条の3

労働者の危険・健康障害を防止するための措置

機械などの設備、危険物、エネルギーなどを取り扱ううえで生じ得る危険を防止し、また、健康障害などを防止するために事業者が講ずべき措置のほか、下請を使用する場合の元方事業者や、設計者・製造業者などの機械設備を提供する者の責任が定められています。

安衛法20条〜36条

機械、危険物・有害物に関する規制

　　ボイラーやクレーンなどの危険な作業を必要とする機械器具の製造許可・検定や、化学物質の製造・輸入・使用などに関する規制が定められています。

安衛法37条〜58条

労働者の就業にあたっての措置

　　実際に作業する労働者に、その取り扱う機械・原料等の危険性などに関する安全衛生教育を実施しなければならないことや、一定の危険な作業については免許や講習を受けた者のみ従事させなければならないことなどが定められています。

安衛法59条〜63条

健康の保持増進のための措置

　　業種を問わず行わなければならない一般健康診断のほか、特殊な有害業務に従事する労働者について行う特殊健康診断、健康診断実施後に事業者がとるべき措置、長時間労働者に対して行う医師による面接指導およびストレスチェックなどが定められています。
　　また、有害な業務を行う場合の作業環境測定などについても定められています。

安衛法65条〜71条

快適な職場環境の形成のための措置

　　最低基準として定められている各種の安全衛生基準からさらに進んで、より快適な職場環境づくりに努めるべき事業者の義務が定められています。

安衛法71条の2〜71条の4

●02　安全衛生管理体制

（1）安全衛生管理に携わるスタッフの選任義務

　事業場において、安全衛生を確保するためには、①労働災害を予防すること、②万一労働災害が起こってしまった場合に原因を究明して二度と労働災害が起こらないようにすること、が重要です。

　そのためには、労働災害の防止および災害が発生した場合の対処に関して責任の所在を明確にするとともに、事業者をはじめ各事業場でその取り組みを行うスタッフを置くことが必要となります。

　そこで、安衛法では、常時使用する労働者の数や業種に応じて、安全衛生活動を行う一定の資格を持った管理者などを選任することを義務づけています。

安衛法10条〜16条

Q153　同居の親族のみで事業を行っている場合も安衛法は適用されますか？

A　安衛法上の労働者は、労基法上の労働者と同一の概念です。
　　また、同居の親族のみを使用する事業場には、労基法と同様（☞3ページ参照）、安衛法も適用されません（クレーンの運転等の資格関係を除きます。）。
　　ただし、他人を1人でも使用すれば適用になりますし、適用がない場合でも、職場の安全衛生に関わることですから、安衛法が規定する事項について十分留意することは大切でしょう。

Q154 小売業を営んでおり、3つの店舗を持っています。労働者数はそれぞれ15人、18人、24人です。このような場合でも、衛生管理者を選任しなければなりませんか？

A 衛生管理者を選任する義務があるのは、企業単位ではなく、事業場単位で見て常時50人以上の労働者がいる事業場です。

ご質問の場合は、会社全体で50人を超えていますが、各店舗では50人に満たないため、安衛法上、衛生管理者を選任する義務はありません。

●建設業・造船業の場合
建設業については、右の安全衛生管理スタッフほか、統括安全衛生責任者、元方安全衛生管理者、店社安全衛生管理者および安全衛生責任者の選任が、造船業については、統括安全衛生責任者および安全衛生責任者の選任が、それぞれ必要となります。

安全衛生管理に携わるスタッフ

安全衛生管理スタッフ		対象業種等	対象規模（常時使用する労働者数）
総括安全衛生管理者	1	林業、鉱業、建設業、運送業、清掃業	100人以上
	2	製造業（物の加工業を含みます。）、電気業、ガス業、熱供給業、水道業、通信業、各種商品卸売業、家具・建具・じゅう器等卸売業、各種商品小売業、家具・建具・じゅう器小売業、燃料小売業、旅館業、ゴルフ場業、自動車整備業、機械修理業	300人以上
	3	その他の業種	1,000人以上
安全管理者		上記1・2の業種	50人以上
衛生管理者		全業種	50人以上
安全衛生推進者		上記1・2の業種	10〜49人
衛生推進者		上記3の業種	
産業医		全業種	50人以上
作業主任者		高圧室内作業など労働災害防止のためとくに管理を必要とする作業	事業規模にかかわらず

※小売業（2の業種に属するものを除く。）、社会福祉施設、飲食店など上記3の「その他の業種」においても常時10人以上の労働者を使用する事業場においては安全推進者の配置に取り組むことが求められています（「労働安全衛生法施行令第2条第3号に掲げる業種における安全推進者の配置等に係るガイドライン」平成26年3月28日付け基発0328第6号）。

Q155 安全または衛生委員会の委員の構成は、具体的にはどのようにしたらよいのでしょうか？

A 委員会の議長となる委員以外の委員の半数は、労働者代表（☞35〜36ページ参照）の推せんに基づいて事業者が指名しなければならないこととなっています。

（2）安全または衛生委員会の設置

一定の業種および規模以上の事業場では、（1）の安全衛生管理を行うスタッフのほか、安全委員会・衛生委員会を設置することが義務づけられています。

委員会は、定期的に開いて（毎月1回以上）、事業場における安全衛生の基本対策、労働災害の原因究明および再発防止対策などについて調査・審議する機関です。

安衛法17条〜19条

7 安全衛生

安全委員会・衛生委員会など

機 関		対象業種	対象規模 （常時使用する労働者数）
安全委員会	1	林業、鉱業、建設業、製造業（木材・木製品製造業、化学工業、鉄鋼業、金属製品製造業、輸送用機械器具製造業に限ります。）、運送業（道路貨物運送業、港湾運送業に限ります。）、自動車整備業、機械修理業、清掃業	50人以上
	2	上記1以外の運送業、上記1以外の製造業（物の加工を含みます。）、電気業、ガス業、熱供給業、水道業、通信業、各種商品卸売業、家具・建具・じゅう器等卸売業、各種商品小売業、家具・建具・じゅう器小売業、燃料小売業、旅館業、ゴルフ場業	100人以上
衛生委員会		全業種	50人以上

※安全委員会および衛生委員会の2つの委員会を設けなければならないときは、安全衛生委員会1本でも差し支えありません。

（3）中小規模の事業場における安全衛生管理

　常時使用する労働者の数が49人以下の事業場では、安衛法上、安全衛生推進者または衛生推進者および作業主任者を除き、（1）の安全衛生管理に携わるスタッフを選任する義務はありません。

　しかし、だからといって事業者が事業場の安全衛生管理をおろそかにしてよいということではありません。実務上労働災害を防止するうえでは、次のような安全衛生推進者などの活動はもとより、事業者をはじめ、現場監督者、職長などにあたる人たちが連携して事業場における安全衛生の確保に配慮する必要があります。

　また、安全委員会、衛生委員会についても、労働者数が49人以下の事業場については設置の義務はありませんが、現場の労働者も含め、労使で安全衛生について取り組んでいくのが望ましいでしょう。

【安全衛生推進者・衛生推進者】

　労働者数が10人以上49人以下の事業場では、先に見たとおり（☞前ページの表参照）、安全衛生推進者または衛生推進者を選任する義務があり、これらスタッフが安

Q156 安全または衛生委員会の人数は何人としたらよろしいでしょうか？

A 安衛法上、とくに人数の定めはありません。安全管理者、衛生管理者、産業医などのうちからそれぞれ必ず委員を指名しなければならないこと、およびQ155（前ページ）の労働者代表の推せんを受けることなどの要件を満たしていれば、事業場の規模、作業の実態に即して独自に決めて差し支えありません。

> **注意！**
> 　安全衛生委員会等の設置義務のない小規模事業場であっても、事業場の安全衛生問題の改善・解決には労働者が安全衛生に関心を持ち、その意見を事業者が行う安全衛生のための措置に反映させることが必要です。
> 　このため、このような小規模事業場の場合、事業者は、安全衛生に関する事項について関係労働者の意見を聴く機会を設けるようにしなければならないとされています（安衛則23条の2）。

全管理者や衛生管理者と同様の活動を行っていくことになります。

安衛法12条の2

安全衛生推進者・衛生推進者の業務等

業務	① 労働者の危険または健康障害を防止するための措置 ② 労働者の安全衛生教育の実施 ③ 健康診断の実施など健康保持増進のための措置 ④ 労働災害の原因の調査、再発防止対策　　　　　など ※衛生推進者は、これらの業務のうち、衛生に関する業務を行います。
選任	事業場が選任対象規模になった日から14日以内に選任します。所轄の監督署への届出は必要ありません。
その他	・事業者は、安全衛生推進者等の氏名を作業場の見やすい箇所に掲示するなど労働者に周知させなければなりません。 ・原則として事業場に専属の者を選任します。 ・安全衛生推進者・衛生推進者は、一定の実務経験等が必要です。

●03　産業医の役割と労働者の健康管理

　職場において労働者の健康管理等を効果的に行うためには、医学に関する専門的な知識が不可欠なことから、常時50人以上の労働者を使用する事業場では、事業者は、産業医を選任し、労働者の健康管理等を行わせなければなりません。

安衛法13条

（1）産業医の職務

　産業医は、次の職務を行います。

① 健康診断の実施およびその結果に基づく労働者の健康を保持するための措置に関すること ② 面接指導および面接指導等に必要な措置の実施並びにこれらの結果に基づく労働者の健康を保持するための措置に関すること ③ ストレスチェックの実施およびその結果に基づく面接指導の実施、その事後措置に関すること ④ 作業環境の維持管理に関すること ⑤ 作業の管理に関すること ⑥ ①～⑤以外の労働者の健康管理に関すること ⑦ 健康教育、健康相談その他労働者の健康の保持増進を図るための措置に関すること ⑧ 衛生教育に関すること ⑨ 労働者の健康障害の原因の調査および再発防止のための措置に関すること

安衛則14条1項

●産業医

　産業医は、産業医学の知識を持つ専門医師で、企業との契約によって、事業場内における労働者の健康管理や保健指導、一定の長時間労働者に対する面接指導、作業場の巡視、事業者への助言指導などの業務を行います。

注意！

　労働者数が49人以下の事業場については、産業医の選任義務はありませんが、労働者の健康管理等を行うのに必要な医学に関する知識を有する医師等に、労働者の健康管理等の全部または一部を行わせるように努めなければならないこととされています（安衛法13条の2）。

●産業保健機能の強化

　産業医が医学専門的な立場から働く人の健康確保のため効果的な活動をしやすい環境を整備することを目的として、平成30年の法改正により見直しが行われました。これにより、産業医の独立性・中立性を強化するとともに、産業医の権限の明確化、労働者の健康管理等に関しての事業者の産業医に対する情報提供義務など、産業保健機能を強化させるしくみが新たに安衛法令に制度化されました。

①勧告等

　産業医は、労働者の健康を確保するため必要があると認めるときは、事業者に対し、労働者の健康管理等について必要な勧告をすることができます。

　産業医は、事業者に勧告をしようとするときは、あらかじめその勧告の内容について、事業者の意見を求めるものとされています。

　また、事業者は、産業医から勧告を受けたときは、その勧告を尊重しなければなりません。さらに、勧告を受けたら、遅滞なく、その内容とこれを踏まえて講じた措置の内容等を衛生委員会または安全衛生委員会へ報告しなければなりません。

> 安衛法13条5項・6項、安衛則14条の3

②職場の定期巡視

　産業医は、少なくとも毎月1回作業場等を巡視し、作業方法または衛生状態に有害のおそれがあるときは、直ちに、労働者の健康障害を防止するため必要な措置を講じなければなりません。

> 安衛則15条

（2）産業医の権限

　事業者は、産業医に対し、職務をなし得る権限を与えなければなりません。この事業者が産業医に与えるべき権限には、次の①〜③までの事項に関する権限が含まれます。

> 安衛則14条の4

---

① 事業者または総括安全衛生管理者に対して意見を述べること

② 労働者の健康管理等を実施するために必要な情報を労働者から収集すること

③ 労働者の健康を確保するため緊急の必要がある場合において、労働者に対して必要な措置をとるべきことを指示すること

（3）産業医等に対する情報提供

　事業者は、産業医に対し、労働者の労働時間に関する情報その他の産業医が労働者の健康管理等を適切に行うために必要な情報を提供しなければなりません。

> 安衛法13条4項・安衛則14条の2

注意！

　事業者は、産業医から受けた勧告の内容およびその勧告を踏まえて講じた措置の内容（措置を講じない場合はその旨と理由）を記録し、これを3年間保存しなければなりません。

●定期巡視の頻度

　産業医の職場巡視は、原則毎月1回とされています。ただし、衛生管理者の巡視による結果などの労働者の健康管理等に必要な情報を受けており、事業者の同意が得られている場合には、少なくとも2カ月に1回でもよいこととされています。

Q157　産業医が労働者から情報を収集するときは、どのような点に気をつけたらよいですか？

A　産業医は、その情報収集の対象となった労働者に対して事業者が人事上の評価や処遇等において不利益を生じさせないようにしなければなりません。

　また、事業者は、産業医が情報を収集する際の具体的な取り扱い（対象労働者の選定方法、情報の収集方法、情報を取り扱う者の範囲、提供された情報の取り扱いなど）について、あらかじめ衛生委員会等で審議し決定しておくのがよいでしょう。

Q158　産業医が労働者に対して指示する「緊急の必要がある場合」とはどんな場合ですか？

A　例えば、保護具等を使用せずに、有害な化学物質を取り扱うことによって労働災害が発生する危険のある場合や、熱中症等の徴候があり、健康を確保するため緊急の措置が必要と考えられる場合などです。

Q159　「週あたり40時間を超えた労働時間が1月あたり80時間を超えた」労働者がいない場合は、とくに産業医に知らせなくてもよいのでしょうか？

A　情報提供の対象となる労働者がいない場合でも、該当者がいないという情報を産業医等に提供する必要があります。

Q160　産業医に対する情報提供の方法は、電子メールでもよいのですか？

A　事業者から産業医等への情報提供の方法は、書面によることが望ましく、具体的な方法については、事業場ごとに事業者と産業医等で決めておくようにしましょう。また、書面による交付のほか、磁気テープ、磁気ディスク等にデータを記録して提供する方法や電子メールで提供する方法も認められます。
　なお、産業医等に提供した情報を記録・保存しておくことが望ましいでしょう。

注意！

　産業医の選任義務のない労働者数49人以下の事業場で、労働者の健康管理等を行う医師または保健師を選任している場合は、労働者の健康管理等に必要な情報を医師または保健師に対して提供することや、労働者からの健康相談に対応する体制整備等が事業者の努力義務とされています。

●労働者への周知方法
　健康相談等に関して労働者へ通知する方法は、①各作業場への掲示・備え付け、②書面の交付、③磁気ディスク等に記録し、各作業場に労働者が当該記録の内容を常時確認できる機器を設置する方法のいずれかによります。事業場内のイントラネットでの電子掲示板への掲載なども含まれます。

産業医等へ提供すべき情報とその時期

	提供すべき情報	提供する時期
①	健康診断、面接指導またはストレスチェック結果に基づく面接指導の事後措置について、すでに講じたものまたは講じようとするものの内容に関する情報（措置を講じない場合はその旨とその理由）	健康診断、面接指導またはストレスチェックに係る面接指導の結果について医師等からの意見聴取を行った後、遅滞なく
②	週あたり40時間を超える労働時間（＊）が1月あたり80時間を超えた労働者の氏名、その超えた時間に関する情報	その超えた時間の算定を行った後、すみやかに（おおむね2週間以内）
③	労働者の業務に関する情報であって産業医が労働者の健康管理等を適切に行うために必要な情報　⬇　①労働者の作業環境、②労働時間、③作業態様、④作業負荷の状況、⑤深夜業等の回数・時間数などのうち、産業医が労働者の健康管理等を適切に行うために必要と認めるものが含まれる。	産業医から当該情報の提供を求められた後、すみやかに（おおむね2週間以内）

＊高度プロフェッショナル制度の適用者については、1週間あたりの健康管理時間が40時間を超える時間

（4）労働者からの健康相談に対応する体制整備

　事業者は、産業医等が労働者からの健康相談に応じ、適切に対応するために必要な体制の整備その他の措置を講ずるように努めなければなりません。　安衛法13条の3

健康相談に適切に対応するための措置

労働者への周知　（安衛法101条2項・3項）

【周知事項】
◆産業医による健康相談の申出の方法（健康相談の日時・場所等を含む。）
◆産業医の業務の具体的な内容
◆事業場における労働者の心身の状態に関する情報の取扱方法

プライバシーへの配慮・心身の状態に関する情報の適正な取り扱い

◆保健指導、面接指導、健康相談等は、プライバシーを確保できる場所で実施できるよう配慮する。
◆健康相談等の結果については、健康情報取扱指針（☞164ページ参照）に基づき事業場ごとに策定された取扱規程により適切に取り扱う。

7　安全衛生

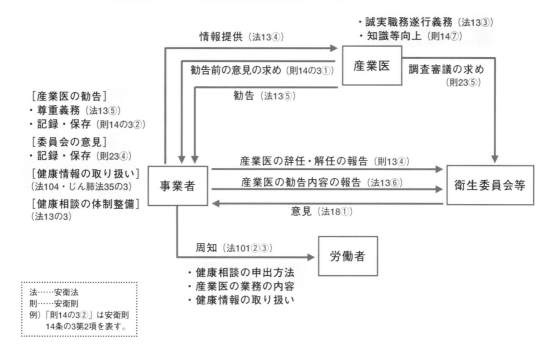

労働者の健康確保強化のための産業保健機能

●04 労働災害防止のための自主的な安全衛生活動

最近では、生産工程が多様化・複雑化し、事業場で新しい機械設備や化学物質なども使われていますが、事前にそれらの危険性や有害性が十分に検証されないまま操業され、重大な労働災害が発生するケースも増えています。また、現場の安全衛生活動に詳しいベテラン担当者が定年やリストラによって退職すると、安全衛生レベルが低下することも懸念されます。

そこで、事業場内で自主的に、あらかじめ作業にともなう危険性・有害性を洗い出して対策をとっておくことや、担当者個人の経験・能力のみに依存せず、組織全体として継続的に安全衛生管理を実施し、安全衛生水準を向上させるしくみをつくることが重要となってきます。

（1）危険性・有害性の調査とその結果に基づく措置

事業者は、建設物、設備、原材料、作業行動などの危険性・有害性等を調査し（リスクアセスメント）、その結果に基づいて必要な措置を講ずるように努めなければなりません。

安衛法28条の2

●リスクアセスメント

リスクアセスメントは、労働者の就業に係る危険性または有害性を特定し、これを除去または低減するための対策を検討する手法です。

リスクアセスメントを実施することによって、リスクをより客観的に評価することができるので、災害要因を事前に排除し、災害防止の効果が期待できます。

また、その他①対策の優先づけが可能となり、費用対効果が向上する、②事業者が安全配慮義務や説明責任を的確に果たせるようになる、③管理監督者と作業者とが危険性・有害性に対する認識を共有できる、といったメリットがあります。

リスクアセスメントの具体的な進めかたについては、「危険性又は有害性等の調査等に関する指針」（リスクアセスメント指針、平成18年3月10日付け公示1号）に示されています。

　詳しくは、労働局安全課（健康安全課）へお問い合わせください。

●化学物質等のリスクアセスメント
　一定の危険性・有害性が確認されている化学物質（安全データシート（SDS）の交付が義務づけられている物質）については、リスクアセスメントの実施が事業者に義務づけられています。そして、事業者は、リスクアセスメントの結果に基づいて、労働安全衛生法令（安衛則その他の特別規則）の規定で定められる措置を講ずる必要があります。また、とくに法令に定めがない場合でも、リスクアセスメントの結果を踏まえ、労働者の危険・健康障害を防止するために必要な措置を講ずるように努めなければなりません（安衛法57条の3）。

　なお、化学物質等のリスクアセスメントの具体的な内容、留意点等については、「化学物質等による危険性又は有害性等の調査等に関する指針」（平成27年9月18日公示3号）に示されています。

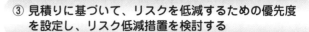

危険性・有害性の調査・低減措置実施の努力義務

─ 実施するのはどんなとき？ ─

①建設物を設置・移転・変更・解体するとき
②設備（機械・器具も含む。）を新規に採用・変更するとき
③原材料を新規に採用・変更するとき
④作業方法または作業手順を新規に採用・変更するとき
⑤その他建設物、設備、原材料、ガス、蒸気、粉じん等による、または作業行動その他危険性・有害性等について変化が生じまたは生ずるおそれがあるとき

努力義務

①危険性・有害性の調査（リスクアセスメント）

②調査結果に基づく危険性・有害性の除去・低減措置の実施

─ 対象となる業種は？ ─

| 化学物質関係の調査 | ▶▶ すべての事業場 |
| 化学物質関係以外の調査 | ▶▶ 安全管理者を選任しなければならない業種（☞136ページ） |

リスクアセスメントの基本的な流れ

① 危険性・有害性を特定する

② 特定された危険性・有害性ごとにリスクを見積もる

③ 見積りに基づいて、リスクを低減するための優先度を設定し、リスク低減措置を検討する

④ 優先度に対応したリスクの低減措置を実施する

（2）労働安全衛生マネジメントシステム

　労働安全衛生マネジメントシステム（OSHMS）とは、事業場の安全衛生水準を向上させるために、事業者（トップ）が安全衛生方針を表明し、これに基づいて「計画→実施→評価→改善」の一連の過程（PDCAサイクル）を定め、組織的・継続的に行う自主的な安全衛生活動のしくみをいいます。

 厚生労働省では、「労働安全衛生マネジメントシステムに関する指針」（平成11年労働省告示53号）を示しています。

　詳しくは、労働局安全課（健康安全課）へお問い合わせください。

7 安全衛生

労働安全衛生マネジメントシステムの基本的な流れ

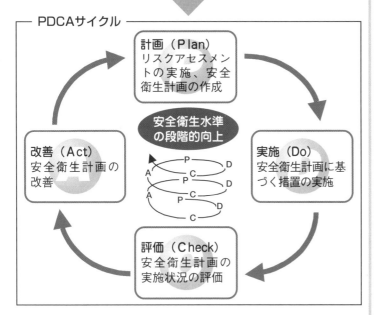

事業者（トップ）が
「安全衛生方針」を表明

方針に基づいて目標を設定

PDCAサイクル

計画（Plan）
リスクアセスメントの実施、安全衛生計画の作成

安全衛生水準
の段階的向上

改善（Act）
安全衛生計画の改善

実施（Do）
安全衛生計画に基づく措置の実施

評価（Check）
安全衛生計画の実施状況の評価

【労働安全衛生マネジメントシステムの基本要素】

①担当者の責任・権限を明確にする。
②労働者の意見を反映させる（安全衛生委員会などを活用）。
③作業手順を書面で明確にする。
④システムが適切に機能しているかどうか定期的な監査を行う。

（3）機械等の設置等の計画届と免除認定制度
［1］計画の届出

　業種・規模を問わず、危険・有害な作業などを必要とする一定の機械等を設置・移転したり、主要構造部分を変更しようとするときは、工事開始日の30日前までに所轄の監督署へその計画を届け出なければなりません。

　また、とくに大規模な建設工事は工事開始の30日前までに厚生労働大臣へ、一定規模以上の建設業・土石採取業の工事は工事開始の14日前までに所轄の監督署へ、それぞれその計画を届け出なければなりません。

安衛法88条

●労働安全衛生マネジメントシステムの効果

　労働安全衛生マネジメントシステムは、一連のPDCAサイクルに従って連続的な活動を実施するもので、これにより、安全衛生水準を向上させることができます。

　また、関係者の役割や責任、権限などを手順化・文書化して明確にすることによって、安全衛生のノウハウを適切に継承することができます。

　さらに、機械・設備・化学物質などについての危険・有害要因を取り除き、労働災害の潜在的な危険性を低減できるメリットがあります。

7 安全衛生

●免除認定の基準

計画の届出義務の免除に関する監督署長の認定を受けるには、その事業場が次の認定基準に適合していることが必要です。

①労働安全衛生マネジメントシステムを適切に実施していること
②労災保険のメリット収支率が75%以下であること
③申請前1年間に、死亡災害などの重大な労働災害を発生させていないこと

なお、認定された後も、上記の基準に該当しなくなった、定期報告をしなかったなどの場合には、認定が取り消される場合があります。

☞ 免除認定申請の手続きの詳細については、最寄りの監督署へお問い合わせください。

［2］計画届の免除認定制度

［1］の計画は、リスクアセスメントや労働安全衛生マネジメントシステムなどの措置を適切に実施し、自主的に安全衛生活動を行っていると所轄の監督署長が認定した事業場については、その届出義務が免除されます。

安衛法88条1項ただし書き

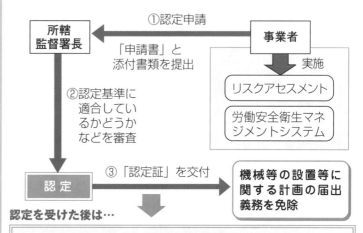

計画届の免除認定の流れ

①認定申請
所轄監督署長 ← 事業者
「申請書」と添付書類を提出

実施
リスクアセスメント
労働安全衛生マネジメントシステム

②認定基準に適合しているかどうかなどを審査

③「認定証」を交付
認 定 → 機械等の設置等に関する計画の届出義務を免除

認定を受けた後は…

①1年以内ごとに1回、労働安全衛生マネジメントシステムの実施状況などを監督署に報告する。
②労働安全衛生マネジメントシステムなどの措置をとらなくなったら監督署にその旨を報告する。
③認定証の有効期間は3年間。期間満了の1カ月前までに更新手続きが必要。

●05　安全衛生教育

（1）安全衛生教育を行う場合はどんなときか

労働者が安全に就業するためには、労働者自身も自分が携わる業務について、正しい知識と理解を持つことが重要です。そこで、事業者には、労働者に対し、業務に必要な安全衛生に関する教育を行うことが義務づけられています。

Q161　安全衛生教育は、休業日に行ってもよいですか？

A　安全衛生教育は業務の一環として実施するものですから、原則として、所定労働時間内に行うようにしてください。

安全衛生教育を行うとき

①　労働者を雇い入れたとき
②　作業内容を変更したとき
③　危険または有害な業務に就かせるとき（特別教育）
④　職長などに就任したとき
⑤　健康診断後などに健康教育を行うとき　　　　など

　ここでは、労働者に対して一般的に行われる安全衛生教育について見てみましょう。

（2）一般の安全衛生教育

　事業者は、事業場の規模を問わず、労働者を雇い入れたとき、または作業内容を変更したときは、次の事項のうち労働者が従事する業務に関する安全衛生のための教育を行わなければなりません。

安全衛生教育の内容

	項　　目
①	機械等・原材料等の危険性または有害性、これらの取扱方法
②	安全装置・有害物抑制装置または保護具の性能とこれらの取扱方法
③	作業手順
④	作業開始時の点検
⑤	その業務に関して発生するおそれのある疾病の原因およびその予防
⑥	整理整頓、清潔の保持
⑦	事故が発生したときの応急措置と退避のしかた
⑧	その他その業務に関する安全・衛生のために必要な事項

安全衛生管理を具体的に進めるポイント ●●●●●●●●●●●●●●●

1　安全な機械・設備等の設置
　作業や機械に不慣れなパートタイマーやアルバイトが作業をしても、ケガをしないような安全な設備・施設・機械を設置する。

2　作業方法を決めておく
　誰でも安全な作業ができるように、安全な作業方法を確立させてマニュアル化する。

3　各業務や作業に応じた教育指導
　各人に、作業の種類等に応じて、自分が携わる業務の危険性・有害性に対する正しい認識を持たせ、その取り扱いかたを教育指導する。その際、ビデオやテキストなどのツールの活用や、安全・衛生コンサルタントなどの専門家による指導を取り入れることも有効。

4　安全点検は定期的に
　点検対象となる機械・設備、点検項目などをあらかじめ決めておき、点検表などを用いてチェックする。
　点検は、有資格者などに担当してもらうのがベスト。
　また、点検によって発見された機械・設備等の不備や故障に対しては、すみやかに補修・整備を行う。

5　整理整頓を習慣づける
　作業能率を高めるうえでも、あらかじめ物の置き場所を決めてきちんと保管する。
　構内において、安全な通路が確保されるように、通路の表示、標識の設置、障害となるものの片づけなど整理整頓を日頃から心がけるようにする。

Q162　健康診断の受診に要した時間に賃金を支払わなければならないのですか？

A　一般の定期健康診断については、とくに法律上は賃金を支払う義務はありません。もっとも、できるだけ労働者の便宜を図り、所定労働時間内に実施し、賃金を支払うことが望ましいでしょう。
　なお、特殊健康診断については、所定労働時間内に行うことを原則とし、賃金を支払わなければならず、時間外などに実施すれば、その時間について割増賃金を支払う必要があります。

●胸部エックス線検査の省略基準
　右の定期健康診断項目のうち④の胸部エックス線検査については、次のいずれにも該当しない40歳未満（20歳、25歳、30歳および35歳は除きます。）の労働者について、医師が必要でないと認めたときは省略することができます。
① 感染症法で結核に係る定期の健康診断の対象とされている施設等で働いている労働者
② じん肺法で3年に1回のじん肺健康診断の対象とされている労働者
　また、上記の省略基準を満たす場合は、かくたん検査も省略することができます。

【注意！】
　健康診断の検査項目のうち省略できるのは、医師が必要でないと認めたときに限られます。

●06　健康診断

（1）健康診断の種類

　安衛法上、事業者に義務づけられている健康診断には、次のようなものがあります。

おもな健康診断

① 雇入れ時の健康診断（☞27ページ参照）	常時使用する労働者を雇い入れるときに行います。
② 一般健康診断（定期健康診断）	常時使用する労働者について、1年以内ごとに1回（特定の業務については6カ月以内ごとに1回）、定期に一定の項目について行います。
③ 特殊健康診断	有害業務に従事する労働者について行います。
④ 海外派遣者の健康診断	海外地域に6カ月以上派遣しようとするときと、6カ月以上の海外勤務の後帰国してから業務に就かせるときに行います。

（2）定期健康診断

　事業者は、常時使用する労働者について、1年以内ごとに1回、医師による健康診断を行わなければなりません。

安衛法66条・安衛則44条

定期健康診断の検査項目

	検査項目	省略できるもの・できないもの
①	既往歴・業務歴	必ず実施
②	自覚症状・他覚症状	
③	身長・体重・腹囲・視力・聴力	身長：20歳以上は省略可 腹囲：次の場合は省略可 ・40歳未満の者（35歳の労働者は必ず実施） ・妊娠中の女性などその腹囲が内臓脂肪の蓄積を反映していないと診断された者 ・BMI※が20未満の者 ・BMIが22未満で、自分で腹囲を測定して申告した者　※BMI=体重(kg)／(身長(m))^2
④	胸部エックス線・かくたん	胸部エックス線検査で所見がなければ、かくたん検査は省略可 一定の健康診断の対象者に該当しない40歳未満の労働者（20歳、25歳、30歳および35歳の労働者は必ず実施）は省略可
⑤	血圧	必ず実施
⑥	貧血	40歳未満は省略可 （35歳の労働者は必ず実施）
⑦	肝機能	
⑧	血中脂質	
⑨	血糖	
⑩	心電図	
⑪	尿	必ず実施

（3）定期健康診断が終わったら

［1］結果の記録と労働者への通知

定期健康診断が終わったら、その結果を「健康診断個人票」（☞ ダウンロード記載例 ㉔参照）に記入し、5年間保存しなければなりません。

また、健康診断の結果は、それぞれ労働者本人に通知するようにしてください。

安衛法66条の3・66条の6

［2］健康診断の結果、所見があった労働者についての取り扱い

健康診断の結果、異常の所見が認められた労働者については、できるだけ医師や保健師などによる保健指導を受けさせるようにしてください。

また、事業者としても、医師などの専門家の意見を聴き、労働者と十分話し合ったうえで、作業転換、労働時間の短縮などの措置をとらなければなりません。

安衛法66条の3～66条の7

定期健康診断のアフターフォロー

```
① 定期健康診断を行う
```

┌─────────────────────────────┐
│ イ　健康診断の結果を、「健康診断個人票」に │
│ 　　記入し、5年間保存する。 │
│ ロ　健康診断の結果を、各労働者へ通知する。 │
│ ハ　労働者数50人以上の事業場については、 │
│ 　　「定期健康診断結果報告書」（☞ ダウンロード │
│ 　　記載例 ㉓参照）を所轄の監督署へ提出する。 │
└─────────────────────────────┘

異常があった場合

```
② 保健指導を受けさせる
```

できるだけその労働者に対して、医師や保健師などによる保健指導を受けさせます。

```
③ 医師などの意見を聴く
```

事業者は、現在のその労働者の就業状況をもとに、今後通常の業務をさせても大丈夫か、どのような措置をとったらよいかなどについて、医師などの意見を聴きます。

┌─────────────────────────────┐
│ 衛生委員会等（☞136～137ページ参照） │
│ へ医師などの意見を報告する │
└─────────────────────────────┘

┌─────────────────────────────┐
│ 医師などの意見を踏まえて講じた措置 │
│ に関する情報を産業医へ提供する │
│ （☞139～140ページ参照） │
└─────────────────────────────┘

```
④ 就業上の措置を決める
```

事業者は、③を参考にしながら、その労働者と十分話し合ったうえで、必要があると認めるときは、その労働者の就業場所や作業内容の変更、労働時間の短縮など今後の就業上の措置をとります。

Q163　会社で実施する定期健康診断を拒否する労働者がいる場合は、その者の健康診断は行わなくてよいですか？

A　労働者には、健康診断を受診する義務がありますから（安衛法66条5項）、原則として、労働者は事業者の実施する健康診断を拒むことはできません。

ただし、労働者が他の医師による健康診断を受け、その結果を証明する書面を提出すれば、重ねて行う必要はありません。

いずれにせよ、健康の確保の大切さ、そのための健康診断の重要性などについて、日頃から労働者に説明しておくことが大事でしょう。

Q164　産業医の選任義務のない事業場では、どのように労働者の健康管理を進めたらよいですか？

A　健康管理については、医学的な専門知識なども必要となりますから、まずは産業医等の専門スタッフのいる地域産業保健センター（☞下記参照）などの機関を活用することをお勧めします。

注意！

委員会へ医師などの意見を報告するときは、個人が特定できないように、労働者のプライバシーに配慮することが必要です。

●地域産業保健センター

産業保健に関する相談、研修、情報提供などを行う産業保健総合支援センターが、47都道府県に設置されています。その地域窓口として、産業医の選任義務のない49人以下の事業場などのために、地域産業保健センターが設置されています。

おもに、健康相談や面接指導、訪問指導などを無料で行っていますので、積極的に活用してください。

（4）二次健康診断等給付

二次健康診断等給付は、労災保険の給付の１つとして、いわゆる「過労死」などの健康障害（業務上の事由による脳・心臓疾患等の発症）を予防するために設けられたものであり、より精密な検査を無料で受けられる制度です。

一次健康診断（定期健康診断など）の結果、脳・心臓疾患に関する項目について、異常の所見が見られた労働者は、二次健康診断で精密検査を受け、その結果に基づいて食事・運動・生活習慣などについての指導（特定保健指導）を受けることができます。 労災法26条〜28条

☞ 二次健康診断等給付の詳細については、最寄りの監督署または労働局の労災補償課にお尋ねください。

二次健康診断等給付の流れ

① 一次健康診断（定期健康診断など）

【次の項目のすべてに異常があった場合】
- イ 血圧測定
- ロ 血中脂質検査
- ハ 血糖検査
- ニ 肥満度の測定

※すでに脳・心臓疾患の症状がある人は対象になりません。

② 二次健康診断等給付

- イ 労災病院または都道府県労働局長が指定した病院・診療所に「二次健康診断等給付請求書」（都道府県労働局長あて）を提出します。
- ロ イの病院等において、無料で二次健康診断および特定保健指導が受けられます。

※一次健診の日から3カ月以内に請求しなければなりません。

③ 事業者に結果を提出

④ 医師からの意見聴取・就業上の措置

衛生委員会等（☞ 136〜137ページ参照）へ
医師の意見を報告する

事業者としては、該当する労働者に二次健康診断等給付を受けることを勧めてください。また、この健康診断等を受ける場合には、事業者の証明が必要になりますから、一次健康診断の結果の写しなどの必要書類をそろえてください。

なお、労働者は二次健康診断等給付の結果を事業者に提出することができ、これに対して事業者は、定期健康診断の場合と同様、**前ページ**のような事後措置をとる必要があります。

●07 医師による面接指導制度

長時間労働や仕事のストレスなどにより、心身ともに過重な負荷がかかり、脳・心臓疾患やうつ病を発症する過労死・過労自殺の事案は、依然として多数発生しています。このような働きすぎやメンタル面での負担による心身の健康障害を未然に防止するため、安衛法では、一定の長時間労働者などを対象に医師による面接指導などの措置を実施することが、事業者に義務づけられています。

また、事業者には、労働者が安全で健康に働けるように配慮する義務があります（☞**安全配慮義務については18ページ参照**）ので、事業規模にかかわらず、各事業場で労働者の心身の健康を確保するための対策に積極的に取り組むことが望まれます。

（1）一般業務の長時間労働者の面接指導
［1］面接指導の実施義務

事業者は、下記の要件に該当する労働者に対して医師による面接指導を実施しなければなりません。面接指導は、医師が問診などの方法により、労働者の心身の状況を把握し、これに応じて面接により必要な指導を行います。

安衛法66条の8

【対象となる労働者の要件】（①、②のいずれにも該当する者）

① 休憩時間を除き1週間あたり40時間を超えて労働させた場合のその超えた時間（時間外・休日労働時間）が、**1カ月あたり80時間を超えていること**

② 労働者が**申し出ていること**

「1週間あたり40時間を超える労働時間」

面接指導の実施義務の対象となる労働時間の要件は、「1週間あたり40時間を超えて労働させた場合におけるその超えた時間」を算定することになっています。この時間は、労基法でいう時間外労働（法定労働時間を超える労働）のほか休日労働（原則1週1日の法定休日の労働）の時間を含みます。

安衛法上の超過時間の考えかたと、労基法上の時間外労働時間や休日労働時間の考えかたは、厳密には異なりますが、本書では説明の便宜上、上記の1週間あたり40時間を超える労働時間を「時間外・休日労働時間」と表現します。

●面接指導の義務の対象となる時間外・休日労働時間の算定

1カ月あたりの時間外・休日労働時間の算定は、次の式によって計算します。

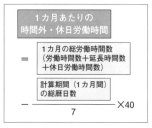

時間外・休日労働時間が1カ月あたり80時間を超えるかどうかの算定は、毎月1回以上、一定の期日を決めて行ってください。

Q165 面接指導を申し出た労働者の言っている時間外・休日労働時間数と会社が把握している時間数に食い違いがあるのですが？

A　時間外・休日労働時間の把握について、会社と労働者とで食い違いがあり、確定させるのに時間がかかる場合でも、健康確保の観点からは、できるだけ面接指導を実施するようにしてください。

●実効性ある面接指導の運用を
　面接指導は、労働者からの申出があった場合に行うものですが、その前提として、申出に関する体制や労働者が申し出やすい環境をつくることが重要です。
　例えば、申出窓口の設置などを、衛生委員会などで調査審議し、必要な措置を講ずる必要があります。
　また、申出を行うことによって、その労働者に対して不利益な取り扱いをしないようにしなければなりません。

Q166　時間外・休日労働が月あたり80時間を超える労働者に対して、会社の指定した医師による面接指導を強制できますか？

A　原則として、労働者は事業者が行う面接指導を受ける義務があります。
　ただし、労働者が事業者の指定した医師による面接指導を希望しない場合は、他の医師による面接指導を受け、その結果を証明する書面を提出してもらうことも可能です。
　その際、心身の状況などの個人情報の取り扱いに注意してください。

安衛法66条の8に基づく面接指導の流れ

衛生委員会等で調査審議 ●長時間にわたる労働による労働者の健康障害の防止を図るための対策の樹立に関すること。〈則22（9号）〉

時間外・休日労働時間を算定する ●毎月1回以上、一定の期日を定めて行う。〈則52の2②〉

時間外・休日労働時間が
1月あたり80時間超〈則52の2①〉

（算定後おおむね2週間以内）

産業医へ労働時間等の情報を提供する
〈法13④〉
（☞139〜140ページ参照）

労働者へ労働時間等の情報を通知する
〈則52の2③〉

（期日後おおむね1月以内）

労働者が申し出る
●産業医は、要件に該当する労働者に対し申出を行うよう勧奨。〈則52の3④〉
●労働者は書面・電子メール等で申し出る。
●申出の書面等の記録をとっておく。

（申出後おおむね1月以内）

面接指導を行う
●医師が労働者の①勤務の状況、②疲労の蓄積の状況③その他の心身の状況について確認。
〈法66の8①②、則52の3③〉

面接指導が終わったら…
→ 面接指導の結果を記録する
●労働者の疲労の蓄積の状況その他心身の状況、聴取した医師の意見等を記載。
●面接指導の結果の記録は5年間保存。
〈法66の8③、則52の6〉

（面接指導後おおむね1月以内）

必要な措置について医師から意見を聴く
→ 医師の意見を踏まえて講じた措置等に関する情報を産業医へ提供。
〈法66の8④、則52の7〉（☞139〜140ページ参照）

衛生委員会等 ＊へ医師の意見を報告する
〈法66の8⑤〉

就業上必要な措置を講ずる
〈法66の8⑤〉
・就業場所の変更
・作業の転換
・労働時間の短縮
・深夜業の回数の減少　など

委員会へ医師の意見を報告するときは、個人が特定できないように、労働者のプライバシーに配慮することが必要。

＊衛生委員会のほか安全衛生委員会、労働時間等設定改善委員会

法……安衛法　　則……安衛則
例）則52の6②……安衛則52条の6第2項

［2］衛生委員会等での調査審議

　衛生委員会等では、長時間労働者に対する面接指導等（［4］の面接指導に準じた措置も含みます。）について調査審議する必要があります。　安衛則22条9号

面接指導等に関する衛生委員会等での調査審議事項

a　裁量労働制の適用者や管理監督者等を含むすべての労働者の労働時間の状況の把握
b　面接指導等の実施方法および実施体制
c　面接指導等の申出が適切に行われるための環境整備
d　面接指導等の申出を行ったことにより当該労働者に対して不利益な取り扱いが行われることがないようにするための対策
e　面接指導等を実施する場合における「事業場で定める必要な措置の実施に関する基準」の策定
f　事業場における長時間労働による健康障害防止対策の労働者への周知

［3］労働者への労働時間に関する情報の通知義務

　事業者は、面接指導の実施要件である時間外・休日労働時間の算定（毎月1回以上定期に行います。）を行ったときは、その時間が1月あたり80時間を超えた労働者に対し、すみやかに（算定後おおむね2週間以内）その超えた時間に関する情報を通知しなければなりません。　安衛則52条の2第3項

労働時間に関する情報の通知方法

通知の時期
　労働時間の算定後、おおむね2週間以内。

通知の方法
●書面や電子メール等で通知する方法が適当。
●時間外・休日労働時間が1月あたり80時間を超えた時間数のほか、面接指導の実施方法や時期等の案内もあわせて通知することが望ましい。
●給与明細にその超えた時間数を記載する方法でもよい。

［4］面接指導等を行う努力義務

　［1］の面接指導を実施しなければならない労働者に該当しなくても、健康への配慮が必要な労働者については、事業者は面接指導やこれに準じた措置をとるよう努めなければなりません。

Q167 面接指導に準じた措置とは、具体的にはどのようなことをすればよいでしょうか?

A 例えば、次のような措置が考えられます。

①労働者に対して保健師などによる保健指導を行う。
②チェックリストを用いて疲労蓄積度を把握し、必要な者には面接指導を行う。
③事業場の健康管理について、事業者が産業医等から助言指導を受ける。

など

また、面接指導などの措置を実施した後は、その結果に基づき事後措置をとるよう努めてください。

安衛法66条の9

【対象となる労働者の要件】(①、②のいずれにも該当する者)

① 安衛法66条の8の規定により面接指導を行う労働者以外の労働者で、

② 事業場において定められた当該必要な措置の実施に関する基準に該当する者(下記に留意)

事業場で措置の対象者を定めるときの留意点

	週あたり40時間を超える労働時間が	その他の条件	事業者が講ずる措置
a	1月あたり80時間を超える	申出をしている	医師による面接指導を確実に実施する〈安衛法66条の8〉
b	1月あたり80時間を超える	申出をしていない	面接指導等を実施するよう努める〈安衛法66条の9〉
c	1月あたり45時間を超え80時間を超えない	健康への配慮が必要と認めた者	面接指導等の措置を講ずることが望ましい〈安衛法66条の9〉

注意!
高度プロフェッショナル制度の適用者の場合は、健康管理時間を把握することになっており、別途労基法や労基則に定められています(☞75ページ参照)。

(2) 労働時間の状況の把握義務

事業者は面接指導を実施するため、タイムカードの記録等の客観的な方法により、労働者の労働時間の状況を把握しなければなりません。

また、高度プロフェッショナル制度の適用者を除いて、すべての労働者の労働時間の状況を把握しなければなりません。

安衛法66条の8の3

Q168 賃金台帳に記入した労働時間数をもって労働時間の状況を把握することとしてもよいでしょうか?

A 労働時間の状況の把握は 賃金台帳(労基法108条、☞24〜25ページ参照)に記入した労働時間数をもってこれに代えることができます。

ただし、管理監督者やみなし労働時間制が適用される労働者については、賃金台帳に具体的な労働時間数を記入して管理する対象になりませんので(みなし労働時間制適用者の場合は、みなし労働時間を記入)、別途の方法で労働時間の状況を把握しなければなりません。

こんな労働者についても労働時間の状況を把握しなければならない

①研究開発業務従事者(☞52ページ参照)
②事業場外労働のみなし労働時間制の適用者(☞67〜68ページ参照)
③裁量労働制の適用者(☞68〜70ページ参照)
④管理監督者等(☞72ページ参照)
⑤派遣労働者(☞14章)
⑥短時間労働者(パートタイマー、☞13章)
⑦有期契約労働者(☞13章)

「労働時間の状況」の把握

「労働時間の状況」の把握とは、労働者の健康確保措置を適切に実施する観点から、労働者がいかなる時間帯にどの程度の時間、労務を提供し得る状態にあったかを把握するものです。

裁量労働制や管理監督者など、業務を行うのに広い裁量が認められ、厳格な労働時間の管理になじまない労働者もこの義務の対象となりますので、労働時間を把握することが難しい場合があります。このため、例えば、事業場外で業務に従事している時間帯に、実際に業務に従事している時間が具体的に把握できないような場合など、「労務を提供し得る状態」を含めて把握しますので、「労働時間」そのものよりも幅があります。

労働時間の状況の把握方法

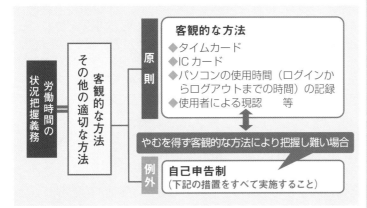

自己申告制による場合に講ずる措置

①労働者への説明

自己申告を行う労働者に対して、労働時間の状況の実態を正しく記録し、適正に申告することなどについて十分に説明する。

②管理者への説明

実際に労働時間の状況の管理をする者に対して、自己申告制の適正な運用を含め、講ずべき措置について十分に説明する。

③必要に応じて実態調査し、所要の労働時間の状況を補正する

自己申告により把握した労働時間の状況と、実際の労働時間の状況との間に著しい乖離がある場合は、必要に応じて実態調査を行う。

④労働者からの報告が適正に行われているかどうか確認する

自己申告した労働時間の状況を超えて事業場内にいる時間または事業場外で労務を提供し得る状態にあった時間について、労働者にその理由等を報告させる場合に、その報告が適正に行われているかどうかを確認する。

Q169 休憩時間や食事をしている時間などを含めた時間で把握して面接指導の対象となるかどうかを判断してもよいですか?

A 面接指導は、「休憩時間を除き」週あたり40時間を超える労働時間を算定してその要否を判断するのが原則です。

しかし、個々の事業場の事情により、休憩時間などを業務に従事している時間と区別して除くことができない場合には、休憩時間等を含めた時間により労働時間の状況を把握し、その時間で面接指導の要否を判断することになります。

Q170 自己申告制が認められる「やむを得ず客観的な方法により把握し難い場合」とはどんな場合ですか?

A 事業場外で行う業務のために直行・直帰する場合など、労働時間の状況を客観的に把握する手段がない場合に、例外として自己申告制によることが認められます。これに該当するかどうかは個別に判断されますが、例えば、直行・直帰の外勤のケースでも、事業場外から社内システムにアクセスが可能で、労働時間の状況の把握が可能な場合には、自己申告制は認められません。

Q171 労働者の自己申告と実際との差があるので、本人にその理由を聞いたところ、「自主的に研修に参加した時間については申告していない」とのことでした。この場合は自己申告どおりに判断してよいのでしょうか?

A 仮に労働者が、休憩や自主的な研修、教育訓練、学習等をしていたので労働時間ではないと報告した場合でも、実際には事業者の指示により業務に従事しているなど、事業者の指揮命令下に置かれていたと認められる時間については、労働時間の状況として扱わなければなりません。

⑤ **労働者による適正な申告を阻害するような措置はとらない**

◆ 自己申告できる時間外労働の上限を設け、これを超える申告を認めないなどの措置は講じてはならない

◆ 労働者が自己申告できる時間数の上限を設ける等の社内通達が適正な自己申告を阻害する要因となっていないかを確認

◆ 36協定で定めた延長時間数を超えているのに、記録上これを守っているようにすることが、慣習的に行われていないかを確認

労働時間適正把握ガイドラインと労働時間の状況把握義務 ●●●●

労基法上、使用者の労働時間の把握義務を明確に規定したものはありませんが、労働時間適正把握ガイドライン（☞76～78ページ参照）では、「労働基準法においては、労働時間、休日、深夜業等について規定を設けていることから、使用者は、労働時間を適正に把握するなど労働時間を適切に管理する責務を有している」と解釈されています。

また、労基法108条は、賃金台帳の調製と賃金等に関する事項の記入を使用者に義務づけており、時間外労働時間数、休日労働時間数および深夜労働時間数が記載事項とされていることから、使用者が労働時間を把握・管理すべきことを読み取ることができます。ただし、みなし労働時間制が適用される労働者や管理監督者等については、賃金台帳でこれらの時間数を管理する対象に含まれていません。賃金台帳は、賃金（割増賃金を含みます。）を適正に支払う前提として労働時間数を記入することとしており、労働時間等に関する労基法の原則的な規定に従い、実際に労働した時間を厳格に把握・管理してその時間に見合う賃金を支払うべき通常の労働者を想定しているからです。

一方、平成30年の改正により安衛法に新設された労働時間の状況の把握義務は、労働者の健康確保の観点から、ほぼ例外なくすべての労働者を対象としています。安衛則やその解釈通達が示す労働時間の状況の把握方法は、タイムカードの記録などの客観的な方法によることを原則としつつ、やむを得ず客観的な方法により難い場合に自己申告制を認めていることや、自己申告制による場合に事業者が講ずべき措置の内容や留意事項の点で、上記ガイドラインとおおむね共通しています。ただし、安衛法の労働時間の状況把握義務の対象に具体的な労働時間の把握が難しいみなし労働時間制の適用者や管理監督者等が含まれるという点で違いがあります。

労働時間の状況把握義務（安衛法）		労働時間適正把握ガイドライン（労基法）
労働時間の状況 ▶ 労働者がいかなる時間帯にどの程度の時間、労務を提供し得る状態にあったか	把握の対象	労働時間そのもの
すべての労働者 （高度プロフェッショナル制度適用者は健康管理時間（労基法41条の2第1項3号）による把握）	対象労働者	次の労働者は対象とならない ● みなし労働時間制（事業場外労働（労基法38条の2）、裁量労働制（労基法38条の3、38条の4））の適用者 ● 管理監督者等（労基法41条）
［原則］客観的な方法 （タイムカード、ICカード等） ［例外］客観的な方法により把握し難い場合に自己申告制も認める （自己申告制をとる場合にとるべき措置あり）	把握方法	［原則］客観的な方法 （タイムカード、ICカード等） ［例外］やむを得ず自己申告によらざるを得ない場合に自己申告制も認める （自己申告制をとる場合にとるべき措置あり）

（3）特定の業務従事者等を対象とする面接指導
［1］研究開発業務従事者の面接指導
●1　面接指導の実施要件と事後措置

事業者は、新技術・新商品等の研究開発業務に従事する労働者のうち、時間外・休日労働時間数が1月あたり100時間を超えたものについて、医師による面接指導を行わなければなりません。

また、面接指導の流れや面接指導実施後の措置については、一般の面接指導の場合と基本的には同様です（必要に応じて講ずる就業上の措置は、対象労働者の業務の特性に応じて、一般の面接指導と異なる措置が例示されています。）。

安衛法66条の8の2

面接指導と事後措置の流れ

時間外・休日労働時間を算定する → 産業医へ労働時間等の情報を提供する

（時間外・休日労働が1月あたり80時間超の場合、☞139〜140ページ参照）

時間外・休日労働時間数が1月あたり**100時間超**

→ 労働者へ通知する

（時間外・休日労働時間数、面接指導の実施時期等）

遅滞なく（算定後おおむね1月以内）

医師による面接指導を実施する ┄┄→ **罰則** 違反したら 50万円以下の罰金（安衛法120条1号）

面接指導結果の記録を作成する

必要な措置について医師から意見を聴く

衛生委員会等 ＊ へ医師の意見を報告する　／　就業上必要な措置を講ずる

・就業場所の変更
・職務内容の変更
・有給休暇（年休以外）の付与
・労働時間の短縮
・深夜業の回数の減少　など

＊衛生委員会のほか、安全衛生委員会、労働時間等設定改善委員会（☞90〜91ページ参照）

注意！

研究開発業務従事者を対象とする面接指導は、時間外・休日労働時間の要件に該当すれば、労働者の申出なしに、事業者は面接指導を実施しなければなりません。

この義務に違反すると、罰則の適用（50万円以下の罰金、安衛法120条）があります。

●労働者が面接指導を受ける義務

面接指導の要件に該当する研究開発業務従事者は、面接指導を受けなければなりません。

ただし、事業者の指定した医師による面接指導を受けることを希望しない場合は、他の医師（主治医等）の行う面接指導を受け、その結果を証明する書面を事業者に提出することも認められています。

Q172　面接指導の対象となる研究開発業務従事者に実施する面接指導の費用は会社が負担するのですか？　また、面接指導を実施した時間に対して賃金を支払う必要がありますか？

A　法定の労働時間の要件に該当する研究開発業務従事者については、事業者に面接指導の実施が義務づけられていますので、面接指導の費用は、事業者が負担しなければなりません。

また、面接指導は、事業者がその事業の遂行にあたり当然実施されなければならないものですから、原則として、所定労働時間内に行う必要があります。したがって、対象労働者が面接指導を受けている時間は労働時間となり、それが時間外に行われたものであれば、割増賃金の支払いも必要となります。

●2 面接指導等を行う努力義務

上記の対象者に該当しない場合であっても、健康への配慮が必要なものとして事業場で対象者の基準を定め、その基準に該当する者について、面接指導またはこれに準じた措置を講ずるよう努めなければなりません。 安衛法66条の9

事業場で措置の対象者を定めるときの留意点

	週あたり40時間を超える労働時間が	その他の条件	事業者が講ずる措置
a	1月あたり100時間を超える		本人の申出なしに医師による面接指導を確実に実施する〈安衛法66条の8の2〉
b	1月あたり80時間を超え100時間を超えない	申出をしている	医師による面接指導を確実に実施する〈安衛法66条の8〉
c	1月あたり80時間を超え100時間を超えない	申出をしていない	面接指導等を実施するよう努める〈安衛法66条の9〉
d	1月あたり45時間を超え80時間を超えない	健康への配慮が必要と認めた者	面接指導等の措置を講ずることが望ましい〈安衛法66条の9〉

［2］高度プロフェッショナル制度適用者の面接指導
●1 面接指導の実施要件と事後措置

事業者は、高度プロフェッショナル制度適用者のうち、1週間あたり40時間を超える健康管理時間が1月あたり100時間を超えたものについて、医師による面接指導を行わなければなりません。

また、面接指導の流れや面接指導実施後の措置については、［1］の研究開発業務従事者の面接指導の場合とほぼ同様です（必要に応じて講ずる就業上の措置に違いがあります）。 安衛法66条の8の4

●2 面接指導等を行う努力義務

上記の対象者に該当しない場合であっても、申出をしている労働者については、面接指導を実施するよう努めなければなりません。

安衛法66条の9

事業場で措置の対象者を定めるときの留意点

	週あたり40時間を超える健康管理時間が	その他の条件	事業者が講ずる措置
a	1月あたり100時間を超える		本人の申出なしに医師による面接指導を確実に実施する〈安衛法66条の8の4〉
b	1月あたり100時間を超えない	申出をしている	医師による面接指導を実施するよう努める〈安衛法66条の9〉

●面接指導後の就業上の措置

　高度プロフェッショナル制度適用者を対象とする面接指導の実施後、必要に応じて事業者が講ずる就業上の措置として、安衛法では、職務内容の変更、有給休暇（年休以外）の付与および健康管理時間が短縮されるための配慮が挙げられています。

面接指導制度の比較（まとめ）

	一般の面接指導〈安衛法66条の8〉	研究開発業務従事者の面接指導〈安衛法66条の8の2〉	高度プロフェッショナル制度適用者の面接指導〈安衛法66条の8の4〉
面接指導の対象となる時間要件	週あたり40時間を超える労働時間が1月あたり80時間超	週あたり40時間を超える労働時間が1月あたり100時間超	週あたり40時間を超える健康管理時間が1月あたり100時間超
労働者の申出	必要	不要	不要
労働者の面接指導を受ける義務	あり	あり	あり
面接指導結果の記録の作成	○	○	○
医師からの意見聴取	○	○	○
衛生委員会等への医師の意見の報告	○	○	○
就業上の措置	・就業場所の変更 ・作業の転換 ・労働時間の短縮 ・深夜業の回数の減少　等	・就業場所の変更 ・職務内容の変更 ・有給休暇（年休以外）の付与 ・労働時間の短縮 ・深夜業の回数の減少 等	・職務内容の変更 ・有給休暇（年休以外）の付与 ・健康管理時間が短縮されるための配慮　等
罰　則	なし	50万円以下の罰金〈安衛法120条1号〉	50万円以下の罰金〈安衛法120条1号〉

●08　ストレスチェック制度

　事業者は、常時使用する労働者に対して、医師、保健師等による心理的な負担の程度を把握するための検査（ストレスチェック）を行わなければなりません（労働者数50人未満の事業場については、当分の間努力義務）。

　ストレスチェック検査結果は、検査を実施した医師、保健師等から直接本人に通知され、本人の同意なく事業者に提供することは禁止されています。

　そして、検査の結果、高ストレスと評価された者等から申出があった場合、事業者は、医師による面接指導を

●ストレスチェック制度の考えかた

　ストレスチェック制度は、労働者のメンタルヘルス不調を未然に防止する一次予防を目的として、安衛法の改正により平成27年12月1日から導入されたものです。

　ストレスチェックは、ストレスに関する調査票（選択回答）に労働者が記入し、それを集計・分析して自分のストレスがどのような状態にあるのかを調べる検査です。

　事業者は、各事業場の実態に即して実施される二次予防（早期発見・適切な措置）および三次予防

（不調者の職場復帰支援）も含めた労働者のメンタルヘルスケアの総合的な取り組みの中にストレスチェック制度を位置づけ、継続的かつ計画的に取り組むことが望まれます。

実施しなければなりません。また、事業者は、面接指導の結果に基づき、医師の意見を聴き、必要に応じ就業上の措置を講ずる必要があります。

安衛法66条の10

7 安全衛生

ストレスチェックと面接指導の実施手順

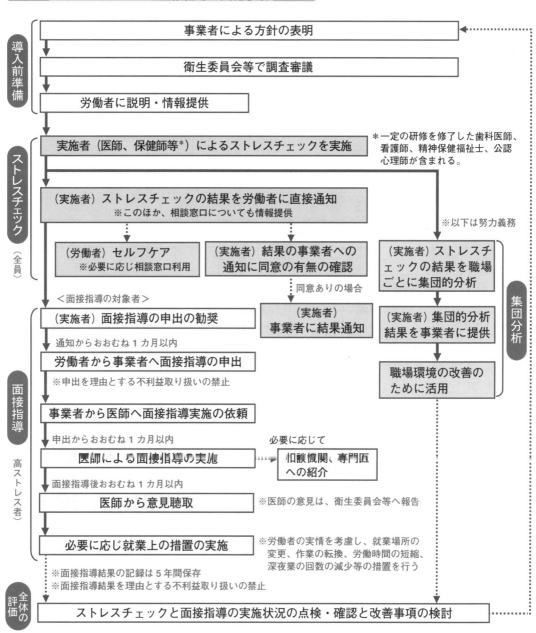

導入前準備
- 事業者による方針の表明
- 衛生委員会等で調査審議
- 労働者に説明・情報提供

ストレスチェック（全員）
- 実施者（医師、保健師等＊）によるストレスチェックを実施

＊一定の研修を修了した歯科医師、看護師、精神保健福祉士、公認心理師が含まれる。

- （実施者）ストレスチェックの結果を労働者に直接通知
  ※このほか、相談窓口についても情報提供

※以下は努力義務

- （労働者）セルフケア
  ※必要に応じ相談窓口利用
- （実施者）結果の事業者への通知に同意の有無の確認
- （実施者）ストレスチェックの結果を職場ごとに集団的分析

同意ありの場合
- （実施者）事業者に結果通知

集団分析
- （実施者）集団的分析結果を事業者に提供
- 職場環境の改善のために活用

面接指導（高ストレス者）

＜面接指導の対象者＞
- （実施者）面接指導の申出の勧奨

通知からおおむね1カ月以内
- 労働者から事業者へ面接指導の申出

※申出を理由とする不利益取り扱いの禁止
- 事業者から医師へ面接指導実施の依頼

申出からおおむね1カ月以内
- 医師による面接指導の実施

必要に応じて
- 相談機関、専門医への紹介

面接指導後おおむね1カ月以内
- 医師から意見聴取

※医師の意見は、衛生委員会等へ報告

- 必要に応じ就業上の措置の実施

※労働者の実情を考慮し、就業場所の変更、作業の転換、労働時間の短縮、深夜業の回数の減少等の措置を行う

※面接指導結果の記録は5年間保存
※面接指導結果を理由とする不利益取り扱いの禁止

全体の評価
- ストレスチェックと面接指導の実施状況の点検・確認と改善事項の検討

158

［1］ 導入前の準備

　事業者は、衛生委員会（または安全衛生委員会、労働時間等設定改善委員会☞90〜91ページ参照）で、ストレスチェック制度の実施方法や実施状況およびそれを踏まえた実施方法の改善等について調査審議を行わせる必要があります。

　そして、調査審議の結果を踏まえ、ストレスチェック制度の実施に関する事項を社内規程として定め、すべての労働者に周知してください。

衛生委員会等での調査審議事項

①ストレスチェック制度の目的に係る周知方法
②ストレスチェック制度の実施体制
③ストレスチェック制度の実施方法
　（使用する調査票、高ストレス者の選定基準、ストレスチェックの実施頻度・時期、面接指導申出方法等）
④集団分析の方法
⑤ストレスチェックの受検の有無の情報の取り扱い
⑥ストレスチェック結果の記録の保存方法
⑦面接指導および集団分析の結果の利用目的・利用方法
⑧ストレスチェック、面接指導および集団分析に関する情報の開示・訂正・追加・削除の方法
⑨ストレスチェック・面接指導・集団分析に関する情報の取り扱いに関する苦情の処理方法
⑩労働者がストレスチェックを受けないことを選択できること
⑪労働者に対する不利益取り扱いの防止　　　　　等

　また、ストレスチェック制度を実施する体制を整備することが重要です。制度全体の担当者、ストレスチェックの実施者、その補助をする者、面接指導担当医等を決めておくようにしましょう。

［2］ ストレスチェック結果の取得・管理上の留意点

　ストレスチェックの結果（高ストレスか否か、面接指導が必要か否か）は、検査をした医師等から直接労働者本人に通知されます。事業者が結果を入手するには、本人に結果が通知された後、本人の同意を得る必要があります。

　事業者が本人の同意を得たうえで取得したストレスチェックの結果については、その記録を作成して5年間保存する必要があります。

　また、ストレスチェックの結果は、医師等の実施者

Q173 ストレスチェック制度に関する社内規程とは、どのように定めればよいのでしょうか？

A　ストレスチェック制度に関する内部規程については、とくに形式に決まりはないので、何らかの形で文書化すれば問題ありません。また、就業規則に該当するものでもありませんので、監督署への届出も必要ありません。
　なお、厚生労働省のホームページに「ストレスチェック制度実施規程例」が掲載されていますので、参考にされるとよいでしょう。
(https://www.mhlw.go.jp/bunya/roudoukijun/anzeneisei12/)

●ストレスチェックの実施者
　ストレスチェック制度の実施者は、医師、保健師、厚生労働大臣が定める研修を修了した歯科医師、看護師、精神保健福祉士または公認心理師の中から選任してください。なお、ストレスチェックの実施を外部へ委託することも可能です。

●実施事務従事者
　医師等のストレスチェック制度の実施者の補助をする者で、例えば、産業保健スタッフや事務職員等が考えられます。
　実施者の指示を受けて調査票の回収、データ入力等の事務を行う立場にありますので、ストレスチェック結果等の個人情報を取り扱うことになります。このため、人事権を有する者は実施事務従事者にはなれません。

☞ 調査票は、国が推奨する57項目の調査票が厚生労働省のホームページに掲載されています。また、オンラインで実施できる「ストレスチェック実施プログラム」も公開されています。
(https://stresscheck.mhlw.go.jp/)

Q174 インターネット上で無料で受けられるメンタルヘルスチェックを従業員に受けてもらうことでも、ストレスチェックを実施したものと考えてよろしいですか？

A　インターネット上の無料のチェックサイトでは、通常は受検者が入力した情報をシステムが自動集計し、結果を自動表示するものと考えられます。ストレスチェック結果を確認して面接指導の要否を判断すること等、安衛法令に基づく方法ではないので、ストレスチェックを実施したものとみなすことはできません。

Q175　従業員が当社で指定した医師の検査を拒む場合は、主治医による検査でもよいのでしょうか？

A　労働者に対して受検を強制することはできません。また、健康診断とは異なり、ストレスチェックは事業者が指定した実施者以外で受けることを定めていませんので、主治医の検査を受けてもストレスチェックを受けたことにはなりません。

Q176　10人未満の部署では集団分析はできないのでしょうか？

A　10人未満の集団ですと個人が特定されるおそれがあるため、全員の同意がない限り、結果の提供を受けることはできないとされています。しかし、例えば対象集団について、ストレスチェックの評価点の総計の平均値を求める方法など個人が特定されるおそれのない方法であれば、10人未満でも集団分析が可能です。

（または実施事務従事者）が保管しますが、第三者に閲覧されないよう、保管するキャビネットの鍵やサーバにアクセスするパスワード等は適正に管理しなければなりません。

［3］面接指導・就業上の措置

面接指導の対象となるのは、ストレスチェックにより高ストレスと評価され、検査した医師等が面接指導の必要があると判断された労働者です。

このような労働者から面接指導の申出があった場合は、事業者は面接指導を実施しなければなりません。また、対象者が申出をしない場合には、面接指導を受けるよう勧奨することが望ましいとされています。

面接指導の実施後は、就業上の措置の必要性とその内容について医師から意見を聴き、その意見を踏まえてその必要があるときは、就業場所の変更、作業の転換、労働時間の短縮、深夜業の回数の減少等の措置を講じなければなりません。

なお、医師の意見は、衛生委員会等へ報告する必要があります。

さらに、常時50人以上の労働者を使用する事業者は、1年以内ごとに1回、検査結果等報告書を所轄の監督署へ提出しなければなりません（☞「心理的な負担の程度を把握するための検査結果等報告書」の記載例は ダウンロード記載例 ㉕ 参照）。

［4］集団分析・職場環境の改善

事業者は、ストレスチェックの実施者に、ストレスチェック結果を一定規模の集団（10人以上の部、課、グループ等）ごとに集計・分析させ、その結果を提供してもらうように努めなければなりません。集団分析では、集団ごとに、調査票の項目ごとの平均値等を求めて比較するといった方法で、どの集団がどのようなストレスの状況なのかを調べます。

そして、分析結果を踏まえて、職場環境の改善に役立てます。その際、実施者または実施者と連携したその他の医師、保健師、歯科医師、看護師もしくは精神保健福祉士または公認心理師、産業カウンセラーもしくは臨床心理士等の心理職から、措置に関する意見を聴いた

り、助言を受けたりすることが望ましいとされています。

［5］不利益取り扱いの禁止

　事業者は、ストレスチェックおよび面接指導に関して、労働者に対して不利益な取り扱いをしてはいけません。

例えば…
◆面接指導の申出をしたこと
◆ストレスチェックを受けないこと
◆ストレスチェック結果の事業者への提供に同意しないこと
◆面接指導の申出をしないこと

を理由として
不利益な取り扱い
をすること

◆面接指導の結果を理由として、解雇、雇止め、退職勧奨、不当な動機・目的による配置転換・職位の変更を行うこと

●09　受動喫煙の防止対策

　安衛法68条の2においては、職場における労働者の安全と健康の確保を目的として、事業者に、屋内における労働者の受動喫煙を防止するための措置について努力義務を課しています。

安衛法68条の2

　また、改正健康増進法により、国民の健康の向上を目的として、多数の者が利用する施設等の事業者等（管理権原者等）に、望まない受動喫煙を防止するための措置義務を課すこととしており、一部の施設を除き、多数の者が利用する施設について喫煙が禁止されています（オフィス・事業所、工場などは令和2年4月1日から原則屋内禁煙、病院・学校・児童福祉施設などは令和元年7月1日から原則敷地内禁煙）。

　このため、改正健康増進法で義務づけられる事項および安衛法により事業者が実施すべき事項を一体的に示す「職場における受動喫煙防止のためのガイドライン」（令和元年7月1日基発0701第1号）が示されています。そのポイントは以下のとおりです。

●ガイドラインの用語の定義
第一種施設
▶多数の者が利用する施設のうち、学校、病院、児童福祉施設その他の受動喫煙により健康を損なうおそれが高い者が主として利用する施設
第二種施設
▶多数の者が利用する施設のうち、第一種施設および喫煙目的施設以外の施設（一般の事務所や工場、飲食店等も含まれる。）
喫煙目的施設
▶公衆喫煙所など多数の者が利用する施設のうち、その施設を利用する者に対して、喫煙をする場所を提供することを主たる目的とする施設
喫煙専用室
▶第二種施設等の屋内または内部の場所の一部の場所であって、専ら喫煙をすることができる場所（構造および設備がその室外の場所（第二種施設等の屋内または内部の場所に限る。）へのたばこの煙の流出を防止するための一定の技術的基準に適合した室）

① 組織的対策

1 事業者・労働者の役割

事業者は、衛生委員会等の場を通じて、労働者の受動喫煙防止対策についての意識・意見を十分に把握し、事業場の実情を把握したうえで、各々の事業場における適切な措置を決定すること。

2 受動喫煙防止対策の組織的な進めかた

ア　推進計画の策定

事業者は、事業場の実情を把握したうえで、受動喫煙防止対策を推進するための推進計画（中長期的なものを含む）を策定すること。

イ　担当部署の指定

受動喫煙防止対策に係る相談対応等、受動喫煙防止対策の状況についての定期的な把握・分析・評価等、問題がある職場について改善指導などを行わせるための受動喫煙防止対策の担当部署やその担当者を指定し、受動喫煙防止対策全般についての事務を所掌させること。

ウ　労働者の健康管理等

事業者は、受動喫煙防止対策の状況を衛生委員会等における調査審議事項とすること。

エ　標識の設置・維持管理

事業者は、施設内に喫煙専用室などを定めようとするときは、当該場所の出入口および施設の主たる出入口の見やすい箇所に必要な事項を記載した標識を掲示しなければならないこと。

オ　意識の高揚および情報の収集・提供

事業者は、労働者に対して、受動喫煙による健康への影響、受動喫煙の防止のために講じた措置の内容、健康増進法の趣旨等に関する教育や相談対応を行うことで、受動喫煙防止対策に対する意識の高揚を図ること。

カ　労働者の募集および求人の申し込み時の受動喫煙防止対策の明示

事業者は、労働者の募集および求人の申し込みにあたっては、就業の場所における受動喫煙を防止するための措置（屋内全面禁煙など）に関する事項を明示すること。

3 妊婦等への特別な配慮

事業者は、受動喫煙による健康への影響を一層受けやすい懸念がある者（妊娠中の労働者、呼吸器・循環器等に疾患を持つ労働者、がん等の疾病を治療しながら就業する労働者、化学物質に過敏な労働者など）に対して、下記②および③に掲げる事項の実施にあたり、これらの者への受動喫煙を防止するため、とくに配慮を行うこと。

② 喫煙可能な場所における作業に関する措置

1 20歳未満の者の立入禁止

20歳未満の労働者を喫煙専用室等に案内してはならないことはもちろん、20歳未満の労働者を喫煙専用室等に立ち入らせて業務を行わせないようにすること（喫煙専用室等の清掃作業も含まれる。）。

2 20歳未満の者への受動喫煙防止措置

20歳未満の者が喫煙可能な場所（ホテル等の客室、特別養護老人ホーム・有料老人ホームなどの入居施設の個室、業務車両内等）に立ち入らないよう措置を講ずること。

3 20歳以上の労働者に対する配慮

事業場の実情に応じ、次に掲げる事項について配慮すること。

> **ア 勤務シフト、勤務フロア、動線等の工夫**
>
> 勤務シフトや業務分担の工夫、禁煙フロアと喫煙フロアを分けること、喫煙区域を通らないような動線の工夫等について配慮すること。
>
> **イ 喫煙専用室等の清掃における配慮**
>
> 喫煙専用室等の清掃作業は、室内に喫煙者がいない状態で、換気により室内のたばこの煙を排出した後に行うこと。
>
> **ウ 業務車両内での喫煙時の配慮**
>
> 営業や配達等の業務で使用する車両内などであっても、喫煙者に対し、同乗者の意向に配慮するよう周知すること。

3 各種施設における受動喫煙防止対策

第一種施設	➡ 原則敷地内禁煙（一定の基準を満たす指定された屋外の区画された喫煙場所を除く。）
第二種施設	➡ 原則屋内禁煙（一定の基準を満たす喫煙専用室等を除く。）
喫煙目的施設	➡ 事業者は、受動喫煙を望まない者が、喫煙目的室であって飲食等可能な室内において、業務や飲食を避けることができるよう配慮すること。

●10 労働者の健康情報の適正な取り扱い

（1）労働者の健康情報の収集・保管・使用

事業者は、労働者の心身の状態に関する情報（以下、本書では「健康情報」といいます。）を収集し、保管し、または使用するにあたっては、労働者の健康の確保に必要な範囲内で健康情報を収集し、当該収集の目的の範囲内で適正にこれを保管し、使用しなければなりません。

ただし、本人の同意がある場合その他正当な事由がある場合は、例外的な取り扱いが認められています。ここで「その他正当な事由がある場合」とは、個人情報保護法の規定で次のような場合が含まれるとされています。

安衛法104条

●健康情報の取り扱い

事業者は、安衛法で義務づけられる健康診断や面接指導、ストレスチェックなどを実施する過程で、労働者の心身の状態に関する情報（健康情報）を取得することになります。

一方、このような情報には、労働者にとって機微な情報も含まれていますので、労働者のプライバシーに配慮しつつ、労働者が雇用管理において不利益な取り扱いを受ける不安なく、安心して医師等による健康診断等を受けられるようにする必要があります。

このような趣旨から、平成30年の改正により、安衛法に健康情報の適正な取り扱いに関する規定が新たに設けられました（なお、じん肺法にも同趣旨の規定が設けられています。）。

Q177　本人の同意がなくても健康情報を収集・使用できる場合とは、例えばどんな場合がありますか？

A　例えばメンタルヘルス不調により自殺企図の徴候が見られる場合など、人の生命、身体または財産の保護のために必要な場合に該当し、かつ、本人の同意を得ることが困難であるときなどがあたります。

＊労働者の心身の状態に関する情報の適正な取扱いのために事業者が講ずべき措置に関する指針（平成30年公示1号、改正：令和4年公示2号）

●取扱規程を策定するときは
　事業場で取扱規程を策定するときは、健康情報取扱指針の内容を原則としつつ、事業場の実態に応じて、衛生委員会なども活用しながら労使でその内容を検討・運用することが望まれます。

「その他正当な事由がある場合」

①　法令に基づく場合。
②　人の生命、身体または財産の保護のために必要がある場合であって、本人の同意を得ることが困難であるとき。
③　公衆衛生の向上または児童の健全な育成の推進のためにとくに必要がある場合であって、本人の同意を得ることが困難であるとき。
④　国の機関もしくは地方公共団体またはその委託を受けた者が法令の定める事務を遂行することに対して協力する必要がある場合であって、本人の同意を得ることにより当該事務の遂行に支障を及ぼすおそれがあるとき。

ほか、学術研究目的による場合　　　〈個人情報保護法18条3項〉

（2）健康情報の適正な取り扱いに関する指針

　事業者は、労働者の健康情報を適正に管理するために必要な措置を講じなければなりません。

　また、安衛法の規定に基づき、厚生労働省では、労働者の健康情報の取り扱いに関する原則や、事業者が策定すべき取扱規程の内容、策定の方法、運用などを具体的に示した指針＊（以下「健康情報取扱指針」といいます。）を策定しています。この指針の内容に沿って各事業場で健康情報に関する取り扱いについて規程を作り、ルールを決めておくことが重要です。

　健康情報取扱指針の概要を次に示します。

健康情報取扱指針の概要

心身の状態の情報 ▶ 安衛法66条1項に基づく健康診断等の健康確保措置や任意に行う労働者の健康管理活動を通じて得た情報

取扱規程

■規程で定めること

① 心身の状態の情報を取り扱う目的および取扱方法
② 心身の状態の情報を取り扱う者およびその権限並びに取り扱う心身の状態の情報の範囲
　（取り扱う目的や体制等の状況に応じて、部署や職種ごとに）
③ 心身の状態の情報を取り扱う目的等の通知方法および本人同意の取得方法
④ 心身の状態の情報の適正管理の方法
⑤ 心身の状態の情報の開示、訂正等（追加・削除を含む。）および使用停止等（消去・第三者への提供の停止を含む。）の方法
⑥ 心身の状態の情報の第三者提供の方法
⑦ 事業承継、組織変更にともなう心身の状態の情報の引き継ぎに関する事項
⑧ 心身の状態の情報の取り扱いに関する苦情の処理
⑨ 取扱規程の労働者への周知の方法

■策定の方法

- ◆衛生委員会等を活用して労使関与のもとで検討し、策定したものを労働者と共有する。
- ◆共有の方法を就業規則その他の社内規程等により定める。
- ◆取扱規程を周知する（見やすい場所に掲示、備え付け、イントラネットに掲載等）。

■運　用

- ◆心身の状態の情報を取り扱う者等の関係者に教育を行う。
- ◆適宜、その運用状況を確認し、取扱規程の見直し等の措置を行う。
- ◆取扱規程の運用が適切に行われていないことが明らかになった場合は、労働者にその旨を説明するとともに、再発防止へ取り組む。

■心身の状態の情報の適正取り扱いのための体制整備
情報を適切に管理するための組織面、技術面等での措置を講ずる。

■労働者に対する不利益取り扱いの防止
事業者は、心身の状態の情報の取り扱いに労働者が同意しないことを理由として、または、労働者の健康確保措置および民事上の安全配慮義務の履行に必要な範囲を超えて、当該労働者に対して不利益な取り扱いを行うことはあってはならない。

■心身の状態の情報の取り扱いの原則

心身の状態の情報の区分	取り扱いの原則
①　安衛法令に基づき事業者が直接取り扱うこととされており、安衛法令に定める義務を履行するために、事業者が必ず取り扱わなければならない心身の状態の情報 例）健診の受診・未受診、面接指導の申出の有無　等	すべての情報をその目的達成に必要な範囲を踏まえて取り扱う。 それらに付随する健康診断の結果等の情報は、②の取り扱いの原則による。
②　安衛法令に基づき事業者が労働者本人の同意を得ずに収集することが可能であるが、事業場ごとの取扱規程により事業者等の内部における適正な取り扱いを定めて運用することが適当である心身の状態の情報 例）健診の結果（法定項目）、面接指導の結果　等	事業場の状況に応じ、情報を取り扱う者を制限、情報を加工する等、適切な取り扱いを取扱規程に定める。労働者の納得性を高める措置を講じたうえで、取扱規程を運用。
③　安衛法令において事業者が直接取り扱うことについて規定されていないため、あらかじめ労働者本人の同意を得ることが必要であり、事業場ごとの取扱規程により事業者等の内部における適正な取り扱いを定めて運用することが必要である心身の状態の情報 例）健診の結果（法定外項目）、保健指導の結果　等	個人情報保護法に基づく適切な取り扱いを確保するため、事業場ごとの取扱規程に則って対応。

※健康保険法等に基づく医療保険者からの求めに応じて事業者が健診の結果を提供する場合は、本人の同意は不要。

心身の状態の情報の適正管理

心身の状態の情報の適正管理のための規程
情報を必要な範囲において正確・最新に保つための措置、情報の漏えい、滅失、改ざん等の防止のための措置、適切な消去に関する措置などを規程で定める。

心身の状態の情報の開示
労働者が有する、心身の状態の情報の開示や必要な訂正等、使用停止等を事業者に請求する権利についても適切に対応する。

小規模事業場の場合
- ◆　衛生委員会がない場合でも、関係労働者の意見を聴く機会を活用する（安衛則23条の2）等、労働者の意見を聴いたうえで取扱規程を策定し、労働者と共有する。
- ◆　事業場ごとに心身の状態の情報の取り扱いの目的の達成に必要な範囲で取扱規程を定める。

Topics >>> 過重労働による健康障害を予防するために

過重労働防止対策

　長時間にわたる過重な労働は、疲労の蓄積をもたらす最も重要な要因と考えられ、脳・心臓疾患の発症との関連性が強いという医学的知見も得られています。そこで、過重労働による健康障害を未然に防ぐために、厚生労働省では、「過重労働による健康障害防止のための総合対策」を策定し、その中で事業者が講ずべき措置を示しています（平成18年3月17日付け基発0317008号　最終改正：令和2年4月1日付け基発0401第11号・雇均発0401第4号）。

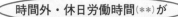
脳・心臓疾患（過労死）を引き起こすおそれのある労働時間の目安

脳・心臓疾患（過労死等）に係る労災認定基準(*)の考えかたの基礎となった医学的知見を踏まえたもの

時間外・休日労働時間(**)が	発症との関連性
月100時間を超えると	業務と発症との関連性が強い。
発症前2〜6カ月間に1カ月あたり80時間を超えると	業務と発症との関連性が強い。
発症前1〜6カ月間に1カ月あたり45時間を超えると	時間外・休日労働が長くなるほど、業務と発症との関連性が徐々に強まる。
発症前1〜6カ月間に1カ月あたり45時間以下なら	業務と発症との関連性が弱い。

健康障害のリスク　高　低

＊193ページ参照
＊＊時間外・休日労働時間……休憩時間を除き1週間あたり40時間を超えて労働させた場合におけるその超えた時間

過重労働による健康障害を防止するため事業者が講ずべき措置

労働時間等に関する措置

1 時間外・休日労働時間等を削減する

①36協定は、36指針（☞48〜49ページ）に適合するように定める。
②労働時間適正把握ガイドライン（☞76、78ページ）に基づいて、労働時間を適正に把握する。
③裁量労働制（☞68〜70ページ）の適用を受ける労働者や、管理監督者（☞72ページ）を含むすべての労働者について、労働時間の状況の把握（☞152〜154ページ）や医師による面接指導実施の責務（☞149〜152、155〜157ページ）があることに留意する。過重労働とならないよう十分な注意喚起を行うなどの措置を講ずるよう努める。
④高度プロフェッショナル制度の適用者については、健康管理時間を把握し、休日確保措置、選択的措置および健康・福祉確保措置を実施する（☞75〜76ページ）。

2 年休の取得を促進する

①年5日の年休について、使用者の時季指定（☞83〜87ページ）により確実に取得させる。
②年休を取得しやすい職場環境を作る。
③計画的付与制度を活用する（☞83ページ）。

③ 労働時間等の設定の改善に取り組む

①労働時間等設定改善法および労働時間等設定改善指針（☞89、93ページ）に留意しつつ、必要な措置を講ずるよう努める。
②勤務間インターバル制度（☞92ページ）の導入に努める。

労働者の健康管理に関する措置

① 健康管理体制を整備する

①産業医、衛生管理者、衛生推進者等を選任する（☞135〜138ページ）。
②常時使用する労働者が50人未満の事業場は、産業保健総合支援センターの地域窓口（地域産業保健センター）（☞147ページ）を活用する。
③産業医等に労働者の健康管理に必要な情報を提供する（☞139〜140ページ）。
④産業医から受けた勧告を衛生委員会等へ報告する（☞139ページ）。
⑤産業医等が労働者からの健康相談に応じ、適切に対応するために必要な体制を整備する（☞140ページ）。
⑥衛生委員会等を毎月1回以上開催し、面接指導、メンタルヘルス対策に関する事項等について調査審議する（☞136、151、156、159、169ページ）。

② 健康診断を実施する

①健康診断を実施し、必要な事後措置を講ずる（☞147ページ）。
②自発的健康診断制度や二次健康診断等給付（☞148ページ）等を活用し、労働者への周知に努め、必要な事後措置を講ずる。
③労働者に対する健康教育等の健康保持増進のための措置を継続的・計画的に実施する。

③ 面接指導を実施する

①長時間労働者に対して面接指導を実施する。
　（☞ 一般の面接指導は149〜152ページ、研究開発業務従事者の面接指導は155〜156ページ、高度プロフェッショナル制度の適用者の面接指導は156〜157ページ）。
②常時使用する労働者が50人未満の事業場は、地域産業保健センター（☞147ページ）を活用する。

④ メンタルヘルス対策を実施する

①メンタルヘルス指針に基づき、衛生委員会等での調査審議を通じて「心の健康づくり計画」を策定し、これに基づき、労働者の心の健康の保持増進のための措置を実施する（☞169ページ）。
②ストレスチェックを実施し、申出のあった高ストレス者に対して医師による面接指導、必要な事後措置を講ずる（☞157〜161ページ）。

⑤ 労働者の心身の状態に関する情報（健康情報）を適正に管理する

健康情報取扱指針に従って取扱規程を策定し、健康情報を適正に管理する（☞163〜165ページ）。

過重労働による業務上の疾病を発生させた場合の措置

　産業医等から助言を受けたり、労働衛生コンサルタントを活用しながら、原因を究明し、再発防止対策を実施する。

過労死等防止対策推進法

　近年、過労死等が社会問題になっていることを背景に、国全体として過労死等をなくす取り組みを推進するための過労死等防止対策推進法が制定され、平成26年11月から施行されています。

　この法律は、事業主や労働者に具体的な行為を義務づけるものではありませんが、過労死等の定義づけを明らかにし、対策を推進することについての基本理念や国等の責務、基本的な対策事項等を定めたものです。同法に基づき策定された大綱（令和3年7月に変更）では、対策の基本的な考えかたや国、地方公共団体、事業主、労使関係団体等がそれぞれ取り組むべき重点事項等のほか、取組事項について数値目標が示されています。

過労死等防止対策推進法の概要

① 目 的

　過労死等に関する調査研究等について定めることにより、過労死等の防止のための対策を推進し、もって過労死等がなく、仕事と生活を調和させ、健康で充実して働き続けることのできる社会の実現に寄与することを目的とする。

② 過労死等の定義

　業務における過重な負荷による脳血管疾患もしくは心臓疾患を原因とする死亡もしくは業務における強い心理的負荷による精神障害を原因とする自殺による死亡またはこれらの脳血管疾患もしくは心臓疾患もしくは精神障害。

③ 大綱の策定

　政府は、過労死等の当事者、労使代表者、有識者からなる過労死等防止対策推進協議会の意見を聴いて、対策に関する大綱を定める。

④ 対策の基本内容

①調査研究等
②啓発
③相談体制の整備等
④民間団体の活動に対する支援

⑤ 過労死等防止啓発月間

　国民の間に広く過労死等を防止することの重要性について自覚を促し、これに対する関心と理解を深めるため毎年11月を啓発月間と設定。

過労死等の防止のための対策に関する大綱

～過労死をゼロにし、健康で充実して働き続けることのできる社会へ～　（概要）

＜事業主が取り組む重点対策＞

　国が行う対策に協力するとともに、労働者を雇用する者として責任をもって対策に取り組む。

1　経営幹部等の取組

⇒ 最高責任者・経営幹部が先頭に立って取組等を推進するよう努める。また、働き盛りの年齢層に加え、若い年齢層にも過労死等が発生していることを踏まえ、取組の推進に努める。さらに、過労死等が発生した場合には、原因の究明、再発防止対策の徹底に努める。

2　産業保健スタッフ等の活用

⇒ 産業保健スタッフ等の専門的知見の活用を図るよう努める。
⇒ これらのスタッフが適切な役割を果たすよう環境整備を図るとともに、産業医がいない規模の事業場では、産業保健総合支援センターを活用した体制の整備を図るよう努める。

◆令和3年7月の新大綱では、新型コロナウイルス感染症への対応や、テレワーク、副業・兼業、フリーランスといった働き方の変化等の状況を踏まえた課題や施策が盛り込まれている。

【過労死等防止対策の数値目標】

1	週労働時間40時間以上の雇用者のうち、週労働時間60時間以上の雇用者の割合	5％以下（2025年まで）
2	勤務間インターバル制度（労働者数30人以上の企業）	
	制度を知らなかった企業割合	5％未満（2025年まで）
	制度の導入企業割合	15％以上（2025年まで）
3	年次有給休暇の取得率	70％以上（2025年まで）
4	メンタルヘルス対策に取り組む事業場の割合※	80％以上（2027年まで）
5	使用する労働者数50人未満の小規模事業場におけるストレスチェック実施の割合※	50％以上（2027年）
6	自分の仕事や職業生活に関することで強い不安、悩みまたはストレスがあるとする労働者の割合※	50％未満（2027年）

※令和5年度（2023年度）以降は、第14次労働災害防止計画に定められた数値目標の達成に向けて取り組みを推進。

Topics >>> 職場のメンタルヘルス対策

メンタルヘルスケアの進めかた

　仕事による強いストレスが原因となって、うつ病などメンタル面に不調を来すケースも多く見られます。とくに近年、過労自殺に関する訴訟や労災の認定申請件数も増加しており、事業場で労働者の「心の健康対策（メンタルヘルス対策）」を進めていくことが重要な課題となっています。

　厚生労働省では、「労働者の心の健康の保持増進のための指針」（平成18年3月31日付け公示3号）定め、その中で、メンタルヘルスケアの基本的な考えかたや具体的な進めかたを示しています。

事業場でメンタルヘルスケアを進めるポイント

1 継続的・計画的に進める

　メンタルヘルスケアに関する事業場の現状とその問題点を明らかにし、その問題点を解決する具体的な取組事項等について基本的な計画（「心の健康づくり計画」）を策定し、この計画に従って継続的に取り組む。

2 衛生委員会等で調査審議する

　労働者の代表、衛生管理者、産業医などで構成される衛生委員会等において、メンタルヘルスケアを進めるための「心の健康づくり計画」を策定するに際し、その実施体制、個人情報の保護に関することを十分に調査審議する。

　ストレスチェック制度の調査審議もこれと関連づけて行うことが望ましい。

3 4つのケアが基本

　①セルフケア（労働者自身による対処）、②ラインによるケア（管理監督者による対処）、③事業場内の産業保健スタッフ等によるケア、④事業場外資源によるケアの各レベルに応じた対処を継続的・計画的に行う。

4 個人情報の保護に配慮する

　メンタルヘルスに関する個人情報の取得・保管・利用等は、適正に行う。

具体的には何をすればよいか？

①教育研修・情報提供

・各職務に応じた教育研修・情報提供
・事業場内の教育研修担当者の育成

②職場環境等の把握と改善

・職場環境等の評価→問題点の把握→改善
（作業環境、労働時間、仕事の量と質、職場内のハラスメントを含む人間関係、職場の文化・風土等が影響を与える）
・管理監督者・事業場内産業保健スタッフ等が職場環境等の改善のための活動をしやすい環境整備などの支援

③メンタルヘルス不調への気づきと対応

・個人情報の保護に留意しながら労働者・管理監督者・家族等からの相談に対応する体制を整備する
・相談等を通じて把握した情報をもとに、労働者に対して必要な配慮をする
・必要に応じて産業医・外部医療機関等へつなげるネットワークを整備する

④職場復帰の支援

・休業した労働者の円滑な職場復帰を支援する

メンタルヘルス不調により休業した労働者の職場復帰支援

　うつ病などのメンタルヘルス不調による休業後の労働者については、事業場内でその職場復帰をフォローすることも重要な課題となっています。

　厚生労働省では、事業場向けに職場復帰支援マニュアルとして、「心の健康問題により休業した労働者の職場復帰支援の手引き」（平成24年7月改訂）を公表しており、下図のとおり、5つのステップによる職場復帰支援の流れを示しています。

　この手引きを参考にしながら、それぞれの事業場の実態に応じて、職場復帰支援プログラムを策定し、継続的かつ計画的に取り組むことが重要です。

職場復帰支援プログラム（職場復帰支援の流れ）

第1ステップ　病気休業開始および休業中のケア
- ア　労働者からの診断書（病気休業診断書）の提出
- イ　管理監督者によるケアおよび事業場内産業保健スタッフ等によるケア
- ウ　病気休業期間中の労働者の安心感の醸成のための対応
- エ　その他

第2ステップ　主治医による職場復帰可能の判断
- ア　労働者からの職場復帰の意思表示・職場復帰可能の診断書の提出
- イ　産業医等による精査
- ウ　主治医への情報提供

第3ステップ　職場復帰の可否の判断・職場復帰支援プランの作成
- ア　情報の収集と評価（労働者の職場復帰の意思・主治医の意見・労働者の状態・職場環境等）
- イ　職場復帰の可否についての判断
- ウ　職場復帰支援プランの作成（職場復帰日・管理監督者による就業上の配慮・人事労務管理上の対応・産業医等の意見・フォローアップ等）

第4ステップ　最終的な職場復帰の決定
- ア　労働者の状態の最終確認
- イ　就業上の配慮等に関する意見書の作成
- ウ　事業者による最終的な職場復帰の決定
- エ　その他

職　場　復　帰

第5ステップ　職場復帰後のフォローアップ
- ア　疾患の再燃・再発、新しい問題の発生等の有無の確認
- イ　勤務状況・業務遂行能力の評価
- ウ　職場復帰支援プランの実施状況の確認
- エ　治療状況の確認
- オ　職場復帰支援プランの評価と見直し
- カ　職場環境等の改善等
- キ　管理監督者、同僚等への配慮等

職場のメンタルヘルス対策に関する相談窓口 ●●●●●●●●●●●

産業保健総合支援センターの相談窓口

　メンタルヘルス不調の予防から復職支援まで、職場のメンタルヘルス対策の総合支援窓口として全国47都道府県に設置されています。電話相談、訪問支援等無料でサービスを提供しています。
☞ https://www.johas.go.jp/shisetsu/tabid/578/Default.aspx

働く人のメンタルヘルス・ポータルサイト「こころの耳」

　職場のメンタルヘルス対策等ついて、事業者、労働者、家族等を支援するため、各種情報を提供しています。
☞ https://kokoro.mhlw.go.jp/

働く人の「こころの耳電話相談」

　働く人のメンタルヘルス不調等に関する相談窓口
☞ 専用ダイヤル：0120－565－455

⑧ 職場のハラスメントを防止する

　性的な言動に起因するセクシュアルハラスメント（セクハラ）や、妊娠・出産、育児・介護休業の取得等を理由とするハラスメント、そして職場で優位に立つ上司や同僚などによるパワーハラスメント（パワハラ）などは、許されるべき行為ではありません。

　しかし、このような事案による労働相談の件数も年々増加しており、ハラスメントによって就業環境が害されたり、ハラスメントを受けた労働者がメンタル不調に陥ったりするなど、深刻な問題も発生しています。

　このような現状を踏まえ、労働関係法令により、事業主に対して職場のハラスメントを防止する措置を講ずることが義務づけられています。

●01　職場のハラスメント防止措置義務（共通事項）

（1）関係者の責務

　労働施策総合推進法、均等法および育介法では、パワハラ、セクハラおよび妊娠・出産・育児休業等に関するハラスメントの防止に関し、国、事業主および労働者の責務を明確にしています。

> 均等法11条の2、11条の4、育介法25条の2、労働施策総合推進法30条の3

ハラスメント防止のための事業主と労働者の責務

事業主の責務

▶① 職場におけるハラスメントを行ってはならないことその他職場におけるハラスメントに起因する問題に対する自社の労働者の関心と理解を深める。

② 自社の労働者が他の労働者に対する言動に必要な注意を払うよう、研修その他の必要な配慮をする。

③ 事業主自身（法人の場合はその役員）が、ハラスメント問題に関する理解と関心を深め、労働者に対する言動に必要な注意を払う。

労働者の責務

▶① ハラスメント問題に関する理解と関心を深め、他の労働者に対する言動に必要な注意を払う。

② 事業主の講ずる雇用管理上の措置に協力する。

（2）「職場」「労働者」の意義

　労働施策総合推進法、均等法および育介法が事業主に対してハラスメント防止措置義務を課しているのは、

●令和元年改正とハラスメント防止措置義務規定の整備

　令和元年6月の労働施策総合推進法の改正により、職場におけるパワハラについて、事業主の防止措置の実施が法律上の義務として位置づけられました。

　セクハラや妊娠・出産・育児休業等に関するハラスメントの防止措置義務については、従前から均等法や育介法に規定されていましたが、この改正にともない、これらのハラスメントに共通する事項については、法令の規定が統一的に整備されるとともに、それぞれのハラスメントの特性に応じて固有の規定が設けられています。

　なお、中小事業主についても、令和4年4月1日から、パワハラ防止措置の実施が義務づけられています。

注意！

　左の事業主や労働者の責務にいう「労働者に対する言動」とは、取引先等の他の事業主が雇用する労働者や、求職者に対するものも含まれます。

Q178 勤務時間外の取引先との飲み会の場でも、職場のハラスメントになりますか?

A　勤務時間外の「宴会」「懇親の場」などであっても、実質上職務の延長と考えられるものは「職場」にあたります。

ただし、その判断は一様ではなく、職務との関連性、参加者、参加が強制か任意かといったことを考慮して個別に判断されます。

注意!

派遣労働者については、派遣元事業主のみならず、派遣先事業主も、自ら雇用する労働者と同様に、措置を講ずる必要があります。

●ハラスメント関連指針
[パワハラ関係]
事業主が職場における優越的な関係を背景とした言動に起因する問題に関して雇用管理上講ずべき措置等についての指針(令和2年厚生労働省告示5号)
[セクハラ関係]
事業主が職場における性的な言動に起因する問題に関して雇用管理上講ずべき措置等についての指針(平成18年厚生労働省告示615号)
[妊娠・出産等ハラスメント関係]
事業主が職場における妊娠、出産等に関する言動に起因する問題に関して雇用管理上講ずべき措置等についての指針(平成28年厚生労働省告示312号)
[育児休業等ハラスメント関係]
子の養育又は家族の介護を行い、又は行うこととなる労働者の職業生活と家庭生活との両立が図られるようにするために事業主が講ずべき措置等に関する指針(平成21年厚生労働省告示509号)

「職場」における「労働者」に対するハラスメントについてです。「職場」、「労働者」の意義は、次のとおりです。

「職場」「労働者」とは

職　場

▶事業主が雇用する労働者が業務を遂行する場所。
労働者が通常就業している場所以外の場所であっても、労働者が業務を遂行する場所であれば「職場」に含まれる。

次のような場所も「職場」にあたります
◆出張先　◆業務で使用する車中　◆取引先との打ち合わせ場所　等

労働者

▶正規雇用労働者のほか、パートタイマー、契約社員などいわゆる非正規雇用労働者も含め、事業主が雇用するすべての労働者をいう。

(3) 雇用管理上の措置義務

事業主は、職場におけるパワハラ、セクハラおよび妊娠・出産・育児休業等に関するハラスメントを防止するため、労働者からの相談に応じ、適切に対応するために必要な体制の整備その他の雇用管理上必要な措置を講じなければなりません。具体的には、各法律に基づき定められた厚生労働大臣の指針に従った措置を講じなければなりませんが、各指針に示される事業主が雇用管理上講ずべき措置の基本的な事項は、次のようにほぼ共通しています(☞詳細は178ページ参照)。

均等法11条1項、11条の3第1項、育介法25条1項、労働施策総合推進法30条の2第1項

事業主が雇用管理上講ずべき措置(基本事項)

1 事業主の方針の明確化と周知・啓発

2 相談(苦情を含む)に応じ適切に対応するための体制整備

3 ハラスメントへの事後の迅速・適切な対応

4 あわせて講ずべき措置
(プライバシー保護、不利益取り扱いの禁止等)

8 ハラスメント

（4）不利益取り扱いの禁止

　事業主は、労働者がハラスメントについて相談したことまたは事業主による当該相談への対応に協力した際に事実を述べたことを理由として、その労働者に対して解雇その他不利益な取り扱いをしてはなりません。

> 均等法11条2項、11条の3第2項、育介法25条2項、労働施策総合推進法30条の2第2項

●02　ハラスメントの意義とハラスメントにあたる場合

（1）パワハラの意義とこれにあたる場合

　職場におけるパワハラは、以下の　1　から　3　までの3つの要素をすべて満たすものをいいます。

> 労働施策総合推進法30条の2

パワハラの3要素

1 優越的な関係を背景とした言動

▶業務を遂行するにあたって、その言動を受ける労働者が当該言動の行為者とされる者に対して抵抗や拒絶することができない蓋然性が高い関係を背景として行われるもの。

　例）・職務上の地位が上位の者による言動
　　　・同僚または部下による言動で、当該言動を行う者が業務上必要な知識や豊富な経験を有しており、当該者の協力を得なければ業務の円滑な遂行を行うことが困難であるもの　等

2 業務上必要かつ相当な範囲を超えた言動

▶社会通念に照らし、その言動が明らかに事業主の業務上必要性がない、またはその態様が相当でないもの。

　例）・業務上明らかに必要性のない言動
　　　・業務を遂行するための手段として不適当な言動
　　　・当該行為の回数、行為者の数等、その態様や手段が社会通念に照らして許容される範囲を超える言動　等

> ■この判断にあたっては、さまざまな要素を総合的に考慮することが適当。
> ■個別の事案で労働者の行動が問題となる場合は、その内容・程度とそれに対する指導の態様等の相対的な関係性が重要な要素となることに留意。

3 就業環境が害されること

▶その言動により、労働者が身体的または精神的に苦痛を与えられ、労働者の就業環境が不快なものとなったため、能力の発揮に重大な悪影響が生じる等当該労働者が就業するうえで看過できない程度の支障が生じること。

Q179　「業務上必要かつ相当な範囲を超えた」言動にあたるかどうかを判断する際に、どのような要素を考慮するのですか？

A　その言動の目的、言動を受けた労働者の問題行動の有無や内容・程度を含む当該言動が行われた経緯や状況、業種・業態、業務の内容・性質、その言動の態様・頻度・継続性、労働者の属性（例えば、経験年数、年齢、障害の有無、外国人であること等）や心身の状況、行為者との関係性等を総合的に考慮して判断されます。

注意！

　個別の事案についてパワハラにあたるかどうかを判断するにあたっては、左記の　2　の要素で総合的に考慮する事項（Q174）のほか、その言動により労働者が受ける身体的または精神的な苦痛の程度等を総合的に考慮して判断することが必要です。

173

　下表は、パワハラの代表的な言動の6類型ごとに、パワハラに該当すると考えられる例・該当しないと考えられる例を挙げたもので（パワハラ関係指針）、これ以外にもパワハラに該当する言動が考えられます。また、個別の事案の状況等によって、パワハラにあたるかどうかの判断が異なることがあり得ることに注意が必要です。

代表的な言動類型	具体例	
	該当すると考えられる例	該当しないと考えられる例
身体的な攻撃 （暴行・傷害）	① 殴打、足蹴りを行う ② 相手に物を投げつける	① 誤ってぶつかる
精神的な攻撃 （脅迫・名誉棄損・侮辱・ひどい暴言）	① 人格を否定するような言動を行う。（相手の性的指向・性自認に関する侮辱的な言動を含む）（★） ② 業務の遂行に関する必要以上に長時間にわたる厳しい叱責を繰り返し行う ③ 他の労働者の面前における大声での威圧的な叱責を繰り返し行う ④ 相手の能力を否定し、罵倒するような内容の電子メール等を当該相手を含む複数の労働者宛てに送信する	① 遅刻など社会的ルールを欠いた言動が見られ、再三注意してもそれが改善されない労働者に対して一定程度強く注意をする ② その企業の業務の内容や性質等に照らして重大な問題行動を行った労働者に対して、一定程度強く注意をする
人間関係からの切り離し （隔離・仲間外し・無視）	① 自身の意に沿わない労働者に対して、仕事を外し、長期間にわたり、別室に隔離したり、自宅研修させたりする ② 一人の労働者に対して同僚が集団で無視をし、職場で孤立させる	① 新規に採用した労働者を育成するために短期間集中的に別室で研修等の教育を実施する ② 懲戒規定に基づき処分を受けた労働者に対し、通常の業務に復帰させるために、その前に、一時的に別室で必要な研修を受けさせる
過大な要求 （業務上明らかに不要なことや遂行不可能なことの強制・仕事の妨害）	① 長期間にわたる、肉体的苦痛をともなう過酷な環境下での、業務に直接関係のない作業を命ずる ② 新卒採用者に対し、必要な教育を行わないまま到底対応できないレベルの業績目標を課し、達成できなかったことに対し厳しく叱責する ③ 労働者に業務とは関係のない私的な雑用の処理を強制的に行わせる	① 労働者を育成するために現状よりも少し高いレベルの業務を任せる ② 業務の繁忙期に、業務上の必要性から、当該業務の担当者に通常時よりも一定程度多い業務の処理を任せる
過小な要求 （業務上の合理性なく能力や経験とかけ離れた程度の低い仕事を命じることや仕事を与えないこと）	① 管理職である労働者を退職させるため、誰でも遂行可能な業務を行わせる ② 気にいらない労働者に対して嫌がらせのために仕事を与えない	① 労働者の能力に応じて、一定程度業務内容や業務量を軽減する
個の侵害 （私的なことに過度に立ち入ること）	① 労働者を職場外でも継続的に監視したり、私物の写真撮影をしたりする ② 労働者の性的指向・性自認や病歴、不妊治療等の機微な個人情報について、当該労働者の了解を得ずに他の労働者に暴露する	① 労働者への配慮を目的として、労働者の家族の状況等についてヒアリングを行う ② 労働者の了解を得て、当該労働者の機微な個人情報（左記）について、必要な範囲で人事労務部門の担当者に伝達し、配慮を促す

★相手の性的指向・性自認のいかんは問わない。また、一見、特定の相手に対する言動ではないように見えても、実際には特定の相手に対して行われていると客観的に認められる言動は含まれる。

性的指向（Sexual Orientation）▶恋愛感情または性的感情の対象となる性別についての指向のこと。
性自認（Gender Identity）▶自己の性別についての認識のこと。

（2）セクハラの意義とこれにあたる場合

「雇用の分野における男女の均等な機会及び待遇の確保等に関する法律」（以下「均等法」といいます。）では、職場におけるセクハラ（性的嫌がらせ）を防止するため、事業主は、労働者からの相談に応じ、適切に対応するために必要な体制をつくるなど雇用管理上必要な措置を講じなければならないとされています。

職場におけるセクハラとは、「職場において行われる性的な言動に対する労働者の対応によって、その労働者が労働条件などの面で不利益な扱いを受けたり、性的な言動によってその労働者の就業環境が害されること」をいいます。セクハラの類型（パターン）は、大別して①対価型と②環境型に分類されます。

均等法11条

セクハラのパターン

❶ 対価型セクシュアルハラスメント

▶労働者の意に反する性的な言動に対する労働者の対応（拒否や抵抗）により、その労働者が解雇、降格、減給、労働契約の更新拒否、昇進・昇格の対象からの除外、客観的に見て不利益な配置転換などの不利益を受けること

> 例）・事務所内において事業主が労働者に対して性的な関係を要求したが、拒否されたため、その労働者を解雇すること。
> ・営業所内において事業主が日頃から労働者に係る性的な事柄について公然と発言していたが、抗議されたため、その労働者を降格すること。　等

❷ 環境型セクシュアルハラスメント

▶労働者の意に反する性的な言動により労働者の就業環境が不快なものとなったため、能力の発揮に重大な悪影響が生じるなどその労働者が就業するうえで看過できない程度の支障が生じること

> 例）・事務所内で上司が労働者の腰、胸などに度々触ったため、その労働者が苦痛に感じてその就業意欲が低下していること。
> ・同僚が取引先において労働者に係る性的な内容の情報を意図的かつ継続的に流布したため、その労働者が苦痛に感じて仕事が手につかないこと。　等

注意！

男性も女性も行為者にも被害者にもなり得るほか、異性に対するものだけではなく、同性に対するものも該当します。

また、相手の性的指向（いずれの性別を恋愛・性愛の対象とするか）または性自認（性別に対する自己意識）にかかわらず、セクハラに該当する場合がありますので、いわゆる性的少数者に対するセクハラも対象となります。

Q180　均等法でいう「性的な言動」の具体例を教えてください。

A　「性的な言動」とは、性的な内容の発言や行動をいいます。

「性的な内容の発言」の例としては、性的な冗談やからかい、食事やデートへの執拗な誘い、意図的に性的な噂を流布する、個人的な体験談を話したり尋ねたりする、などがあります。

また、「性的な行動」の例としては、性的な関係の強要、身体への不必要な接触、強制わいせつ行為、ヌードポスターの掲示、ヌード写真の出るスクリーンセーバーの使用、わいせつ図画の配布・掲示などがあります。

なお、被害を受ける者の性的指向や性自認にかかわらず、「性的な言動」であればセクハラに該当します。

●性的な言動を行う者

性的な言動を行う者（行為者）は、労働者を雇用する事業主（その者が法人である場合にあってはその役員）、上司、同僚に限らず、取引先等の他の事業主またはその雇用する労働者、顧客、患者またはその家族、学校における生徒等もなり得ます。

Q181 女性社員の容姿を褒めた
つもりだったのですが、その女
性社員から「セクハラですよ」
と言われました。こちらにまっ
たく悪意はなかったのですが、
セクハラになるのでしょうか?

A その言動がセクハラにあたる
かどうかは、個別の状況によっ
て判断されますので、一様にセ
クハラにあたる、あたらないと
いうのは難しいところです。

ただ、行為者側に悪意や故意
がないからセクハラにあたらな
いとはいえません。少なくと
も、相手と同性の立場なら、一
般的にどう受け止めるかという
ことを考え、相手がイヤだとい
う言動はとらないようにする必
要はあるでしょう。

●妊娠・出産・育児休業等に関す
るハラスメント
女性を対象にした妊娠・出産・
育児休業等に関するハラスメント
は「マタニティハラスメント」(略
してマタハラ)、男性を対象にし
た育児休業等に関するハラスメン
トは「パタニティハラスメント」
(略してパタハラ)、介護休業等に
関するハラスメントは「ケアハラ
スメント」(略してケアハラ)な
どと呼ばれています。

注意!
業務上の必要性からの言動であ
っても、労働者の意をくまない一
方的な通告はハラスメントとなる
可能性がありますので注意が必要
です。

セクハラにあたるかどうかの判断基準

セクハラの状況は多様ですから、基本的には、一律に判断することはできず、個別の状況を斟酌する必要があります。また、「労働者の意に反する性的な言動」および「就業環境を害される」にあたるかどうかの判断は、労働者の主観を重視しつつも、事業主の防止のための措置義務の対象となることを考えると一定の客観性が必要です。

一般的には意に反する身体的接触によって強い精神的苦痛を被る場合には、1回でも就業環境を害することとなり得ます。継続性または繰り返しが要件となるものであっても、「明確に抗議しているにもかかわらず放置された状態」または「心身に重大な影響を受けていることが明らかな場合」には、就業環境が害されていると判断し得るものです。

また、男女の認識の違いにより生じている面があることを考慮すると、被害を受けた労働者が女性である場合には「平均的な女性労働者の感じ方」を基準とし、被害を受けた労働者が男性である場合には「平均的な男性労働者の感じ方」を基準とすることが適当です。

(3) 妊娠・出産・育児休業等に関するハラスメントにあたる場合

職場における妊娠・出産・育児休業等に関するハラスメントとは、職場で行われる上司・同僚からの言動(妊娠・出産したこと、育児休業等の利用に関する言動)により、妊娠・出産した女性労働者や育児休業等を申出・取得した男女労働者の就業環境が害されることです。

妊娠等の状態や育児休業制度等の利用等と嫌がらせとなる行為の間に因果関係があるものがハラスメントに該当します。

均等法11条の3、育介法25条

ハラスメントにあたらない場合~業務の必要性

業務分担や安全配慮等の観点から、客観的に見て、業務上の必要性に基づく言動によるものはハラスメントには該当しません。

部下が休業するとなると、上司としては業務の調整を行う必要がありますが、妊娠中に医師等から休業指示が出た場合のように、労働者の体調を考慮してすぐに対応しなければならない休業についてまで、「業務が回らないから」といった理由で上司が休業を妨げる場合はハラスメントに該当します。しかし、例えば定期的な妊婦健診など、ある程度調整が可能な休業等について、その時期をずらすことが可能か労働者の意向を確認する行為までがハラスメントとして禁止されるものではありません。

妊娠・出産・育児休業等に関するハラスメントには、①制度等の利用への嫌がらせ型と②状態への嫌がらせ型があります。

妊娠・出産・育児休業等に関するハラスメントのパターン

1 制度等の利用への嫌がらせ型

▶均等法・育介法上の制度または措置（制度等）の利用に関する言動により就業環境が害されるもの

─均等法が対象とする制度等─
①産前休業
②母性健康管理措置
③軽易な業務への転換
④変形労働時間制による場合の労働時間の制限、時間外・休日労働の制限、深夜業の制限
⑤育児時間
⑥坑内業務、危険有害業務の就業制限

─育介法が対象とする制度等─
①育児休業
②介護休業
③子の看護休暇
④介護休暇
⑤所定外労働の制限
⑥時間外労働の制限
⑦深夜業の制限
⑧育児のための所定労働時間の短縮措置
⑨始業時刻変更等の措置
⑩介護のための所定労働時間の短縮等の措置

⑧～⑩は就業規則で定めがあるもの →

【防止措置が必要となるハラスメント】

1 解雇その他不利益な取り扱いを示唆するもの
労働者が、制度等の利用の請求等をしたい旨を上司に相談したことや制度等の利用の請求等をしたこと、制度等の利用をしたことにより、上司がその労働者に対し、解雇その他不利益な取り扱いを示唆すること。

2 制度等の利用の請求等または制度等の利用を阻害するもの
●労働者が制度の利用を請求したいと上司や同僚に相談したところ
上司：その労働者に対し、請求をしないように言うこと。
同僚：その労働者に対し、繰り返しまたは継続的に請求をしないように言うこと。
●労働者が制度の利用を請求したところ
上司：その労働者に対し、請求を取り下げるように言うこと。
同僚：その労働者に対し、繰り返しまたは継続的に請求等を取り下げるように言うこと。

3 制度等を利用したことにより嫌がらせ等をするもの
労働者が制度等の利用をしたところ、上司・同僚がその労働者に対し、繰り返しまたは継続的に嫌がらせ等をすること。

2 状態への嫌がらせ型

▶女性労働者が妊娠したこと、出産したこと等に関する言動により就業環境が害されるもの

●**1**の**1**の例
・育児休業の取得を相談したら、上司に「休むなら辞めてもらうよ」と言われた。
・時間外労働の免除を相談したら、上司に「次の査定の際は昇進しないと思え」と言われた。

注意！
1の**2**の制度等の利用を阻害する言動は、上司が1回でも行うとハラスメントに該当しますが、同僚の場合は、「繰り返しまたは継続的に」行う場合にハラスメントとなります。

●**1**の**2**の例
・育児休業の取得を相談したら、上司に「男のくせに育児休業をとるなんてあり得ない」と言われ、取得をあきらめざるを得ない状況になった。

●「嫌がらせ等」
「嫌がらせ等」には、嫌がらせ的な言動、業務に従事させないこと、または専ら雑務に従事させることをいいます。そのほか、仕事上必要な情報を与えない、これまで参加させていた会議に参加させない、といった行為もこれにあたります。

●ハラスメントにあたらない例
「制度等の利用」に関する言動
・業務体制を見直すため、上司が育児休業をいつからいつまで取得するのか確認すること。
・業務状況を考えて、上司が「次の妊婦健診はこの日は避けてほしいが調整できるか」と確認すること。
（※ただし、強要しない場合に限られる。）

「状態」に関する言動の例
・上司が、長時間労働をしている妊婦に対して、「妊婦には長時間労働は負担が大きいだろうから、業務分担の見直しを行い、あなたの残業量を減らそうと思うがどうか」と配慮する。
・上司・同僚が「つわりで体調が悪そうだが、少し休んだ方が良いのではないか」と配慮する。
（※本人がこれまでどおりの就業を希望していても、客観的に体調を見ての言動であれば業務上の必要性による言動となる。）

☞ 右の「事業主が講ずべき措置」は、職場におけるハラスメントに共通する措置に関する記載を基本としつつ、随所で、ハラスメントの種類・性質に応じて固有の措置や留意事項を記載します。

●社内の研修・講習
研修、講習等を実施する場合には、調査を行うなど職場の実態を踏まえて実施する、管理職層を中心に職階別に分けて実施するなどの方法が効果的と考えられます。

┌─ 対象となる事由 ─
①妊娠したこと
②出産したこと
③産後の就業制限の規定により就業できず、または産後休業をしたこと。
④妊娠・出産に起因する症状（つわりなど）により労務の提供ができないこと・できなかったこと、または労働能率が低下したこと。
⑤坑内業務・危険有害業務の就業制限により業務に就くことができないこと、またはこれらの業務に従事しなかったこと。
└─

【防止措置が必要となるハラスメント】

1 解雇その他不利益な取り扱いを示唆するもの
女性労働者が妊娠等したことにより、上司がその女性労働者に対し、解雇その他の不利益な取り扱いを示唆すること。

2 妊娠等したことにより嫌がらせ等を示唆するもの
女性労働者が妊娠等したことにより、上司・同僚がその女性労働者に対し、繰り返しまたは継続的に嫌がらせ等をすること。

●03 事業主が講ずべき措置

前記のとおり、労働施策総合推進法、均等法および育介法では、事業主に対し、職場におけるハラスメントを防止するため、雇用管理上必要な措置を実施することが義務づけられています。そして、事業主が講ずべき措置や留意事項については、これらの法律に基づいて定められているハラスメント関連の各指針で具体的に示されています。

（ハラスメント関連指針）

（1）方針の明確化と周知・啓発

1 ハラスメントの内容、方針等の明確化と周知・啓発
職場のハラスメントの内容、ハラスメントを行ってはならない旨の事業主の方針等を明確化し、管理監督者を含む労働者に周知・啓発する。

取り組み例
事業主の方針のほか、ハラスメントの内容およびハラスメントの発生の原因や背景等を労働者に周知する。
① 就業規則その他の服務規律などを定めた文書に定める。
② 社内報、パンフレット、社内ホームページなどで広報・啓発する。
③ 研修、講習などを実施する。

パワハラ

パワハラの発生の原因や背景には、労働者どうしのコミュニケーションの希薄化などの職場環境の問題があると考えられ、これらを幅広く解消していくことが重要。

セクハラ

性別役割分担意識に基づく言動は、「ハラスメントの発生の原因や背景」となり得るので、このような言動をなくしていくことが重要。

マタハラ等

妊娠・出産・育児休業等に関するハラスメントの発生の原因や背景には、妊娠・出産・育児休業等に関する否定的な言動が頻繁に行われるなど、制度等の利用や請求をしにくい職場風土や、制度等の利用ができることについて職場内での周知が不十分であることが考えられる。制度等の利用について全従業員の理解を深め、利用しやすくなるように工夫する。

❷ 行為者への厳正な対処方針、内容の規定化と周知・啓発

ハラスメントの行為者については、厳正に対処する旨の方針・対処の内容を就業規則その他の職場における服務規律等を定めた文書に規定し、管理監督者を含む労働者に周知・啓発する。

取り組み例

■ 就業規則等に、ハラスメントに係る言動を行った者に対する懲戒規定を定め、その内容を労働者に周知・啓発する。

■ ハラスメントに係る言動を行った者は現行の就業規則等で定められている懲戒規定の適用の対象となる旨を明確化し、労働者に周知・啓発する。

（2）相談（苦情を含む）に応じ、適切に対応するために必要な体制の整備

❸ 相談窓口の設置

相談に対応する窓口をあらかじめ定め、労働者に周知する。

取り組み例

① 相談に対応する担当者をあらかじめ定める。
② 相談に対応するための制度を設ける。
③ 外部の機関に相談への対応を委託する。

❹ 相談に対する適切な対応

相談窓口の担当者が、内容や状況に応じ、適切に対応できるようにする。また、ハラスメントが現実に生じている場合だけでなく、発生するおそれがある場合や、ハラスメントに該当するか否か微妙な場合であっても、広く相談に対応する。

取り組み例

① 相談窓口の担当者と人事部門との連携体制をつくる。
② あらかじめマニュアルを作成し、これに基づいて対応する。
③ 相談窓口の担当者に対し、相談対応についての研修を行う。

Q182 性別役割分担意識に基づく言動とは、例えばどのようなものですか？

A 例えば、「男のくせに根性がない」、「女には仕事を任せられない」などと発言することや、酒席で、上司の側の座席を指定したり、お酌等を強要することが挙げられます。

Q183 妊娠・出産・育児休業等に関する否定的な言動とは、どのようなものですか？

A 妊娠・出産・育児休業等に関する否定的な言動は、本人に直接行われない場合も含まれます。
例えば、夫婦が同じ会社に勤務している場合に、育児休業を取得する本人ではなく、その配偶者に対して否定的な言動を行うことなどがこれにあたると考えられます。

● 相談窓口
相談窓口は、窓口を形式的に設けるだけではなく、労働者が利用しやすいよう体制の整備と労働者への周知が必要です。
また、相談は面談だけでなく、電話、メールなど複数の方法で受けられるように工夫しましょう。

● 他の労働者からの相談も対象
相談窓口で対応すべき相談には、言動を直接受けた労働者だけでなく、それを把握した周囲の労働者からの相談も含まれます。

Q184 相談の内容や状況に応じた適切な対応とは、どのようなことをすればよいですか？

A 相談者や行為者などに対して、一律に何らかの対応をするのではなく、例えば、労働者が受けているハラスメントの性格・態様によって、状況を注意深く見守る程度のものから、上司、同僚などを通じ、行為者に対し間接的に注意を促すもの、直接注意を促すものなど事案に即した対応を行うことを意味します。

また、相談を受けた後は、必要に応じて人事担当者や上司等と連絡を取り、フォロー体制を整備したり、相談に対して今後組織としてどのように対応していくのか等を相談者本人にフィードバックすることも大切です。

●迅速な対応
事案に対して迅速かつ適切に対応するため、相談窓口と個別事案に対応する担当部署との連携や対応の手順などをあらかじめ明確に定めておくとよいでしょう。また、事実確認は、相談があったら迅速に開始することが重要です。

●事実確認のポイント
事実確認にあたっては、当事者の言い分、希望などを十分に聴いてください。
また、相談者が行為者に対して迎合的な言動を行っていたとしても、その事実が必ずしもハラスメントを受けたことを単純に否定する理由にはならないことに留意しましょう。

●他社の雇用管理上の措置に協力する努力義務（セクハラ）
パワハラ防止措置義務が法制化された令和元年改正の際、セクハラの事案について、事業主は、自社の労働者が他社の労働者にセクハラを行い、他社が実施する雇用管理上の措置（事実確認等）への協力を求められた場合にこれに応じるよう努めなければならないこととされました（均等法11条3項）。

パワハラ

■放置すれば就業環境が害されるおそれがある相談や、労働者どうしのコミュニケーションの希薄化などの職場環境の問題が原因や背景となってパワハラが生じるおそれがある場合の相談も、幅広く対象とすることが必要。
■一見、特定の労働者に対する言動に見えても、周囲の労働者に対しても威圧するために見せしめとして行われていると客観的に認められるような場合には、周囲の労働者に対するパワハラと評価できる場合もあることに留意。

セクハラ

放置すれば就業環境を害するおそれがある相談や、セクハラの発生の原因や背景となるおそれがある性別役割分担意識に基づく言動に関する相談も幅広く対象とすることが必要。

マタハラ等

■放置すれば就業環境を害するおそれがある相談や、ハラスメントの原因や背景となるおそれがある妊娠・出産・育児休業等に関する否定的な言動に関する相談も、幅広く対象とする。
■妊娠・出産・育児休業等に関する否定的な言動の相手は、本人に限られないため、そのような相談も受け付ける必要がある。

（3）ハラスメントへの事後の迅速かつ適切な対応

5 事実関係の迅速かつ適切な対応
事案に係る事実関係を迅速かつ正確に確認する。

取り組み例

① 相談窓口の担当者、人事部門または専門の委員会などが、相談者・行為者の双方から事実関係を確認する。
事実の確認が十分にできないと認められる場合には、第三者からも事実関係を聴取するなどの措置を講ずる。
② 事実関係の確認が困難な場合などには、調停（☞310〜312ページ参照）など第三者機関の紛争処理に委ねる。

パワハラ

パワハラの事実確認においては、業務上の必要性や、その言動の前後関係も含めて判断する必要がある。

セクハラ

■セクハラの場合には、必要に応じて、他の事業主に事実関係の確認に協力を求めることも含まれる。
（※協力を求められた事業主には、これに応じる努力義務がある。）
■セクハラの事実確認においては、性的な言動があったかどうかが重要となる。

マタハラ等

妊娠・出産・育児休業等に関するハラスメントの事実確認においては、業務上の必要性や、その言動の前後関係も含めて判断する必要がある。

8 ハラスメント

180

⑥ 被害者に対する適正な配慮の措置の実施

事実確認ができた場合には、すみやかに被害者に対する配慮の措置を適正に行う。

取り組み例

① 事案の内容や状況に応じ、被害者・行為者間の関係改善に向けての援助、行為者の謝罪、管理監督者または事業場内産業保健スタッフ等による被害者のメンタルヘルス不調への相談対応などの措置を講ずる。

② 調停など第三者機関の紛争解決案に従った措置を講ずる。

パワハラ

上記のほか、事案の内容や状況に応じ、被害者と行為者を引き離すための配置転換、被害者の労働条件上の不利益の回復等の措置を講ずる。

セクハラ

上記のほか、事案の内容や状況に応じ、被害者と行為者を引き離すための配置転換、被害者の労働条件上の不利益の回復等の措置を講ずる。

マタハラ等

上記のほか、被害者の職場環境の改善または迅速な制度等の利用に向けての環境整備等の措置を講ずる。

⑦ 行為者に対する適正な措置の実施

事実確認ができた場合には、すみやかに行為者に対する措置を適正に行う。

取り組み例

① 就業規則その他の服務規律などを定めた文書における規定などに基づき、行為者に対して懲戒などの措置を講ずる。

② 被害者・行為者間の関係改善に向けての援助、被害者と行為者を引き離すための配置転換、行為者の謝罪等の措置を講ずる。

③ 調停など第三者機関の紛争解決案に従った措置を講ずる。

⑧ 再発防止措置の実施

事実の有無にかかわらず再発防止に向けた措置を講ずる。

取り組み例

① 社内報、パンフレット、社内ホームページなどで改めて広報・啓発する。

② 意識を啓発するための研修・講習などを改めて実施する。

セクハラ

セクハラの場合には、必要に応じて、他の事業主に再発防止に向けた措置に協力を求めることも含まれる。
（※協力を求められた事業主には、これに応じる努力義務がある。）

● 被害者への対応

被害者に対する適正な配慮の措置には、左の取り組み例のほか、職場でのハラスメントにより休業を余儀なくされた場合に、その労働者が希望するときには、本人の状態に応じ、原職または原職相当職への復帰ができるよう積極的な支援を行うことも含まれます。

● 被害者・行為者に対する適切な対応のポイント

ハラスメントの事実が確認された後、問題を軽く考えたり、内密に処理しようとしたり、個人間の問題として当事者の解決に委ねようとするケースがありますが、こうした対応は、かえって問題をこじらせ解決を困難にすることになりかねませんので、しっかり対応することが大切です。

注意！

行為者への制裁は、公正なルールに基づいて行うことが重要です。また、その際、行為者に対して、行為者の言動がなぜハラスメントに該当し、どのような問題があるのかを真に理解させることが大切です。

8 ハラスメント

181

Q185 人手が少なく、妊娠・出産した女性労働者や育児休業等を取得した労働者について業務量を調整することが難しい現状ですが、措置を講じないとどんな問題がありますか？

A ハラスメント発生の原因や背景となり得る否定的な言動の要因の一つには、妊娠した労働者がつわり等の体調不良のため労務の提供ができないことや、労働能率が低下すること等により、周囲の労働者の業務負担が増大することがあります。

妊娠・出産した女性労働者や育児休業等の取得者の業務について、業務量の調整をすることなく、特定の労働者にそのまま負わせることは、育児休業等の取得者への不満につながり、休業後の円滑な職場復帰に影響を与えハラスメントが発生することにもなりかねません。

育児休業等の取得者の業務を軽減するだけではなく、周囲の労働者の過重な負担や不公平感を避けるため、職場全体の業務体制を見直すことが重要です。

Q186 社内で起こったパワハラ事案に対し、会社として措置を講じないでいると、法的責任が問われることがありますか？

A パワハラが原因で被害を受けた労働者がメンタル不調に陥ったり、最悪の場合、自殺に追い込まれるといったケースもあります。

また、パワハラ行為が組織的に行われている場合や、労働者から相談を受けたり、対応を求められたりしているのに放置したままにしている場合などは、企業も不法行為責任（民法709条、715条）や安全配慮義務違反（労働契約法5条）を問われることがあります。

（4）あわせて講ずべき措置

❾ プライバシー保護のための措置の実施と周知

相談への対応またはそのハラスメントに関する事後の対応にあたっては、相談者・行為者等のプライバシーを保護するために必要な措置を講ずるとともに、その旨を労働者に対して周知する。

取り組み例

① 相談者・行為者等のプライバシー保護のために必要な事項をあらかじめマニュアルに定め、相談窓口担当者はそのマニュアルに基づき対応する。

② 相談窓口の担当者に必要な研修を行う。

③ プライバシーを保護するために必要な措置を講じていることを、社内報、パンフレット、社内ホームページ等に掲載し、配付等する。

❿ 不利益取り扱いをされない旨の定めと周知・啓発

労働者が職場のハラスメントに関し、事業主に対して相談をしたことや、事業主の事実関係の確認等に協力したこと、都道府県労働局へ相談・紛争解決援助の求め、調停の申請を行ったこと等を理由として、解雇その他の不利益な取り扱いをされない旨を定め、労働者に周知・啓発する。

取り組み例

① 就業規則等に、労働者が職場におけるハラスメントの相談等をしたことを理由として、その労働者が解雇等の不利益な取り扱いをされない旨を規定し、労働者に周知・啓発する。

② 社内報、パンフレット、社内ホームページ等に、労働者がハラスメントの相談等をしたことを理由として、その労働者が解雇等の不利益な取り扱いをされない旨を記載し、労働者に配付する。

マタハラ等のみ

⓫ 妊娠・出産・育児休業等に関するハラスメントの原因や背景となる要因を解消するための措置

業務体制の整備など、事業主や妊娠等した労働者その他の労働者の実情に応じ、必要な措置を講ずる。

※派遣労働者については派遣元事業主のみ

取り組み例

① 妊娠等した労働者の周囲の労働者への業務の偏りを軽減するよう、適切に業務分担の見直しを行う。

② 業務の点検を行い、業務の効率化などを行う。

●04 ハラスメント防止のために望ましい取り組み

（1）職場のハラスメント防止のために望ましい取り組み

　03で説明した「事業主が講ずべき措置」のほか、職場のハラスメントを防止するため、事業主は、以下の取り組みを行うことが望まれます。

❶ 一元的な相談体制の整備

　パワハラ、セクハラおよび妊娠・出産・育児休業等に関するハラスメントなど、あらゆるハラスメントの相談について一元的に応じることのできる体制を整備する。

取り組み例

　① 相談窓口で受け付けることのできる相談として、パワハラのみならず、セクハラ、妊娠・出産・育児休業等に関するハラスメント等も明示する。

　② 既設のセクハラ相談窓口が、パワハラや妊娠・出産・育児休業等に関するハラスメント等の相談窓口を兼ねることとし、すべての労働者に周知する。

❷ ハラスメントの原因・背景となる要因を解消するための取り組み

　パワハラ

　コミュニケーションの活性化や円滑化のための研修等、適正な業務目標の設定等の職場環境の改善のための取り組みを行う。

取り組み例

①コミュニケーションの活性化
・日常的なコミュニケーションを取るよう努めること
・定期的な面談やミーティング　等

②感情コントロール能力、コミュニケーション能力等の向上
　感情をコントロールする手法、コミュニケーションスキルアップ、マネジメントや指導についての研修等の実施や資料の配布等

③職場環境や組織風土の改善
・適正な業務目標の設定
・適正な業務体制の整備
・業務の効率化による過剰な長時間労働の是正　等

　マタハラ等

　妊娠等した労働者の側においても、制度等の利用ができるという知識を持つことや、周囲と円滑なコミュニケーションを図りながら自身の体調等に応じて適切に業務を遂行していくという意識を持つこと等を周知・啓発する。

❸ 労働者や労働組合等の参画

　雇用管理上の措置を講ずる際に、必要に応じて、労働者や労働組合等の参画を得つつ（例えば、衛生委員会等を活用するなど）、アンケート調査や意見交換等を実施するなどにより、その運用状況の的確な把握や必要な見直しの検討等に努める。

●自ら雇用する労働者以外の者
　取引先等の他の事業主が雇用する労働者のほか、就職活動中の学生等の求職者、個人事業主などのフリーランス、インターンシップを行っている者、教育実習生等も対象となります。

Q187　自社の従業員から性的な言動を受けたと申し出た採用内定者の採用内定を取り消した場合は、不利益な取り扱いになりますか？

A　採用内定者に関しては、裁判例では、採用内定の法的性質は事案により異なるとしつつ、採用内定通知により、始期付きの解約権を留保した労働契約が成立するとされたケースがあります。このため、採用内定により労働契約が成立したと認められる場合には、採用内定者についても、雇用管理上の措置や相談等を理由とした解雇その他不利益な取り扱いの禁止の対象となり、採用内定取り消しは不利益な取り扱いに含まれます。

●カスタマーハラスメント
　顧客・取引先（顧客等）からの著しい迷惑行為は、「カスタマーハラスメント（カスハラ）」とも呼ばれています。
　法令上の明確な定義はありませんが、企業の現場では、「顧客等からのクレーム・言動のうち、当該クレーム・言動の要求の内容の妥当性に照らして、当該要求を実現するための手段・態様が社会通念上不相当なものであって、当該手段・態様により、労働者の就業環境が害されるもの」がカスタマーハラスメントと考えられています（参考：厚生労働省のリーフレット）。

（２）自ら雇用する労働者以外の者に対する言動に関し行うことが望ましい取り組み

　労働施策総合推進法等に定める事業主・労働者の責務規定の趣旨からは、事業主が雇用する労働者以外の者に対する言動についても、事業主自身やその雇用する労働者が注意を払うよう努めることが望まれます。このため、ハラスメント関連指針では、次のような取り組みを行うことが望ましいとされています。

❶　雇用管理上の措置として職場でのハラスメントを行ってはならない旨の方針の明確化等（☞178ページ）を行う際に、これらの者に対する言動についても同様の方針を示す。

❷　これらの者から職場におけるハラスメントに類すると考えられる相談があった場合に、その内容を踏まえて、雇用管理上講ずべき措置（☞178ページ以下）を参考にしつつ、必要に応じて適切な対応を行うように努める。

（３）外部の者からの自社の雇用する労働者に対するハラスメントや迷惑行為に関し行うことが望ましい取り組み

　事業主は、取引先等の他の事業主が雇用する労働者または他の事業主（法人である場合は、その役員）からのパワハラや顧客等からの著しい迷惑行為（暴行、脅迫、ひどい暴言、著しく不当な要求等）により、その雇用する労働者が就業環境を害されることのないよう、ハラスメント関連指針では、雇用管理上の配慮として、次のような取り組みを行うことが望ましいとされています。

❶　相談に応じ、適切に対応するために必要な体制の整備
（☞179ページ参照）

❷　被害者への配慮のための取り組み
　相談者から事実関係を確認し、他の事業主が雇用する労働者等からのパワハラや顧客等からの著しい迷惑行為が認められた場合には、すみやかに被害者に対する配慮のための取り組みを行う。

❸　被害を防止するための取り組み
　他の事業主が雇用する労働者等からのパワハラや顧客等からの著しい迷惑行為への対応に関するマニュアルの作成や研修の実施等の取り組みを行う。

万一、労働災害が発生したときは

　業務が原因で、不幸にも労働者が死亡したり、ケガや病気になった場合は、労働災害（業務災害）になります。
　万一、労働災害が起こってしまった場合には、所轄の監督署へ労働者死傷病報告を行わなければなりません。また、労災保険の手続きが必要です。
　このほか、通勤途上で起こった災害（通勤災害）についても労災保険の手続きが必要です。

●01　労働者死傷病報告

（1）労働災害とは

　労働災害とは、労働者が就業中に建設物、設備、原材料、ガス、蒸気、粉じん等により、または作業行動その他業務に起因して、負傷し、疾病にかかり、または死亡することをいいます。

（2）労働者死傷病報告が必要な場合

　労働者が労働災害その他就業中または事業場内もしくはその附属建設物内における負傷、窒息または急性中毒により死亡し、または休業したときは、報告書を所轄の監督署に提出しなければなりません（☞ ダウンロード記載例 ㉖参照）。

安衛則97条

▰▰▰ **報告書の提出が必要なとき** ▰▰▰

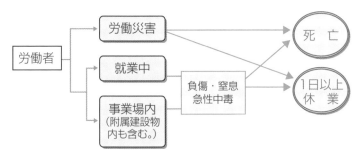

（3）報告の手続き

　（2）の場合は、所定の様式で労働者死傷病報告を、遅滞なく（死亡または休業4日以上の場合）、または一定期間ごとにまとめて（休業1日以上3日以下の場合）、所轄の監督署へ提出しなければなりません。死傷病報告

●労災かくし
　事業者が今後の受注に不利になることなどをおそれて、あるいは労災保険のメリット制（災害発生率が低いと保険料が引き下げられる制度）の適用を受けるためといった動機から、労働者死傷病報告を提出しなかったり、虚偽の内容を記載して提出したりすることをいいます。
　労災かくしによって、労働者は適正な労災保険の給付を受けられなくなってしまいますし、災害の発生に対してきちんとした再発防止策も講じられません。
　労災かくしが発覚すると、事業者は、安衛法違反として送検されるなど厳しく措置されます。

注意！
　派遣労働者の場合は、「労働者死傷病報告」を、派遣元・派遣先それぞれの事業者が提出しなければなりません。

9労働災害

Q188 報告の際、「災害発生の状況」の欄には、どのように書いたらよいですか？

A　報告するときは、災害発生の状況について、できるだけ詳しく書いてください。ポイントは次のような点です。

①どのような場所で
②どのような作業をしているときに
③どのような物または環境によって
④どのような不安全なまたは有害な状態があって
⑤どのようにして災害が発生したのか

には、災害発生状況、原因などを記載することになっています。また、休業1日以上3日以下の報告については、災害などが発生した時期によって、提出期限が定められています。

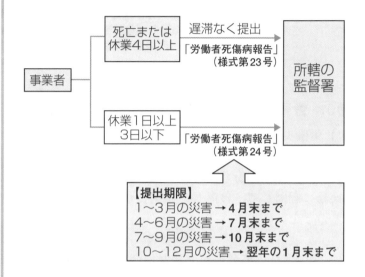

報告の手続き

所轄の監督署

事業者 → 死亡または休業4日以上 → 遅滞なく提出「労働者死傷病報告」（様式第23号）

事業者 → 休業1日以上3日以下 → 「労働者死傷病報告」（様式第24号）

【提出期限】
1～3月の災害 → 4月末まで
4～6月の災害 → 7月末まで
7～9月の災害 → 10月末まで
10～12月の災害 → 翌年の1月末まで

●02　労災保険

（1）労災保険

　労災保険は、業務上の理由または通勤によって、労働者がケガや病気にかかったり、死亡したときに、労働者やその遺族に、治療や休業、障害、死亡に対する補償など必要な給付を行う制度です。

　また、複数の会社等で働く労働者の複数の会社等（事業）の業務を要因とする負傷、疾病、障害または死亡についても、労災保険給付の対象となります。

●複数事業労働者への労災保険給付の取り扱い

　令和2年の労災保険法の改正により、複数の事業場で働く労働者に関する労災保険給付の見直しがなされました（令和2年9月1日施行）。

　これにより、複数の事業場で働く労働者の労災について、保険給付の基礎となる賃金額の算定や、過労死等の事案について労災認定をする際の業務上の負荷に関する評価方法が改正されました。

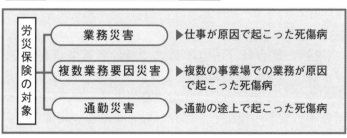

労災の保険給付の対象

労災保険の対象
- 業務災害 ▶ 仕事が原因で起こった死傷病
- 複数業務要因災害 ▶ 複数の事業場での業務が原因で起こった死傷病
- 通勤災害 ▶ 通勤の途上で起こった死傷病

9 労働災害

（2）労災保険の給付を受けられる人

労災保険は、一部の農林水産業を除いて、すべての事業主が必ず加入しなければならないものですから、労災保険の適用される事業場で使用されるすべての労働者が保険給付の対象となります。

例えばこんな場合は…

【保険給付を受けられる人】	【保険給付を受けられない人】
◎正社員 ◎アルバイト ◎パートタイマー ◎派遣労働者 　（労災は派遣元事業主 　について適用） 　　　　　　　　　など	◎会社の社長 ◎労働者性の認められない会社役員 ◎家族従事者 ◎会社から請負で仕事をしている人 　　　　　　　　　など

（3）業務災害・通勤災害・複数業務要因災害

［1］業務災害と認められるのは

業務災害と認められるためには、①労働者が事業主の支配管理下にある状態で起こった事故で（業務遂行性）、②業務と発生した労働者の死傷病等との間に相当因果関係があること（業務起因性）が必要です。

┌─ **こんなときも業務災害となる！** ─┐

・作業の準備や後片づけをしているとき
・事業場の施設で休憩しているとき
・業務命令で、緊急の作業をしているとき　　など

［2］通勤災害と認められるのは

通勤途上の事故が通勤災害として労災の保険給付の対象と認められるためには、次の要件を満たすことが必要です。

通勤災害の要件

①　業務と関連のある往復であること
②　住居(通常は自宅)から、就業の場所（業務を開始し、終了する場所）までの経路上であること
③　往復する経路と手段が合理的なものであること
④　事故が、通勤と相当因果関係にあること

Q189　工場長で現場の業務にも従事している常務取締役は、労災保険の適用を受けないのですか？

A　労災法上の「労働者」は、労基法で定める「労働者」と同一の概念です。したがって、「労働者」であるかどうかは、そのポストの名称だけではなく、事業主に雇われて賃金を受け、実質的に使用従属関係にあるかどうかで判断されます。
（☞2～3ページ参照）

Q190　従業員7人の個人企業ですが、経理は妻が切り盛りしています。妻も労災保険の適用を受けますか？

A　事業主の妻は、通常、事業主と利益を一にし、同一の地位にあると認められますので「労働者」にはあたらないものと考えられます。しかし、事業主の指揮命令のもとで、賃金も支払われ、他の労働者と何ら変わらない実態があれば、労災保険の適用を受ける場合があります。

●相当因果関係
原因から結果が発生するまでの流れが、社会通念上相当と見られる関係をいいます。

Q191　昼休みに弁当を買いに会社外に出かけたところ、会社の前の道路で乗用車と接触して負傷した場合、業務災害となるのですか？

A　休憩時間中、労働者は自由に行動することが許されているのでその間の個々の行為自体は私的行為といえます。ご質問の場合、一般的には、事業場施設を離れており、事業主の支配管理下を離れ、業務に従事していない状況での災害であることから、業務起因性は認められない、つまり業務災害とは認められないこととなります。

9 労働災害

●逸脱・中断

　逸脱とは、通勤の途中で、就業または通勤とは関係のない目的で合理的な経路を外れることをいい、中断とは、途中で通勤とは関係のない行為を行うことをいいます。

　逸脱・中断を開始した後の事故は通勤災害となりません。ただし、日用品を買いに店に寄るなどの日常生活に必要な程度の行為によって逸脱・中断がある場合は、再び合理的な経路に復した後の事故は通勤災害となります。

Q192　本業の会社で仕事を終えた後、アルバイト先の会社へ向かう途中でケガをした場合は、どちらの事業場の労災保険で給付を受けるのですか？

A　本業の会社（1つめの事業場）で就業した後、次の仕事のためにアルバイト先の会社（2つめの事業場）へ移動することは、アルバイト先での労務の提供に不可欠の移動となります。このため、アルバイト先の会社（2つめの事業場）の保険関係によって通勤災害として処理されることになります。

　ただし、休業給付や障害給付等のように、賃金額を基礎とする給付基礎日額を用いて給付額が算定される給付については、アルバイト先の会社のほか、本業の会社の賃金額も基礎に入れて給付基礎日額が算定されます。

9 労働災害

── こんなときも通勤災害となる！ ──

・会社へ通う便宜のため借りているアパートから出勤する途中の事故
・全員参加が強制されている会社の運動会の会場へ向かう途中の事故
・通勤の経路が通行止めで迂回する途中の事故
・帰宅途中でひったくりに遭い、ケガをした場合
・帰宅途中に夕食の材料を買うためにスーパーへ立ち寄り、その後通常の経路に復した後の事故

　　　　　　　　　　　　　　　　　　　など

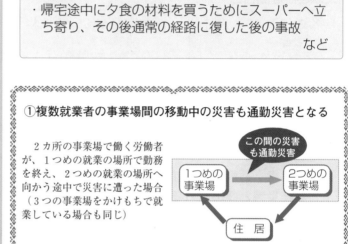

①複数就業者の事業場間の移動中の災害も通勤災害となる

　2カ所の事業場で働く労働者が、1つめの就業の場所で勤務を終え、2つめの就業の場所へ向かう途中で災害に遭った場合（3つの事業場をかけもちで就業している場合も同じ）

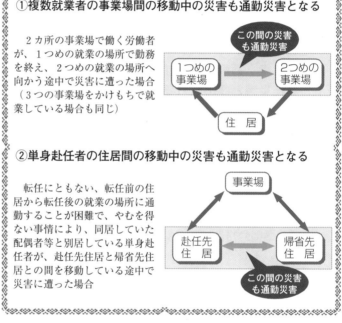

②単身赴任者の住居間の移動中の災害も通勤災害となる

　転任にともない、転任前の住居から転任後の就業の場所に通勤することが困難で、やむを得ない事情により、同居していた配偶者等と別居している単身赴任者が、赴任先住居と帰省先住居との間を移動している途中で災害に遭った場合

［3］複数業務要因災害と認められるのは

　複数業務要因災害と認められるのは、事業主が同一でない複数の事業に使用される労働者（「複数事業労働者」といいます。）が、複数の事業の業務を要因とする事由により被災した場合です。

　複数業務要因災害の対象となる傷病等は、脳・心臓疾患（過労死等）や精神障害などです。

　なお、複数事業労働者とは、複数の事業に雇用されている場合だけではなく、特別加入をしている者についても対象となります。

複数事業労働者にあたる場合

①

A会社		B会社

労働契約　　　　　　　　労働契約
（雇用）　　　　　　　　（雇用）

**複数事業
労働者**

② ③

A会社	事業	事業	事業

労働契約　　　特別加入　特別加入
（雇用）

**複数事業
労働者**　　　　　　　　　**複数事業
労働者**　　　　　特別加入

Q193　以前、2つの会社で働い
ていましたが、そのうち1つの
会社を退職した後で脳・心臓疾
患を発症した場合は、複数業務
要因災害とはならないのでしょ
うか？

A　被災した時点で複数の会社に
ついて労働契約関係にない場合
であっても、その原因や要因と
なる事由が発生した時点で、複
数の会社と労働契約関係があっ
た場合には、「複数事業労働者
に類する者」として、複数業務
要因災害の対象となり得ます。

●03　労災の保険給付

（1）労災保険給付の種類

　労災保険給付には、業務災害・通勤災害・複数業務要
因災害により被災した労働者やその遺族に対して行われ
る保険給付のほか、二次健康診断等給付（☞**148ペー
ジ参照**）があります。保険給付の種類とその概要は、**次
ページの表**のとおりです。

　また、保険給付のほかに、労災保険制度の一環として、
国が社会復帰促進等事業を行っており、特別支給金の支
給や各種サービスを受けることができます。

労災保険給付の分類

被災した労働者やその遺族に対する給付	業務災害に関する保険給付	労働者の業務上の負傷、疾病、障害または死亡に対して支給する保険給付
	通勤災害に関する保険給付	労働者の通勤による負傷、疾病、障害または死亡に対して支給する保険給付
	複数業務要因災害に関する保険給付	複数事業労働者の2以上の事業の業務を要因とする負傷、疾病、障害または死亡に対して支給する保険給付 ※ただし業務災害の場合を除く
疾病予防を目的とする給付	二次健康診断等給付	脳血管疾患、心臓疾患に係る検査で異常の所見が生じた場合において、脳血管や心臓の状態を把握するために必要な検査、特定保健指導

注意！

　複数事業労働者が業務上の事由
で被災した場合でも、1つの事業
場の業務のみを要因として発生し
た災害の場合は、「業務災害」と
なり、「複数業務要因災害」には
あたりません。このような場合
は、業務災害に関する各種保険給
付が支給されます。

9
労働災害

●保険給付の名称

　療養・休業・傷病・障害・遺族・介護に関する給付の名称には、業務災害の場合には「補償」が付き、通勤災害の場合にはこれが付いていません。また、複数業務要因災害の場合は、通勤災害の給付の名称の前に「複数事業労働者」が付いています。例えば「療養」の場合は、これらをまとめて「療養（補償）等給付」とも呼ばれます。

　例）療養に関する給付の場合
　　［業務災害］
　　　療養補償給付
　　［通勤災害］
　　　療養給付
　　［複数業務要因災害］
　　　複数事業労働者療養給付

　なお、葬祭に関する給付は、業務災害の場合は「葬祭料」、通勤災害の場合は「葬祭給付」、複数業務要因災害の場合は「複数事業労働者葬祭給付」といいます。

Q194　業務災害、通勤災害、複数業務要因災害で、給付の内容に違いがあるのですか？

A　保険給付の内容については、業務災害、通勤災害、複数業務要因災害いずれの場合も違いはありません。
　　ただし、通勤災害により療養の給付を受け、なおかつ休業給付を受ける場合は初回分から、原則として一部負担金（一般被保険者：200円）が徴収されます。

●給付基礎日額の算出方法

　給付基礎日額の具体的な算出方法は、原則として次の計算式により求められます。

算定事由発生日（＊）の直前3カ月間に支払われた賃金の総額（＊＊）
算定事由発生日（＊）の直前3カ月間の暦日数

（＊）業務上、複数事業の業務または通勤による傷病等の原因となった事故が発生した日または医師の診断によって疾病の発生が確定した日（賃金締切日が定められているときは、その直前の賃金締切日）

（＊＊）賞与や臨時に支払われる賃金を除く。

保険給付の種類

業……業務災害の場合　通……通勤災害の場合　複……複数業務要因災害の場合

給付の種類	受けられるのはこんなとき	受けられる給付
業療養補償給付 通療養給付 複複数事業労働者療養給付	業務上または通勤による負傷・疾病について療養が必要なとき	①指定病院などで、治療（診察、薬剤、手術など）、看護、移送を無料で受けられる（現物支給） ②指定病院以外でかかった治療費などの療養に要した費用（現金支給）
業休業補償給付 通休業給付 複複数事業労働者休業給付	療養によって労働できず、賃金を受けられないとき	休業開始4日目以降、賃金を受けなかった日について給付基礎日額の60％
業傷病補償年金 通傷病年金 複複数事業労働者傷病年金	療養開始から1年6カ月経過しても治らないとき	傷病の等級（1～3級）に応じて、給付基礎日額の313日分～245日分を年金で支給
業障害補償給付 通障害給付 複複数事業労働者障害給付	療養後、治ゆ（症状が固定）して一定の障害が残ったとき	障害の等級に応じて給付額が異なる ◎1級～7級 　…給付基礎日額の313日分～131日分を年金で支給 ◎8級～14級 　…給付基礎日額の503日分～56日分を一時金で支給
業遺族補償給付 通遺族給付 複複数事業労働者遺族給付	業務上または通勤により死亡したとき	受給権者および受給権者と生計を同じくしている遺族の合計人数に応じ、原則として年金で支給（給付基礎日額の153日分～245日分）
業介護補償給付 通介護給付 複複数事業労働者介護給付	障害が残り、常にまたは随時介護を受けている状態のとき	介護費用としてかかった費用分（ただし、給付額に上限と下限があります。）
業葬祭料 通葬祭給付 複複数事業労働者葬祭給付	業務上または通勤により死亡したとき	原則として、給付基礎日額の30日分＋315,000円（給付基礎日額の60日分が最低保障されます。）
二次健康診断等給付 （☞148ページ参照）	定期健康診断等の結果、脳・心臓疾患に関連する一定の項目について異常の所見があるとき	二次健康診断 特定保健指導 （二次健康診断の結果に基づく医師または保健師の保健指導）

（2）給付基礎日額

　労災保険では、療養（補償）等給付、介護（補償）等給付、二次健康診断等給付以外の保険給付の額は、「給付基礎日額」によって算出します。

　給付基礎日額は、原則として労基法12条の平均賃金（☞114ページ参照）に相当する額が用いられます。

9 労働災害

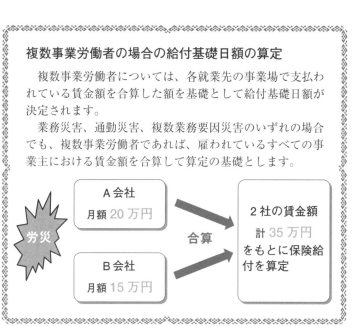

複数事業労働者の場合の給付基礎日額の算定

　複数事業労働者については、各就業先の事業場で支払われている賃金額を合算した額を基礎として給付基礎日額が決定されます。

　業務災害、通勤災害、複数業務要因災害のいずれの場合でも、複数事業労働者であれば、雇われているすべての事業主における賃金額を合算して算定の基礎とします。

労災

| A会社 月額20万円 |
| 合算 |
| B会社 月額15万円 |
→ 2社の賃金額 計35万円 をもとに保険給付を算定

●**複数事業労働者の特別支給金の額の算定**

　労災保険給付を受ける労働者やその遺族に対しては、休業、障害、死亡等について、保険給付のほかに、社会復帰促進等事業として特別支給金が上乗せ支給されます。

　特別支給金の額は、給付基礎日額や賞与等を基礎に算定される「算定基礎年額（または日額）」を用いて算出されますが、複数事業労働者の場合は、特別支給金も、保険給付と同様に、各就業先での賃金額を合算した額を基礎とします。

●**04　労災保険の請求手続き**

　労災保険の給付を請求するのは、業務災害、通勤災害または複数業務要因災害に遭った労働者自身かその遺族の方です。労災の請求は、所定の様式による請求書を、原則として所轄の監督署へ提出して行います（☞ダウンロード記載例㉗～㉙参照）。

　監督署では、請求書を受理すると、その災害が業務上、複数業務または通勤によるものかどうかを審査し、労災と認定されてはじめて、保険給付の支給が決定されます。

労災の請求から給付まで

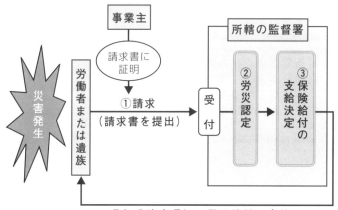

④処分決定通知・保険給付の支給

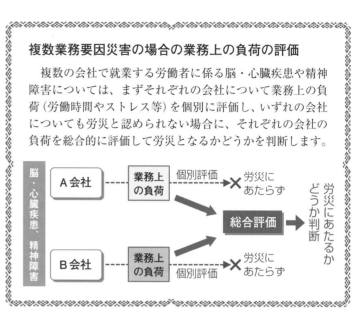

複数業務要因災害の場合の業務上の負荷の評価

複数の会社で就業する労働者に係る脳・心臓疾患や精神障害については、まずそれぞれの会社について業務上の負荷（労働時間やストレス等）を個別に評価し、いずれの会社についても労災と認められない場合に、それぞれの会社の負荷を総合的に評価して労災となるかどうかを判断します。

注意！

複数の会社で働く労働者の脳・心臓疾患等の発症について、1つの会社の業務上の負荷を評価するだけで労災と認められる場合は、「業務災害」となり、業務災害に係る各種保険給付が支給されます。この場合であっても、すべての就業先の会社の賃金額を合算した額を基礎に保険給付の額が算出されることに注意してください。

Q195 1年半前に労働災害に遭い休業しましたが、今からでも休業補償給付を受けることはできますか？

A 療養（補償）等給付、休業（補償）等給付、葬祭料（葬祭給付）および介護（補償）等給付を受ける権利は2年を経過したとき、障害（補償）等給付および遺族（補償）等給付を受ける権利は5年を経過したときに、時効によって消滅することになっています（労災法42条）。

できるだけ早く、所轄の監督署に相談のうえ請求手続きを行ってください。

Q196 労働者が仕事中にケガをして休業した場合に、休業した最初の3日間の補償はどうするのですか？

A 労災保険の休業補償給付が受けられるのは、休業開始後4日目からです。

本来、業務上の災害については、事業主に補償責任があります（労基法75〜88条）、労災保険は事業主に代わって補償を行うものです。

したがって、労災保険で補償されない休業直後の3日間については、労基法に基づき事業主が補償を行わなければなりません。

療養、休業、障害および遺族の保険給付を請求する際には、請求書に事業主の証明が必要となります。事業主は、労働者やその遺族の方から求められたら、すみやかに請求手続きに協力してください。

おもな労災保険給付の請求書

①業務災害または複数業務要因災害によりケガや病気にかかり、労災指定病院等で治療を受けるとき	▶▶ 療養補償給付及び複数事業労働者療養給付たる療養の給付請求書（☞ ダウンロード記載例 ㉗参照）
②通勤災害によりケガや病気にかかり、労災指定病院等で治療を受けるとき	▶▶ 療養給付たる療養の給付請求書（☞ ダウンロード記載例 ㉘参照）
③業務災害または複数業務要因災害によって休業している期間中の賃金の補償を請求するとき	▶▶ 休業補償給付支給請求書　複数事業労働者休業給付支給請求書（☞ ダウンロード記載例 ㉙参照）

脳・心臓疾患の労災認定基準

　仕事が主な原因となって、脳梗塞などの脳血管疾患や心筋梗塞などの心疾患（脳・心臓疾患）を発症し、最悪の場合、死に至ることは、一般に「過労死等」とも呼ばれています。

　厚生労働省では、労働者に発症した脳・心臓疾患（負傷に起因するものを除きます。）を労災と認定する際の基準として「血管病変等を著しく増悪させる業務による脳血管疾患及び虚血性心疾患等の認定基準」（令和3年9月14日基発0914第1号）を定めています。認定基準の考え方や判断方法などの概要は、以下のとおりです。

認定要件と業務の過重性の評価

　次の①から③いずれかの「業務による明らかな過重負荷」を受けたことにより発症した脳・心臓疾患（脳出血、心筋梗塞などの認定基準の対象疾病）は、業務上の疾病（労災）として取り扱われます。※「時間外労働」とは、1週間あたり40時間を超えて労働した時間

	認定要件	評価する期間	労災と認められる場合の例	
業務による明らかな過重負荷	①長期間の過重業務	発症前おおむね6カ月間	発症前1カ月間におおむね100時間または発症前2～6カ月間にわたって、1カ月あたりおおむね80時間を超える時間外労働※	これらの事情が認められない場合でも、労働時間と労働時間以外の負荷要因を総合的に考慮し、業務と発症との関連性が強いと認められる場合は、労災と認められる。
	②短期間の過重業務	発症前おおむね1週間	〈発症直前～前日〉特に過度の長時間労働〈発症前おおむね1週間〉継続して、深夜時間帯に及ぶ時間外労働を行うなど過度の長時間労働	
	③異常な出来事	発症直前から前日	極度の緊張、恐怖等の強度の精神的負荷を引き起こす事態、急激で著しい作業環境の変化など	

脳・心臓疾患（過労死等）の発症と関連する労働時間の目安

時間外労働時間が

月100時間超または
2～6カ月平均で月80時間を超えると　→　強い

長くなるほど　→　徐々に高まる

月45時間以内　→　弱い

発症との関連性

労働時間以外の負荷要因

勤務時間の不規則性	拘束時間の長い勤務、休日のない連続勤務、勤務間インターバルが短い勤務、不規則な勤務・交替制勤務・深夜勤務
事業場外における移動を伴う業務	出張の多い業務、その他事業場外における移動を伴う業務
心理的負荷を伴う業務	日常的に心理的負荷を伴う業務または心理的負荷を伴う具体的出来事等
身体的負荷を伴う業務	作業の種類、作業強度、作業量、作業時間、歩行・立位の状況等のほか、日常業務と質的に著しく異なる負荷の程度
作業環境	（長期間の過重業務では付加的評価）温度環境、騒音

9 労働災害

精神障害の労災認定

仕事のストレスや職場のいじめ・パワハラによるうつ病などの精神障害についても、業務によるものとして労災と認められる場合があります。厚生労働省で定められている「心理的負荷による精神障害の認定基準」（令和5年9月1日基発0901第2号）が示す精神障害が労災になるか否かを判断する考えかたや手法について、おおまかにまとめると以下のようなものです。

精神障害の労災認定の要件と判断の流れ

労災認定の要件

①対象疾病に該当する精神障害を発病していること

②発病前おおむね6カ月の間に、業務による強い心理的負荷が認められること

③業務以外の心理的負荷および個体側要因により当該精神障害を発病したとは認められないこと

これらの要件を満たすかどうかは、次の点について具体的に検討

❶ 精神障害の発病の有無、発病の時期、疾患名の確認

❷ 業務による心理的負荷の強度の評価

対象疾病の発病前おおむね6カ月の間に、業務による具体的な出来事があり、その出来事とその後の状況による心理的負荷が、客観的に対象疾病を発病させるおそれのある強い心理的負荷が認められること。

「業務による心理的負荷評価表」（認定基準別表1）で「強」と評価されると②の要件を満たすものとされる。

❸ 業務以外による心理的負荷の強度の評価

業務以外の具体的出来事ごとに、「業務以外の心理的負荷評価表」（認定基準別表2）を用いて心理的負荷の強度（Ⅲ・Ⅱ・Ⅰの3区分）が判断される。

❹ 個体側要因の評価 （精神障害の既往歴、アルコール依存状況等）

発病前おおむね6カ月間の業務による「出来事」について、「業務による心理的負荷評価表」を用い、心理的負荷の強度を、強・中・弱の3段階で評価します。

また、「特別な出来事」（極度の長時間労働、極度の心理的負荷等）に該当する場合は心理的負荷が「強」と判断されます。

なお、ハラスメントやいじめが長期間継続する場合には、開始時からのすべての行為を対象として評価されます。

強い心理的負荷となる長時間労働

長時間労働	心理的負荷が「強」と判断される例
①「特別な出来事」としての「極度の長時間労働」	◆発病直前の1カ月におおむね160時間以上の時間外労働を行った場合 ◆発病直前の3週間におおむね120時間以上の時間外労働を行った場合
②「具体的出来事」としての長時間労働	◆仕事量が著しく増加して時間外労働も大幅に増える（おおむね倍以上に増加し1カ月あたりおおむね100時間以上となる）などの状況になり、業務に多大な労力を費やした場合 ◆発病直前の2カ月間連続して1月あたりおおむね120時間以上の時間外労働を行った場合 ◆発病直前の3カ月間連続して1月あたりおおむね100時間以上の時間外労働を行った場合
③恒常的な長時間労働の下で他の出来事がある場合	◆転勤して新たな業務に従事し、その後月100時間程度の時間外労働を行った場合

※上記の時間数は目安であり、この基準に至らない場合でも、心理的負荷が「強」と判断される場合があります。

※ここでいう「時間外労働」とは、週40時間を超える労働をいいます。

9 労働災害

解雇するとき・退職するとき

労使間でとかくトラブルになりがちなのが、退職や解雇をめぐる問題です。とくに、使用者が一方的に労働者を解雇するということは、労働者にとって、生活の基盤を失うことにもなりますから、使用者としては慎重に対応する必要があります。

また、労働者が自ら退職するにせよ、使用者が解雇するにせよ、ポイントとなるのは、①退職に関する事項をあらかじめ労働契約や就業規則で明確にしておくこと、②退職・解雇について適正な手続きをとること、です。加えて、退職・解雇について、労働者への十分な説明や話し合いを踏まえたうえで、後日のトラブルを回避したいものです。

●01 労働契約が終了する場合

労働契約が終了する場合には、①解雇、②自己退職、③合意解約、④期間満了のほか、⑤労働者の死亡、⑥会社の営業譲渡・解散などがあります。

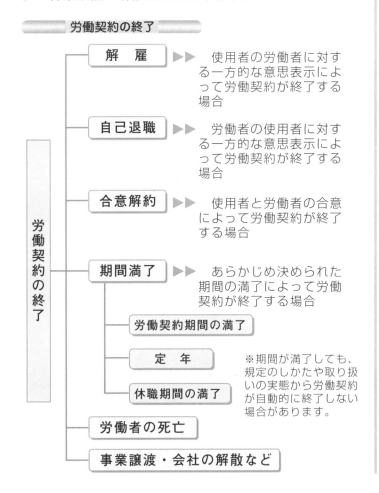

労働契約の終了

労働契約の終了

- **解雇** ▶▶ 使用者の労働者に対する一方的な意思表示によって労働契約が終了する場合
- **自己退職** ▶▶ 労働者の使用者に対する一方的な意思表示によって労働契約が終了する場合
- **合意解約** ▶▶ 使用者と労働者の合意によって労働契約が終了する場合
- **期間満了** ▶▶ あらかじめ決められた期間の満了によって労働契約が終了する場合
  - 労働契約期間の満了
  - 定年
  - 休職期間の満了

  ※期間が満了しても、規定のしかたや取り扱いの実態から労働契約が自動的に終了しない場合があります。
- **労働者の死亡**
- **事業譲渡・会社の解散など**

Q197 自己退職する場合には、いつまでに退職届を出さなければなりませんか？

A 労働者の意思による退職については、労基法上定めがありませんが、民法627条1項で、期間の定めがないときは、退職は申し入れの日から2週間で効力を生ずると規定されています。

☞ 期間の定めのある契約（有期労働契約）の終了については240ページ以下参照

10
解雇・退職

Q198 仕事上のミスが多い従業員を解雇できますか？

A　仕事をするうえでの能力に問題がある場合は、普通解雇の対象となり得ます。

しかし、解雇が客観的に合理的な理由があり、社会通念上相当と認められるかどうかは、ケースによって個別に考える必要があります。この場合は、業務全体にどれほどの支障があるのか、その人の適性から他の業務へ転換できないか、教育によって改善の見込みがないかなどを踏まえたうえで慎重に判断する必要があります。

Q199 遅刻が多い者を懲戒解雇できますか？

A　遅刻は、決められた就業時間内に労務を提供するという労働契約の履行がなされていないことになりますから、懲戒の対象となり得ます。

しかし、懲戒解雇の対象となる遅刻の程度は、一概に回数だけで判断できません。業務に支障をきたす程度、職場秩序に与える影響、本人の改善の見込み、前後の勤務状況などを総合的に勘案する必要があります。

●解雇権濫用法理
解雇には、客観的に合理的な理由と社会通念上の相当性が認められることが必要であるという解雇のルールを定めた労働契約法16条は、確立した判例法理（参考：日本食塩製造事件、最高裁昭和50年4月25日第二小法廷判決）を法文化したものです。
解雇の手続き要件（労基法20条、199ページ参照）を満たしていても、労働契約法16条に基づいて解雇が有効か無効かを争う場合は、最終的には裁判所の判断によることとなります。

●02　解　雇

（1）解雇の種類

解雇には、普通解雇、整理解雇および懲戒解雇の３つの類型があります。

解雇の種類

普通解雇

▶労働契約を継続していくことに困難な事情があり、やむを得ず行う解雇であって、整理・懲戒解雇に該当しないもの

┌ 例えば ─
① 仕事をするうえでの能力に問題があるとき
② 病気や事故による長期入院で職場復帰の見込みがないなど健康上の理由があるとき
③ 協調性を著しく欠くとき
└

整理解雇　（☞次ページ参照）

▶企業経営の悪化により、人員整理のために行う解雇

懲戒解雇

▶労働者が職務規律に違反した場合や、著しい非行があった場合に懲戒処分の１つとして行われる解雇

┌ 例えば ─
① 窃盗、横領、傷害などの刑法上の犯罪を犯したとき
② 賭博や風紀を乱して他の労働者に悪影響を及ぼしたとき
③ 重大な経歴詐称があったとき
④ ２週間以上無断欠勤したとき
⑤ 出勤不良で何度注意しても改めなかったとき
└

（2）解雇が正当と認められる場合

解雇は、客観的に合理的な理由を欠き、社会通念上相当であると認められない場合は、解雇権を濫用したものとして無効となります。　労働契約法16条

解雇が正当だと認められるためには、まず、あらかじめ就業規則などで、解雇ができる場合（解雇の事由）を明確に定めておく必要があります。つまり、労働者を解

10
解雇・退職

雇することができるのは、事前に就業規則などで定めた解雇の事由にあたる場合に限られるということになります。

また、労働者と労働契約を結ぶときには、労働条件を書面で明示することが原則ですが（☞23〜24ページ参照）、その際に、どんな場合に解雇されるか、きちんと明示しておかなければなりません。

━━━ 解雇をめぐるトラブルを避けるためにあらかじめしておくこと ━━━

| 解雇の対象となる場合を | → | ①就業規則などに定めておく。 |
| | | ②契約のときに、労働者に明示しておく。 |

整理解雇が認められる場合

経営不振などのため、いわゆるリストラ（人員整理）として行われる整理解雇については、多くの裁判例によって整理解雇の合理性を判断するための要件（要素）が示されています。企業としては、これらの観点に留意しながら、きちんとした手続きを踏むことと、誠意をもって対応することが重要です。

1）解雇の必要性
企業が人員整理をしなければならないほど、経営上のやむを得ない事情があること

2）解雇回避のための努力
労働者を配置転換させる、希望退職を募る、といった解雇をできるだけ回避する経営努力がなされていること

3）人選の妥当性
解雇の対象となる労働者の選定基準（例えば、出勤状況、勤務態度、勤務成績、勤続年数、年齢、扶養家族の有無、再就職の困難さなど）が合理的で、その基準の適用が公平になされていること

4）解雇手続きの妥当性
整理解雇しなければならない事情や経緯などを労働組合や労働者に説明し、十分に協議を尽くしているなど解雇手続きが妥当であること

（3）解雇が制限される場合

次のような場合には、解雇が制限されます。

労基法19条

［1］業務上のケガや病気で労働者が休業しているとき

労働者が業務上ケガや病気をして、療養のために休業している期間およびその後30日間は解雇することができません（打切補償があった場合を除きます。）。

Q200 従業員が休日、酒に酔ったうえでのケンカで相手にケガをさせてしまいました。この者を懲戒解雇できますか？

A この場合は、休日の行為ですから、私生活上の行為です。

本来、懲戒解雇は、職務規律に違反した労働者を対象とするものです。私生活上の行為を理由として解雇できるのは、犯罪や道徳的・社会的に見て不名誉な行為によって会社の名誉や信用が著しく傷つけられた場合などに限られます。

したがって、お尋ねの場合が、このような場合に該当するか否かによって解雇できるかどうか判断することとなります。

☞ 有期労働契約の期間途中の解雇については240ページ参照

注意！
左のような整理解雇が有効かどうかを判断するいわゆる「4要件」は、近年の裁判例では「考慮要素」（4要素）とするものが多い傾向にあります。すなわち、これらの要素のすべてを満たしているかどうかではなく、個別の事案に即して、これらの考慮要素を総合的に勘案して、その解雇が有効かどうかを判断する手法がとられる裁判例もあります。

●打切補償（労基法81条）
業務上の傷病により療養をしている労働者が療養開始後3年を経過しても治らない場合に、使用者は、平均賃金の1,200日分を支払い、その後の療養補償、休業補償等の補償を打ち切ることができます。なお、現実的には労災保険で補償が行われるので、労働者が補償を受けられなくなることはありません。

Q201 通勤災害で療養中の者を解雇できますか？

A 通勤災害の場合は、もともと事業主の管理支配下にあって発生した事故ではありません。労災法上は、通勤災害も保険給付の対象としていますが、労基法では解雇について制限を設けていません。

Q202 業務災害によって休業中の者に対しても、解雇の予告はできますか？

A 労基法19条では、解雇制限の期間中は、解雇することができないとされていますが、解雇の予告までは制限されていません。
例えば、休業期間の最後の日に解雇の予告をしておけば、30日経過後に労働契約を終了させることも可能です。

Q203 解雇を予告してから10日後に、業務災害で休業することになった労働者についても、予告日から30日経過すれば解雇できますか？

A この場合も、休業期間とその後30日を経過しないと解雇できません。ただし、休業前になした解雇の予告そのものが無効となるわけではないので、休業期間とその後30日を経過すれば、解雇の効力が発生するものと考えられます。
なお、休業期間が非常に長く、以前になした解雇の予告は社会通念上効力を失うと認められる場合は、改めて予告を行う必要があります。

●内部告発を理由とする解雇
公益のために企業の犯罪行為や法令違反の事実を社内外、行政機関などに通報したことを理由とする解雇は無効とされています（公益通報者保護法3条）。

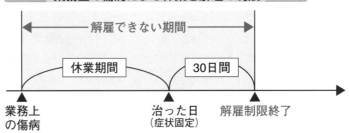

業務上の傷病による休業と解雇の制限

解雇できない期間
休業期間　30日間
業務上の傷病　治った日（症状固定）　解雇制限終了

ただし、療養を開始してから3年を経過した日において、労災保険の傷病補償年金（☞190ページ参照）を受けている場合、またはその日後において傷病補償年金を受けることとなった場合は、打切補償があったものとみなされるので、解雇することができます。

［2］産前産後で休業しているとき

女性労働者が産前・産後の休業期間およびその後30日間は解雇することができません。

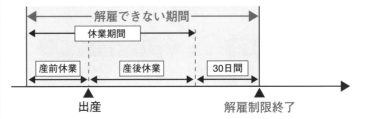

産前産後の休業と解雇の制限

解雇できない期間
休業期間
産前休業　産後休業　30日間
出産　解雇制限終了

また、［1］や［2］の場合でも、天災事変その他やむを得ない事由によって、事業を続けていくことができなくなった場合には、所轄の監督署長の認定を受けて、解雇することができます。（☞200～201ページ参照）

── こんな場合は解雇できない！ ──
① 国籍・信条・社会的身分を理由とする解雇（労基法3条）
② 労働者が事業場の法違反を監督署に申告したことを理由とする解雇（労基法104条）
③ 結婚・妊娠・出産したことなどを理由とする解雇（均等法9条）
④ 育児・介護休業、子の看護休暇等を申し出たり、取得したこと等を理由とする解雇（育介法☞102ページ参照）
⑤ 労働者が労働組合の組合員であること、組合に加入しようとしたこと等を理由とする解雇（労働組合法7条）
⑥ 労働者が個別労働関係紛争の援助を求めたことを理由とする解雇（個別労働紛争解決促進法4条）　　　　など

（4）解雇の手続き

［1］解雇の予告と解雇予告手当

　使用者は、労働者を解雇しようとする場合には、少なくとも30日前にその予告をしなければなりません。

▶ **解雇の予告をするときのポイント**

> ①　解雇の予告は書面で行うこと
> 　労基法上は、予告は口頭でも有効ですが、言った言わないのトラブルを避けるには、「解雇通知書」（▶ ダウンロード 記載例 ㉚参照）などの文書にして労働者に通知するほうが望ましいでしょう。
>
> ②　解雇する日を特定すること
> 　単に「30日後に」ではなく、「○月○日付けで解雇」というように、解雇日を特定してください。

　また、解雇予告をしないで即時に解雇しようとする場合は、解雇と同時に、平均賃金の30日分以上の**解雇予告手当**を支払わなければなりません。

　なお、解雇しようとする日までに、30日以上の余裕がないときは、解雇の予告をしたうえで、30日に不足する日数分の解雇予告手当を支払うことになります。

（労基法20条）

▶ **解雇日まで30日以上の余裕がないとき**

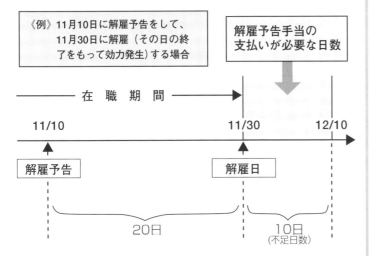

《例》11月10日に解雇予告をして、11月30日に解雇（その日の終了をもって効力発生）する場合

解雇予告手当の支払いが必要な日数

在職期間
11/10　11/30　12/10
解雇予告　解雇日
20日　10日（不足日数）

　このケースでは、予告日から解雇日まで20日しかありません。30日に満たない日数（10日間）については、解雇予告手当を支払う必要があります。

Q204　従業員が行方不明となってしまった場合は、解雇の手続きはどうしたらよいですか？

A　労働者が行方不明の場合は、裁判所の掲示板に掲示し、かつその掲示があった旨を官報・新聞に掲載する公示送達の方法があります。

　また、労働者が行方不明になった状況や過去の勤務状況、連絡の有無、連絡がとれなくなってからの期間などから、会社をやめるつもりで姿を消したことが明らかである場合は、黙示の自己退職として取り扱うことも考えられます。

Q205　即時に解雇する場合、解雇予告手当は給料日に支払ってもよいのですか？

A　解雇の予告をしないで即時に解雇するには、解雇予告手当を支払うことが条件です。したがって、解雇と同時に予告手当を支払わなければなりません。

10 解雇・退職

199

Q206 即時に解雇する場合でも請求されたら「解雇理由証明書」を交付しなければなりませんか？

A 「解雇理由証明書」は、解雇日までの解雇予告期間中に労働者からの請求に応じて交付しなければならないものです。
　即時解雇の場合は、解雇予告の義務がありませんので、「解雇理由証明書」を交付する必要はありません。
　この場合は、労働者から解雇理由の証明書を求められたら、労基法22条1項に基づく退職時の証明書を交付することになります。

［2］解雇の理由の証明書

　解雇を予告した日から解雇日までの間に、労働者から解雇の理由について証明書（解雇理由証明書）を請求されたら、使用者は、これに応じなければなりません。

　なお、退職した後労働者から請求された場合は、それまでの業務や退職の理由などの証明書を交付しなければなりませんが（☞退職時の証明については ダウンロード記載例 ㉜参照）、この証明書と「解雇理由証明書」とは別のものです。

労基法22条2項

［3］解雇の予告がいらない労働者

　解雇しようとする労働者が次表の①〜④にあたる場合は、解雇予告や解雇予告手当の支払いをすることなく、即時に解雇することができます。

　これらの労働者は、短期の契約で雇われる労働者ですが、一定の期間を超えて引き続き使用されることになった場合は、通常の労働者と同じように、解雇予告や解雇予告手当の支払いなしに解雇することはできません。

労基法21条

解雇の予告がいらない労働者

労　働　者		こんなときは解雇の予告が必要
①試用期間中の者	14日	左の期間を超えて引き続き使用されることになったとき
②4カ月以内の季節労働者	所定の期間	
③契約期間が2カ月以内の者		
④日雇労働者	1カ月	

Q207 会社の経営不振を理由に監督署で解雇予告の除外認定を受けられますか？

A 会社側の理由で解雇予告の除外認定を受けられるのは、やむを得ない場合に限られます。
　やむを得ない場合とは、天災事変（不慮の災害）やこれに準ずる不可抗力的な事態が発生したときをいい、会社の経営不振といった理由では認められません。

［4］解雇の予告がいらない場合とその手続き

　天災事変（不慮の災害）などやむを得ない事情で事業を続けることができなくなった場合や、労働者の側に即時に解雇されてもやむを得ない事情がある場合には、解雇の予告や解雇予告手当の支払いをしないで、即時に解雇することができます。

　ただし、その場合には、所轄の監督署長の認定（解雇予告除外認定）を受ける必要があります。

労基法20条

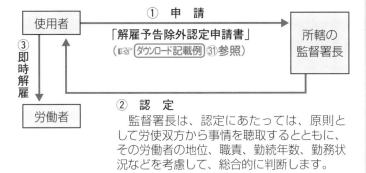

解雇予告除外認定の手続き

```
┌──────────┐        ① 申　請          ┌──────────┐
│ 使用者   │───────────────────────→│ 所轄の   │
└──────────┘  「解雇予告除外認定申請書」│ 監督署長 │
③ │         (☞ ダウンロード記載例 ㉛参照) └──────────┘
即時│                                        │
解雇│                                        │
↓  │        ② 認　定                        │
┌──────────┐←─────────────────────────────┘
│ 労働者   │    監督署長は、認定にあたっては、原則と
└──────────┘  して労使双方から事情を聴取するとともに、
              その労働者の地位、職責、勤続年数、勤務状
              況などを考慮して、総合的に判断します。
```

●03　労働契約の終了にともなう手続き

（1）賃金の支払いと金品の返還

　労働者が退職（解雇も含みます。）または、死亡した場合に、権利者から請求があったときは、7日以内に賃金を支払い、労働者の権利に属する金品を返さなければなりません。　　　　　　　　　　　　　労基法23条

（2）退職時の証明

　退職した労働者から、その労働者の使用期間、業務の種類、その事業における地位、賃金または退職の事由（解雇の理由も含みます。）について、証明書を請求されたときは、遅滞なく交付しなければなりません。

　この証明書には、労働者の請求しない事項や秘密の記号を記入してはいけません。また、労働者の再就職を妨げる目的で、第三者とはかり、労働者の国籍、信条、社会的身分、労働組合活動などについて、いわゆるブラックリストを回覧することも禁止されています。
（☞退職証明書の記載例は ダウンロード記載例 ㉜参照）

労基法22条

（3）記録の保存

　労働契約が終了した場合は、「労働者名簿」（☞24〜25ページ参照、記載例は ダウンロード記載例 ⑩参照）に必要事項を記入しなければなりません。　　　　労基則53条

Q208　1週間無断欠勤している者を懲戒解雇したいのですが、解雇予告の除外認定を受けられますか？

A　監督署の判断基準では、2週間以上の正当な理由のない無断欠勤の場合が除外認定の対象とされています。
　　1週間の無断欠勤の場合は、通常除外認定は受けられません。この場合、就業規則などで定める懲戒解雇の事由にあたり、解雇が客観的に合理的な理由があって社会通念上相当と認められる場合には、解雇そのものは可能ですが、即時解雇することはできず、解雇の予告または予告手当の支払いが必要となります。

●賃金などを請求する「権利者」
　労働者が退職した場合は退職した労働者本人、労働者が死亡した場合には、労働者の相続人がこれにあたります。

Q209　労働者の権利に属する金品とは、具体的にはどういうものですか？

A　例えば社内積立金、保証金などの金銭のほか、労働者が仕事で使っていた自分のパソコンや社宅で使っていた家財といった労働者の所有物などが含まれます。

労働者名簿に記載する事項	
労働者が退職（解雇）したとき	① 退職または解雇の年月日 ② 退職または解雇の事由
労働者が死亡したとき	① 死亡した年月日 ② 死亡の原因

　また、労働者名簿、賃金台帳その他労働関係に関する重要な書類は、5年間（当分の間、3年間）（☞**下記参照**）保存しなければなりません。

労基法109条

記録の保存期間 ●●●●●●●●●●●●●●●●●●●●●●●●●●●●●●●●

ココも
チェック！

　労基法では、労働者名簿や賃金台帳のほかに、労働関係に関する重要な記録を5年間（当分の間、3年間）＊保存することが義務づけられています。

　＊令和2年の労基法改正により、労基法109条で保存が義務づけられている記録の保存期間が「3年」から「5年」に改められましたが（令和2年4月施行）、経過措置により、当分の間、従前と変わらず「3年」とされています。

労基法109条で保存が義務づけられている記録

記　録	例	保存期間の起算日
①労働者名簿	―	労働者の死亡、退職または解雇の日
②賃金台帳	―	最後の記入をした日 ※ただし、賃金支払期日のほうが後の場合は賃金支払期日
③雇入れに関する書類	例）雇入れ決定関係書類、契約書、労働条件通知書、履歴書、身元引受書等	労働者の退職または死亡の日
④解雇に関する書類	例）解雇決定関係書類、解雇予告除外認定関係書類、予告手当または退職手当の領収書等	
⑤災害補償に関する書類	例）診断書、補償の支払い・領収関係書類等	災害補償を終わった日
⑥賃金に関する書類	例）賃金決定関係書類、昇給・減給関係書類等	その完結の日 ※ただし、賃金支払期日のほうが後の場合は賃金支払期日
⑦その他労働関係に関する重要な書類	例）出勤簿、タイムカード等の記録、労使協定の協定書、各種許認可書、始業・終業時刻など労働時間の記録に関する書類（使用者自ら始業・終業時間を記録したもの、残業命令書およびその報告書並びに労働者が自ら労働時間を記録した報告書）、退職関係書類、休職・出向関係書類、事業内貯蓄金関係書類等	

上記の記録のほか、右の記録も、5年間（当分の間、3年間）保存しなければなりません。

※⑨～⑯の記録の保存期間の起算日は、当該記録に係る賃金の支払期日が当該記録の原則的な起算日（完結の日等）よりも遅い場合は、その賃金の支払期日が起算日となる。

➡

⑧36協定で定めた健康福祉確保措置の実施状況に関する記録（☞49ページ参照）
⑨専門業務型裁量労働制に係る労働時間の状況に関する記録（☞69ページ参照）
⑩企画業務型裁量労働制に係る労働時間の状況に関する記録（☞70ページ参照）
⑪企画業務型裁量労働制等に係る労使委員会の議事録（☞69ページ参照）
⑫年次有給休暇管理簿（☞87ページ参照）
⑬高度プロフェッショナル制度に係る同意等に関する記録（☞74ページ参照）
⑭高度プロフェッショナル制度に係る労使委員会の議事録（☞74ページ参照）
⑮労働時間等設定改善委員会の議事録（☞91ページ参照）
⑯労働時間等設定改善企業委員会の議事録（☞91ページ参照）

●04　各種保険の手続き

（1）雇用保険に関する手続き

　労働者が退職すると、その労働者は雇用保険の被保険者の資格を失います。事業主は、被保険者でなくなった日の翌日から起算して10日以内に、「離職証明書」を添付して、「雇用保険被保険者資格喪失届」を所轄のハローワークへ提出しなければなりません。

　また、その労働者が失業給付を受ける手続きの際に離職票が必要になりますから、資格喪失手続きの際ハローワークから交付される「離職票—1・2」を、退職した労働者に交付しなければなりません。

雇保則7条

労働者が退職したときの雇用保険の手続き

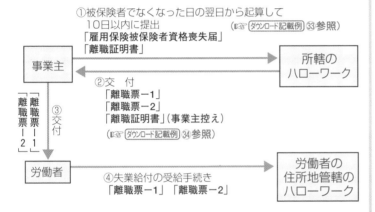

（2）社会保険に関する手続き

　労働者が退職すると、その労働者は健康保険および厚生年金保険の被保険者の資格を失います。事業主は、退職日の翌日から起算して5日以内に、「健康保険・厚生年金保険被保険者資格喪失届」を、所轄の年金事務所へ提出する必要があります。

Q210　退職した者の健康保険証が回収できないときはどうしたらよいですか？

A　健康保険証が回収できないときは、資格喪失届と同時に、「健康保険被保険者証回収不能届」または「健康保険被保険者証滅失届」を、所轄の年金事務所等へ提出します。

労働者が退職したときの社会保険の手続き

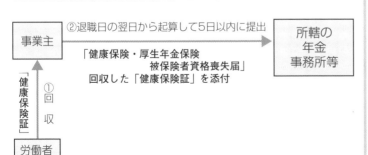

10
解雇・退職

雇用保険制度のしくみ ●●●●●●●●●●●●●●●●●●●●●●●●●●●●●

　雇用保険による給付には、失業して所得の源泉が失われる場合の給付（基本手当等）をはじめ、雇用の継続が困難となる事情（高齢・介護）が生じた場合に受けられる雇用継続給付、育児休業を取得する労働者の生活と雇用の安定を目的とする育児休業給付などがあり、雇用の安定と就職の促進を目的とした、重要なセーフティネットの役割を持っています。

　また、失業の予防、雇用状態の是正と雇用機会の増大、さらに労働者の能力の開発・向上のための付帯事業（雇用保険二事業）も、雇用保険によってまかなわれています。

雇用保険の給付の全体図

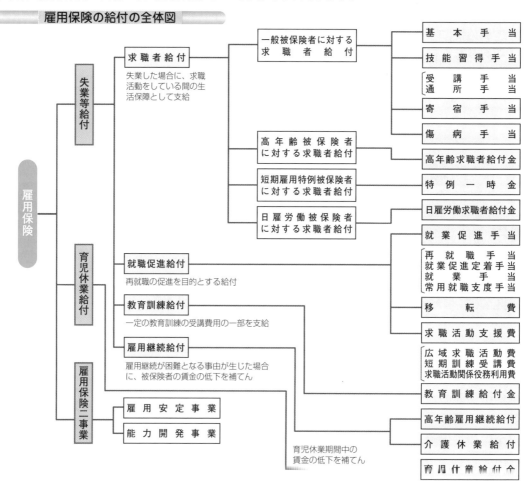

基本手当 ▶ 一般被保険者が、定年、倒産、自己都合等により離職し、失業した場合に、求職中の生活を保障するための給付

【受給要件】　①　ハローワークに来所し、求職の申し込みをし、就職の意思と能力があるにもかかわらず職業に就くことができない「失業の状態」にあること
　　　　　　②　原則として、離職の日以前2年間に、<u>被保険者期間</u>が通算で12カ月以上あること※

※特定受給資格者または特定理由離職者（☞次ページの※1参照）の場合は、離職の日以前1年間に、被保険者期間が通算で6カ月以上

被保険者であった期間のうち、離職日から1カ月ごとに区切った期間に賃金支払いの基礎となった日数が11日以上、または賃金支払いの基礎となった時間数が80時間以上ある月を1カ月と計算します。

10
解雇・退職

【基本手当の日額】 原則として、離職前6カ月間に毎月決まって支払われた賃金の合計を180で割って賃金日額を算定し、その額の45〜80%の範囲内で、基本手当の日額が定められる（年齢によって上限額・下限額あり）。

基本手当の所定給付日数

（1）特定受給資格者[※1] および特定理由離職者[※2]（（3）就職困難者を除く。）

区分＼被保険者であった期間	1年未満	1年以上5年未満	5年以上10年未満	10年以上20年未満	20年以上
30歳未満	90日	90日	120日	180日	—
30歳以上35歳未満	90日	120日	180日	210日	240日
35歳以上45歳未満	90日	150日	180日	240日	270日
45歳以上60歳未満	90日	180日	240日	270日	330日
60歳以上65歳未満	90日	150日	180日	210日	240日

※1　特定受給資格者…事業主の倒産等により離職を余儀なくされた者
　　特定理由離職者…有期労働契約が更新されずに離職した者、一定の正当な理由で自己都合により離職した者
※2　特定理由離職者のうち有期労働契約が更新されずに離職された者については、受給資格に係る離職の日が平成21年3月31日から令和7年3月31日までの間にある場合に限り、所定給付日数が特定受給資格者と同様となる。

（2）特定受給資格者および特定理由離職者以外の離職者（（3）就職困難者を除く。）

区分＼被保険者であった期間	1年未満	1年以上5年未満	5年以上10年未満	10年以上20年未満	20年以上
全年齢	—	90日	90日	120日	150日

（3）就職困難者

区分＼被保険者であった期間	1年未満	1年以上5年未満	5年以上10年未満	10年以上20年未満	20年以上
45歳未満	150日	300日	300日	300日	300日
45歳以上65歳未満	150日	360日	360日	360日	360日

☞詳しくは、最寄りのハローワークへお問い合わせください。
ハローワークインターネットサービス　https://www.mhlw.hellowork.go.jp/

🔟 解雇・退職

参考　求職者支援制度

「職業訓練の実施等による特定求職者の就職の支援に関する法律」に基づき、雇用保険を受給できない求職者等を対象に、職業訓練によるスキルアップを通じて早期就職を目指すための求職者支援制度があります。

☞詳しくは、住所地を管轄するハローワークへお問い合わせください。

対象者	◆雇用保険の適用がなかった離職者　◆フリーランス・自営業を廃業した者 ◆雇用保険の受給が終了した者 ◆在職者（一定額以下の収入のパートタイムで働きながら、正社員への転職を目指す人等） 　※給付金の受給要件を満たさない場合でも、無料の訓練のみ受講可能。
給付の内容	●「求職者支援訓練」を原則無料で受講できる。（テキスト代等は自己負担） ●収入・資産、訓練実施日の出席などの一定要件を満たす場合には、訓練期間中、 　職業訓練受講給付金が支給される。 　　↓ 　月10万円＋交通費（実費／上限額あり）＋寄宿手当（所定の額）

未成年者を雇うとき

　未成年者は、成年者とは異なり、保護者の監督下にあり、物事の判断能力も不十分な点が多いものです。

　労基法では、このような未成年者に対する特別な配慮から、使用できる最低年齢、労働時間に関する制限、年少者を就かせてはならない業務などについて定めています。

　また、未成年者をアルバイトとして使用するなどの際には、これらの規定に十分留意してください。

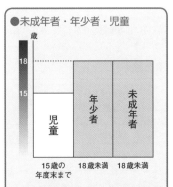

●未成年者・年少者・児童

民法の改正により、令和4年4月から、成年年齢が20歳から18歳に引き下げられたことにともない、「未成年者」とは、18歳未満の者となりました。

Q211　年齢を確認する方法としては、どの程度のことをしたらよいのでしょうか？

A　公文書で確認することまでは必要ありませんが、少なくとも、本人の申告だけを信用して安易に雇い入れることは避けてください。

　一般的には、学生証や保険証などの身分を証明するものの提示を求め、コピーをとっておくなどの注意が必要でしょう。

●01　使用できる最低年齢

　事業場において、使用できる未成年者は、原則として、満15歳に達した日以後の最初の3月31日（以下、本書では、「満15歳の年度末」といいます。）を終了した者です。

　例外として、一定の業種については満15歳の年度末を終了しない児童を使用することができますが、その場合は、下表のような要件を満たさなければなりません。

労基法56条

使用できる児童

年　齢	就かせられる業種	要　件
満13歳以上で、満15歳の年度末を終了しない児童	非工業的業種（製造業、鉱業、建設業、運輸交通業および貨物取扱業以外の業種）	①健康・福祉に有害でなく、かつ軽易な業務であること②修学時間外であること③監督署長の許可を受けること
満12歳以下	映画の製作・演劇	

　満15歳の年度末を終了しない児童を雇うときは、所轄の監督署へ「使用許可申請書」（☞ ダウンロード記載例 ㉟参照）を提出して許可を受ける必要があります。

●02　未成年者を雇い入れるときの注意

（1）労働契約

　労働契約は、労働者として働く未成年者本人と結ばなければならず、保護者が未成年者に代わって契約を結ぶことはできません。

　また、雇い入れる際に、本人の年齢を確認しなければなりません。

11 未成年者

さらに、契約のときに、本人に労働条件を明示して、きちんと説明してください。労働条件として明示しなければならない内容は、一般の労働者に対するもの（☞23〜24ページ参照）と同じです。

労基法58条

（2）証明書の備え付け

満18歳未満の年少者を雇う場合には、事業場に証明書等を備え付ける必要があります。また、備え付けなければならない書類は、年齢に応じて決められています。

労基法57条

事業場に備え付ける書類

未成年者の年齢	事業場に備え付ける書類
満18歳未満	戸籍証明書
満15歳の年度末を終了しない児童	①戸籍証明書 ②学校長の証明書 ③親権者または後見人の同意書

満15歳の年度末を終了しない児童については、学校長の証明書が必要です。学校長へ証明書を申請するときの「証明申請書」については、記載例を参考にしてください。（☞ ダウンロード記載例 ㊲参照）

●03 労働時間に関する制限

（1）時間外労働・休日労働などの禁止

原則として、年少者の時間外労働、休日労働、変形労働時間制による労働は禁止されています。

労基法60条

［1］満15歳の年度末を終了した満18歳未満の年少者の場合

労働時間の原則		1日8時間、1週40時間まで
時間外労働・休日労働 （労基法36条）	原則	できません。
	例外	災害などの非常時に時間外労働・休日労働をさせる必要がある場合は、所轄の監督署長の許可（緊急のときは事後の届出）を得て労働させることができます。　　　（労基法33条）
年少者に特別の変形労働時間制		1週間のうち1日の労働時間を4時間以内に短縮すれば、他の日に10時間まで延長できます。

Q212 未成年者が働いた分の賃金は、保護者に支払ってもよいですか？

A 未成年者とはいえ、独立した人格として、賃金を請求する権利があります。あくまで労働者本人に支払わなければならず、親権者や後見人が代わって受け取ることはできません（労基法59条）。

●未成年者に不利な労働契約
　未成年者にとって不利と認められる労働契約は、未成年者の親権者や後見人のほか、監督署長から将来に向かって解除されることがあります。

注意！
　事業場に備え付ける戸籍証明書は、市区町村が発行する氏名および生年月日についての「住民票記載事項の証明書」（☞ ダウンロード記載例 ㊱の「証明願」参照）でも足ります。

注意！
　年少者には、高度プロフェッショナル制度（☞74〜76ページ参照）は適用されません。

1カ月・1年・1週間単位の変形労働時間制（労基法32条の2・32条の4・32条の5）	原則	できません。
	例外	1日8時間、1週48時間を超えなければ、1カ月単位または1年単位の変形労働時間制によることができます。
フレックスタイム制（労基法32条の3）		できません。
休憩の与えかた（労基法34条）		労働時間の途中に、一斉に与えます。

［2］満15歳の年度末を終了しない児童の場合

労働時間の原則	修学時間を通算して、1日7時間、1週40時間まで
時間外労働・休日労働	できません。 ※災害などの非常時に時間外労働・休日労働をさせる必要がある場合は、所轄の監督署長の許可（緊急のときは事後の届出）を得て労働させることができます。（労基法33条）
変形労働時間制（フレックスタイム制を含みます。）	
休憩の与えかた	労働時間の途中に、一斉に与えます。

（2）深夜労働の禁止

　満18歳未満の年少者については、原則として、深夜に労働させることが禁じられています。

労基法61条

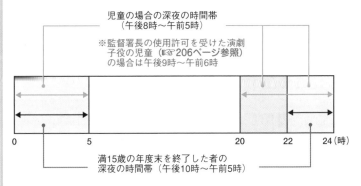

深夜の時間帯

児童の場合の深夜の時間帯
（午後8時～午前5時）

※監督署長の使用許可を受けた演劇子役の児童（☞206ページ参照）の場合は午後9時～午前6時

満15歳の年度末を終了した者の
深夜の時間帯（午後10時～午前5時）

0　　　5　　　　　　　　　　20　22　24（時）

　ただし、年少者の深夜労働については、一部例外が認められています（**左欄参照**）。

●修学時間
　授業の開始時刻から最終授業の終了時刻までの時間から、休憩時間を除いた時間

Q213 中学生のアルバイトに、日曜日に働いてもらうにはどうしたらよいですか？

A 中学生は15歳の年度末を終了しない修学児童です。修学時間のない日曜日に労働させる場合は、別の修学日（平日）に法定休日（労基法35条の休日）を与えてください。

●年少者の深夜労働の例外
① 交替制で使用する16歳以上の男性
② 交替制によって労働させる事業で、監督署長の許可を受けて、午後10：30まで、または午前5：30から労働させる場合
③ 災害によって緊急に労働させる必要がある場合
④ 農林水産業、保健衛生業、電話交換業務

Q214 交替制勤務なら、16歳の女性にも深夜労働をさせることができますか？

A 交替制勤務の場合に深夜労働をさせることができる年少者は、16歳以上の男性に限られます（労基法61条）。

●04 就業の制限

　年少者は、心身ともに未発達であることを考慮して、労基法では、①危険な業務、②衛生上有害な業務、③福祉の面から有害な業務に就業させることはできません。

　年少者の就業が禁止されている業務には、おもに次のようなものがあります。

労基法62条・63条

年少者の就業が禁止されている業務

<table>
<tr><td rowspan="6">①</td><td colspan="5">一定の重量以上の重量物を取り扱う業務</td></tr>
<tr><td rowspan="2">年齢・性別</td><td></td><td colspan="2">重　量</td></tr>
<tr><td></td><td>継続作業</td><td>断続作業</td></tr>
<tr><td rowspan="2">満16歳未満</td><td>男</td><td>10kg以上</td><td>15kg以上</td></tr>
<tr><td>女</td><td>8 kg以上</td><td>12kg以上</td></tr>
<tr><td>満16歳以上
満18歳未満</td><td>男
女</td><td>20kg以上
15kg以上</td><td>30kg以上
25kg以上</td></tr>
<tr><td>②</td><td colspan="5">ボイラーを取り扱う業務</td></tr>
<tr><td>③</td><td colspan="5">クレーンなどの運転の業務</td></tr>
<tr><td>④</td><td colspan="5">高さ5メートル以上の場所で、墜落のおそれがある場所で行う業務</td></tr>
<tr><td>⑤</td><td colspan="5">ベルトコンベアー、フォークリフトなどの運転の業務</td></tr>
<tr><td>⑥</td><td colspan="5">水銀、ヒ素、塩酸、硝酸等有害物を取り扱う業務</td></tr>
<tr><td>⑦</td><td colspan="5">鉛、水銀、クロム等有害物のガス、蒸気、または粉じんを発散する場所で行う業務</td></tr>
<tr><td>⑧</td><td colspan="5">エックス線等有害放射線にさらされる業務</td></tr>
<tr><td>⑨</td><td colspan="5">多量の高熱物体を取り扱う業務、著しく暑熱な場所で行う業務</td></tr>
<tr><td>⑩</td><td colspan="5">多量の低温物体を取り扱う業務、著しく寒冷な場所で行う業務</td></tr>
<tr><td>⑪</td><td colspan="5">病原体によって著しく汚染のおそれのある業務</td></tr>
<tr><td>⑫</td><td colspan="5">焼却、清掃、と畜場の業務</td></tr>
<tr><td>⑬</td><td colspan="5">精神病院における業務</td></tr>
<tr><td>⑭</td><td colspan="5">酒席に侍する業務</td></tr>
<tr><td>⑮</td><td colspan="5">特殊の遊興的接客業における業務（バー・キャバレーなど）</td></tr>
<tr><td>⑯</td><td colspan="5">坑内における業務</td></tr>
</table>

⑫ 女性労働者を雇うとき

募集・採用から就労させるときの労働条件、解雇・退職に至るまで、原則として、性別にかかわりなく、同じように処遇しなければなりません。
一方、子どもを産み育てる女性労働者の母性を保護するために、労基法や均等法では、女性労働者の就労にあたって、さまざまな特別規制が置かれています。

Q215 賃金などの処遇の面で、男性よりも女性を優遇することは問題がありますか？

A 労基法4条や均等法では、男性・女性とも、差別することなく均等に処遇することを目的としています。
　男性よりも女性を優遇することもまた、差別的な取り扱いとなります。

Q216 男性は社員、女性はパートタイマーという条件で募集・採用することはできますか？

A 均等法では、原則として募集・採用の段階で、性別によって条件に差を設ける取り扱いをしてはならないものとされています。
　例外として、男女別の取り扱いが認められるのは、例えば、俳優・モデルなど芸術・芸能の分野で、表現の真実性が求められる職業や、警備員などの防犯上の必要がある職業、労基法上の女性保護規定によって男女均等に処遇することが難しい場合など、合理的な理由がある場合に限られます。

●雇用管理区分
　職種、資格、雇用形態、就業形態等の労働者の区分であって、その雇用管理区分に属する労働者と、他の区分に属する労働者とで異なる雇用管理をすることを予定して設定されているものをいいます。

●01　男女差別的な取り扱いの禁止

（1）性別を理由とする差別の禁止

　均等法では、募集・採用、配置・昇進・降格、教育訓練、福利厚生、職種・雇用形態の変更、定年・退職の勧奨・解雇・雇止めについて、性別を理由とする差別は、禁じられています。
　また、賃金については、労基法で男女差別的な取り扱いを禁止しています。

> 均等法5条・6条・労基法4条

均等法で禁止される差別的取り扱い

◈ 募集・採用　◈ 配置（業務の配分・権限の付与を含みます。）
◈ 昇進　◈ 降格　◈ 教育訓練
◈ 福利厚生
◈ 職種の変更　◈ 雇用形態の変更
◈ 定年　◈ 解雇　◈ 退職の勧奨　◈ 労働契約の更新（雇止め）

> **ポジティブ・アクション**
>
> 　男女間に事実上生じている格差を解消するための積極的な取り組み（ポジティブ・アクション）の一環として、女性を有利に取り扱う場合は、法違反とはなりません（均等法8条）。
> 　例えば、女性労働者が男性労働者と比べて相当程度少ない（4割を下回る）雇用管理区分における募集・採用、役職の募集・採用にあたって、女性のみを対象としたり、女性に有利な取り扱いをする特例が認められます。

（2）間接差別

　性別を理由とする差別が禁止されている事項について、形式的には性別以外の理由による要件を設けていても、実質的に性別を理由とする差別となるおそれがある一定の場合には、間接差別としてその取り扱いが禁止さ

れています。　　　　　　　　　　均等法7条

均等法で禁止される間接差別

間接差別とは
①外見上は性別以外の事由を要件とする措置で、
②他の性と比較して、一方の性に相当程度の不利益を与え、
③業務遂行上の必要など合理性がないもの

間接差別として禁止
①募集・採用にあたり、一定の身長・体重・体力を要件とすること
②募集・採用、昇進、職種の変更にあたり、転居をともなう転勤に応じることができることを要件とすること
③昇進にあたり、転勤経験を要件とすること

●02　妊娠・出産等を理由とする不利益取り扱いの禁止

　事業主は、就業規則などに婚姻・妊娠・出産退職制を定めたり、婚姻したことを理由としてその女性労働者を解雇したりしてはいけません。また、妊娠・出産・産前産後休業の取得などを理由として、その女性労働者に対して解雇その他不利益な取り扱いをしてはなりません。

不利益取り扱いとなる場合

下記の事項を理由として

ア　妊娠したこと
イ　出産したこと
ウ　母性健康管理措置（☞216ページ）を求めた、または受けたこと
エ　坑内業務または危険有害業務の就業制限により、これらの業務に従事しない旨を申し出、または従事しなかったこと
オ　産前産後休業を請求し、または休業をしたこと
カ　軽易な業務への転換を請求し、または転換したこと
キ　時間外・休日労働、深夜労働をしないことを請求し、またはこれらの労働をしなかったこと
ク　育児時間を請求し、または取得したこと
ケ　つわり等の妊娠・出産にともなう症状により、労務の提供ができなかった、または労働能率が低下したこと

不利益取り扱いの禁止

❖解雇　❖労働契約の不更新（雇止め）
❖更新回数の上限の引き下げ　❖退職強要
❖労働契約内容の変更の強要　❖降格
❖就業環境を害すること（嫌がらせ）　❖不利益な自宅待機命令
❖減給・不利益な賞与算定　❖不利益な昇進・昇格の人事査定
❖不利益な配置転換
❖派遣先による当該派遣労働者の受け入れ拒否　　　　　　　など

● 「理由として」いるかの判断
　均等法および育介法の不利益取り扱いの判断の要件となっている「理由として」とは、妊娠・出産・育児休業等の事由と不利益取り扱いとの間に「因果関係」があることを指します。
　妊娠・出産・育児休業等の事由を「契機として」不利益取り扱いを行った場合は、原則として「理由として」いると解され、法違反となります。妊娠・出産・育児休業等の事由の終了から1年以内に不利益取り扱いがなされた場合は、原則として「契機として」いると判断します。

☞参考判例 ▶最高裁平成26年10月23日第一小法廷判決

Q217　産後休業中に有期労働契約の満了を迎える場合も必ず更新しなければなりませんか？

A　今度の期間満了で契約を終了することがあらかじめ明示されている場合でなければ、契約を更新しないことは不利益取り扱いになります。

☞ 詳しくは、「労働者に対する性別を理由とする差別の禁止等に関する規定に定める事項に関し、事業主が適切に対処するための指針」（平成18年厚生労働省告示614号）参照

Q218 不利益取り扱いになるかどうかは、誰と比較して判断するのですか？

A　不利益な取り扱いになるかどうかは、他の労働者との比較ではなく、原則として、「妊娠・出産等しないで通常どおり働いている本人」と比較して判断します。また、妊娠・出産にともなう症状で労働能率が低下した場合には、本人が他の疾病で能率が低下した場合と比較します。

また、妊娠中や産後1年以内に解雇された場合は、妊娠・出産等を理由とする解雇ではないことを事業主が証明しない限り、その解雇は無効となります。

均等法9条

●03　女性労働者に関する就業制限等

（1）女性労働者を就業させることができない業務

女性労働者については、原則として、下表に挙げる業務に就かせることはできません。

労基法64条の2・64条の3

女性労働者を就かせてはならない業務	
（1）坑内業務 （労基法64条の2）	坑内業務のうち次の業務 ①人力により行われる鉱物等の掘削・掘採の業務 ②動力により行われる鉱物等の掘削・掘採の業務（遠隔操作によるものを除く。） ③発破による鉱物等の掘削・掘採の業務 ④ずり・資材等の運搬、覆工のコンクリートの打設等鉱物等の掘削・掘採の業務の付随業務（管理等の業務を除く。）
（2）危険または有害な業務 （労基法64条の3）	①重量物を取り扱う業務 ②生殖機能などに有害な物質が発散する場所において行われる一定の業務（☞214ページの表の⑲）

①重量物を取り扱う業務

年齢	重　量	
	継続作業	断続作業
満16歳未満	8kg以上	12kg以上
満16歳以上 満18歳未満	15kg以上	25kg以上
満18歳以上	20kg以上	30kg以上

Q219　生理日の休暇は有給にしなければなりませんか？

A　必ずしも生理日の休暇を有給休暇として取り扱う必要はありませんが、有給にするか無給にするかは、就業規則などで、明確に定めておくのが望ましいでしょう。

なお、生理日の休暇のほか、次の休暇等についても同様です。

・産前産後休業
・育児休業・介護休業
・育児時間　　　　　　等

（2）生理日の就業が著しく困難な女性労働者に対する措置

生理日の就業が著しく困難な女性労働者が休暇を請求したときは、その女性労働者を生理日に就業させてはなりません。

生理日の休暇の日数は、その女性労働者に必要な日数であって、就業規則などで休暇日数を限定することはできません。

労基法68条

●04 妊産婦に関する取り扱い

（1）妊産婦を就業させることができない業務

妊娠中の女性労働者については、母体や胎児を保護するため、危険または有害な業務への就業が制限されています。また、産後1年を経過しない女性労働者についても、妊娠中の女性労働者に準じた就業制限が定められています。

労基法64条の2・64条の3

●妊産婦
　妊娠中の女性および産後1年を経過しない女性をいいます。

妊産婦を就かせてはならない業務

	妊娠中の女性労働者に就業させることができない業務	産後1年を経過しない女性労働者
①	坑内で行われるすべての業務	本人からの申出があった場合は、就業させてはなりません。
②	一定の重量以上の重量物を取り扱う業務 （年齢・重量（継続作業／断続作業）） 満16歳未満　継続作業8kg以上　断続作業12kg以上 満16歳以上満18歳未満　継続作業15kg以上　断続作業25kg以上 満18歳以上　継続作業20kg以上　断続作業30kg以上	就業させてはなりません。
③	ボイラーを取り扱う業務	本人からの申出があった場合は、就業させてはなりません。
④	ボイラー溶接の業務	
⑤	つり上げ荷重が5トン以上のクレーン・デリックまたは制限荷重が5トン以上の揚貨装置の運転の業務	
⑥	運転中の原動機または原動機から中間軸までの動力伝導装置の掃除、給油、検査、修理またはベルトの掛け換えの業務	
⑦	クレーン、デリックまたは揚貨装置の玉掛けの業務（2人以上で行う玉掛け業務における補助作業を除きます。）	
⑧	動力により駆動される土木建築用機械または船舶荷扱用機械の運転の業務	
⑨	直径が25センチメートル以上の丸のこ盤（横切用丸のこ盤および自動送り装置を有する丸のこ盤を除きます。）、またはのこ車の直径が75センチメートル以上の帯のこ盤（自動送り装置を有する帯のこ盤を除きます。）に木材を送給する業務	

12 女性

213

<table>
<tr><td colspan="2">●右表⑲の規制対象となる化学物質</td></tr>
<tr><td colspan="2">特定化学物質障害予防規則の適用を受けているもの</td></tr>
<tr><td colspan="2">①塩素化ビフェニル（PCB）、②アクリルアミド、③エチルベンゼン、④エチレンイミン、⑤エチレンオキシド、⑥カドミウム化合物、⑦クロム酸塩、⑧五酸化バナジウム、⑨水銀およびその無機化合物（硫化水銀を除く）、⑩塩化ニッケル（II）（粉状のものに限る）、⑪スチレン、⑫テトラクロロエチレン（パークロルエチレン）、⑬トリクロロエチレン、⑭砒素化合物（アルシンと砒化ガリウムを除く）、⑮ベーター‐プロピオラクトン⑯ペンタクロルフェノール（PCP）およびそのナトリウム塩、⑰マンガン
※カドミウム、クロム、バナジウム、ニッケル、砒素の金属単体、マンガン化合物は対象とならない。</td></tr>
<tr><td colspan="2">鉛中毒予防規則の適用を受けているもの</td></tr>
<tr><td colspan="2">⑱鉛およびその化合物</td></tr>
<tr><td colspan="2">有機溶剤中毒予防規則の適用を受けているもの</td></tr>
<tr><td colspan="2">⑲エチレングリコールモノエチルエーテル（セロソルブ）、⑳エチレングリコールモノエチルエーテルアセテート（セロソルブアセテート）、㉑エチレングリコールモノメチルエーテル（メチルセロソルブ）、㉒キシレン、㉓N，N‐ジメチルホルムアミド、㉔トルエン、㉕二硫化炭素、㉖メタノール</td></tr>
</table>

⑩	操車場の構内における軌道車両の入れ換え、連結または解放の業務	本人からの申出があった場合は、就業させてはなりません。
⑪	蒸気または圧縮空気により駆動されるプレス機械または鍛造機械を用いて行う金属加工の業務	
⑫	動力により駆動されるプレス機械、シャー等を用いて行う厚さが8ミリメートル以上の綱板加工の業務	
⑬	岩石または鉱物の破砕機または粉砕機に材料を送給する業務	
⑭	土砂が崩壊するおそれのある場所または深さが5メートル以上の地穴内における業務	就業制限はありません。
⑮	高さが5メートル以上の場所で、墜落により労働者が危害を受けるおそれのある場所で行う業務	
⑯	足場の組み立て、解体または変更の業務（地上または床上における補助作業を除きます。）	本人からの申出があった場合は、就業させてはなりません。
⑰	胸高直径が35センチメートル以上の立木の伐採の業務	
⑱	機械集材装置、運材索道等を用いて行う木材の搬出の業務	
⑲	生殖機能などに有害な物質が発散する場所において行われる次の業務 （ア）安衛法令に基づく作業環境測定を行い、「第3管理区分」（規制対象となる化学物質の空気中の平均濃度が規制値を超える状態）となった屋内作業場での業務 （イ）タンク内、船倉内などで規制対象の化学物質を取り扱う業務で、呼吸用保護具の着用が義務づけられている業務	就業させてはなりません。
⑳	多量の高熱物体を取り扱う業務	本人からの申出があった場合は、就業させてはなりません。
㉑	著しく暑熱な場所で行う業務	
㉒	多量の低温物体を取り扱う業務	
㉓	著しく寒冷な場所で行う業務	
㉔	異常気圧下で行う業務	
㉕	さく岩機、鋲打機等身体に著しい振動を与える機械器具を用いて行う業務	就業させてはなりません。

　また、妊娠中の女性労働者から請求があったときは、他の軽易な業務に転換させなければなりません。

労基法65条3項

12
女
性

（2）労働時間に関する制限

妊産婦から請求があったときは、時間外労働、休日労働または深夜労働をさせることはできません。

労基法66条

妊産婦の労働時間に関する制限

	労基法上の規制	備　考
①時間外労働・休日労働	請求があった場合はできません。	・非常災害（労基法33条）の場合も同様です。 ・管理監督者（☞72ページ参照）の立場にある女性労働者については、時間外労働・休日労働の制限が適用されません。
②深夜労働	請求があった場合はできません。	・非常災害（労基法33条）の場合も同様です。 ・管理監督者の立場にある女性労働者から請求があれば、深夜労働をさせることはできません。
③変形労働時間制	請求があった場合は法定労働時間を超えて労働させることができません。	・変形労働時間制そのものが適用できないわけではありませんが、1日および1週の法定労働時間の枠内で労働させなければなりません。 ・フレックスタイム制は可能です。 ・管理監督者の立場にある女性労働者については、変形労働時間制の制限が適用されません。

（3）産前産後の休業

原則として、産前6週間（多胎妊娠の場合は14週間）の間にある女性労働者から請求があった場合と、産後8週間の間にある女性労働者については、就業させてはなりません。

ただし、産後6週間を経過した女性労働者が請求した場合には、医師が支障がないと認めた業務に就かせることができます。

労基法65条1項・2項

> **注意！**
> 産前産後の休業の期間とその後30日間は解雇できません。（☞198ページ参照）

☞ 育児・介護休業については94～97ページ参照

12
女
性

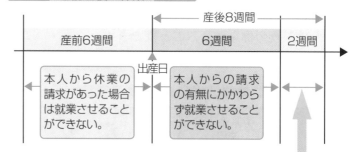

産前産後の休業

産後8週間

| 産前6週間 | 6週間 | 2週間 |

出産日

本人から休業の請求があった場合は就業させることができない。

本人からの請求の有無にかかわらず就業させることができない。

本人の希望があれば、医師が認めた業務に就業させることができる。

【産前産後の休業の考えかた】
①出産日当日は、「産前」に含めます。
②労基法65条の「出産」とは、妊娠4カ月以上（85日以上）の分娩をいいますから、妊娠4カ月以上の分娩の場合には産後休業を与える必要があります。

●出産手当金
　健康保険においては、産前産後の休業期間中1日につき、支給開始日以前の継続した12カ月間の各月の標準報酬月額（健康保険法上、保険料や保険給付の算定の基礎となる賃金の月額）を平均した額の30分の1相当額の3分の2が出産手当金として支給されます。（☞詳しくは全国健康保険協会（協会けんぽ）、健保組合へお尋ねください。）

（4）育児時間

　生後満1年未満の子を育てている女性労働者は、通常の休憩時間のほかに、1日2回、それぞれ少なくとも30分の育児時間（授乳などのための時間）を請求することができ、使用者は、請求があれば、育児時間中、その女性労働者を就業させてはなりません。　労基法67条

（5）妊娠中と出産後の母性健康管理に関する措置

　妊娠中または産後1年を経過しない女性労働者については、母子保健法の規定による保健指導または健康診査を受けるために必要な時間を確保できるようにしなければなりません。

　また、女性労働者が保健指導または健康診査に基づく指導事項を守ることができるように、勤務時間の変更、勤務の軽減など、必要な措置をとる必要があります。　均等法12・13条

保健指導や健康診査に必要な時間の確保

産　　前	医師または助産師が右と異なる指示をした場合は、その指示された回数が確保できるようにしなければなりません。	妊娠23週まで→4週に1回
		妊娠24週〜35週まで→2週に1回
		妊娠36週〜出産まで→1週に1回
産　　後（1年以内）	医師または助産師の指示により、必要な時間を確保することができるようにしなければなりません。	

Topics >>> 女性活躍推進法・次世代育成支援対策推進法と 一般事業主行動計画、認定制度

「女性の職業生活における活躍の推進に関する法律」（女性活躍推進法）は、事業主等が女性の活躍推進に向け自主的に取り組むための枠組みを定めた法律です。また、「次世代育成支援対策推進法」（次世代法）は、次代の社会を担う子どもを育成する環境を整備するため、事業主等が働く人の仕事と子育ての両立支援に自主的に取り組むための枠組みを定めています。

これらの法律に基づき、それぞれ事業主に義務づけられる一般事業主行動計画や認定制度は、基本的な仕組みが類似していますが、異なる点もあります。ここでは、両法律に基づくこれらの制度について、簡単に概要をまとめます。

一般事業主行動計画

女性活躍推進法や次世代法では、常時雇用する労働者数が101人以上の事業主に、女性の活躍推進や子育て支援の取り組みに関する一般事業主行動計画を策定し、都道府県労働局へ届け出ることを義務づけています。

また、策定した行動計画は、社内で労働者に周知するとともに、外部へ公表しなければなりません。

（※これらは、100人以下の事業主については努力義務です。）

女性活躍推進法と次世代法に基づく一般事業主行動計画

		女性活躍推進法	次世代法
状況把握・課題分析		義務	義務ではないが推奨
一般事業主行動計画の策定・届出・社内周知・公表	義務	常時雇用する労働者数101人以上の事業主※	常時雇用する労働者数101人以上の事業主
	努力義務	同100人以下の事業主	同100人以下の事業主
情報の公表		同101人以上の事業主に公表（毎年）を義務づけ※	なし

※301人以上の事業主と101人以上300人以下の事業主とで、必要とされる項目等に違いがあります。

一般事業主（民間企業）が取り組むべき事項（女性活躍推進法の場合）

1 状況把握

状況把握の必須項目（基礎項目）
①雇用管理区分ごとの採用した労働者に占める女性労働者の割合
②雇用管理区分ごとの男女の平均継続勤務年数の差異
③労働者の各月ごとの平均残業時間数等の労働時間の状況
④管理職に占める女性労働者の割合

このほか、20の選択項目（必要に応じて把握）がある。

2 課題分析

必須項目（基礎項目）の状況把握・課題分析の結果、課題と判断された事項については、選択項目を活用し、その原因分析を深める。

3 行動計画の策定・届出・周知・公表

①状況把握、課題分析を踏まえて、女性活躍のための行動計画を策定する。
②行動計画を都道府県労働局へ届け出る。
③行動計画を従業員に周知する。
④外部へ公表する（自社HP、厚生労働省のサイト「女性の活躍推進企業データベース」等）。

4 情報公表

行動計画の公表とは別に、女性の職業選択に資するものとなる自社の情報を定期的に（おおむね年1回以上更新）公表する。

※次世代法の一般事業主行動計画の場合も、❸はほぼ同様。なお、行動計画の内容や自社の情報を公表する厚生労働省のサイトは「両立支援のひろば」。

12 女性

認定制度

　女性活躍推進法・次世代法のいずれにも、一般事業主行動計画の策定・届出を行った事業主のうち、それぞれ定められている認定基準を満たし、取り組みの実施状況が優良な事業主については、厚生労働大臣の認定を受けられる制度があります（認定申請先は、所轄の都道府県労働局）。

　認定を受けた事業主は、認定マーク（女性活躍推進に関する認定は「えるぼし」マーク、子育て支援に関する認定は「くるみん」マーク）を使用することができ、例えば自社商品や求人広告等に付けることにより、女性活躍推進企業や子育てサポート企業であることを対外的にアピールすることができます。

　さらに、これらの認定を受けた事業主のうち、行動計画の目標達成や取り組みの実施状況がとくに優良である等のより高い基準を満たした場合には、特例認定（「プラチナえるぼし」、「プラチナくるみん」）を受けることができます。

えるぼし認定・くるみん認定の概要

えるぼし認定（女性活躍推進企業）

えるぼしマーク
（下記は3段階目）

プラチナえるぼしマーク

えるぼし認定基準 （主なものを一部）

◆5つの評価基準
①採用、②継続就業、③労働時間等の働きかた、④管理職比率、⑤多様なキャリアコース
→これらの基準のうち、いくつ満たしているかにより、段階が異なる。

◆上記評価基準を満たす実績を「女性の活躍推進企業データベース」に毎年公表していること　　　　　　　　　など

＊プラチナえるぼし認定企業・プラチナくるみん認定企業は、一般事業主行動計画の策定・届出が免除されます。

くるみん認定（子育てサポート企業）

くるみんマーク

プラチナくるみんマーク

トライくるみんマーク

くるみん認定基準 （主なものを一部）

◆行動計画を実施し、計画に定めた目標を達成したこと
◆男性労働者の育児休業等取得率が①10％以上（プラチナくるみん：30％以上）または②育児休業取得率と企業独自の育児目的休暇の利用率と合わせて20％以上（プラチナくるみん：50％以上）であること
◆女性労働者の育児休業等取得率が75％以上であること
※上記育児休業取得率等の実績を、「両立支援のひろば」で公表していることが必要。　　など

＊「トライくるみん認定」は、令和4年4月に認定基準が引き上げられる前の水準を満たす場合に認定される。
＊このほか、不妊治療と仕事との両立支援に取り組む企業は、「プラス認定」を受けることができる。

● 参 考 ● その他の認定制度 ●●●●●●●●●●●●

　以上のほかにも、若者雇用促進法に基づく、若者の採用・育成に積極的に取り組む中小企業を対象とした「ユースエール認定」、障害者雇用促進法に基づく、障害者雇用の促進・安定に関する取り組みを行う企業を対象とした「もにす認定」、労働者の健康や安全の確保対策に積極的に取り組み、高い安全衛生水準を維持している企業を認定する「安全衛生優良企業公表制度」などがあります（いずれも厚生労働省（大臣）の認定です。）。

ユースエール認定マーク

もにすマーク

安全衛生優良企業マーク

12
女性

パートタイマーや契約社員を雇うとき

　フルタイムで契約期間の限定のない、いわゆる正社員のほか、正社員よりも働く時間が短いパートタイマーや、契約期間を定めている有期雇用の契約社員など、非正規雇用と呼ばれる形態で雇用されている労働者も数多くいます。このような働きかたをする人には、例えば、家庭生活との両立などのために時間的な制約がある場合にパートタイムで定型的・補助的な業務に従事している人もいれば、一定の責任をともなう基幹的な業務に従事し、正社員とさほど変わらない働きかたをしている人もいます。また、いわゆる就職氷河期の学卒者で、希望しても正社員としての就職先が見つからず、有期雇用などで現在に至っているといった人も相当数います。

　いずれにしても、このようなパートタイマーや契約社員などにも、当然に労働関係法令が適用されますし、また、個々の働きかたの実態に見合った公正な待遇をすることや、働く人の希望があれば正社員などに登用する機会をつくることが重要です。

●01　パート労働法（パート・有期労働法）の適用

　パート、アルバイト、契約社員、準社員、定時社員など、事業場によって使われる名称はさまざまですが、名称にかかわらず、同じ事業主に雇用されるフルタイムで働く通常の労働者（正社員など）に比べて、1週間の所定労働時間が短い労働者を「短時間労働者」（パートタイム労働者）といいます（本書では「パートタイマー」といいます。）。また、労働契約の期間の定めのある労働者を「有期雇用労働者」といいます。本書では、両者をあわせて「パート・有期雇用労働者」といいます。

　「パートタイマーや契約社員（有期雇用労働者）は、安く使える」、「パートタイマーならいつでも辞めてもらえる」などといった認識も一部にあるようですが、通常の労働者と比べ、労働時間や契約期間に違いがあるものの、パートタイマーや契約社員も労働者であることに変わりはありません。したがって、これらの労働者も労基法などの労働者保護に関する法令の適用を受けます。

　パート・有期雇用労働者については、「パート・有期労働法」により事業主が講ずべき雇用管理上の措置などについて定められています。

●働き方改革関連法による改正

　平成30年の働き方改革関連法の成立により、短時間労働者の雇用管理の改善等に関する法律（パート労働法）や労働契約法、労働者派遣法の改正が行われました。

　これらの法律の改正は、パートタイマー、有期雇用労働者、派遣労働者などのいわゆる非正規雇用労働者について、正規雇用労働者（正社員など）との不合理な待遇差を解消する（同一労働同一賃金の実現）ための均等・均衡待遇に関するルールを、法律上斉一的に整備したものです。

　これにより、従来労働契約法の規定のほかはとくに雇用管理上の措置や待遇に関する規定がなかった有期雇用労働者も、パートタイマーと同じ法律のもとで保護を受けることとされ、パート労働法の法律名も、「短時間労働者及び有期雇用労働者の雇用管理の改善等に関する法律」（パート・有期労働法）と改称されました。

Q220　有期雇用だった者が無期転換した場合は、パート・有期労働法が適用されますか？

A　無期転換（☞240ページ以下参照）しても1週間の所定労働時間が通常の労働者よりも短ければ、パート・有期労働法が適用されます。

　一方、無期転換後、フルタイム勤務の労働者については同法が適用されません。

　なお、無期転換したフルタイム労働者は、「通常の労働者」に該当する場合があります。

注意！

　パート・有期労働法が適用される短時間労働者（パートタイマー）は、同一の「事業主」に雇用される正社員等と1週間の所定労働時間を比較します。同一の事業主かどうかは、企業単位で判断します。

　このため、その事業所にパートタイマーと待遇を比較すべき「通常の労働者」がいない場合でも、同一企業の他の事業所にいる「通常の労働者」と比較することができます。

Q221　パートタイマーや契約社員への労働条件の明示は、電子メールでもよいでしょうか？

A　労働条件の明示は原則として書面の交付により行わなければなりませんが、パート・有期雇用労働者が希望する場合は、ファクシミリや電子メール等の送信により明示することも認められています。

　また、その場合でも、明示した内容を後で確認できるように、受信したものを印刷して書面を作成できるものでなければなりません（☞24ページ参照）。

　さらに、ファクシミリや電子メール等を送信した後、受信したかどうかを確認するため、パート・有期雇用労働者から返信してもらうようにすることが望ましいでしょう。

短時間労働者（パートタイマー）
▶1週間の所定労働時間が同一の事業主に雇用される通常の労働者の1週間の所定労働時間に比べて短い労働者

有期雇用労働者
▶事業主と期間の定めのある労働契約を締結している労働者

通常の労働者
▶いわゆる正社員（正規型の労働者）および期間の定めのない労働契約を結んでいる（無期雇用）フルタイムの労働者

パート・有期労働法2条

●02　パート・有期雇用労働者を雇い入れるとき

（1）労働条件の明示

　パート・有期雇用労働者を雇い入れるときは、労働契約を結ぶ際に、賃金や労働時間などの労働条件を明らかにした書面（文書）を交付しなければなりません。

　パート・有期雇用労働者に対して労働条件として明示しなければならない事項は、労基法15条1項で書面の交付による明示が義務づけられている事項（☞23ページ参照）に加え、昇給・退職手当・賞与の有無、相談窓口が含まれ、これらについても、文書の交付等により明示しなければなりません。

パート・有期労働法6条

　なお、有期雇用労働者の場合は、以上に加えて、労基法15条1項により、契約の更新に関する事項などについても、明示する必要があることに留意してください。

　また、有期労働契約を更新する場合も、「雇い入れたとき」にあたりますので、更新時にも労働条件を明示してください（☞有期雇用労働者の労働条件の明示については、次ページ［1］以下で後述）。

　さらに、それ以外の事項についても、後でトラブルにならないよう、できる限り文書の交付等によって明示することが望まれます。

　労働条件の内容を記載する文書について、とくに決まった様式はありませんが、「雇入通知書」（パートタイマー用の労働条件通知書）の記載例（☞ダウンロード記載例⑧）を参照してください。

パート・有期雇用労働者に明示する労働条件

（1）労基法15条1項の書面（※）によらなければならない明示事項

①労働契約の期間
②有期労働契約を更新する場合の基準
（有期労働契約の通算契約期間または更新回数の上限を含みます。）
③就業の場所・従事すべき業務
（就業場所・業務の変更の範囲を含みます。）
④始業・終業の時刻、所定労働時間を超える労働の有無、休憩時間、休日、休暇および労働者を2組以上に分けて就業させる場合における就業時転換に関する事項
⑤賃金の決定・計算・支払いの方法および賃金の締め切り・支払いの時期
⑥退職に関する事項（解雇の事由を含みます。）

＊色文字は令和6年4月1日以降、追加される事項

→ 違反すると30万円以下の罰金（刑事罰）

（※）労働者の希望により電子メール等による明示も可。

（2）文書の交付等で明示しなければならない事項

①昇給の有無
②退職手当の有無
③賞与の有無
④相談窓口

→ 違反すると10万円以下の過料（行政罰）

（3）（1）（2）以外の事項

→ できる限り文書の交付等で明示

パート・有期労働法6条

また、有期雇用労働者に対する明示については、以下の事項に留意する必要があります。

［1］契約を更新する場合の基準に関する明示

使用者は、有期労働契約を締結するときと、有期労働契約を更新するごとに、有期労働契約を更新する場合の基準に関する事項を明示しなければなりません（☞上記図中（1）②の事項）。

労基法15条1項・労基則5条1項1号の2

［2］更新上限の明示（令和6年4月から）

使用者は、有期労働契約を締結するときと、有期労働契約を更新するごとに、更新上限（有期労働契約の通算契約期間または更新回数の上限）の有無とその内容を明示しなければなりません（☞上記図中（1）②の事項）。

また、①最初の契約締結より後に更新上限を新たに設ける場合、または②最初の契約締結の際に設けてい

Q222　当社では、パート・有期雇用労働者の退職金制度はありますが、「勤続3年以上」が支給要件となっています。契約期間が1年の者に対しては、退職手当の有無をどのように明示すればよいのでしょうか？

A　パート・有期雇用労働者に適用される退職金制度がある場合であっても、勤続年数などによって支給対象要件を満たさないため支給されることがないときは、「無」と明示してください。
　ただし、契約期間の更新の可能性がある場合など、退職金の支給対象となる可能性がある場合には、「有」としたうえで「勤続3年以上を支給対象とする」とあわせて明示してください。

Q223　「相談窓口」というのは何を明示すればよいですか？

A　事業主には、パート・有期雇用労働者からの雇用管理の改善等に関する事項に関する相談に対応するための体制を整備することが義務づけられています（☞250ページ参照）。
　パート・有期雇用労働者に明示する「相談窓口」とは、上記により設けている相談窓口のことです。具体的には、相談担当者の氏名、相談担当者の役職、相談担当部署などを明示してください。

●明示事項の追加
　令和6年4月1日から、労働条件の明示事項が追加されます（左図中の色文字部分）。
　このうち、「就業場所や業務の変更の範囲」は、すべての労働者に対して明示しなければなりません。ここで「変更の範囲」とは、将来の配置転換などによって変わり得る就業場所や業務の範囲を指します。
　また、この事項は、労働契約を締結するときと、有期労働契約を更新するごとに、書面の交付等の方法で労働者に明示する必要があります。

*有期労働契約基準
　労基法14条2項に基づき、有期
労働契約の更新、雇止めに関する
ルールを定めた「有期労働契約の
締結、更新及び雇止めに関する基
準」(平成15年厚生労働省告示
357号、改正：令和5年厚生労働
省告示114号)。改正後の有期労
働契約基準は、令和6年4月1日か
ら施行されます。

Q224　有期労働契約を更新する
つもりがない場合は、更新に関
する事項はとくに明示しなくて
もよいですか？

A　労基法15条1項(に基づく労
基則5条)は、「更新の有無」に
ついて明示を義務づけてはいま
せん。通常は、「更新の基準」
が明示されていれば、更新があ
り得ることが前提であることは
わかります。ただし、労使当事
者に認識のズレや誤解が生じな
いようにする意味では、更新が
ない場合は、その旨を明示する
ことが重要です。

Q225　有期労働契約の締結時に
明示する更新の有無とその判断
の基準は、就業規則にも記載し
ておく必要があるのですか？

A　労基法上は、就業規則の記載
事項(労基法89条)として、有
期労働契約締結時の明示事項に
ついてとくに明記していません。
　しかし、トラブル防止の観点
からは、就業規則に明記してお
くのが望ましいでしょう。

注意！
　事業主は、「有期雇用労働者の
雇用管理の改善等に関する事項」
に関し、有期雇用労働者からの相
談に適切に対応する体制を整備す
ることが義務づけられています
(パート・有期労働法16条)。
　無期転換申込権に関する事項も、
これにあたりますので、企業内で、
無期転換についても相談できる体
制を構築する必要があります。

た更新上限を短縮する場合には、有期雇用労働者に対
して、あらかじめ(更新上限を新設・短縮する前に)
その理由を説明する必要があります。

労基法15条1項・労基則5条1項1号の2、改正後の有期労働契約基準*

更新に関する事項の明示の例

更新の有無	◆自動的に更新する ◆更新する場合があり得る ◆契約の更新はしない　　　等
更新の基準	◆契約期間満了時の業務量により判断する ◆労働者の勤務成績、態度により判断する ◆労働者の能力により判断する ◆会社の経営状況により判断する ◆従事している業務の進捗状況により判断する　等

**[3]　無期転換申込権が発生する有期労働契約の締結・
更新時の明示・説明**(令和6年4月から)
　有期労働契約が通算で5年を超え、無期転換申込権
(☞無期転換ルールについては240ページ参照)が発
生することとなる有期労働契約を締結・更新する場合
には、使用者は、上記の労働条件のほかに、無期転換
申込権が発生するタイミングごとに、次の事項を労働
者に明示する必要があります。

> 1) 無期転換を申し込むことができる旨(無期転換申込機会)
> 　(書面で明示。労働者の希望により電子メール等も可)
> 2) 無期転換後の労働条件
> ➡明示事項・書面による明示が必要な事項は、通常の雇
> 　入れ時の労働条件と同じ(☞23ページ参照。※ただし、更
> 　新に関する事項は明示不要)
>
> 改正後の労基則5条5項・6項

労働者が無期転換申込権を行使せずに有期労働契約を更新した場合でも、次
回以降、無期転換申込権が発生する有期労働契約の更新ごとに明示が必要！

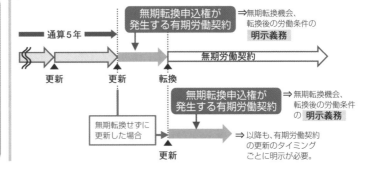

また、使用者は、無期転換後の賃金等の労働条件を決定するにあたって、労働契約の均衡考慮の原則を定める労働契約法3条2項（☞**17ページ参照**）の趣旨を踏まえ、就業の実態に応じて他の通常の労働者との均衡を考慮した事項（例：業務の内容、責任の程度、異動の有無・範囲など）について、有期雇用労働者に説明するよう努めなければなりません。

（☞なお、**無期転換後の労働条件については、244ページも参照**）

改正後の有期労働契約基準

［4］有期労働契約の更新等に関する事項の書面確認

有期労働契約の場合は、実態として何度も更新を繰り返し、結果として長く雇用されているケースもよく見られます。例えば、これまで反復更新されてきた契約が、経営上・業務上の理由から、突然次の期間満了をもって終了を告げられ、更新や雇止めをめぐって労使当事者間でトラブルとなるケースが増えています。

このようなトラブルを回避するためには、最初の契約が肝心です。とくに有期労働契約の場合は、更新条件（更新の有無・更新するかしないかの判断の基準など）についても、契約締結の際、あるいは更新時などに、労使当事者間で書面で確認をとっておくことが重要です。

労働契約法4条2項

［5］契約期間を決めるときの配慮

有期労働契約による場合、中には会社の事情に応じていつでも労働者に辞めてもらえるように、短い契約期間を定めておき、契約の更新を繰り返しているケースも見られます。しかし、業務の性質など本来の契約の趣旨・目的に合った期間設定をすべきであって、必要以上に細切れな期間の有期労働契約の更新を繰り返すことは、労働者の立場が不安定になり、トラブルのもとにもなります。

そこで、使用者は、一定の期間にわたって労働者を使用しようとする場合は、その一定の期間使用するという目的からして、必要以上に短い期間の有期労働契約とならないよう配慮しなければならないこととされています。

労働契約法17条2項

●無期転換後の労働条件の明示

無期転換後の労働条件は、①無期転換申込権が生じる契約更新時と、②無期転換申込権の行使による無期労働契約の成立時のそれぞれで明示する必要があります。

ただし、①の段階で明示すべき労働条件を事項ごとに明示し、②で成立する無期転換後の労働条件が①と同じ場合には、②の段階で、書面の交付等により労働条件が同じであることを明示することも可能です。

Q226 契約期間はどのくらい以上にすれば配慮したことになりますか？

A 労働契約法では、とくに「○カ月以上」などのように、契約期間の最低限を定めていません。「必要以上に短い」かどうかは、個別事案ごとに諸事情を勘案して判断されます。

Q227 契約期間についての配慮をしないとどうなりますか？

A 労働契約法17条2項は、特定の措置を講ずることを使用者に義務づけてはいません。また、配慮していなかったからといって契約期間が変更されたり、罰則が適用されるわけではありません。

しかし、雇止めをめぐってトラブルになり、それが安易に雇止めがなされたと認められる場合には、契約期間について配慮していなかったことが、裁判などで使用者の不利に判断されることが考えられます。

なお、有期労働契約に関する基準では、使用者は、1回以上更新し、1年を超えて継続して雇用している場合は、契約の実態やその有期契約労働者の希望に応じて、契約期間をできる限り長くするよう努めなければならないとされています。

契約期間への配慮

契約の実態、労働者の希望に応じて、契約期間をできる限り長くするよう努める

有期労働契約基準
1回以上更新し、通算1年超の有期労働契約

契約締結　　　更新　　　更新　　　更新

労働契約法17条2項　必要以上に短い契約期間を定めて契約を反復更新することのないよう配慮

（2）雇入れ時の説明義務

事業主は、パート・有期雇用労働者を雇い入れたときは、すみやかに、自社内で実施することとする雇用管理の改善等に関する措置の内容を説明しなければなりません。説明しなければならない事項は、次のとおりです。

パート・有期労働法14条1項

雇入れ時に説明しなければならない事項と内容

説明義務がある事項	説明内容
◆**不合理な待遇の禁止**（法8条）	パート・有期雇用労働者の待遇について、通常の労働者の待遇との間に不合理な相違を設けていないこと
◆**待遇の差別的取り扱いの禁止**（法9条）	職務の内容や人事異動、役割が通常の労働者と同じパート・有期雇用労働者は通常の労働者と同じ待遇とすること
◆**賃金の決定方法**（法10条）	賃金制度はどのような点を勘案して、どのようになっているか
◆**教育訓練の実施**（法11条）	パート・有期雇用労働者には、どのような教育訓練を実施しているか
◆**福利厚生施設の利用**（法12条）	パート・有期雇用労働者がどのような福利厚生施設を利用できるか
◆**通常の労働者への転換推進措置**（法13条）	どのような通常の労働者への転換推進措置を実施しているか

法：パート・有期労働法

●雇用管理の改善等に関する措置
通常の労働者との均衡待遇等、パート・有期雇用労働者の待遇改善に関する措置のことです。具体的には、パート・有期労働法6条以下に定める措置（☞220〜221、224〜235ページのパート・有期労働法の規定に関する解説）および苦情の自主的解決に努める措置（☞250ページ）を指します。

Q228　パート・有期雇用労働者を雇い入れるときに、当社で実施している雇用管理の改善措置をあらかじめ文書にしたものを本人にわたした場合でも説明したことになりますか？

Ａ　雇入れ時の説明は、パート・有期雇用労働者がその内容を的確に理解できるよう、口頭によることが原則です。しかし、説明すべき事項をもれなく記載したものでパート・有期雇用労働者が容易に理解できる内容の文書を手わたすことでもかまいません。また、文書をわたしたうえで、口頭で説明すればなおよいでしょう。

●03 就業規則の整備

　パートタイマーや有期雇用労働者を含め、常時10人以上の労働者を使用する場合は、これらの者に適用される就業規則を作成しなければなりません。

　就業規則の定めかたとしては、①通常の労働者と同じ就業規則の中で、パート・有期雇用労働者についてのみ適用される事項について特別規定を置く方法と、②パート・有期雇用労働者専用の就業規則を定める方法とがあります。

　また、就業規則を作成するとき、または変更するときは、事業場の労働者の過半数で組織される労働組合がある場合はその労働組合、そのような労働組合がないときは労働者の過半数を代表する者の意見を聴かなければならないこととされています（☞**30ページ参照**）。パート・有期雇用労働者の就業規則を作成・変更するときは、さらに、その事業所で雇用するパート・有期雇用労働者の過半数代表者の意見を聴くように努めなければなりません。

パート・有期労働法7条・労基法89条・90条

　なお、事業主は、パート・有期雇用労働者が過半数代表者であること・なろうとしたこと、過半数代表者として正当な行為をしたことを理由として、解雇、減給、不利益な配置転換、有期労働契約の更新拒否などの不利益な取り扱いをしてはなりません。

パート・有期指針第3の4（1）

●04 就業の実態に応じた待遇措置

　パートタイマーや有期雇用労働者などの就業の実態や働きかたに関する希望は一様ではなくさまざまです。にもかかわらず、その待遇が必ずしも働きや貢献に見合ったものとなっておらず、通常の労働者との間で不合理な待遇格差が生じている場合が実態として多く見られます。

　パート・有期労働法は、就業の実態が通常の労働者と同じパート・有期雇用労働者には、通常の労働者と同じ待遇をし、異なるパート・有期雇用労働者にはその違いを踏まえたうえで、通常の労働者との均衡を考慮した待遇をすることを基本的なルールとして規定を設けています。

Q229 働く時間が個人によってまちまちの場合は、どのように就業規則に定めたらよいですか？

A 始業・終業時刻は、必ず就業規則に定めなければなりません。

　しかし、始業・終業時刻が個別にばらつきがある場合は、就業規則には基準となる始業・終業時刻を定めておき、具体的には個別の労働契約などで定める旨の委任規定を設け、それに基づき個別具体的に定めていけばよいでしょう。

Q230 パート・有期雇用労働者のみに適用される就業規則を作るときは、パート・有期雇用労働者の意見だけを聴けばよいのですか？

A パート・有期雇用労働者のみに適用される就業規則も、事業場の就業規則の一部となりますから、労基法上、パート・有期雇用労働者の代表だけではなく、正社員を含めたすべての労働者の代表の意見を聴かなければなりません。

　なお、すべての労働者の代表がパート・有期雇用労働者から意見を聴き、これを踏まえて意見書を作成することが望ましいでしょう。

●雇用形態にかかわりなく公正な待遇の確保

　平成30年の働き方改革関連法により、パートタイマーや有期雇用労働者などの非正規雇用労働者に関する待遇のルールなどについて改正が行われました。

　従来のパート労働法については、これまで通常の労働者との均等・均衡待遇規定が整備されてきましたが、上記の改正では、待遇の相違が不合理かどうかの判断について、具体的に示す指針とあいまって均衡待遇規定を明確化するとともに、待遇に関するルールをパート・有期・派遣労働者とで斉一的に整理されました。

●パート・有期労働法8条の性格
　パート・有期労働法8条の規定は、労基法のような罰則をもって履行を強制するものとは異なり、労働者と事業主との労働契約に関する民事的な関係において、通常、労働者が事業主に対して、正社員等との待遇の相違が不合理であることを主張し、その待遇差の是正を求める際の根拠となるものです。労働者は本条を根拠に、訴訟を提起し、裁判所へ司法的な救済を求めることができます。
　このため、当該待遇差が不合理であると認められた場合は、事業主に対して不法行為に基づく損害賠償請求をすることも可能です。
　ただし、本条を根拠に、正社員等と同じ待遇にする効力までは認められないと解釈されています。

●「待遇」
　パート・有期労働法にいう「待遇」とは、賃金、教育訓練、福利厚生施設、休憩、休日、休暇、安全衛生、災害補償、解雇等のすべての待遇が含まれます。

Q231　待遇を比較すべき「通常の労働者」とはどんな人ですか？

A　「通常の労働者」とは、同一の事業主に雇用される正規雇用労働者（無期雇用フルタイム労働者）をいいます。
　通常の労働者の中にも、総合職、一般職、限定正社員などさまざまな雇用管理区分がありますが、それらのすべての通常の労働者との間で不合理な待遇差を解消する必要があります。

Q232　待遇差の不合理性判断の考慮要素とされる「その他の事情」とはどのようなものですか？

A　「その他の事情」は、職務の内容、職務の内容・配置の変更の範囲に関連する事情に限りません。例えば、職務の成果、能力、経験、合理的な労使の慣行、事業主と労働組合との間の交渉といった労使交渉の経緯などの

【均等待遇・均衡待遇】

　「均等待遇」は、労働条件その他の待遇について差別的な取り扱いをしてはならないという考えかたです。パート・有期労働法9条は均等待遇について定めた規定です。
　「均衡待遇」は、働く前提が同じならば同じ待遇に、働く前提が異なるならばその違いに応じた待遇をすることを求める考えかたです。パート・有期労働法8条は、この考えかたによっています。

（1）不合理な待遇の禁止
［1］不合理な待遇の禁止のルール

　事業主は、雇用するパート・有期雇用労働者の待遇のそれぞれについて、その待遇に対応する通常の労働者の待遇との間に、①職務の内容、②職務の内容・配置の変更の範囲（人材活用の仕組みや運用等）、③その他の事情のうち、その待遇の性質・目的に照らして適切と認められるものを考慮して、不合理な相違を設けてはなりません。

〔パート・有期労働法8条〕

不合理な待遇の禁止（均衡待遇）のルール

個々の待遇ごとに、その待遇の性質・目的に対応する考慮要素で判断する

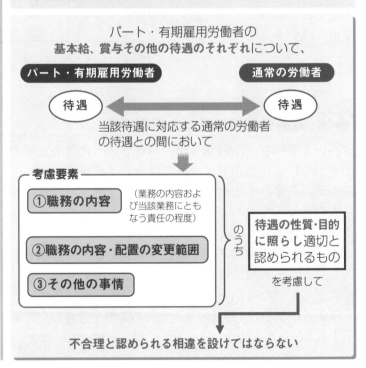

[2] 同一労働同一賃金ガイドライン（指針）

パート・有期労働法の規定に基づき、待遇ごとに不合理か否かの基本的な考えかたや具体例を示す指針＊（以下「同一労働同一賃金ガイドライン」といいます。）が示されています。

このガイドラインは、基本給、昇給、ボーナス（賞与）、各種手当といった賃金のほか、教育訓練や福利厚生等についても記載されています。また、このガイドラインに記載がない退職手当、住宅手当、家族手当等の待遇や、具体例に該当しない場合についても、不合理な待遇差の解消等が求められますので、各企業において、個別具体的な事情に応じて待遇の体系について労使で議論していくことが望まれます。

（☞同ガイドラインの概要は次ページ参照）

（2）通常の労働者と同視すべきパート・有期雇用労働者に対する差別的取り扱いの禁止

通常の労働者と変わらない働きかたをしているパート・有期雇用労働者については、通常の労働者と同視すべき者として、パート・有期雇用労働者であることを理由として、基本給、賞与その他の待遇のそれぞれについて、通常の労働者と差別した取り扱いをしてはなりません。

ここで、通常の労働者と同視すべきパート・有期雇用労働者とは、通常の労働者と①職務の内容、②職務の内容・配置の変更の範囲（人材活用の仕組み・運用等）が同じ者をいいます。

　パート・有期労働法9条

通常の労働者と同視すべきパート・有期雇用労働者の要件

①職務の内容が同じ …業務の内容・業務にともなう責任の程度が通常の労働者と同じ。

②職務の内容・配置の変更の範囲が同じ

…雇用関係終了までの全期間において、職務の内容・配置が通常の労働者と同一の範囲で変更されることが見込まれる。

通常の労働者と職務の内容が同一となり、かつ、職務の内容・配置の変更の範囲が同一となってから雇用関係が終了するまでの間をいいます。この要件は、将来的な見込みも含めて判断されますので、有期労働契約が更新されることが未定であっても、更新した場合にはどのような扱いがなされるかということも含めて判断されます。

諸事情が考えられます。個々のケースに応じて考慮すべきその他の事情があるときに考慮すべきものです。

＊短時間・有期雇用労働者及び派遣労働者に対する不合理な待遇の禁止等に関する指針（平成30年厚生労働省告示430号）

Q233　総合職、限定正社員など異なる正規雇用労働者間の待遇差はこの法律の対象になりますか？

A　パート・有期労働法の保護対象となる労働者は、パートタイマーおよび有期雇用労働者です。したがって、パートタイマー・有期雇用労働者ではない、総合職、限定正社員などの異なる正規雇用労働者（無期雇用フルタイム労働者）間の待遇差については、この法律の対象ではありません。

Q234　正社員と同じ働きかたをしているパート・有期雇用労働者を整理解雇の対象とする場合は、どのような点に気をつけたらよいでしょうか？

A　通常の労働者（正社員）と同視し得るパート・有期雇用労働者については、すべての待遇を正社員と同様にしなければなりません。これは整理解雇を行う場合も同様です。

したがって、整理解雇の対象者を一定の基準に沿って公平に選定された結果、その選定された者が上記のようなパート・有期雇用労働者だったという場合は許容されます。しかし、パート・有期雇用労働者だからと一律に解雇対象とすることは、パート・有期労働法の趣旨に反します。

同一労働同一賃金ガイドライン（パート・有期雇用労働者関連部分）●●●

　通常の労働者との待遇の相違が不合理か否かの判断について示す同一労働同一賃金ガイドラインは、賃金（基本給、昇給、賞与、各種手当）、教育訓練および福利厚生施設についてそれぞれ、原則となる考えかたを示したうえで、問題とならない例・問題となる例を具体的に示しています。以下では、パート・有期雇用労働者に関する部分を中心にまとめます。

不合理な待遇差の解消にあたっての留意点

■通常の労働者とパートタイマー・有期雇用労働者・派遣労働者との間の不合理な待遇差を解消するにあたり、基本的に、**労使の合意なく通常の労働者の待遇を引き下げることは望ましい対応とはいえない。**
■雇用管理区分が複数ある場合（例：総合職、地域限定正社員など）であっても、すべての雇用管理区分に属する通常の労働者との間で不合理な待遇差の解消が求められる。
■通常の労働者とパートタイマー・有期雇用労働者・派遣労働者との間で職務の内容等を分離した場合であっても、通常の労働者との間の不合理な待遇差の解消が求められる。

パート・有期雇用労働者の待遇に関する原則的な考えかたと具体例

基本給
①職業経験・能力に応じて、②業績・成果に応じて、③勤続年数に応じて支給するなど、それぞれの趣旨・性格に照らして、実態に違いがなければ同一の、違いがあれば違いに応じた支給をしなければならない。

賞　与
会社の業績等への労働者の貢献に応じて支給するものについては、同一の貢献には同一の、違いがあれば違いに応じた支給をしなければならない。

各種手当
■**役職手当**▶役職の内容に対して支給するものについては、同一の内容の役職には同一の、違いがあれば違いに応じた支給をしなければならない。

《次の場合に該当する手当は同一の支給としなければならない》
■**特殊作業手当**
　（業務の危険度・作業環境に応じて支給。同一の危険度・作業環境の業務に従事する場合）
■**特殊勤務手当**（交替制勤務等の勤務形態に応じて支給。同一の勤務形態で業務に従事する場合）
■**精皆勤手当**（業務の内容が同一の場合）
■**時間外・休日・深夜労働手当の割増率**（通常の労働者と同一の時間外労働等を行った場合）
■**通勤手当・出張旅費**
■**食事手当**
　（労働時間の途中に食事休憩時間がある場合）
■**単身赴任手当**（同一の支給要件を満たす場合）
■**地域手当**（特定地域での勤務に対する補償）（同一の地域で働く場合）

注意！
賃金の決定基準・ルールに相違がある場合

　通常の労働者とパート・有期雇用労働者の間で賃金に相違がある場合、その要因として賃金の決定基準・ルールの違いがあるときは、「将来の役割期待が異なるため」という主観的・抽象的説明では足りず、賃金の決定基準・ルールの相違は、職務内容、職務内容・配置の変更範囲、その他の事情の客観的・具体的な実態に照らして不合理なものであってはなりません。

定年後に継続雇用された有期雇用労働者

　定年後に継続雇用された有期雇用労働者についても、パート・有期労働法が適用されます。この場合、定年後に継続雇用された者であることは、待遇差が不合理か否かの判断にあたり、「その他の事情」として考慮され得ます（さまざまな事情が総合的に考慮されて、待遇差が不合理であるか否かが判断されます。）。したがって、定年後に継続雇用された者であることのみをもって直ちに待遇差が不合理ではないと認められるわけではありません。

福利厚生・教育訓練

- ■**福利厚生施設**（食堂・休憩室・更衣室）**の利用、転勤者用社宅**（転勤の有無等の要件が同一の場合）、**慶弔休暇、健康診断にともなう勤務免除・有給保障**▶同一の利用・付与を行わなければならない。
- ■**病気休職**▶無期雇用のパートタイマーには通常の労働者と同一の、有期雇用労働者にも、労働契約が終了するまでの期間を踏まえて同一の付与を行わなければならない。
- ■**法定外休暇等**▶勤続期間に応じて取得を認めているものについては、同一の勤続期間であれば同一の付与を行わなければならない。とくに有期労働契約を更新している場合には、当初の契約期間から通算して勤続期間を評価することを要する。
- ■**教育訓練**（現在の職務に必要な技能・知識習得のためのもの）▶同一の職務内容であれば同一の、違いがあれば違いに応じた実施を行わなければならない。

待遇差の不合理性が判断された最高裁判決 ●○●○●○●●○●○●○

　平成30年のパート・有期労働法の均等・均衡待遇規定の改正と前後して、パート・有期雇用労働者と通常の労働者との待遇差の不合理性が争われた事案の最高裁判決が相次いで出されています。各事案の最高裁の判断の概要は、次のとおりです。

　なお、これらの事案は、有期雇用労働者の不合理な労働条件の禁止について定めていた改正前の労働契約法20条の規定に基づいてその解釈と判断がなされたものであって、改正後のパート・有期労働法8条の規定の解釈等にそのまま妥当するとまではいえず、今後の裁判事案の判断に注意する必要があります。

❶ ハマキョウレックス事件（最高裁平成30年6月1日第二小法廷判決）

　運送会社で働く契約社員（有期雇用労働者）のドライバーが、職務の内容が同一である正社員との間に待遇差を設けるのは無効であると訴えた事案。

労働条件（手当等）	判　断	本件の手当等の趣旨・目的	判旨概要
無事故手当	不合理	優良ドライバーの育成や安全な輸送による顧客の信頼の獲得を目的として支給。	正社員と契約社員の職務の内容が同じであり、安全運転および事故防止の必要性は同じ。将来の転勤や出向の可能性等の相違によって異なるものではない。
作業手当	不合理	特定の作業を行った対価として作業そのものを金銭的に評価して支給。	正社員と契約社員の職務の内容が同じであり、作業に対する金銭的評価は、職務内容・配置の変更範囲の相違によって異なるものではない。
給食手当	不合理	従業員の食事に係る補助として支給。	勤務時間中に食事をとる必要がある労働者に対して支給されるもので、正社員と契約社員の職務の内容が同じであるうえ、職務内容・配置の変更範囲の相違と勤務時間中に食事をとる必要性には関係がない。
住宅手当	不合理ではない	従業員の住宅に要する費用を補助する趣旨で支給。	正社員は転居をともなう配転が予定されており、契約社員よりも住宅に要する費用が多額となる可能性がある。
皆勤手当	不合理	出勤する運転手を一定数確保する必要があることから、皆勤を奨励する趣旨で支給。	正社員と契約社員の職務の内容が同じであることから、出勤する者を確保する必要性は同じであり、将来の転勤や出向の可能性等の相違により異なるものではない。
通勤手当	不合理	通勤に要する交通費を補填する趣旨で支給。	労働契約に期間の定めがあるか否かによって通勤に必要な費用が異なるわけではない。正社員と契約社員の職務内容・配置の変更範囲が異なることは、通勤に必要な費用の多寡に直接関係はない。

❷ 長澤運輸事件（最高裁平成30年6月1日第二小法廷判決）

　運送会社で働く、定年後に再雇用された嘱託社員（有期雇用労働者）の乗務員が、職務の内容が同一である正社員との間に待遇差を設けることは無効であると訴えた事案。

労働条件（手当等）	判　断	本件の手当等の趣旨・目的	判旨概要
精勤手当	不合理	労働者に対し、休日以外は1日も欠かさずに出勤することを奨励する趣旨で支給。	職務の内容が同一である以上、両者の間で、その皆勤を奨励する必要性に違いはない。
住宅手当	不合理ではない	労働者の住宅費の負担に対する補助として支給。	正社員は幅広い世代の労働者が存在する一方、嘱託乗務員は老齢厚生年金の支給を受けることが予定され、それまでも調整給を支給されている。
家族手当	不合理ではない	労働者の家族を扶養するための生活費として支給。	
役付手当	不合理ではない	正社員の中から指定された役付者であることに対して支給。	正社員のうち、役付者に対して支給されるものであり、年功給、勤続給的性格のものではない。
時間外手当	不合理	出勤労働者の時間外労働等に対して支給。	嘱託乗務員には精勤手当を支給しないことは不合理であるとの判断を踏まえ、時間外手当の計算の基礎に精勤手当を含めないという違いは不合理。

❸ 大阪医科薬科大学事件（最高裁令和2年10月13日第三小法廷判決）

　大学の教室事務に従事するアルバイト職員が教室事務の正職員との労働条件の相違が無効であると訴えた事案。最高裁では、賞与の支給の有無の相違が不合理か否かが判断された。

労働条件（手当等）	判　断	本件の手当等の趣旨・目的	判旨概要
賞　与	不合理ではない	労務対価の後払いや一律の功労報償、将来の労働意欲の向上等の趣旨を含み、正職員の人材の確保・定着を図る目的で支給。	教室事務の正職員と職務内容等に一定の違いがあり、また、業務の内容の難度や責任の程度が高い多数の正職員が存在していること、正職員への登用制度があることなどを考慮すると、賞与に係る労働条件の相違は不合理とはいえない。

❹ メトロコマース事件（最高裁令和2年10月13日第三小法廷判決）

　駅構内の売店の販売業務に従事する契約社員が、正社員との待遇差を不合理として訴えた事案。最高裁では、退職金の支給の有無の相違が不合理か否かが判断された。

労働条件（手当等）	判　断	本件の手当等の趣旨・目的	判旨概要
退職金	不合理ではない	退職金は、職務遂行能力や責任の程度等を踏まえた労務の対価の後払いや継続的な勤務等に対する功労報償等の複合的な性質を有するものであり、正社員としての職務を遂行し得る人材の確保・定着を図るなどの目的で支給。	契約社員は売店業務に従事する正社員と職務の内容および変更の範囲に一定の相違があり、また、売店業務に従事する正社員と職務の内容および変更の範囲が異なる他の多数の正社員が存在すること、正社員への登用制度があることなどを考慮すると、契約社員に対して退職金を支給しないとする労働条件の相違は不合理とまではいえない。

13
パート・有期

⑤ 日本郵便事件（東京・大阪・佐賀の3事件）

日本郵便（東京）事件（最高裁令和2年10月15日第一小法廷判決）
日本郵便（大阪）事件（最高裁令和2年10月15日第一小法廷判決）
日本郵便（佐賀）事件（最高裁令和2年10月15日第一小法廷判決）

郵便外務事務（配達等の事務）または郵便内務事務（窓口業務、区分け作業等の事務）に従事する時給制契約社員または月給制契約社員らが正社員との労働条件の相違を不合理として訴えた事案。

労働条件(手当等)	判 断	本件の手当等の趣旨・目的	判旨概要
病気休暇 （東京事件）	不合理	正社員の長期継続勤務への期待の観点から、その生活保障を図り、私傷病の療養に専念させることを通じ、継続的な雇用を確保する目的で付与。	時給制契約社員についても、相応に継続的な勤務が見込まれるのであれば、私傷病による有給の病気休暇を与えることとした趣旨は妥当する。正社員と職務の内容、変更の範囲等に相応の相違があること等を考慮しても、私傷病による病気休暇の日数につき相違を設けることはともかく、これを有給とするか無給とするかにつき労働条件の相違があることは、不合理であると評価できる。
年末年始勤務手当 （東京事件／大阪事件）	不合理	最繁忙期である年末年始期間に業務に従事したことに対し、その勤務の特殊性から基本給に加えて支給。	正社員が従事した業務の内容やその難度等に関わらず、所定の期間において実際に勤務したこと自体を支給要件とするものであり、その支給金額も、実際に勤務した時期と時間に応じて一律であることに照らせば、その趣旨は契約社員にも妥当する。 そうすると、正社員と職務の内容、変更の範囲等に相応の相違があること等を考慮しても、両者の間に年末年始勤務手当に係る労働条件の相違があることは不合理であると評価できる。
祝日給 （大阪事件）	不合理	祝日ではないが最繁忙期である年始期間に勤務したことの代償として、通常の賃金に割り増しして支給。	年始期間における勤務の代償として祝日給を支給する趣旨は、本件契約社員にも妥当する。そうすると、正社員と職務の内容、変更の範囲等に相応の相違があること等を考慮しても、契約社員に祝日給に対応する祝日割増賃金を支給しないことは不合理であると評価できる。
扶養手当 （大阪事件）	不合理	正社員の長期継続勤務への期待の観点から、その生活保障や福利厚生を図り、扶養親族のある者の生活設計等を容易にさせることを通じて、継続的な雇用を確保する目的で支給。	契約社員についても、扶養親族があり、かつ、相応に継続的な勤務が見込まれるのであれば、扶養手当を支給することとした趣旨は妥当する。そうすると、正社員と職務の内容、変更の範囲等に相応の相違があること等を考慮しても、両者の間に扶養手当に係る労働条件の相違があることは、不合理であると評価することができる。
夏期冬期休暇 （東京事件／大阪事件／佐賀事件）	不合理	年次有給休暇や病気休暇等とは別に、労働から離れる機会を与えることにより、心身の回復を図るという目的で付与。	休暇の取得の可否や取得し得る日数は正社員の勤続期間の長さに応じて定まるものとはされておらず、業務の繁閑に関わらない勤務が見込まれている契約社員についても、休暇の趣旨は妥当する。 そうすると、正社員と職務の内容、変更の範囲等に相応の相違があること等を考慮しても、両者の間に夏期冬期休暇に係る労働条件に相違があることは、不合理であると評価することができる。

❶、❷は、厚生労働省リーフレット「パートタイム・有期雇用労働法のあらまし」を参考とし、❸、❹および❺は、これらの表に合わせて編者作成。

13 パート・有期

Q235 パート・有期雇用労働者
の賃金を決定する際はどのよう
な点に注意したらよいですか？

A 「パート・有期雇用労働者だか
ら一律時給○○円」ではなく、
職務の内容、成果、意欲、能力、
経験等を踏まえて、賃金水準を
見直したり、昇給・昇格制度、
人事考課制度を整備したり、職
務手当等を支給することなどが
考えられます。

Q236 パート・有期雇用労働者
の職種ごとに賃金を定めていれ
ば、「職務の内容」を勘案して
賃金を決定したものといえます
か？

A 単に職種ごとに賃金を定めて
いるだけでは職務の内容を勘案
したことにはなりません。「職
務の内容」とは、業務の内容や
責任の程度の違いをいいますの
で、例えば職種ごとに、業務の
内容、課される責任の程度等の
実態を見て、その違いに応じて
決定することが求められます。

注意！

家族手当等のその他の手当につ
いても、名称にかかわらず、実態
によっては職務関連賃金と見られ
る場合もあります。

（3） 賃金の決定方法

事業主は、通常の労働者との均衡を考慮しつつ、職務の内容、職務の成果、意欲、能力または経験その他の就業の実態に関する事項を勘案して、パート・有期雇用労働者の賃金を決定するように努めなければなりません。

ここで通常の労働者との均衡を考慮して決定すべき「賃金」とは、次のように、職務に密接に関連する賃金（職務関連賃金）をいいます。ただし、職務関連賃金以外の賃金についても、通常の労働者との間で不合理な相違を設けてはならないことに注意が必要です（パート・有期労働法8条。☞226ページ参照）。

パート・有期労働法10条

均衡を考慮して決定すべき賃金

パート・有期労働法10条の対象となる賃金	パート・有期労働法10条の対象とならない賃金
職務関連賃金	職務関連賃金以外
◆基本給　◆賞与 ◆役付手当等の勤務手当 ◆精皆勤手当 ◆職務の内容に密接に関連して支払われる通勤手当等	◆住宅手当　◆別居手当 ◆家族手当　◆子女教育手当 ◆通勤手当 ※なお、下記参照

【通勤手当の取り扱い】

通勤手当と呼ばれていても、通勤にかかった費用の有無や金額にかかわらず一律に支給されるものは、実態としては基本給のように職務に関連して支給されている賃金と考えられますので、パート・有期労働法10条の均衡を考慮して決定すべき賃金に該当します。

なお、通常の労働者に対して、通勤手当が通勤にかかる費用の補てんとか、実費弁償として支給される場合は、パート・有期雇用労働者についても、働きに来るのにかかった交通費などの実費分を支給することが必要でしょう。

（4） 教育訓練

事業主は、通常の労働者に対して実施する職務に必要な教育訓練を、職務の内容が同じパート・有期雇用労働者に対しても実施しなければなりません。ただし、パート・有期雇用労働者がすでにその職務に必要な能力を有しているときは除きます。

また、それ以外の教育訓練は、通常の労働者との均衡を考慮しつつ、職務の内容、職務の成果、意欲、能力お

よび経験その他の就業の実態に関する事項に応じてパート・有期雇用労働者にも実施するように努めなければなりません。

パート・有期労働法11条

（5）福利厚生施設

　事業主は、通常の労働者が利用できる福利厚生施設（①給食施設、②休憩室、③更衣室）の利用の機会をパート・有期雇用労働者にも与えなければなりません。

　また、それ以外の医療、教養、文化、体育、レクリエーション等を目的とした福利厚生施設の利用や、その他の福利厚生の措置についても、通常の労働者との間で不合理な相違を設けてはならないことに注意が必要です（パート・有期労働法8条。☞226ページ参照）。

パート・有期労働法12条

●福利厚生施設の利用機会の付与義務化

　これまでパートタイマーに福利厚生施設の利用機会を与えることが事業主の配慮義務とされていましたが、平成30年の改正により、パート・有期雇用労働者に対し、利用機会を与えることが事業主の義務とされました。

Q237　給食施設の定員の関係で、パート・有期雇用労働者を含めると全員が利用することはできないのですが？

A　パート・有期労働法は、施設を増築して全員が利用できるようにすることまでは求めていません。しかし、定員を理由としてその利用の機会を通常の労働者に限定することはできません。例えば、利用時間帯を設けてパート・有期雇用労働者にも利用機会を与えるなどの措置が考えられます。

就業の実態に応じたパート・有期雇用労働者の待遇のルール

通常の労働者と比較して、		賃　金		教育訓練		福利厚生	
職務の内容（業務の内容および責任）	人材活用の仕組み・運用等（人事異動の有無および範囲）	職務関連賃金・基本給・賞与・役付手当等	左以外の賃金・住宅手当・家族手当・通勤手当※等	職務遂行に必要な能力を付与するもの	左以外のもの（キャリアアップのための訓練など）	・給食施設・休憩室・更衣室	左以外のもの（慶弔休暇、社宅の貸与等）
①同視すべき者		◎	◎	◎	◎	◎	◎
同　じ	同　じ						
②職務の内容が同じ者		△	―	○	△	○	―
同　じ	異なる						
③職務の内容も異なる者		△	―	△	△	○	―
異なる	―						

※距離・経費にかかわりなく一律に支給されている通勤手当は職務関連賃金として扱われます。

◎…パート・有期雇用労働者であることによる差別的取り扱いの禁止
△…職務の内容、成果、意欲、能力、経験等を勘案する努力義務
○…実施義務

＊上記の差別的取り扱いの禁止、実施義務および努力義務の対象にならない場合であっても、パート・有期労働法8条の規定により、通常の労働者との間で不合理な待遇の相違を設けてはならないことに注意。

雇入れ時の待遇（事業主がとる雇用管理上の措置）の説明は、パート・有期雇用労働者からの求めの有無にかかわらず必ず行わなければなりません（☞224ページ参照）。

Q238 パート・有期雇用労働者から「私の時給はなぜこの金額なのか」と聞かれましたが、どのように説明したらよいでしょうか？

A パート・有期雇用労働者から賃金の決定方法について聞かれた場合に、単に「あなたはパート・有期雇用労働者だから〇〇円です。」と言うだけでは、説明義務を果たしたことにはなりません。

例えば、「今の仕事の内容が正社員よりも責任の程度が低いので賃金も正社員と差を設けていますが、職務や責任の程度が変われば、それに応じて賃金も変わります。」などのように、具体的な説明が求められます。

Q239 パート・有期雇用労働者に待遇について説明を求められ、説明しましたが、納得してもらえないときはどうしたらよいですか？

A パート・有期労働法上は、パート・有期雇用労働者からの求めに応じて説明する際に、必ずパート・有期雇用労働者に納得させることまで求められているわけではありません。しかし、少なくとも事業主としては、きちんとした合理的な説明をし、誠実に対応する必要があります。

●05 待遇に関する説明義務

（1）待遇の決定にあたって考慮した事項の説明義務

パート・有期雇用労働者から自分の待遇について説明を求められた場合は、事業主は、その待遇を決定するにあたって考慮した事項を説明しなければなりません。説明の対象となる事項は、次のとおりですが、それ以外の事項についても、パート・有期雇用労働者から求められたら、できる限り説明するようにしてください。

> パート・有期労働法14条2項、パート・有期指針第3の3(1)

求められたら説明しなければならない事項

説明義務がある事項
◆労働条件の文書交付等 （法6条）
◆就業規則の作成手続き （法7条）
◆不合理な待遇の禁止 （法8条）
◆待遇の差別的取り扱いの禁止 （法9条）
◆賃金の決定方法 （法10条） 例）どの要素をどのように勘案して賃金を決定したか
◆教育訓練の実施 （法11条） 例）どの教育訓練がなぜ使えるか（またはなぜ使えないか）
◆福利厚生施設の利用 （法12条） 例）どのような福利厚生施設をパート・有期雇用労働者が利用できるか（または利用できないか）
◆通常の労働者への転換推進措置 （法13条） 例）どのような正社員転換推進措置を実施しているか

法：パート・有期労働法

（2）待遇差の内容・理由の説明義務

パート・有期雇用労働者から説明を求められた場合は、事業主は、通常の労働者との待遇の相違の内容およびその理由について説明しなければなりません。

ここで、待遇の相違について説明をする際に比較の対象となる通常の労働者は、職務の内容、職務の内容および配置の変更の範囲等が、パート・有期雇用労働者の職務の内容、職務の内容および配置の変更の範囲等に最も近いと事業主が判断する通常の労働者です。

> パート・有期労働法14条2項、パート・有期指針第3の2

待遇差の内容・理由の説明内容・説明方法

説明する待遇の相違の内容

① 通常の労働者とパート・有期雇用労働者との間の待遇に関する基準（賃金表など）の相違の有無

② 次の（イ）または（ロ）の事項

（イ）通常の労働者およびパート・有期雇用労働者の待遇の個別具体的な内容

（ロ）通常の労働者およびパート・有期雇用労働者の待遇に関する基準（賃金表など）

説明する待遇の相違の理由

通常の労働者およびパート・有期雇用労働者の職務の内容、職務の内容・配置の変更の範囲その他の事情のうち、待遇の性質・目的に照らして適切と認められるものに基づき、待遇の相違の理由を説明する。

説明方法

パート・有期雇用労働者がその内容を理解することができるよう、資料を活用し、口頭により説明することを基本とする。

ただし、説明すべき事項をすべて記載した容易に理解できる内容の資料を交付するなどの方法でもよい。

（3）説明を求めたことを理由とする不利益取り扱いの禁止

なお、事業主は、パート・有期雇用労働者が（1）および（2）の説明を求めたことを理由として、そのパート・有期雇用労働者に対して解雇その他不利益な取り扱いをしてはなりません。

パート・有期労働法14条3項

●06 通常の労働者への転換

事業主は、パート・有期雇用労働者から通常の労働者への転換を推進するため、次の3つのうちいずれかの措置を講じなければなりません。

パート・有期労働法13条

通常の労働者への転換推進措置

1 募集条件の周知 …通常の労働者を募集するときは、その募集条件をパート・有期雇用労働者にも周知する。

2 応募の機会付与 …通常の労働者のポストを社内公募するときは、パート・有期雇用労働者にも応募の機会を与える。

3 転換制度の整備 …通常の労働者に転換するための試験制度を設ける。その他の転換推進措置を講ずる。

Q240 待遇差の説明をする際に比較する「通常の労働者」は、現在いる特定の個人を指すのですか？

A 比較対象となる「通常の労働者」は、1人の特定の労働者に限られません。例えば、複数人の通常の労働者または雇用管理区分、過去1年以内に雇用していた1人または複数人の通常の労働者、あるいは通常の労働者の標準的なモデル（新入社員、勤続3年目の一般職など）といったように比較対象を選定することも可能です。

Q241 転換推進措置によって、新規採用よりもパート・有期雇用労働者の採用が優先することになるのでしょうか？

A パート・有期労働法は、希望するパート・有期雇用労働者に通常の労働者へ転換するチャンスを提供することを目的としており、パート・有期雇用労働者を優先的に採用することまでは求めていません。

新規の応募者とパート・有期雇用労働者のどちらを通常の労働者として採用するのかは、公正な採用選考である限り、事業主の判断に委ねられます。

13 パート・有期

Q242　1日6時間、週3日働くパートタイマーに、先日10時間働いてもらいました。割増賃金を支払わなければなりませんか？

A　法定労働時間（1日8時間、1週40時間（一部の事業場では44時間））を超えて働かせることができるようにするには、あらかじめ就業規則などで時間外労働の命令に従うべき義務がある旨を定めるとともに、36協定の締結・届出をしておく必要があります（☞43〜51ページ参照）。

　業務の都合で法定労働時間を超える時間外労働をさせることになった場合は、割増賃金を支払わなければなりません。

　このケースでは、1週40時間に満たないものの、1日の法定労働時間8時間を超えた2時間について、時間外労働としての割増賃金の支払いが必要です。

Q243　パートタイマーの年休日に対する賃金はどのように支払えばよいですか？

A　年休日の賃金の支払いかたは、①平均賃金②通常働く日の賃金③標準報酬月額の30分の1相当額の方法があります（☞年休日の賃金については88ページ参照）。日々労働時間が異なるパートタイマーの場合に、②の方法によるときは、日によって所定労働時間が違う場合には、その日の所定労働時間に応じた賃金が通常の賃金となります。

●07　パート・有期雇用労働者の労働条件

（1）労働時間

　パートタイマーの労働時間や労働日を定め、または変更するときは、パートタイマーの事情を十分考慮するようにしてください。

　また、パートタイマーについては、できるだけ時間外労働や休日労働をさせないようにしてください。

パート・有期指針第3の1、労基法32条〜38条の4・40条

（2）年次有給休暇

　パートタイマーについても、所定労働時間や所定労働日数に応じて、下表の日数以上の年休を与えなければなりません。

労基法39条

パートタイマーの年休付与日数

①週所定労働時間が30時間以上の場合、および所定労働日数が週5日以上または年間217日以上の場合

勤続年数	6カ月	1年6カ月	2年6カ月	3年6カ月	4年6カ月	5年6カ月	6年6カ月以上
付与日数	10日	11日	12日	14日	16日	18日	20日

②週所定労働時間が30時間未満であり、かつ、所定労働日数が週4日以下または年間216日以下の場合

週所定労働日数		4日	3日	2日	1日
年間所定労働日数		169〜216日	121〜168日	73〜120日	48〜72日
勤続年数	6カ月	7日	5日	3日	1日
	1年6カ月	8日	6日	4日	2日
	2年6カ月	9日	6日	4日	2日
	3年6カ月	10日	8日	5日	2日
	4年6カ月	12日	9日	6日	3日
	5年6カ月	13日	10日	6日	3日
	6年6カ月以上	15日	11日	7日	3日

☞その他、年次有給休暇については80ページ以下参照

（3）最低賃金

　パート・有期雇用労働者に対しても、最賃法に基づき定められた地域別・特定最低賃金が適用されます（☞119ページ参照）。最低賃金額より低い金額でパート・有期雇用労働者を使用することはできません。

最賃法4条

（4）所定労働時間を超えて働かせたときの賃金

　パート・有期雇用労働者に、就業規則等で定められた所定労働時間を超えて働かせた場合には、多く働かせた分の賃金を支払う必要があります。

　また、法定労働時間（1週40時間、1日8時間）を超えて働かせた場合は、その超えた分は通常の賃金（時間給）に法定の割増賃金率（原則25％以上）を掛けた金額を上乗せして支払わなければなりません（☞41ページ、122ページ以下参照）。

労基法32条、37条

🖩 パート・有期雇用労働者に時間外労働をさせた場合の賃金増額の例

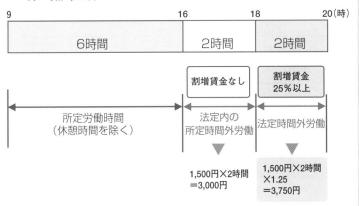

（5）解雇の予告

　パート・有期雇用労働者を解雇するときもまた、通常の労働者と同様、解雇する日の少なくとも30日前までにその予告をしなければなりません。予告をしないで解雇するときは、30日分以上の平均賃金を解雇予告手当として支払う必要があります。

　また、解雇の予告の日から解雇する日まで30日に満た

Q244　社内の人員整理のため、パート・有期雇用労働者から解雇することはできますか？

A　パート・有期雇用労働者を解雇する場合でも、その解雇が客観的に合理的な理由があり、社会通念上相当と認められる場合でなければなりません。

　このケースのような整理解雇の場合は、一律にパート・有期雇用労働者から解雇するのではなく、パート・有期雇用労働者の事情も考慮して、整理解雇の対象者を選定する必要があります。（整理解雇の有効性の判断については☞197ページ参照）。

☞ 有期雇用労働者への雇止めの予告については249ページ参照

ないときは、その不足する日数分以上の解雇予告手当を支払うことになります（☞199～201ページ参照）。

labelled 労基法20条～21条

（6）退職時の証明

　パート・有期雇用労働者が退職するときに、使用期間、業務の種類、その事業における地位、賃金または退職の事由（解雇の場合はその理由も含みます。）について、証明書を請求されたときは、通常の労働者と同じように、遅滞なく交付しなければなりません（☞201ページ参照）。

labelled 労基法22条

（7）健康診断

　常時使用するパート・有期雇用労働者についてもまた、通常の労働者と同じように、健康診断を行う必要があります（☞146～147ページ参照）。

labelled 安衛法66条～66条の7

Q245　健康診断をしなければならない「常時使用するパート・有期雇用労働者」とはどんな人ですか？

A　「常時使用するパート・有期雇用労働者」とは、次の要件をすべて満たす者をいいます。

①期間の定めのない労働契約を締結している者であること。（契約期間が1年以上[※]、契約更新により1年以上[※]使用予定、または1年以上[※]引き続き使用されている有期契約労働者を含む。）
※深夜業等の特定業務に従事する場合は6カ月以上

②1週間の労働時間数（所定労働時間）がその事業場で同種の業務に従事する通常の労働者の4分の3以上[※※]であること。
※※4分の3未満の場合でも、おおむね2分の1以上であれば一般健康診断を実施することが望まれます。

パート・有期雇用労働者の健康診断

①雇入れ時の健康診断	常時使用するパート・有期雇用労働者を雇い入れるときに行います。
②一般健康診断（定期健康診断）	常時使用するパート・有期雇用労働者について、1年以内ごとに1回、定期に行います。
③深夜労働を含む業務などの健康診断	深夜労働を含む業務などに常時従事し、またはこのような業務に配置替えをする場合に、6カ月以内ごとに1回、定期に行います。
④特殊健康診断	有害業務に常時従事し、またはこのような業務に配置替えをするとき、およびその後定期に行います。

（8）妊娠中・出産後の女性パート・有期雇用労働者に関する措置

　妊娠中および産後1年を経過しない女性パート・有期雇用労働者に対しても、213～216ページで説明したように、労基法および均等法で定める措置をとる必要があります。

labelled 労基法64条～67条・均等法12条～13条

Q246　1日4時間働くパートタイマーにも育児時間を2回与えなければならないのですか？

A　満1歳に満たない子を育てるパートタイマーについても、労働時間中、育児時間を与えなければなりません。しかし、1日の労働時間が4時間以内であれば、育児時間を与える回数は1回でもかまいません。

① 妊産婦の就業制限　（労基法64条の2・64条の3）
② 産前産後の休業　（労基法65条1項・2項）
③ 他の軽易な業務への転換　（労基法65条3項）
④ 妊産婦の労働時間の制限　（労基法66条）
⑤ 育児時間の確保　（労基法67条）
⑥ 健康診査などを受けるための必要な時間の確保・医師などに指導されたことを守ることができるようにする措置（均等法12・13条）

（9）育児・介護休業制度

　パート・有期雇用労働者も、育介法に従い、育児休業や介護休業等の制度を利用することができます（☞94～102ページ参照）。ただし、有期雇用労働者の場合、一定の要件を満たす場合に対象となります。

育介法

（10）労働保険・社会保険の加入

　パート・有期雇用労働者であっても、決して「保険のいらない労働者」ではありません。週の所定労働時間や労働日数が一定以上のパートタイマーについては、労働保険（労災保険・雇用保険）や社会保険（健康保険・厚生年金保険など）に加入しなければなりません。

　ただし、各種保険によって、適用の対象が異なります。

労働保険・社会保険の適用を受けるパート・有期雇用労働者

労災保険	労働時間の長さや契約期間の長さにかかわらず、すべての労働者が対象となるので、パート・有期雇用労働者にも適用があります。
雇用保険	パート・有期雇用労働者については、その労働条件が就業規則等に明確に定められており、週の所定労働時間が20時間以上、かつ31日以上引き続き雇用されることが見込まれる場合に雇用保険の被保険者となります。
健康保険 厚生年金保険	1日または1週間の所定労働時間および1カ月の所定労働日数が、その事業所で働く通常の労働者の所定労働時間および所定労働日数のおおむね4分の3以上であるパートタイマーは、被保険者となります。有期雇用労働者の場合は、2月以内の雇用期間など常時雇用される労働者とみなされない一定の場合には被保険者になりません。

注意！
　事業主は、均等法、育介法および労働施策総合推進法に基づき、職場におけるセクハラ、妊娠・出産・育児休業等に関するハラスメントおよびパワハラに関し、雇用管理上必要な措置を講じなければならないこととされています（☞171ページ以下参照）。これらは、パート・有期雇用労働者を含むすべての労働者について措置を講ずる必要があります。

Q247　パートタイマーの希望によって、社会保険に加入しないようにすることはできますか？

A　社会保険（健康保険・厚生年金保険）については、社会保険の適用事業所である限り、その事業所で働く通常の労働者の所定労働時間、所定労働日数のおおむね4分の3以上であるパートタイマーは、本人の意思にかかわりなく加入しなければなりません。

●健康保険・厚生年金保険の適用
　健康保険および厚生年金保険については、1週間の所定労働時間が通常の労働者の4分の3未満であっても、次の要件のすべてに該当する場合には適用されます。

① 1週間の所定労働時間が20時間以上あること
② 報酬の月額が8万8000円以上（年収106万円以上）であること
③ 2カ月を超える雇用の見込みがあること
④ 生徒、学生等でないこと
⑤ 従業員数101人以上（令和6年10月からは51人以上）の企業に雇用されていること

Q248 「やむを得ない事由」とはどのような場合ですか?

A 「やむを得ない事由」があるかどうかは、個別具体的な事情に応じて判断されます。

　しかし、少なくとも契約期間中は労働契約関係が存続すべき有期労働契約を途中で解約（解雇）することになりますので、解雇権濫用法理（☞196〜197ページ参照）にいう、客観的に合理的な理由があり、社会通念上相当と認められる場合よりも厳格に判断されます。

●「やむを得ない事由」の主張立証責任

　期間途中の解雇の効力をめぐって裁判などになった場合は、民法628条により、解雇の効果を主張する使用者側に、「やむを得ない事由があること」を主張・立証する責任があります。

●無期労働契約へ転換する対象となる有期労働契約

　有期労働契約の無期転換ルールの対象となるのは、「2以上の有期労働契約」とありますので、1回以上更新したことのある有期労働契約がその対象となります。

Q249 無期転換の要件を満たす場合は、労働者の意思にかかわらず無期転換するのですか?

A 通算契約期間が5年を超えれば自動的に無期労働契約へ転換するわけではありません。あくまでも、労働者の申し込みがあることが前提です。

　したがって、労働者が無期転換を希望せず、有期労働契約のまま雇用を継続したいと希望すれば、通算契約期間が5年を超えても、有期労働契約を更新することができます。

●08 有期労働契約に関するルール

（1）期間途中の解雇

　有期労働契約は、契約期間を定めた契約ですから、労働者にとってその期間中は雇用が保障されるということを意味しています。このため、使用者は、「やむを得ない事由」がある場合でなければ、契約期間の途中で労働者を解雇することはできません。

労働契約法17条1項

（2）有期契約労働者からの退職

　有期労働契約の期間途中で、労働者から使用者に退職を申し出ることができるのは、民法上は「やむを得ない事由」がある場合に限られます（民法628条）。

　しかし、労基法では当分の間、契約期間の初日から1年を経過すれば、労働者のほうからは、「やむを得ない事由」がなくても、使用者に申し出ることにより、いつでも退職することができるとされています。ただし、一定の事業が完了するまでの期間を契約期間とする場合や、契約期間の上限が5年まで認められている場合（☞22ページ参照）は、対象となりません。

労基法137条

（3）有期労働契約の無期転換ルール

［1］有期労働契約が無期労働契約に転換する場合

　①同一の使用者との間で締結されている、②2つ以上の有期労働契約の、③契約期間を通算した期間（以下「通算契約期間」といいます。）が5年を超える場合には、有期契約労働者は、使用者に対して、期間の定めのない労働契約（以下「無期労働契約」といいます。）への転換を申し込むことができ、その場合は無期労働契約に転換します。

　この有期契約労働者が使用者に対して無期労働契約への転換を申し込む権利（以下「無期転換申込権」といいます。）は、労働者が申し込めば、使用者の意思にかかわりなく無期労働契約に転換します。したがって、使用者は、労働者からの申し込みを拒むことはできません（☞無期労働契約転換申込書・受理通知書はダウンロード記載例㊳参照）。

労働契約法18条1項

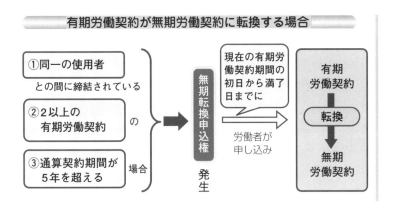

有期労働契約が無期労働契約に転換する場合

無期転換の例

（A）1年契約を更新して5年超となるケース

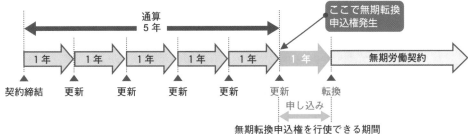

（B）3年契約を更新して5年超となるケース

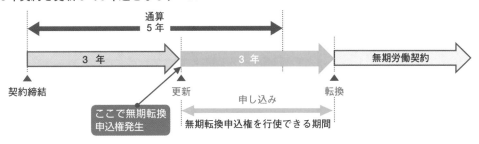

（C）労働者が無期転換申込権を行使しなかった場合

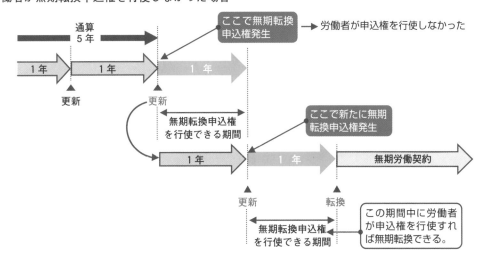

Q250 無期転換の申し込みの期限を「契約期間満了の1カ月前」としてもよいですか?

A 就業規則等でこのような定めをすること自体は有効です。ただし、労働契約法は、「契約期間が満了する日までに」と定めています。労働者が就業規則で定めた期限までに申し込みをしないと明確に意思表示をしていれば別ですが、労働者がその期限を過ぎてから満了日までに申し込みをしてきた場合には、その申し込みは有効です。

注意!

無期転換申込権が発生する有期労働契約を締結する前に、無期転換しないことを更新の条件とするなど、有期契約労働者に事前に無期転換申込権を放棄させることはできません。

申込権を放棄するように言われれば、労働者としては、雇止めの不安があるために承諾せざるを得ず、事実上申込権の放棄の強要になるおそれがあるからです。

Q251 これまで何度か更新した有期労働契約を、通算で5年を超える前に契約期間の満了をもって終了することができますか?

A このケースのように、無期転換する直前に雇い止める場合も考えられますが、仮に通算契約期間が5年を超える前に期間満了をもって終了としても、その雇止めが有効かどうかは、雇止め法理（☞247〜249ページ参照）に照らして別個に判断されます。

この場合に、雇止めの合理性や相当性が認められず無効となれば、更新せざるを得ず、通算で5年を超えれば、労働者は無期転換を申し込むことができます。

【無期転換の申し込みをした有期労働契約を終了させる場合】

労働者が無期転換の申し込みをした場合に、使用者がその有期労働契約を終了させることはできるのでしょうか。

まず、その有期労働契約の期間途中で解雇しようとする場合は、「やむを得ない事由」がある場合でなければ解雇することはできません（下図①の場合。労働契約法17条1項。☞240ページ参照）。

また、労働者が申し込みをした有期労働契約の期間が満了したときに労働契約関係を終了しようとする場合は、労働者が申し込んだ時点ですでに無期労働契約が成立していますので、この無期労働契約の解雇の問題となります（下図②の場合）。

解雇は、「客観的に合理性を欠き、社会通念上相当であると認められない場合」には無効となりますし（労働契約法16条）、また、解雇予告または解雇予告手当の支払いなどの手続きも必要となります（労基法20条）。

このように、厳格な解雇規制が適用され、無期労働契約へ転換する有期契約労働者の立場に強い保障が与えられていることがわかります。

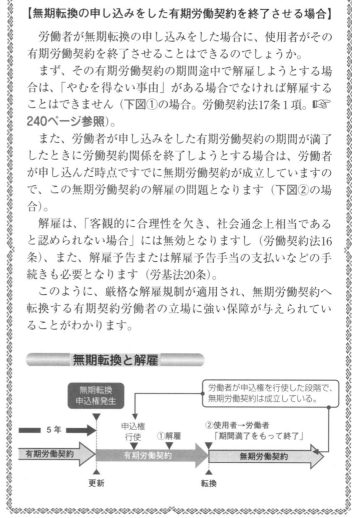

無期転換と解雇

［2］通算契約期間の計算とクーリング

有期労働契約が無期労働契約に転換する要件である「通算契約期間が5年を超える」のカウントについては、そのカウントの対象となる有期労働契約の契約期間が1年以上の場合は、6カ月以上の無契約期間（有期労働契約がない期間。クーリング期間）があれば、その無契約期間の前の有期労働契約の期間はリセットされます（これを「クーリング」といいます。）。つまり、無契約期間の前の期間は通算されません。契約期間が1年未満の場合は、直前の有期労働契約の契約期間の2分の1以上の期間がクーリングされるのに必要な無契約期間となります（次図）。

労働契約法18条2項

クーリングされる無契約期間（クーリング期間）

1 カウントの対象となる有期労働契約の契約期間が1年以上の場合

➡ **6カ月以上**（原則）

2 カウントの対象となる有期労働契約の契約期間が1年未満の場合

➡ その直前の有期労働契約の契約期間の2分の1以上

（1カ月以上の端数は1カ月に切り上げ）

> 2つ以上の有期労働契約があるときは、これらの期間を通算する。
> - (a) 間を置かずに2つ以上の有期労働契約があるとき
> - (b) 契約期間が連続しているものと扱われる「法第18条第2項の厚生労働省令で定める基準」に該当する場合（それぞれの有期労働契約の間がクーリング期間未満の場合）

【クーリングに必要な無契約期間】

カウントの対象となる有期労働契約の契約期間	無契約期間
2カ月以下	1カ月以上
2カ月超〜4カ月以下	2カ月以上
4カ月超〜6カ月以下	3カ月以上
6カ月超〜8カ月以下	4カ月以上
8カ月超〜10カ月以下	5カ月以上
10カ月超〜	6カ月以上

※カウントの対象となる有期労働契約の契約期間の区分（左欄）に応じて無契約期間が右欄に該当するときは、クーリングされ、無契約期間の前の有期労働契約は通算されない。

Q252 最初の有期労働契約から更新して5年の間に、他社で雇用されていた期間が6カ月以上あれば、クーリングされますか？

A 原則として、6カ月以上の無契約期間がある場合は、その前の契約期間は通算されません。

ただし、無期転換申込権が発生しないようにするために、就業の実態が変わらないのに、派遣や請負の形態を偽装して、形式上他の使用者との有期労働契約の契約期間をクーリング期間とすることはできません。この場合は、他の使用者との有期労働契約の契約期間も「同一の使用者」との有期労働契約が継続しているものとして通算契約期間にカウントされます。

通算契約期間のカウントの例

①カウントの対象となる有期労働契約の契約期間が1年以上の場合

（A）無契約期間が6カ月以上ある場合

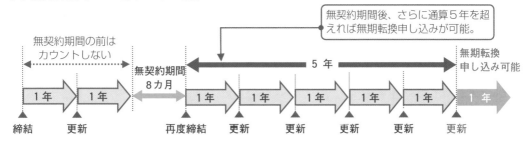

→無契約期間の前の契約期間は通算されない（クーリングされる。）。

13 パート・有期

（B）無契約期間が6カ月未満の場合

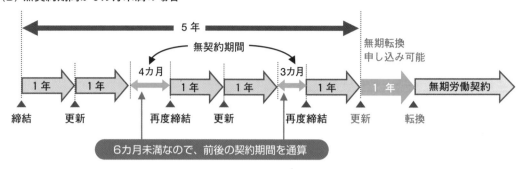

→無契約期間の前の契約期間が通算され、契約期間が連続しているものとされる（クーリングされない。）。

②カウントの対象となる有期労働契約の契約期間が1年未満の場合

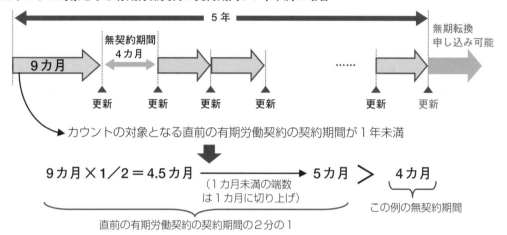

→無契約期間が直前の有期労働契約の契約期間の2分の1より短いので、契約期間が連続しているものとされる（クーリングされない。）。

→この例でクーリング期間は5カ月以上必要となる。

[3] 無期転換後の労働条件

　労働者の申し込みにより無期労働契約に転換した後の労働条件は、原則として、契約期間の定め以外は、申し込み時の有期労働契約と同一の労働条件となります。ただし、契約期間を除く労働条件について、労働協約、就業規則あるいは個々の労働契約により、別段の定めをすることができます。

　また、有期労働契約から無期労働契約に転換する際に、職務の内容等が従前の有期労働契約のときと変わらないのに、無期転換後に労働条件を低下させることは望ましくありません。

（☞無期転換後の労働条件の明示については222ページ参照）

無期転換後の労働条件と均衡考慮

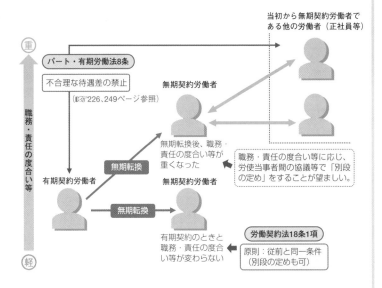

(☞226、249ページ参照)

Q254　無期転換後に、職責が重くなった場合は、有期労働契約のときより労働条件を上げなければならないのですか？

A　労働契約法は、無期転換後の労働条件について、原則として従前と同一と定めており、「引き上げなければならない」とはしていません。しかし、職務や責任の度合い、人事異動の有無・範囲など就業の実態に応じた労働条件とすることは、労働者のモチベーションの向上といった点からも望ましいことです。
　労働契約法は、労働条件について「別段の定め」をすることを認めていますので、むしろ働きに見合った労働条件を定めることが望まれます。

［4］無期転換ルールの特例

　無期転換ルールの適用については、一部の労働者について、特別法により特例が設けられています。

●1　研究者、教員等の場合の特例

　大学等の研究者、教員等については、無期転換申込権が発生するまでの期間は10年となります。

科学技術・イノベーション創出の活性化に関する法律15条の2
大学教員任期法7条

●特例の対象となる研究者等
　有期労働契約（あるいは有期任用の労働契約）を締結している、大学、大学共同利用機関、研究開発法人の教員等、研究者、技術者等が対象となります。民間企業の研究者等で、大学等および研究開発法人との共同研究開発に専ら従事する者も、同様の取り扱いとなります。

無期転換の例

（A）1年契約を更新するケース

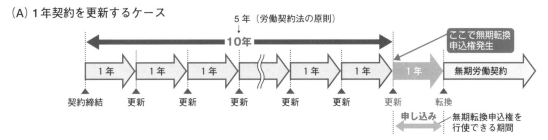

（B）在学中にティーチング・アシスタント（TA）等として雇用されていたケース

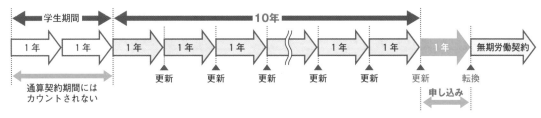

● 2　有期雇用特別措置法による特例

　専門的知識等を有する有期雇用労働者が5年を超える有期プロジェクト業務（特定有期業務）に従事する場合や、定年後引き続いて雇用される有期雇用労働者の場合について、「専門的知識等を有する有期雇用労働者等に関する特別措置法」（有期雇用特別措置法）に基づき、無期転換申込権発生までの期間について特例が設けられています。

　ただし、特例が認められるには、これらの対象者との労働契約が適切に締結・運用されるよう、適切な雇用管理に関する措置が講じられていることが要件となります。具体的には、この特例を受けようとする場合には、適切な雇用管理に関する措置を実施する計画を作成し、都道府県労働局長へ申請してその認定を受ける必要があります。

有期雇用特別措置法

注意！

　有期雇用特別措置法による特例の対象となる労働者については、23ページ（1）の労働条件の明示事項に加え、次の事項も書面で明示してください。
[①高度専門職に就く労働者]
・無期転換申込権が発生しない期間（プロジェクトに係る期間、最長10年）
・特例の対象となるプロジェクトの具体的な範囲（業務の内容、開始日・完了日）
[②定年後継続雇用される高齢者]
・無期転換申込権が発生しない期間（定年後引き続いて雇用されている期間）

特例の基本的なしくみ

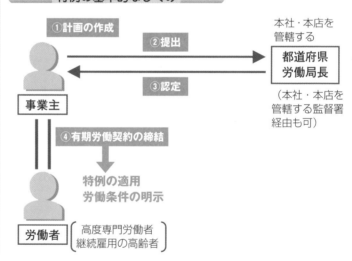

①計画の作成

②提出

③認定

本社・本店を管轄する
都道府県労働局長
（本社・本店を管轄する監督署経由も可）

事業主

④有期労働契約の締結

特例の適用
労働条件の明示

労働者（高度専門労働者／継続雇用の高齢者）

無期転換の例

高度専門労働者の場合の特例

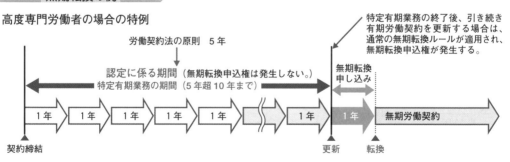

労働契約法の原則　5年

認定に係る期間（無期転換申込権は発生しない。）
特定有期業務の期間（5年超10年まで）

特定有期業務の終了後、引き続き有期労働契約を更新する場合は、通常の無期転換ルールが適用され、無期転換申込権が発生する。

無期転換
申し込み

1年　1年　1年　1年　1年　1年　1年　無期労働契約

契約締結　　　　　　　　　　　　　更新　転換

定年後継続雇用者の場合の特例

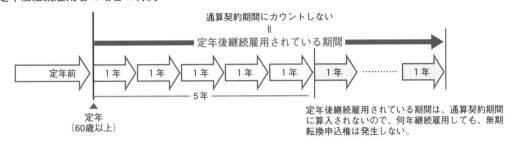

通算契約期間にカウントしない
＝
定年後継続雇用されている期間

定年前　1年　1年　1年　1年　1年　1年　………　1年
5年
定年
（60歳以上）

定年後継続雇用されている期間は、通算契約期間に算入されないので、何年継続雇用しても、無期転換申込権は発生しない。

特例の対象者・要件等

	高度専門労働者 （第一種特定有期雇用労働者）	継続雇用の高齢者 （第二種特定有期雇用労働者）
対象者の要件	5年を超える一定期間内に完了予定の業務（特定有期業務）に就く、高度の専門的知識等を有する有期雇用労働者 ・年収1,075万円以上見込み ・高度の専門的知識等を有するものとして厚生労働大臣が定める基準に該当するもの	定年（60歳以上）に達した後、引き続きその事業主※に雇用される有期雇用労働者 ※定年前に雇用されていた事業主のほか、特殊関係事業主（グループ会社）に継続雇用される場合を含む。
特例の効果	特定有期業務の開始から終了までの期間（上限10年）は、無期転換申込権が発生しない。	定年後継続雇用されている期間は、無期転換申込権が発生しない。（通算契約期間に算入しない。）
計画の記載事項	[第一種計画] ①対象労働者が就く特定有期業務の内容、開始日、完了日 ②雇用管理措置の内容（能力の維持向上を自主的に図る機会の付与等に関する措置）　等	[第二種計画] ①雇用管理措置の内容（配置、職務および職場環境に関する配慮等の措置） ②高年齢者雇用確保措置（高年齢者雇用安定法9条）の実施状況　等
固有の労働条件の明示事項	①適用される特例の内容 ②特定有期業務の内容、開始日、完了日	適用される特例の内容

●高度の専門的知識等を有する者の基準

特例の対象となる「高度の専門的知識等を有する者」は、厚生労働大臣が定める基準（平成27年厚生労働省告示67号）に定められていますが、労基法14条1項の契約期間の上限の特例が認められる高度の専門的知識等を有する労働者の基準とほぼ重なります（☞22ページ参照）。

注意！

特例の適用にあたっては、紛争防止の観点から、事業主は、労働契約の締結・更新時に、対象となる労働者に対して、左の表にある労働条件の明示事項を書面で明示することが必要です。

また、契約期間の途中で特例の対象となる労働者に対しても、紛争防止の観点から、その旨を明示するようにしてください。

（4）雇止めのルール
［1］雇止め法理

有期労働契約をめぐるトラブルで多いのは、有期労働契約が反復更新された後で突然、次の契約期間の満了をもって更新しないとする、いわゆる「雇止め」のケースです。雇止めに関するルールは、これまでの裁判例で積み重ねられ、最高裁判決により判例法理（雇止め法理）として確立しています。

☞ 参考判例（雇止め法理）
▶東芝柳町工場事件（最高裁昭和49年7月22日第一小法廷判決）☞次ページの図の①
▶日立メディコ事件（最高裁昭和61年12月4日第一小法廷判決）☞次ページの図の②

Q255 労働者が契約の更新を望んでいなくても、有期労働契約が社会通念上無期労働契約と同視される場合は、やはり雇止めは認められないのでしょうか？

A 雇止め法理が適用されて、有期労働契約が更新されたものとみなされるのは、あくまでも、労働者が契約更新を希望する場合が前提です。
　有期労働契約が無期労働契約と同視される場合であっても、労働者の意思にかかわりなく自動更新するわけではありません。

Q256 契約更新を期待することに合理的な理由がある場合とはどんな場合ですか？

A 例えば、有期労働契約を締結する際や契約期間の途中で、「あなたさえよければ長く働いてもらいたい」といった使用者の言動があった場合や、同じ有期労働契約で働く他の労働者を見てもほとんど更新を拒まれる前例がなかったといった事情がある場合などは、労働者が「次もまた契約が更新されるだろう」という期待をすることに合理的な理由があるといえるでしょう。
　いずれにしても、契約締結から期間満了までのあらゆる事情を総合的に考慮して判断されます。

Q257 有期労働契約の継続を希望している場合、契約期間の満了後でも、使用者に有期労働契約の締結を申し込めますか？

A 労働契約法19条は、雇止め法理が適用される場合として、契約期間の満了後について、「遅滞なく」有期労働契約の締結の申し込みをした場合と定めています。しかし、有期労働契約の期間満了後に、正当または合理的な理由があって申し込みが遅れた場合も、有効な申し込みとされています。例えば、雇止め後、弁護士などの専門家に相談に行

　労働契約法19条は、この判例法理を定めたものであり、その有期労働契約が次図の①、②いずれかにあたる場合に、使用者が雇止めをすることが、客観的に合理的な理由を欠き、社会通念上相当であると認められない場合には、その雇止めは無効となります。

　雇止め法理に照らし雇止めが無効となった場合は、使用者は、労働者からの有期労働契約の更新または締結の申し込みを承諾したものとみなされます。つまり、使用者の意思にかかわりなく、有期労働契約が更新され、または有期労働契約を締結したことになります。

　そして、更新後の有期労働契約、あるいは期間満了後に締結された有期労働契約は、それまでの有期労働契約と同じ労働条件となります。

　　　　　　　　　　　　　　　　（労働契約法19条）

雇止め法理（雇止めに関するルール）

その有期労働契約が、

①有期労働契約が過去に反復更新され、その雇止めが無期労働契約の解雇と社会通念上同視できると認められる場合

②労働者が有期労働契約の契約期間満了時に、契約が更新されると期待することに合理的な理由が認められる場合

上の①または②にあたる場合で、

労働者が有期労働契約の更新または締結の**申し込み**
をした場合に、

使用者が労働者からの申し込みを拒んで雇止めすることが、

客観的に合理的な理由を欠き、
社会通念上相当であると認められない場合

| a.臨時か常用か、b.更新の回数、c.雇用の通算期間、d.契約期間の管理の状況、e.雇用継続の期待を持たせる使用者の言動の有無等 | 判断要素 | 労働契約が継続している間のあらゆる事情を考慮して判断 |

その雇止めは**無効**となる

従前と同一の労働条件で有期労働契約の更新または締結の申し込みを承諾したものとみなされ、有期労働契約が同一の労働条件で成立

雇止めの有効性の判断要素と雇止め事案の可否判断の傾向

低 ← 雇止めが無効と判断される可能性が → 高

具体例	判断要素	具体例
●業務内容が臨時的 ●正社員と異なる	業務の客観的内容	●業務内容が恒常的 ●正社員と同一
●臨時的な地位（嘱託・非常勤講師等） ●正社員と労働条件が異なる	契約上の地位の性格	●基幹的な地位 ●正社員と労働条件が同じ・差がない
●継続雇用を期待させる言動等がない	当事者の主観的態様	●継続雇用を期待させる言動等があった
●反復更新されていない ●更新回数や勤続年数が少ない ●更新手続きが厳格	更新の手続き・実態	●反復更新されてきた ●更新回数や勤続年数が多い ●更新手続きがゆるい・形式的
●同様の地位にある他の労働者も雇止めされている	他の労働者の更新状況	●同様の地位にある他の労働者は雇止めされていない
●更新回数・勤続年数等の上限が設定されている	その他	●更新回数・勤続年数等の上限が設けられていない

［2］雇止めの予告と理由の明示

有期労働契約基準では、一定の有期労働契約について、雇止めをする場合の手続きとして、①雇止めの予告をすること、②雇止めの理由を明示することを定めています。

有期労働契約基準

雇止めの予告・理由の明示

①有期労働契約を3回以上更新している場合
②1年以下の契約期間の労働契約が更新されて、最初の契約から継続して通算1年を超える場合
③1年を超える契約期間の労働契約を締結している場合

1 雇止めをするときは原則として予告が必要

使用者は、有期労働契約を更新しない場合には、あらかじめ更新しないことが明示されている場合でない限り、少なくとも契約期間が満了する日の30日前までに、更新しないこと（雇止め）を予告しなければなりません。

2 労働者からの請求に応じ雇止めの理由を明示する

雇止めの予告後、労働者が雇止めの理由について証明書を請求した場合は、使用者は遅滞なく証明書を交付しなければなりません（雇止め後に労働者から請求された場合も同様）。

き、その助言を受けてから有期労働契約の申し込みをしたために遅れたといった場合などは、遅れたことに正当あるいは合理的な理由があると認められます。

●雇止めの理由
雇止めの理由は、「契約期間が満了したから」という理由だけでは不十分です。

【雇止めの理由の明示例】
・前回の契約更新時に、本契約を更新しないことが合意されていたため
・契約締結時当初から更新回数の上限を設けており、本契約が当該上限に係るため
・事業縮小のため
・業務遂行能力が十分でないと認められるため
・勤務不良のため（職務命令違反・無断欠勤等）　　　など

●パート・有期労働法への統合
不合理な労働条件の禁止を定めていた労働契約法20条は、平成30年の働き方改革関連法による改正により、パート・有期労働法8条に統合されました（☞226～227ページ参照）。

●09　相談体制・苦情処理等

（1）相談体制の整備

　事業主は、雇用管理の改善等に関する事項に関し、パート・有期雇用労働者からの相談に応じ、適切に対応するために必要な体制を整備しなければなりません。具体的には、パート・有期雇用労働者からの苦情を含めた相談に応じる窓口等を設置することです。そのような窓口等であれば、その名称を問わず、また、窓口等は部署であるか、個人（担当者）であるかは問いません。

パート・有期労働法16条

相談対応の方法例

◆労働者の中から相談担当者を決める。
◆短時間・有期雇用管理者を相談担当者とする。
◆事業主自身が相談担当者となる。
◆外部専門機関に委託する。

（2）苦情の自主的解決

　事業主は、パート・有期雇用労働者から苦情の申出を受けたときは、社内の苦情処理機関に苦情の処理を委ねるなどして、自主的な解決に努めてください。

パート・有期労働法22条

対象となる苦情

◆労働条件の文書の交付等
◆不合理な待遇の禁止
◆通常の労働者と同視すべきパート・有期雇用労働者に対する待遇の差別的取り扱い
◆職務の遂行に必要な教育訓練の実施
◆福利厚生施設の利用
◆通常の労働者への転換推進措置
◆雇入れ時の雇用管理の改善措置に関する説明
◆雇入れ後に求められた場合の通常の労働者との待遇差の内容とその理由、待遇の決定にあたって考慮した事項の説明

14 派遣労働者を派遣するとき・受け入れるとき

いわゆる派遣社員という雇用形態で働く労働者も増加しており、業務の状況に応じて人材派遣会社から派遣労働者を受け入れて業務を行わせている事業所も多く見られます。このような多様な働きかたをする労働者と、業務の内容や繁閑の状況に応じて必要な労働力を確保したい事業所のニーズにより、労働者派遣の利用が進んでいます。

「労働者派遣事業の適正な運営の確保及び派遣労働者の保護等に関する法律」（本書では「派遣法」といいます。）では、数次の改正を経て、労働者派遣の活用の幅を広げる一方で、労働者派遣事業の適正な運営を図るため事業規制を強化するとともに、派遣労働者の雇用の安定、適正な就業条件の確保、待遇の改善などを目的として、派遣元・派遣先双方に各種の措置を義務づけています。

●01 労働者派遣という働きかた

労働者派遣とは、「派遣元事業主が自己の雇用する労働者を、当該雇用関係のもとに、かつ、派遣先の指揮命令を受けて、派遣先のために労働に従事させること」と定義されています。

つまり、①派遣元事業主と派遣労働者とは雇用関係にあり、派遣元事業主は雇用主としての責任があること、②派遣先と派遣労働者とは、雇用関係はないが指揮命令関係があること、が労働者派遣の基本です。

派遣法2条

労働者派遣の形態

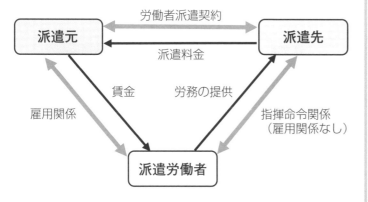

派遣元事業主・派遣先・派遣労働者の三者の関係で成り立っている労働者派遣と似ている形態として、労働者供給や出向、請負などがあります。

ここでは、これらの違いを説明しておきましょう。

●平成27年派遣法改正

平成27年の派遣法改正では、派遣労働者の保護、雇用の安定、キャリアアップの推進、労使双方にとってわかりやすい制度とすることなどを目的として、大幅な制度の見直しがなされました。この改正では、①労働者派遣事業の許可制への一本化、②労働者派遣の期間制限のルールの見直し、③派遣労働者のための雇用安定措置、キャリアアップ支援措置の義務の創設（派遣元事業主）、④均衡待遇に関するルールの拡充などが主要な項目となっています（平成27年9月30日施行）。

●労働者派遣事業

労働者派遣事業は、労働者派遣を業として行うことです。

派遣法は、労働者派遣事業を対象に各種の規制を行っています。

ここで「業として行う」というのは、一定の目的を持って同種の行為を反復継続的に行うことをいい、反復継続の意思を持って行っていれば事業性が認められます。

「業として」いるかどうかは、具体的には、一定の目的と計画に基づき経営する経済的活動として行われているか否かによって個別的に判断されます。

●労働者供給と労働者派遣

職業安定法（職安法）では、原則として、あらかじめ労働者を供給することを約して労働者を供給する「労働者供給」を禁止しています（同法44条、罰則：64条）。

労働者派遣の場合も、広い意味では労働者供給にあたりますが、派遣法は、労働者供給事業の中から①供給元（派遣元）との間に雇用関係があり、②供給先（派遣先）との間に指揮命令関係しかない形態を取り出して、一定の規制のもとで適法としたものです。

●「業として」行う出向

日本では、出向の多くは、能力開発や企業グループ内の人事交流、雇用調整などの目的で行われてきました。

しかし、「出向」の形をとっていても、出向元がその雇用する労働者を営利目的で反復継続して出向させるような場合は、「業として行う」ことになり、労働者供給事業として職安法違反となる場合があります。

Q258　在籍型出向の場合、雇用管理上の責任は、出向元と出向先のどちらが負うのですか？

A　出向元・出向先・労働者の三者の合意の内容によっても異なりますが、一般的には、雇用管理の責任や賃金の支払義務、懲戒などは出向元・出向先ともに責任があります（解雇（懲戒解雇を含む）・退職に関しては出向元に責任）。

一方、業務遂行上、具体的な指揮命令を受けることになる出向先に責任があるのは、就業規則や36協定の適用などです。

（A）労働者供給

労働者供給契約等に基づいて、労働者を他人の指揮命令のもとで労働に従事させること。

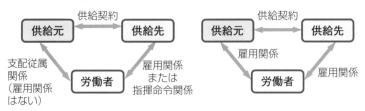

（B）出　向

労働者は、出向元と出向先の双方と雇用関係にある。

出向元と労働者との雇用関係は終了し、出向先と労働者との間にのみ雇用関係がある。

（C）請　負

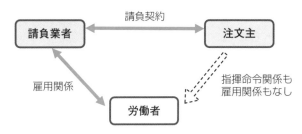

注文主と請負業者の労働者との間に雇用関係も指揮命令関係もない。

注文主がこの労働者に対して指揮命令すると、労働者派遣の形態となる。

（☞ なお、請負と労働者派遣との区分については291ページ参照）

●02　労働者派遣事業の許可制

　労働者派遣事業を行う場合には、厚生労働大臣の許可を受ける必要があります。許可申請手続きは、事業主単位（会社単位）で、主たる事務所を管轄する都道府県労働局に必要書類を提出して行ってください。

派遣法5条〜15条

☞ 事業開始の許可申請手続きについては、労働局の需給調整事業部（課・室）または職業安定課へお尋ねください。

事業の許可基準（概要）

①専ら労働者派遣の役務を特定の者に提供する目的でないこと

②派遣労働者の雇用管理を適正に行う能力を有すること
（キャリア形成支援制度を有すること、派遣労働者の雇用管理を適正に行う体制が整備されていることなど）

③個人情報を適正に管理し、派遣労働者等の秘密を守るための措置を実施していること

④事業を的確に遂行する能力を有すること（一定の資産要件等）

●03　派遣できない業務等

（1）派遣が禁止されている業務

　労働者派遣は、一部の例外を除き、どの業務についても行うことができます。

労働者派遣を行うことができない業務

①建設の業務
②港湾運送の業務
③警備の業務
④医療関連の業務（ただし、紹介予定派遣は可能）
⑤人事労務管理に関する業務
（派遣先の団体交渉、労基法上の労使協定の締結などのための労使協議の際に使用者側の直接当事者として行う業務）
⑥一定の専門業務※
（弁護士、税理士、社会保険労務士など）

※公認会計士、税理士、弁理士、社会保険労務士、行政書士の業務については、一定の要件のもと、一部業務に限り労働者派遣が可能です。

●労働者派遣ができる医療関連業務
　医療関連業務であっても、医療法上の病院等や介護老人保健施設、居宅などの施設等以外で行われる一定の医療関連業務については、労働者派遣が可能です。
　また、医療関連業務に従事する労働者の産前産後休業、育児・介護休業中、代わりにその業務を行う人を労働者派遣によって受け入れることや、医師の少ないへき地へ一定の研修を受けた医療関係者を派遣することが認められています。

14 派遣労働者

Q259　雇用期間を31日以上と
する労働契約を結んでいます
が、その期間中、この者を複数
の会社に派遣することはできま
すか?

A　雇用期間が31日以上あれば、
日雇派遣にはあたりません。こ
の場合に、例えばA社に2週間、
B社へ1週間、C社に2週間と
いったように派遣することも認
められます。

Q260　実際に就労する日数が1
日か2日しかなくても、雇用期
間を31日以上と定めれば、こ
の者を派遣することは可能です
か?

A　例えば、労働者派遣による就
労日数が1日しかないのに31日
以上の労働契約を締結したり、
労働契約の初日と最終日しか労
働者派遣の予定がないのにその
期間を通じて労働契約を締結す
ることは、明らかに、社会通念
上妥当とはいえません。このよ
うな労働契約は、日雇派遣の禁
止の法規制を免れることを目的
としたものと解釈されます。

●「収入」
　日雇派遣の要件とされる生業収
入または世帯収入にいう「収入」
には、労働の対価として得たもの
に限らず、不動産の運用収入やト
レーディング収入も含まれます。

Q261　副業で3つの業務をかけ
もちしている場合は、「生業収
入500万円以上」はどのように
判断するのですか?

A　「生業収入500万円以上」と
は、主たる業務の収入のことを
いい、複数の業務をかけもちし
ている場合は、その収入額が最
も高い業務が「主たる業務」と
いうことになります。

（2）日雇派遣の原則禁止

　雇用期間が30日以内の日雇派遣は、原則として禁止されています。ただし、①政令で定める一定の業務について労働者派遣をする場合、②労働者が政令で定める一定の場合に該当する場合には、例外として、日雇派遣が認められています。

派遣法35条の4第1項・派遣令4条

日雇派遣の原則禁止と例外

| 日雇派遣
（日々または
30日以内の契約期間） | → | 原則 労働者派遣禁止 |

⇕

例外 日雇派遣が認められる場合

例外①	政令で定める次の業務に該当する場合 ①ソフトウェア開発　②機械設計　③事務用機器操作 ④通訳、翻訳、速記　⑤秘書　⑥ファイリング　⑦調査 ⑧財務処理　⑨取引文書作成　⑩デモンストレーション ⑪添乗　⑫受付・案内　⑬研究開発 ⑭事業の実施体制の企画、立案　⑮書籍等の制作・編集 ⑯広告デザイン　⑰OAインストラクション ⑱セールスエンジニアの営業、金融商品の営業 ⑲社会福祉施設等において看護師が行う看護業務
例外②	次の労働者を派遣する場合 (a) 60歳以上の者 (b) 昼間学生（雇用保険の適用を受けない学生） (c) 生業収入が500万円以上（副業等） (d) 主たる生計者以外の者で、世帯収入が500万円以上のもの（世帯収入に占める本人の収入の割合が50%未満）

↓

派遣元事業主は、日雇派遣労働者として労働者を雇い入れようとするときは、これらの労働者に該当するかどうかを、原則として下表の書類等で確認する必要がある。

①60歳以上の者	年齢が確認できる公的書類等 （住民票、健康保険証、運転免許証）
②昼間学生	学生証等
③生業収入が500万円以上で副業で日雇派遣に従事する者	【収入要件：500万円以上の確認】 ・本人、配偶者等の所得証明書 ・源泉徴収票の写し　　　　　　　　　　等
④主たる生計者以外で、世帯収入500万円以上	※収入要件は、原則として前年の収入を確認するが、前年の収入が500万円以上であっても、当年の収入が500万円を下回ることが明らかな場合は、要件を満たさない。

●04　グループ企業派遣の規制

　関係派遣先（グループ企業）に労働者を派遣する場合は、関係派遣先への派遣割合を80%以下としなければならないという規制があります。

　この「派遣割合80%以下」の規制対象となる関係派遣先（グループ企業）の範囲は、下図のとおり、連結決算を導入している企業グループに属しているか否か（連結子会社かどうか）によって違いがあります。

派遣法23条の2

グループ企業の範囲

グループ企業

(1)派遣元事業主が連結決算を導入している企業グループに属する場合
- ①派遣元事業主の親会社
- ②派遣元事業主の親会社の子会社

➡ 親子関係は、連結決算の範囲で判断。連結子会社の範囲は、実質的な支配力の有無で判断される。

(2)派遣元事業主が連結決算を導入している企業グループに属していない場合
- ③派遣元事業主の親会社等
- ④派遣元事業主の親会社等の子会社等

➡ 外形基準で判断。議決権の過半数の所有、過半の出資等。

派遣割合の計算方法

$$\text{派遣割合} = \frac{\text{全派遣労働者のグループ企業での総労働時間} - \text{定年退職者のグループ企業での総労働時間}}{\text{全派遣労働者の総労働時間}} \quad 80\%\text{以下}$$

（%表記にした場合の小数点第2位以下を切り捨て）

> **注意！**
> 派遣割合を算定するときは、派遣就業の総労働時間を基礎として計算します（派遣労働者の人数を基礎とするものではありません。）。なお、派遣割合の算定基礎となる総労働時間には、残業時間等も含まれます。

> **注意！**
> 派遣割合の計算では、定年退職者（60歳以上の定年年齢に達した者）の分のグループ企業での総労働時間は除きます。この「定年退職者」には、継続雇用の終了後に離職した者（再雇用による労働契約期間満了前に離職した者等を含みます。）や継続雇用中の者も含まれます。

　派遣元事業主には、グループ企業への派遣割合を行政官庁へ報告することが義務づけられています。具体的には、「関係派遣先派遣割合報告書」を作成し、毎事業年度終了後3カ月以内に、事業主管轄労働局を経由して、厚生労働大臣に提出します。

派遣法23条3項

Q262　元の会社でパートタイマーだった者が離職した場合も、この者を離職後1年以内に元の会社に派遣することはできないのですか?

A　離職後1年以内の労働者派遣が禁止される労働者は、正社員に限りません。パートタイマーも同様に禁止の対象となります。

Q263　派遣先のA工場を離職した者を1年以内に同一事業主のB工場に派遣することはできますか?

A　離職後1年以内の労働者派遣の禁止の対象となる「派遣先」とは、事業者単位でとらえられます(事業所単位ではありません。)。したがって、同一事業主の別の工場に派遣することは、禁止の対象となります。

Q264　子会社を離職して1年未満の者を、親会社から派遣労働者としてその別の子会社に派遣することはできますか?

A　グループ企業の場合は、親会社と子会社は同一の事業者ではありませんので、禁止の対象にはなりません。したがって、子会社を離職して1年未満であっても、派遣労働者として受け入れることは可能です。

●情報提供の方法
　派遣元事業主に義務づけられているマージン率等の情報の提供方法については、これまで事務所に書類を備え付ける方法も定められていましたが、インターネットの利用その他の適切な方法により行わなければならないこととされました(令和3年4月1日施行)。
　また、このような情報提供は、常時インターネットの利用により、広く関係者、とりわけ派遣労働者に必要な情報を提供することが原則とされました(派遣元指針第2の16)。

●05　離職後1年以内の労働者派遣の禁止

(1) 離職後1年以内の労働者派遣の禁止

　原則として、派遣元事業主は、派遣先を離職してから1年以内の者を、その派遣先に派遣労働者として派遣してはなりません。また、派遣先も、このような労働者を受け入れることはできません。ただし、60歳以上の定年退職者については、例外として離職後1年以内であっても、元の会社(派遣先)への労働者派遣が認められています。

派遣法35条の5、40条の9第1項

離職後1年以内の労働者派遣の禁止

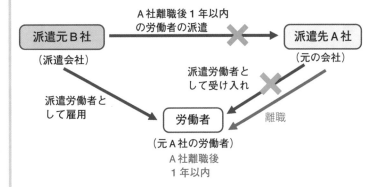

(2) 派遣先の通知義務

　派遣先は、その労働者派遣を受け入れると離職後1年以内の労働者を受け入れることとなってしまう場合には、すみやかに、その旨を派遣元事業主に通知しなければなりません。

派遣法40条の9第2項

●06　派遣元事業主の情報提供義務

(1) 派遣元事業主が情報提供すべき事項

　派遣元事業主は、労働者派遣事業の業務に関しあらかじめ関係者に知らせることが適当とされる事項について、情報を提供しなければなりません。ここで情報提供すべき事項は、派遣労働者や派遣先などが派遣会社(派遣元)を選ぶときの判断材料にもなるものです。具体的には、労働者派遣事業を行う事業所ごとの次の事項です。

派遣法23条5項

派遣元事業主が情報提供すべき事項と方法

情報提供すべき事項	提供方法
①派遣労働者数 ②役務の提供を受けた者（派遣先）の数 ③マージン率（☞下記（2）参照） ④教育訓練に関する事項 ⑤労働者派遣に関する料金額の平均額 ⑥派遣労働者の賃金額の平均額 ⑦派遣法30条の4第1項の協定を締結しているか否かの別 ⑧協定を締結している場合は、協定対象派遣労働者の範囲と協定の有効期間の終期 ⑨その他参考となると認められる事項 （教育訓練、福利厚生に関する事項、派遣労働者の希望・適性等に応じた派遣先とのマッチング状況など）	◆インターネットの利用（自社HP等） ◆その他の適切な方法 ・パンフレットの作成 ・人材サービス総合サイトの活用 　　　　　　　　　　　　など

注意！

派遣料金額は、派遣労働者にも明示しなければなりません（☞266ページ参照）。

（2）マージン率

いわゆるマージン率とは、労働者派遣に関する料金額（派遣料金額）と派遣労働者の賃金額の差額が派遣料金額に占める割合のことです。つまり、派遣料金額（派遣会社が派遣先から受け取る収入）から派遣労働者に支払った賃金額を差し引いた、派遣会社の取り分にあたる部分がマージンです。

マージン率の計算式

派遣元の収入。当該事業年度における派遣労働者1人1日（8時間）あたりの派遣料金の平均額

派遣労働者に支払った賃金額。当該事業年度における派遣労働者1人1日（8時間）あたりの賃金の平均額

$$マージン率（\%） = \frac{労働者派遣に関する料金額の平均額 - 派遣労働者の賃金額の平均額}{労働者派遣に関する料金額の平均額}$$

%表記にした場合の小数点第2位以下を四捨五入

原則として、事業所ごとに算定する。ただし、その事業所が労働者派遣事業を行う他の事業所と一体的な経営を行っている場合は、その範囲内で算定してもよい。

Q265　マージン率が高いと派遣会社にとって不利になりますか？

A　マージンは、派遣料金額と派遣労働者の賃金額との差額ですから、マージン率が高いと、一見派遣会社の取り分が多く、派遣労働者には安い賃金しか支払われていないように思われるかもしれません。

しかし、派遣会社はマージンから福利厚生費、教育訓練費、事業経費等をまかないますので、福利厚生や教育訓練が充実している派遣会社のマージン率が高くなることがあります。ですから、一概にマージン率の高低だけで評価することはできません。

派遣会社としては、自社の実績をアピールするため、より正確なマージン率等の情報を追加したり、福利厚生や教育訓練といった待遇面、事業運営に関する情報などもあわせて積極的に提供することも考えられます。

●人材サービス総合サイト

厚生労働省が運営する「人材サービス総合サイト」では、労働者派遣事業や職業紹介事業の許可・届出事業所（派遣会社等）などの情報を検索することができます。

また、派遣会社等は、本サイトから掲載の申し込みをすれば、サイト上に、上記の情報提供すべき事項や自社のホームページのリンクなどの掲載ができます。

●07 派遣受入期間

（1）派遣受入期間の制限

派遣法は、あくまでも労働者派遣は「臨時的・一時的な働きかた」であることを原則としています。そこで、労働者派遣によって、派遣先の常用労働者（正社員等）が派遣労働者に置き換わること（常用代替）を防止するとともに、派遣労働者が派遣労働者のまま長期間同じような業務に従事して派遣就業に固定化することを防止するため、派遣受入期間に制限が設けられています。

すなわち、①派遣先の事業所として派遣労働者を受け入れられるのは原則3年まで（ただし、派遣先の過半数労働組合等からの意見聴取手続きによって延長することができる例外があります。）です（事業所単位の期間制限）。また、②派遣先の同一の組織単位（課単位）で、3年を超えて同じ派遣労働者を受け入れることはできません（派遣労働者個人単位の期間制限）。

［1］ 事業所単位の期間制限

派遣先は、派遣先の事業所その他派遣就業の場所（以下「事業所等」といいます。）ごとの業務について、3年を超える期間を継続して派遣労働者を受け入れてはなりません。また、派遣元事業主も、この期間を超えて継続して労働者派遣を行ってはなりません。

ただし、派遣先は、派遣受け入れ開始後、この期間制限に抵触することとなる最初の日（「抵触日」といいます。）の1カ月前の日までの間に、派遣先の事業所の労働者の過半数で組織される労働組合（過半数労働組合。これがないときは、事業所の労働者の過半数を代表する者）から意見を聴いて、さらに3年まで期間を延長することができます。その後再度延長しようというときは、同様に意見聴取の手続きを経て、再度3年まで延長することができます（☞ **意見聴取手続きについては261〜262ページ参照**）。

意見聴取手続きについては261〜262ページ参照

派遣法35条の2・40条の2第3項・4項

●期間制限ルールの見直し

平成27年の法改正により、派遣期間の制限に関するルールが大幅に変わりました。

従来は、ソフトウェア開発、秘書等の政令で定められていた一定の専門業務（いわゆる専門26業務）には派遣受入期間に制限がなく、それ以外の一般業務には原則1年まで（派遣先で過半数労働組合等からの意見聴取手続きを経て1年超3年までの期間で延長可能）と制限が設けられていました。

しかし、専門26業務に該当するかどうかの判断が必ずしも明確でなくわかりづらいことから、改正法では、業務を基準とした制限を見直してすべての業務に共通したルールとし、①派遣先事業所単位、②派遣労働者個人単位の2つの軸による期間制限のしくみとなりました。

●事業所その他派遣就業の場所

次の3つの観点から、実態を見て判断されます（派遣先指針第2の14(1)）。

① 工場、事務所、店舗等、場所的に他の事業所その他の場所から独立していること。

② 経営の単位として人事、経理、指導監督、労働の態様等においてある程度の独立性を有すること。

③ 一定の期間継続し、施設としての持続性を有すること。

この「事業所」は、雇用保険の適用事業所の考えかたと基本的に同じと解されています。

14
派遣労働者

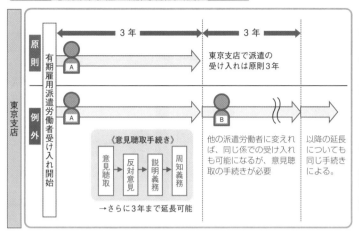

事業所単位の期間制限（例）

注意！

　労働者派遣の役務の提供を受けようとする者（派遣先等）は、新たな派遣契約により派遣元事業主から労働者派遣を受け入れようとするときは、派遣契約の締結にあたり、あらかじめ、派遣元事業主に対し、その労働者派遣に係る事業所単位の期間制限の抵触日を通知しなければなりません。また、派遣元事業主は、この通知がないときは、その者との間でその事業所等の業務に係る派遣契約を締結してはいけません。

●クーリング期間

　派遣先の事業所等ごとの業務について、労働者派遣の終了後に再び派遣する場合、派遣終了と次の派遣開始の間の期間が3カ月を超えないときは、労働者派遣は継続しているものとみなされます。

派遣先指針第2の14⑶

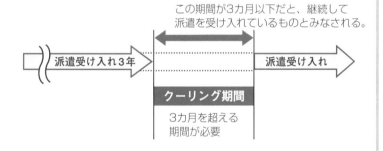

注意！

　派遣先が、派遣受入期間の延長手続き（意見聴取等）を回避する目的で、派遣終了後3カ月を経過してから再度派遣を受け入れる行為は、実質的に派遣の受け入れを継続していることになることから法の趣旨に反します（派遣先指針第2の14⑸）。

［2］個人単位の期間制限

　派遣先は、派遣先の事業所等における同一の組織単位（課単位）ごとの業務について、3年を超えて継続して同じ派遣労働者を受け入れてはなりません。また、派遣元事業主も、同一の組織単位ごとの業務について、3年を超えて同じ派遣労働者を派遣してはなりません。

派遣法35条の3・40条の3

●組織単位

　組織単位とは、「名称のいかんを問わず、業務の関連性に基づいて派遣先が設定した労働者の配置の区分であって、配置された労働者の業務の遂行を指揮命令する職務上の地位にある者が当該労働者の業務の配分及び当該業務に係る労務管理に関して直接の権限を有するもの」とされています（派遣則21条の2）。

　具体的には、課、グループ等の業務としての類似性や関連性がある組織であり、かつ、その組織の長が業務の配分や労務管理上の指

揮監督権限を有するものであって、派遣先における組織の最小単位よりも一般に大きな単位が想定されます（派遣先指針第2の14(2)）。

Q266　小さい会社なので、課やグループといった明確な組織がありません。しかし、事業所の長の下に複数の担当がおり、その担当それぞれが会計担当、渉外担当といった課やグループに準じた組織機能を持っています。この場合に、当該担当を組織単位として認めることはできますか？

A　当該担当が業務の配分や労務管理上の指揮監督権限を持っていれば、小規模事業所において、組織単位と当該担当（組織の最小単位）が一致する場合もあり得ます。

●日数限定業務
　その業務が1カ月間に行われる日数が、派遣先の通常の労働者の所定労働日数の半分以下、かつ月10日以下の業務をいいます。
　例えば、月初や土日のみ必要な業務など就業日数が限られているものです。具体例としては、書店の棚卸しや住宅展示場のコンパニオンなどが考えられます。

個人単位の期間制限（例）

※派遣先事業所で期間延長の手続き（過半数労働組合等からの意見聴取）がされていることが前提

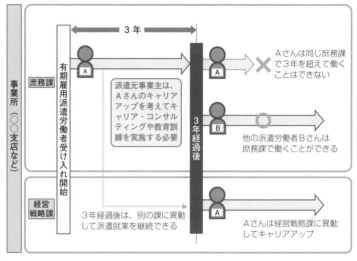

●クーリング期間

　派遣労働者個人単位の期間制限についても、事業所単位の期間制限と同様、派遣終了後に再度同じ派遣労働者を受け入れる場合は、派遣終了と次の派遣開始の間の期間が3カ月を超えないときは、労働者派遣は継続しているものとみなされます。

派遣先指針第2の14(4)

［3］期間制限が適用されない場合

　次の場合は、常用代替のおそれが少ないなどの理由から、例外として、派遣受入期間の制限を受けません。

派遣法40条の2第1項ただし書き

①無期雇用派遣労働者の派遣を受け入れる場合

②60歳以上の者の派遣を受け入れる場合

③有期プロジェクト業務（事業の開始・転換・拡大・縮小・廃止のための業務）に派遣を受け入れる場合

④日数限定業務（月10日以下）に派遣を受け入れる場合

⑤産前産後休業、育児休業等を取得する労働者の代替要員として派遣を受け入れる場合

⑥介護休業等を取得する労働者の代替要員として派遣を受け入れる場合

（2）期間延長のための意見聴取の手続き

前記のとおり、派遣先の事業所等で3年を超えて継続して派遣労働者を受け入れる場合には、期間制限の抵触日の1カ月前の日までに、過半数労働組合等からの意見聴取の手続きを経なければなりません。その流れは次のとおりです。

派遣法40条の2第3項〜6項、派遣先指針第2の15

意見聴取手続きの流れと留意点

派遣受け入れ開始

意見聴取の通知

①派遣を受け入れようとする事業所等、②延長しようとする派遣期間を書面で通知。派遣労働者数、正社員等の数の推移など必要な参考資料、情報も提供する。

抵触日の1カ月前の日までに

過半数労働組合等からの意見聴取

意見聴取にあたり、過半数労働組合等に十分な考慮期間を設ける。

過半数労働組合等から異議が出された場合

派遣期間延長の理由、対応方針等を説明

「延長を認めるのは今回限り」など条件付きで賛成という意見に対しても説明が必要。

抵触日の前日までに

異議の内容を踏まえて再検討するなど、過半数労働組合の意見を十分に尊重する。

意見聴取内容等の記録・保存

書面（必要に応じ書面で出力できるパソコンデータも可）で、抵触日から3年間保存。

意見聴取内容等を派遣先の事業所等の労働者へ周知

①事業所内掲示、備え付け
②書面の交付
③パソコンデータ等に記録し常時確認できる機器を設置のいずれか。

2回目以降延長する場合も、同じ手続きが必要。

また、意見聴取手続きの違反があった場合には、事業所単位の期間制限の規定（派遣法40条の2第1項）に違反したことになりますので、労働契約申し込みみなし制度（☞285ページ参照）の対象となります。

例えば、意見聴取をしないで3年を超えて派遣を受け

Q267　意見聴取は、派遣を受け入れたときに行ってもよいでしょうか？

A　意見聴取期間は、労働者派遣の役務の提供が開始された日から事業所単位の抵触日の1カ月前までの期間とされていますので、派遣の受け入れを開始した時点で意見聴取を行うことは可能です。

　ただ、過半数労働組合等から意見聴取をする趣旨は、派遣先の常用代替のおそれがないか意見を聴くことにあるので、先の見通しがはっきりしない中で判断・意見を求めることが合理的でない場合もあります。実際には、ある程度の期間が経過して代替防止に関する判断が可能となった適切な時期に行うほうが望ましいでしょう。

Q268　1回目の期間延長による派遣期間の始期が到来しないうちに、2回目の延長のために意見聴取をしてもかまいませんか？

A　意見聴取期間は、派遣受け入れ開始から抵触日の1カ月前までの期間です。延長した場合は、延長前の派遣可能期間が経過した日以降に、次の期間の延長のための意見聴取ができます。

　したがって、延長した期間の始期が到来しないうちに次の延長手続きを行うことはできません。

● 過半数代表者の選出

　過半数代表者は、管理監督者以外の者から、期間延長に係る意見を聴取される者を選出するものであることを明らかにし、民主的な手続きによって選出したものであって、派遣先の意向に基づき選出されたものでないことが必要です。これは、36協定等の労使協定の締結当事者である過半数代表者と同様です（☞35〜36ページ参照）。

14 派遣労働者

意見聴取手続きの違反があった場合に、行政の指導・助言があったにもかかわらずこれに従わない場合には、都道府県労働局長から是正措置をとるよう勧告される場合があります。その勧告にも従わない場合には、企業名等の公表の対象となります。

Q269 なかなか就業先が見つからない派遣労働者がいます。雇用安定措置はいつまで講じ続けなければいけないのでしょうか？

A 雇用安定措置の義務の対象となる派遣労働者に対しては、派遣元事業主によって義務が適切に履行されるか、本人が希望しなくなるまで義務の効力が失われることはありません。このため、労働契約の終了後も、派遣元事業主は、労働契約を継続して有給で教育訓練を実施するなどして義務を履行しなければなりません。

Q270 雇用安定措置として別の派遣先を派遣労働者に提示しましたが、本人がその派遣先はいやだと言って断った場合でも、新たな派遣先を提供したことになりますか？

A 新たな派遣先の就業条件は、本人の能力、経験、派遣労働者の居住地、就業場所、通勤時間、賃金等、以前の派遣先での待遇その他派遣労働者の配置に関して通常考慮すべき事項に照らして合理的なものであることが必要です。
派遣労働者に対して合理的な条件の派遣先を提示した場合は、派遣労働者の事情によってその派遣先で就業しなかったとしても義務違反とはいえません。
ただ、派遣労働者の希望を無視して、形式的な義務の履行にならないよう留意する必要があります。

入れた場合や、使用者の指名によるなど民主的な手続きで過半数代表者を選出していない場合などがその対象となります。

ただし、意見聴取の通知義務、意見聴取事項の記載・保存義務、労働者への周知義務の違反については、対象となりません。

なお、派遣先は、派遣可能期間を延長した場合は、すみやかに派遣元事業主へ延長後の抵触日を通知してください。

●08 派遣労働者のための雇用安定措置

前記のとおり、同一の組織単位において同じ派遣労働者を受け入れる期間は3年までとされています。派遣労働者は長くとも3年ごとに職場を変えなければなりませんので、3年派遣就業した後で次の就業先がなければ職を失ってしまいます。そこで、1年以上継続して派遣就業することが見込まれるなどの一定の有期雇用派遣労働者については、派遣元事業主に対し、派遣労働者の雇用安定のための措置（雇用安定措置）を講ずる義務または努力義務を課しています。

派遣法30条

雇用安定措置の対象者と派遣元事業主の（努力）義務

		対象者	派遣元の責務
A	特定有期雇用派遣労働者	同一の組織単位に継続派遣就業3年間見込み※	次ページの雇用安定措置の①〜④のいずれかを講ずる 義務 ＊①の措置を講じたが直接雇用に至らなかった場合は、別途②〜④のいずれかの措置を講ずることが必要。
B		同一の組織単位に継続派遣就業1年以上3年未満見込み※	次ページの①〜④のいずれかの措置を講ずる 努力義務
C		派遣元に雇用された期間が通算1年以上の有期雇用派遣労働者（登録状態含む）	次ページの②〜④のいずれかの措置を講ずる 努力義務

※いずれも、派遣労働者が就業継続を希望していることが前提。

┌ 雇用安定措置を講ずるにあたって ─
●対象となる特定有期雇用派遣労働者等の希望する措置の内容を聴取しなければならない。〈派遣則25条の2第3項〉
●早期に希望を聴いたうえで十分な時間的余裕をもって当該措置に着手する。〈派遣元指針第2の8(2)ニ〉

雇用安定措置

① **派遣先への直接雇用の依頼**
　現在就業している派遣先に対して、派遣終了後に、本人に直接雇用の申し込みをしてもらうよう依頼（できる限り書面の交付等で依頼）。

② **新たな派遣先の提供**
　派遣終了後も就業継続できるように新しい就業先を確保し、派遣労働者に提供すること。

③ **派遣元事業主による無期雇用**
　派遣労働者以外の無期雇用（正社員等）として、派遣元で就業させること。

④ **その他雇用の安定を図るために必要な措置**
　（雇用を維持したままの有給の教育訓練、紹介予定派遣等）

●09 派遣労働者のためのキャリアアップ支援措置

（1）段階的かつ体系的な教育訓練

　派遣元事業主は、派遣労働者が段階的かつ体系的に派遣就業に必要な技能・知識を習得できるよう、教育訓練を実施しなければなりません。

　派遣元事業主は、厚生労働大臣が定める基準に基づいた教育訓練計画を策定し、これに従って実施することとされています。

派遣法30条の2第1項・キャリアアップ告示

教育訓練計画の要件

① すべての派遣労働者を対象としたものであること
② 教育訓練は有給かつ無償で行われるものであること
③ 派遣労働者のキャリアアップに資する内容であること
④ 訓練内容に入職時の教育訓練が含まれていること
⑤ 無期雇用派遣労働者に対して実施する教育訓練は、長期的なキャリア形成を念頭に置いた内容であること

（2）キャリア・コンサルティング

　派遣元事業主は、希望する派遣労働者に対して、キャリア・コンサルティング（労働者の職業生活の設計に関する相談その他の援助を行うこと）を実施しなければな

Q271 派遣元での無期雇用への転換について、派遣元の就業規則で転換試験に合格した者のみを無期雇用すると定めている場合、不合格者についても雇用安定措置を実施したことになりますか？

A 試験に合格して無期雇用となった者については雇用安定措置を実施したことになります。しかし、試験に不合格となった者については、試験の水準にかかわらず、雇用安定措置を講じたとはいえません。この場合は、別の雇用安定措置を講ずる必要があります。

注意！
　雇用安定措置の義務を免れるために、同一の組織単位の業務に係る派遣期間を故意に3年未満とすることは、法の趣旨に反する脱法的な運用であって、義務違反と同視できるものであり、厳に避けるべきとされています（派遣元指針第2の8(2)イ）。

☞ 段階的かつ体系的な教育訓練の内容・方法等については、厚生労働大臣が基準を定めています（平成27年厚生労働省告示391号、キャリアアップ告示）。

Q272 派遣先でのOJT（仕事を通じた教育訓練）については、どの程度まで段階的かつ体系的な教育訓練と判断したらよいのでしょうか？

A 派遣元事業主は、実施を予定する教育訓練計画についてキャリアアップに資する内容であることを説明できなければなりません。OJTを教育訓練計画に記載し、計画的に行うものであることを説明できる場合は、そのOJTの時間数も段階的かつ体系的な教育訓練と取り扱うことができます。
　なお、派遣先に協力を求める

場合は、派遣契約等で具体的な時間数や必要とする知識の付与や訓練等について記載しておくことが必要です。

Q273 キャリア・コンサルティングを実施する者は、何か資格が必要なのですか？

A　キャリア・コンサルティングの知見を有する者とは、必ずしも国家資格の取得を必要とするものではありません。キャリア・コンサルティングの経験でもかまいませんし、外部のキャリア・コンサルタントに委嘱して対応することとしても差し支えありません。

●雇入れの努力義務の対象者
派遣先の雇入れの努力義務の対象者は、1年以上継続して派遣就業することが見込まれる特定有期雇用派遣労働者（☞262ページの表のA・Bの派遣労働者）です。
また、期間制限が適用されない派遣労働者（☞260ページ）は、雇入れの努力義務の対象とはなりません。

りません。派遣元事業主は、キャリア・コンサルティングの相談窓口を設置する必要があります。相談窓口には、キャリア・コンサルティングの知見を有する相談員または派遣先と連絡調整を行う担当者を相談窓口に配置しなければなりません。

派遣法30条の2第2項・キャリアアップ告示

相談窓口の要件

① 相談窓口には、担当者（キャリア・コンサルティングの知見を有する者）が配置されていること
② 相談窓口は、雇用するすべての派遣労働者が利用できること
③ 希望するすべての派遣労働者がキャリア・コンサルティングを受けられること

●10　派遣先での直接雇用の推進

（1）雇入れの努力義務

派遣先は、次の3つの要件にあたる場合は、その派遣労働者を優先的に雇用するよう努めなければなりません。

① 派遣先の組織単位ごとの同一の業務に、同一の派遣労働者を継続して1年以上受け入れており、
② 派遣元事業主から、その派遣労働者を直接雇用するよう依頼があり、
③ 派遣終了後に、引き続き同一の業務に従事させるために労働者を雇用しようとする場合

派遣法40条の4

（2）募集情報の周知義務

派遣先は、労働者を募集する場合に、一定の派遣労働者に対してその募集情報を周知しなければなりません。これは、希望する派遣労働者に正社員化、直接雇用の機会を与えるためのもので、次の2つの周知義務があります。

派遣法40条の5

募集条件の周知義務

	正社員の募集条件の周知義務（40条の5第1項）	労働者の募集条件の周知義務（40条の5第2項）
対象となる派遣労働者	派遣先の事業所等で1年以上就業している派遣労働者 ＊無期雇用派遣労働者も含む	同一の組織単位の業務に継続して3年間派遣就業の見込みがある特定有期雇用派遣労働者 （期間制限が適用されない者を除く。）
募集する労働者	その事業所で働く通常の労働者（常用雇用・長期雇用を想定したいわゆる正社員等）	その事業所で働く正社員のほか、パートタイム労働者、有期契約社員等派遣先に直接雇用される労働者
義務が発生する場合	——	派遣労働者が継続就業を希望し、派遣元から直接雇用の依頼がある場合
周知方法等	周知方法：事業所内での求人票の掲示、メール等による通知、派遣元事業主を通じて派遣労働者に知らせる等 ＊派遣元事業主を通さずに派遣労働者へ募集情報を提供したときは、提供したことを派遣元事業主にも知らせるほうが望ましい。 ＊記録・保存：派遣先で周知内容を記録・保存することが望ましい。	

●11　派遣労働者の労務管理と派遣元・派遣先の責任

　労働者派遣は、第一義的には派遣元事業主が雇用主として適切な雇用管理を行うことが必要です。しかし、具体的な派遣業務は派遣先の就業場所で行われ、派遣労働者は派遣先の指揮命令を受けることになります。そのため、派遣法では、派遣元も派遣先も派遣労働者の派遣就業についてそれぞれ責任を負うこととされています。

　また、同法に基づいて定められている派遣元指針[1]および派遣先指針[2]では、派遣労働者の適正な就業条件を確保するため、派遣元・派遣先が実施すべき措置を具体的に示しています。

（1）就業条件等の明示

　派遣元事業主は、派遣労働者を雇い入れるときに、あらかじめ、労働条件の明示（☞23ページ参照）と就業条件等の明示を行わなければなりません。

派遣法34条1項

Q274　正社員を募集する場合は、新卒採用の募集条件も派遣労働者に周知しなければなりませんか？

A　例えば、「新卒者で全国転勤の総合職」のようにその派遣労働者に応募資格がない場合にまで周知する必要はありません。
　また、特殊な資格を応募条件としていて、その派遣労働者がこれに該当しないことが明らかな場合も同様です。

注意！
　派遣元事業主は、派遣労働者として雇い入れようとするときは、あらかじめ、その労働者にその旨を明示しなければなりません（派遣法32条1項）。また、労働契約の締結前に、待遇に関する事項などを説明しなければなりません（☞279ページ）。

＊1　派遣元事業主が講ずべき措置に関する指針（平成11年労働省告示137号）
＊2　派遣先が講ずべき措置に関する指針（平成11年労働省告示138号）

●就業条件明示書
　派遣元事業主は、厚生労働省が公表している「モデル就業条件明示書」の活用等により、派遣労働者に対し就業条件を明示してください（派遣元指針第2の6。☞なお、ダウンロード記載例 39参照）。

●就業条件等の明示方法

就業条件等を労働者に明示するときは、原則として書面の交付によらなければなりません。また、派遣労働者から希望があれば、ファクシミリや電子メール等（SNSメッセージ機能等を利用したものも含まれます。ただし、出力して書面を作成できるものに限ります。）の送信によって明示することもできます。

Q275　人手が足りないので、「就業条件明示書」に記載した業務（データ入力）のほかに自社のホームページの更新作業を派遣社員にやってもらうことはできますか？

A　就業条件として明示した本来の業務のほか、関連する業務や連続している業務を命じる場合がよくありますが、派遣労働者には明示された業務内容以外の業務を行う義務はありません。

派遣先としては、やってもらうことになる業務を派遣元との労働者派遣契約において、事前に明確に定めなければ、それ以外の業務を派遣労働者に命じることはできません。

●派遣料金額の明示方法

派遣労働者に明示する派遣料金額は、①その派遣労働者本人の派遣料金額または②その派遣労働者が所属する事業所における派遣料金額の平均額のいずれでもよいとされています。

また、派遣労働者に派遣料金額を明示する場合は、書面の交付、ファクシミリの送信、電子メール等（☞上記の「就業条件等の明示方法」参照）の送信のいずれかの方法によらなければなりません。

したがって、口頭やホームページのリンク先を示すなどの方法は認められません。

就業条件等の明示事項

①従事する業務内容、当該業務にともなう責任の程度
②従事する事業所の名称・所在地その他派遣就業の場所、組織単位
③派遣先の指揮命令者に関する事項
④派遣期間・就業する日
⑤就業の開始・終了時刻・休憩時間
⑥安全・衛生に関する事項
⑦苦情処理に関する事項
⑧派遣契約が解除された場合の派遣労働者の雇用の安定のために必要な措置（就業機会の確保など）に関する事項
⑨紹介予定派遣の場合は紹介予定派遣に関する事項
⑩個人単位・事業所単位それぞれの期間制限に係る抵触日（期間制限のない労働者派遣に該当する場合はその旨）
⑪派遣元責任者・派遣先責任者に関する事項
⑫時間外労働の時間数・休日労働の日数
⑬福利厚生施設その他の便宜の供与の内容・方法
⑭派遣先等が派遣終了後にその派遣労働者を雇用する場合に、その雇用意思を事前に派遣元事業主等に示すこと、派遣元事業主等が職業紹介事業者である場合は紹介手数料を支払うこと等派遣終了後に派遣契約当事者間の紛争防止措置
⑮労働・社会保険の資格取得届等が行政機関に提出されていない場合はその理由
⑯期間制限のない労働者派遣（派遣法40条の2第1項ただし書き）に関する事項

（2）労働契約申し込みみなし制度に関する事項の明示

派遣元事業主は、就業条件等を明示する際に、派遣先が事業所単位または個人単位の期間制限に違反して労働者派遣を受け入れた場合には、労働契約の申し込みをしたものとみなされることとなる旨もあわせて明示しなければなりません。

（派遣法34条3項）

（3）派遣料金額の明示

派遣元事業主は、①派遣労働者を雇い入れる時点、②労働者派遣をしようとする時点、③派遣料金額を変更する時点で、その労働者に派遣料金額を明示しなければなりません。

（派遣法34条の2）

（4）労働者を派遣するときの派遣先への通知

派遣元事業主は、労働者を派遣するときは、次の事項を派遣先へ通知しなければなりません。また、通知後に変更があった場合は、遅滞なくその旨を派遣先へ通知する必要があります。

派遣法35条

① 派遣労働者の氏名・性別
② 協定対象派遣労働者か否かの別
③ 無期雇用派遣労働者か有期雇用派遣労働者かの別
④ 派遣労働者が60歳以上であるか否かの別
⑤ 派遣労働者に係る労働・社会保険の資格取得届の提出の有無（提出していない場合はその具体的な理由も通知）
⑥ 派遣就業条件の内容が労働者派遣契約の就業条件（派遣期間、派遣就業する日、就業時間等一定の事項）と異なる場合は、その派遣労働者の就業条件の内容

注意！

派遣労働者が45歳以上である場合はその旨、派遣労働者が18歳未満である場合はその年齢もあわせて通知してください。

（5）派遣元責任者・派遣先責任者

派遣元事業主および派遣先は、派遣労働者の雇用・就業管理に関する職務を行う者として、それぞれ派遣元責任者および派遣先責任者を選任しなければなりません。

また、製造業務の場合は、製造業務に従事する派遣労働者の数に応じた人数で、派遣元・派遣先それぞれ製造業務専門の責任者を選任する必要があります。

派遣法36条・41条

派遣元責任者・派遣先責任者の職務

派遣元責任者の職務

①派遣労働者であることの明示等
②就業条件等の明示
③派遣する労働者の氏名・性別等、無期雇用・有期雇用の別、60歳以上の者か否かの別、労働・社会保険の加入状況等の派遣先への通知
④派遣元管理台帳の作成・記載・保存
⑤派遣労働者に対する必要な助言・指導
⑥派遣労働者からの苦情処理
⑦派遣労働者等の個人情報の管理
⑧段階的かつ体系的な教育訓練の実施、キャリア・コンサルティングに関すること
⑨安全衛生に関すること（派遣元事業所の安全衛生に関する業務を統括する者と派遣先との連絡調整）
⑩その他派遣先との連絡調整に関すること

Q276 派遣元責任者・派遣先責任者は何人必要ですか？

A 派遣元・派遣先責任者の数は、それぞれ派遣労働者100人までで1人以上、200人までで2人以上、それ以降は100人を単位として100人を超えるごとに1人追加する必要があります。

製造業務については、派遣元・派遣先とも別途専門の責任者を選任する必要がありますが、その人数は、製造業務に従事する派遣労働者の数に応じて、上記と同じように100人を超えるごとに100人単位で1人ずつ増やさなければなりません（ただし、製造業務に従事する派遣労働者が50人以下の場合は、製造業務専門の派遣先責任者を選任する必要はありません。）。

なお、製造業務専門の責任者は、1人は製造業務以外の責任者を兼ねることができます。

Q277 派遣労働者が派遣就業中に負傷した場合は、監督署への報告は派遣元と派遣先のどちらが行うのですか？

A 派遣労働者が被災した場合は、派遣元と派遣先双方の事業者が、労働者死傷病報告をそれぞれ所轄の監督署へ提出する必要があります。

　なお、派遣先の事業者は、労働者死傷病報告を提出したときは、その写しを派遣元の事業者に送付しなければなりません。

派遣先責任者の職務

①派遣労働者の業務の指揮命令者その他関係者に対する次の事項の周知
　ア　派遣法および労基法等の適用に関する特例等により適用される法律の規定等
　イ　当該派遣労働者に係る労働者派遣契約の定め
　ウ　派遣労働者の氏名等、派遣元事業主から受けた通知の内容
②派遣可能期間の延長通知
③均衡待遇の確保に関すること
④派遣先管理台帳の作成・記載・保存および派遣元事業主への記載事項の通知
⑤派遣労働者からの苦情処理
⑥安全衛生に関すること（派遣先の安全衛生に関する業務を統括管理する者と派遣元事業主との連絡調整）
⑦その他派遣元事業主との連絡調整に関すること

（6）管理台帳の作成・保存等

　派遣元事業主および派遣先はそれぞれ、派遣就業に関し、管理台帳を作成し、当該台帳に派遣労働者ごとに以下の事項を記載しなければなりません。

　また、派遣元事業主および派遣先はそれぞれ、これらの管理台帳を3年間保存しなければなりません。

派遣法37条・42条

派遣元管理台帳の記載事項

①派遣労働者の氏名
②協定対象派遣労働者であるか否かの別
③無期雇用派遣労働者か有期雇用派遣労働者かの別（有期雇用の場合は労働契約の期間）
④法40条の2第1項2号による満60歳以上か否か等
⑤派遣先の氏名または名称
⑥派遣先の事業所の名称
⑦派遣先の事業所の所在地その他派遣就業の場所・組織単位
⑧労働者派遣の期間、派遣就業をする日
⑨始業・終業時刻
⑩従事する業務の種類
⑪派遣労働者が従事する業務にともなう責任の程度
⑫派遣労働者から申出を受けた苦情の処理に関する事項
⑬紹介予定派遣の場合は紹介予定派遣に関する事項
⑭派遣元責任者、派遣先責任者に関する事項
⑮派遣就業日以外の日または就業時間外に労働させることができる定めをした場合は、その就業させることができる日または延長することのできる時間数
⑯期間制限のない労働者派遣に関する事項
⑰労働・社会保険の資格取得届提出の有無（「無」の場合はその具体的な理由）
⑱段階的・体系的な教育訓練（キャリアアップ教育訓練）の実施日時、内容
⑲キャリアコンサルティングを行った日、内容
⑳雇用安定措置を講ずるにあたって派遣労働者から聴取したその希望する措置の内容
㉑雇用安定措置の内容（措置を実施した日付、内容、その結果）

派遣先管理台帳の記載事項

①派遣労働者の氏名
②派遣元事業主の氏名または名称
③派遣元事業主の事業所の名称
④派遣元事業主の事業所の所在地
⑤協定対象派遣労働者か否かの別
⑥無期雇用派遣労働者か有期雇用派遣労働者かの別
⑦派遣就業をした日
⑧派遣就業をした日ごとの始業・終業時刻、休憩時間
⑨従事した業務の種類
⑩派遣労働者が従事する業務にともなう責任の程度
⑪派遣就業した事業所の名称・所在地その他派遣就業をした場所・組織単位
⑫派遣労働者から申出を受けた苦情の処理に関する事項
⑬紹介予定派遣の場合は紹介予定派遣に関する事項
⑭教育訓練を行った日時・内容
⑮派遣先責任者、派遣元責任者に関する事項
⑯期間制限を受けない業務について行う労働者派遣に関する事項
⑰派遣元事業主から通知を受けた派遣労働者に係る労働・社会保険の資格取得届提出の有無（「無」の場合はその具体的な理由）

＊色文字は、派遣先から派遣元事業主に通知しなければならない。
・1カ月に1回以上、期日を決めて、派遣労働者ごとに書面の交付、ファクシミリ、電子メール等の送信により通知する。
・派遣元事業主から求めがあった場合にも通知が必要。

（7）就業規則の作成の手続き

派遣元事業主は、派遣労働者に係る事項について就業規則を作成し、または変更しようとするときは、あらかじめ、その事業所で雇用する派遣労働者の過半数を代表すると認められるものの意見を聴くように努めなければなりません。

派遣法30条の6

（8）派遣労働者の雇用管理・就業管理に関する措置

派遣元指針および派遣先指針が示す派遣元事業主、派遣先が講ずべき措置について、他の箇所で説明している事項以外について、その概要をまとめて示します。

派遣元指針・派遣先指針

派遣元事業主が講ずべき措置・留意点

	講ずべき措置・留意点
適切な苦情の処理	・苦情の相談窓口（担当者）、苦情処理方法、派遣先との連携体制等について派遣契約で定める ・派遣元管理台帳への記載（苦情の申出を受けた年月日、苦情の内容、処理状況） ・苦情を申し出た派遣労働者への不利益取り扱いの禁止
労働・社会保険	・加入させる必要がある派遣労働者については、原則として加入させてから派遣する
派遣先との連絡体制の確立	・派遣先の定期的な巡回等による就業状況の確認、きめ細かな情報提供等による派遣先との連絡調整 ・36協定の内容等の労働時間の枠組みに関する情報を派遣先に提供する ・割増賃金等の計算にあたり、実際の労働時間等について派遣先へ情報提供を求める

☞ 過半数代表者の要件については、労基法上の労使協定の当事者である過半数代表者と同様です（36ページ参照）。

Q278 派遣労働者の過半数代表者から聴いた意見は、就業規則といっしょに届け出なければなりませんか？

A 派遣法30条の6の規定は、派遣労働者の意見を就業規則に反映させることを目的としたものです。就業規則を監督署へ届け出る際に意見書の添付を義務づけるものではありません。

☞ 労働・社会保険の適用基準については239ページ参照。

Q279 派遣労働者の残業の取り扱いはどうすればよいですか？

A 派遣労働者の労働時間等について、その枠組みを決める36協定の締結に関しては派遣元事業主に責任があり、一方、派遣先は、派遣労働者の実労働時間等を把握・管理する必要があります。

派遣先で業務の必要から派遣労働者に時間外・休日労働をさせる場合は、派遣元の36協定で定められた労働時間・日数の範囲で認められるにすぎません。

また、時間外・休日労働、深夜業の割増賃金は、派遣先で把握された労働時間数等をもとに、派遣元事業主が支払います。

Q280 当社で就業している派遣労働者の休日や夜間の緊急連絡先を聞いておきたいのですが、かまいませんか？

A 派遣労働者の雇用主は派遣元事業主ですから、原則として派遣先は、就業管理上必要な範囲で派遣元事業主を通じて派遣労働者の個人情報を収集できるにすぎません。

したがって、派遣労働者の休日・夜間の緊急連絡先は、就業管理上必要不可欠である場合に、具体的な目的を示したうえで、本人の同意を得なければ入手できません。

また、派遣先は、収集した派遣労働者の個人情報を適正に使用・管理する必要があります。

派遣労働者への転換不同意者	・雇用する派遣労働者以外の労働者であって、労働者派遣の対象とすることに同意しない者に対する不利益取り扱いの禁止
無期雇用派遣労働者	・無期雇用派遣労働者の募集にあたり、無期雇用派遣労働者の募集であることを明示する
有期雇用派遣労働者	・有期雇用派遣労働者の無期転換の申し込みの回避目的による有期労働契約の更新拒否、空白期間の設定の禁止 ・有期雇用派遣労働者の通勤手当の取り扱い（パート・有期労働法8条・9条の適用による派遣元の通常の労働者との均等・均衡待遇）
関係法令の周知	・関係法令を関係者へ周知する（説明会の実施、文書の配布等）
雇用の安定福祉の増進等	・派遣労働者（なろうとする者も含む。）の希望に適合するような就業機会を確保するよう努める ・就業機会と密接に関連する教育訓練の機会を確保するよう努める ・キャリアアップ措置（教育訓練計画の説明、受講しやすいように配慮すること等） ・育児休業から復帰する派遣労働者の就業機会の確保に努める ・障害者である派遣労働者に対する合理的配慮の提供を行うための検討、派遣先への協力要請等を行う
個人情報の保護	・派遣労働者等の個人情報の目的の範囲内での適正な収集・保管・使用 ・派遣労働者等の個人情報の適正管理（管理規程の作成、本人からの求めに応じ措置内容の説明・個人情報の開示・訂正） ・個人情報保護法の遵守
特定行為	・派遣先の派遣労働者を特定することを目的とする行為には協力しない
安全衛生	・雇入れ時・作業内容変更時の安全衛生教育が適切に行えるよう、派遣労働者が従事する業務に関する情報を派遣先から入手する ・協定対象派遣労働者に対して行う安全衛生に関する措置・給付のうち、その職務の内容に密接に関連するものについて、派遣先の通常の労働者との不合理な相違等が生じないようにする ・健康診断等の結果に基づく就業上の措置を講ずるにあたり、派遣先に協力を求める　等
情報の提供	・マージン率、雇用安定措置、教育訓練計画、待遇の決定について労使協定を締結しているか否か、締結している場合は協定の対象となる派遣労働者の範囲・協定の有効期間の終期に関する情報をインターネット等で提供する

派遣先が講ずべき措置・留意点

	講ずべき措置・留意点
派遣契約上の就業条件の確保	・就業条件の周知徹底 ・就業場所の巡回 ・指揮命令者から就業状況の報告を求める ・指揮命令者へ派遣契約内容を遵守するよう指導する
特定行為	・派遣先は、派遣労働者を特定することを目的とする行為（派遣前に面接する、事前に履歴書送付を求める等）をしてはならない。

差別的取り扱いの禁止	・派遣契約の締結にあたって、契約書への派遣労働者の性別の記載の禁止 ・派遣契約の締結にあたって、障害者であることを理由として排除すること・不利な条件とすることの禁止 ・障害者である派遣労働者について教育訓練・福利厚生の実施について不当な差別的取り扱いの禁止 ・障害者である派遣労働者に対する合理的配慮に関する措置について、派遣元事業主からの求めがあったときに、派遣元事業主との協議等を行い、可能な限り協力するよう努める
契約違反の是正措置	・派遣契約の定めに反する事実を知った場合には、早急に是正し、違反行為者、派遣先責任者に対し必要な措置をとる ・派遣元事業主と協議のうえ、損害賠償等の善後処理方策を講ずる
適切な苦情の処理	・セクシュアルハラスメント、妊娠・出産・育児休業等に関するハラスメント、パワーハラスメントおよび障害者である派遣労働者の能力発揮に支障となっている事情に関する事案についても対応する ・派遣先の労働組合法上の使用者性に関する裁判例、中央労働委員会の命令に留意する ・派遣先も雇用主と同様の責任を負う事項（☞288ページ参照）に関する苦情には、誠実かつ主体的に対応する ・苦情の相談窓口（担当者）、苦情処理方法、派遣元との連携体制等について派遣契約で定める ・苦情の申出を受けた年月日、苦情の内容、処理状況の派遣先管理台帳への記載、派遣元事業主への通知 ・苦情を申し出た派遣労働者への不利益取り扱いの禁止
労働・社会保険	・加入させる必要がある派遣労働者については、原則として加入している者を受け入れる ・未加入の理由が適正ではないと考えられる場合は、加入させてから派遣するよう派遣元事業主に求める
関係法令の周知	・関係法令を関係者へ周知する （説明会、文書の配布等）
労働時間等の連絡体制の確立	・36協定の内容等派遣労働者の労働時間の枠組みについて派遣元事業主に情報提供を求める ・実際に把握した労働時間等を派遣元事業主に正確に情報提供する
説明会等の実施	・派遣労働者の受け入れに際し、説明会等を実施し、利用できる福利厚生に関する措置を説明する ・派遣先の直接の指揮命令者以外の者との業務上の関係、職場生活上の留意事項について助言する
派遣先責任者の適正な選任等	・派遣先責任者には、労働関係法令の知識を有する者、人事・労務管理等について専門的な知識または相当期間の経験を有する者等、職務を的確に遂行できる者を選任する
解雇した労働者のポストへの派遣受け入れ	・雇用調整により解雇した労働者が就いていたポストに、解雇後3カ月以内に派遣労働者を受け入れる場合は、その理由の説明等適切な措置を講じ、派遣先の労働者の理解が得られるように努める
安全衛生	・雇入れ時・作業内容変更時の安全衛生教育が適切に行えるよう、派遣労働者が従事する業務に関する情報を派遣元事業主に積極的に提供する ・派遣元事業主から安全衛生教育の委託の申し入れがあった場合は可能な限り応じるよう努める ・健康診断等の結果に基づく就業上の措置に関して派遣元事業主からの協力要請に応じる

●働き方改革関連法による改正

平成30年の働き方改革関連法の成立により派遣法が改正され、派遣労働者と派遣先の通常の労働者等との不合理な待遇差を解消するため、派遣元事業主には、右の2つの方式のいずれかにより、派遣労働者の待遇を確保することが義務づけられました（令和2年4月1日施行）。

従来、派遣法には、パート労働法のような通常の労働者との均衡待遇や均等待遇に関する規定がありませんでした。今回の改正では、派遣労働者の場合も、その働きかたに見合った公正な待遇がなされるよう、パート・有期労働法（パート労働法を改称）と斉一的に、派遣法に均等・均衡待遇に関するルールを整備したものです。

●派遣先の情報提供義務

派遣労働者の均等・均衡待遇を確保するために、派遣労働者の比較対象となる派遣先の通常の労働者の待遇に関する情報が必要ですから、派遣先は、派遣元事業主に対し、派遣先の通常の労働者の賃金などの情報を提供しなければなりません（☞275～276ページ参照）。

注意！

2つの方式のうち、①の派遣先の通常の労働者との間の均等・均衡待遇を確保することが原則です。②の労使協定方式は、派遣労働者の待遇が一定水準以上に確保されるなど一定の事項を協定で定め、その協定事項を遵守していることを条件に、待遇を決定することが認められます。

そのため、労使協定の内容が不適切であったり、労使協定で定めた事項が遵守されていなかったりすると、労使協定方式は適用されず、原則に戻って派遣先均等・均衡方式が適用されることになります。

●12 派遣労働者の待遇に関するルール

（1）派遣労働者の均等・均衡待遇ルール

派遣労働者の待遇を決定するにあたっては、派遣元事業主は、次の2つのうちいずれかの方式により、派遣労働者の待遇を確保しなければなりません。

①派遣先均等・均衡方式

▶ 派遣労働者の待遇について、派遣先の通常の労働者との間で均等・均衡を確保する方式。

②労使協定方式

▶ 派遣元事業主が過半数労働組合（なければ過半数代表者）と一定要件を満たす労使協定を締結し、その協定に基づいて派遣労働者の待遇を決定する方式。

派遣労働者の待遇を決定する2つの方式

派遣労働者の場合、就業場所が派遣先であることから、派遣先の労働者との均等・均衡が重要な観点と考えられますが、派遣先の労働者を基準に派遣労働者の賃金が決定されると、派遣先が変わるごとに賃金水準が変動してしまうとか、一般に大企業の方が賃金水準が高い傾向にあるが、同種の業務であっても、必ずしも職務の難易度が賃金水準に比例しないので、派遣労働者のキャリア形成を考慮した派遣先への配置につながらないといった問題もあります。

このため、派遣法は、パート・有期労働法の均等・均衡待遇規定を基本に、派遣先の通常の労働者との均等・均衡待遇による方式を原則としつつ、例外として、十分に派遣労働者の保護が図られると判断できる一定水準を満たす労使協定によって待遇を決定する方式を認めることとしています。

［1］派遣先均等・均衡方式

● 1 均衡待遇ルール

　派遣元事業主は、その雇用する派遣労働者の待遇のそれぞれについて、その待遇に対応する派遣先の通常の労働者との間に、①職務の内容、②職務の内容・配置の変更の範囲、③その他の事情のうち、その待遇の性質・目的に照らして適切と認められるものを考慮して、不合理な相違を設けてはなりません。

派遣法30条の3第1項

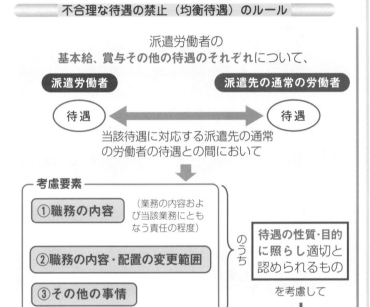

不合理な待遇の禁止（均衡待遇）のルール

派遣労働者の
基本給、賞与その他の待遇のそれぞれについて、

派遣労働者	派遣先の通常の労働者
待遇	待遇

当該待遇に対応する派遣先の通常の労働者の待遇との間において

考慮要素

① 職務の内容　（業務の内容および当該業務にともなう責任の程度）

② 職務の内容・配置の変更範囲

③ その他の事情

のうち

待遇の性質・目的に照らし適切と認められるもの

を考慮して

不合理と認められる相違を設けてはならない

● 2 均等待遇ルール

　派遣先の通常の労働者と①職務の内容、②職務の内容・配置の変更の範囲が同じ派遣労働者については、正当な理由がなく、基本給、賞与その他の待遇のそれぞれについて、その通常の労働者の待遇と比べて不利なものとしてはなりません。

派遣法30条の3第2項

☞ 派遣法における均衡待遇・均等待遇に関する基本的な考えかたは、パート・有期労働法8条や9条と同様です（☞225～227ページ参照）。

注意！

　派遣先に雇用される通常の労働者との均等・均衡を考慮した結果のみをもって、その派遣労働者の賃金を従前より引き下げるような取り扱いは、派遣法30条の3の趣旨を踏まえた対応とはいえません（派遣元指針第2の8⑹イ）。また、労働契約の一方的な不利益変更（☞32～34ページ参照）との関係でも問題が生じ得ます。

● 派遣料金額の交渉

　派遣元事業主は、派遣先への派遣料金交渉が、派遣労働者の賃金も含めた待遇改善にとって極めて重要であることを踏まえつつ、交渉にあたる必要があります。また、派遣料金が引き上げられたときは、できる限りそれを派遣労働者の賃金の引き上げに反映するよう努めてください（派遣元指針第2の8⑹ロ、ハ）。

● 「職務の内容・配置の変更の範囲が同じ」（次ページ）

　この要件の「派遣先との雇用関係が終了するまでの全期間」とは、派遣先の通常の労働者と職務の内容が同一となり、かつ、職務の内容・配置の変更の範囲が同一となってから雇用関係が終了するまでの間をいいます。

　また、この要件は、将来的な見込みも含めて判断されますので、労働者派遣契約が更新されることが未定であっても、更新した場合にはどのような扱いがなされるかということも含めて判断されます。

均等待遇の対象となる派遣労働者の要件

① 職務の内容が同じ

② 職務の内容・配置の変更の範囲が同じ

……労働者派遣契約・派遣先における慣行その他の事情から見て、派遣先での派遣就業が終了するまでの全期間において、派遣労働者の職務の内容・配置が、その派遣先との雇用関係が終了するまでの全期間におけるその通常の労働者の職務の内容・配置の変更と同一の範囲で変更されることが見込まれるもの

［2］労使協定方式

派遣元事業主は、過半数労働組合がある場合はその組合、そのような組合がない場合は過半数代表者との間で一定の事項について書面による労使協定を締結し、協定で定めた事項を遵守している場合は、当該協定に基づき派遣労働者の待遇を決定することが認められます。

派遣法30条の4

労使協定で定める事項

① 対象となる派遣労働者の範囲

② 賃金決定方法（次のア、イを満たすこと）

ア 派遣労働者が従事する業務と同種の業務に従事する一般労働者の平均的な賃金額と同等以上の賃金額となるもの

イ 派遣労働者の職務内容、成果、意欲、能力または経験等の向上があった場合に賃金が改善されるもの

③ 派遣労働者の職務内容、成果、意欲、能力または経験等を公正に評価して賃金を決定すること

④ 協定の対象とならない待遇（法40条2項の教育訓練、同条3項の福利厚生施設）および賃金を除く待遇について、派遣元事業主に雇用される通常の労働者（派遣労働者を除く。）との間に不合理な相違がないこと

⑤ 派遣労働者に対して段階的・体系的な教育訓練を実施すること

⑥ 有効期間（2年以内が望ましい。）

⑦ 労使協定の対象となる派遣労働者の範囲を派遣労働者の一部に限定する場合は、その理由

⑧ 特段の事情がない限り、一の労働契約の期間中に派遣先の変更を理由として、協定の対象となる派遣労働者であるか否かを変えようとしないこと

注意！

適切な手続きによって選出された過半数代表者と労使協定を締結したものでなければ、労使協定方式は適用されず、派遣先均等・均衡方式によることとなります。なお、過半数代表者の要件（派遣則25条の6）は、労基法に定める労使協定の締結当事者である過半数代表者の要件と同様の内容です（☞36ページ参照）。

Q281 労使協定方式で、賃金決定方法の基準となっている「一般労働者の平均的な賃金額」とは、どのようなものですか？

A 派遣先の事業所その他派遣就業の場所の所在地を含む地域において、派遣労働者が従事する業務と同種の業務に従事する一般労働者であって、その派遣労働者と同程度の能力・経験を持つ者の平均的な賃金の額のことです。職種ごとの賃金、能力・経験、地域別の賃金差をもとに決定され、厚生労働省が毎年6～7月に通知で示すこととなっています。

注意！

労使協定方式であっても、次の待遇については協定の対象となりません。
① 業務の遂行に必要な能力を付与するため派遣先が実施する教育訓練（派遣法40条2項）
② 福利厚生施設（給食施設・休憩室・更衣室）の利用（派遣法40条3項）

したがって、原則どおり、派遣先の通常の労働者との均等・均衡を確保する必要があります。

派遣元事業主は、労使協定の内容を、次の①～③の方法で雇用する労働者に周知しなければなりません。

労使協定の周知方法

① 書面の交付等
（労働者が希望した場合はファクシミリ、電子メール等も可）

② 電子計算機に備えられたファイル、磁気ディスク等に記録し、労働者がその記録を常時確認できるようにすること
（例えば、ログイン・パスワードを発行し、イントラネット等で常時確認できるようにするなど）

③ 常時派遣元の各事業所の見やすい場所に掲示または備え付けること（書面の交付等とあわせて周知する場合に限る）

また、労使協定に関する書面は、その有効期間終了後3年間保存しなければなりません。

［3］派遣先の比較対象労働者の待遇情報の提供義務

●1 比較対象労働者の待遇に関する情報

派遣先均等・均衡方式、労使協定方式のいずれの場合でも、労働者派遣契約を締結するにあたり、派遣先は、派遣元事業主に対し、あらかじめ、派遣労働者が従事する業務ごとに、比較対象労働者の賃金等の待遇に関する情報を提供しなければなりません。

また、派遣元事業主は、派遣先から情報提供がないときは、派遣先と労働者派遣契約を締結してはいけません。

派遣法26条7項～10項

提供すべき「待遇に関する情報」

派遣先均等・均衡方式

① 比較対象労働者の職務の内容、職務の内容・配置の変更の範囲、雇用形態

② 比較対象労働者を選定した理由

③ 比較対象労働者の待遇のそれぞれの内容（昇給、賞与その他のおもな待遇がない場合には、その旨を含む。）

④ 比較対象労働者の待遇のそれぞれの性質および当該待遇を行う目的

⑤ 比較対象労働者の待遇のそれぞれを決定するにあたって考慮した事項

労使協定方式

① 派遣労働者と同種の業務に従事する派遣先の労働者に対して、業務の遂行に必要な能力を付与するために実施する教育訓練

② 給食施設、休憩室、更衣室

→ 書面の交付、ファクシミリ、電子メール等で情報提供

●協定対象派遣労働者に対する安全管理
安全管理に関する措置・給付のうち、協定対象派遣労働者の職務の内容に密接に関連するものについては、派遣先の通常の労働者との間で不合理と認められる相違等が生じないようにすることが望ましいとされています。（派遣元指針第2の8⑻）

注意！
「電子メール等」の送信による場合は、出力することにより書面を作成できるものに限られます。なお、24ページ参照。

●比較対象労働者
当該労働者派遣の役務の提供を受けようとする者（派遣先）に雇用される通常の労働者であって、職務の内容および職務の内容・配置の変更の範囲が、当該労働者派遣に係る派遣労働者と同一であると見込まれるものなどです。

Q282 比較対象労働者は、どのようにして選ぶのですか？

A 待遇を比較する派遣先の通常の労働者（比較対象労働者）は、次の①～⑥の優先順位により派遣先が選定します。
① 「職務の内容」と「職務の内容・配置の変更の範囲」が同じ通常の労働者
② 「職務の内容」が同じ通常の労働者
③ 「業務の内容」または「責任の程度」が同じ通常の労働者
④ 「職務の内容・配置の変更の範囲」が同じ通常の労働者
⑤ ①～④に相当するパート・有期雇用労働者
（パート・有期労働法等に基づき、派遣先の通常の労働者との間で均衡待遇が確保されていることが必要）
⑥ 派遣労働者と同一の職務に従事させるために新たに通常の労働者を雇い入れたと仮定した場合における当該労働者

14派遣労働者

275

●変更情報の提供が不要な場合
① 派遣されている派遣労働者が労使協定方式のみ対象者のみである場合（教育訓練、福利厚生関係以外の事項は不要）
② 派遣契約終了前1週間以内の変更であって、変更しなくても派遣先均等・均衡方式に違反せず、派遣契約で定めた変更の範囲を超えない場合

さらに、比較対象労働者の情報に変更があった場合は、派遣先は遅滞なく、派遣元事業主に対して、変更された情報の内容を提供しなければなりません。

●2　比較対象労働者の待遇情報の取り扱い

派遣元事業主は、派遣先から提供を受けた情報の取り扱いに留意する必要があります。

比較対象労働者の待遇に関する情報
- 個人情報にあたるもの 〈派遣元指針第2の11(1)ニ〉
  ▶ 派遣先の通常の労働者との均等・均衡待遇の確保等の目的の範囲に限られる。
- 個人情報にあたらないもの 〈派遣元指針第2の11(4)〉
  ▶ 派遣先の通常の労働者との均等・均衡待遇の確保等の目的の範囲に限定する等適切な対応が必要。

また、派遣元事業主およびその代理人・従業員等は、正当な理由なく知り得た秘密を他に漏らしてはなりません。

なお、派遣元事業主は派遣先から情報提供を受けた書面等を、派遣先は書面等の写しを、労働者派遣が終了した日から3年間保存しなければなりません。

注意！
比較対象労働者の待遇等に関する情報は、派遣法24条の4の秘密を守る義務の対象となります（派遣元指針第2の12）。

（2）職務の内容等を勘案した賃金の決定

派遣元事業主は、派遣先の通常の労働者との均衡を考慮しつつ、その雇用する派遣労働者の職務の内容、職務の成果、意欲、能力または経験その他の就業実態に関する事項を勘案して賃金を決定するよう努めなければなりません。

Q283　当社では、比較的近隣に住む従業員が多いので、定額で交通費として支給しています。この場合の交通費は対象から外してもよいですか？

ここでいう「賃金」は、「職務の内容に密接に関連して支払われる賃金以外の賃金」を対象としていません。例えば、通勤手当、家族手当、住宅手当、別居手当、子女教育手当などは除きます。

A　現実に通勤に要する交通費等の費用の有無や金額にかかわらず一律に支給されているものは、名称がどうであれ、実態を見て、基本給の一部として支払われているようなものは、「職務の内容に密接に関連して支払われる賃金」として賃金決定の際に対象と判断される可能性があります。

派遣法30条の5

（3）派遣労働者の待遇に関する派遣先の責務
［1］派遣料金額への配慮

労働者派遣の役務の提供を受けようとする者（派遣先等）は、派遣料金額について、派遣元事業主が均等・均衡待遇規定または労使協定で定めた事項を遵守できるものとなるよう配慮しなければなりません。

派遣法26条11項

●派遣料金額への配慮
派遣先は、派遣料金額の決定にあたっては、その指揮命令のもとに労働させる派遣労働者の就業の実態、労働市場の状況、当該派遣労働者が従事する業務の内容および当該業務にともなう責任の程度、その派遣労働者に要求する技術水準の変化等を勘案するよう努めなければなりません（派遣先指針第2の9(2)ロ）。

[2] 教育訓練

派遣先は、派遣先の労働者に業務遂行に必要な能力を習得させるための教育訓練を行う場合は、派遣元事業主から求められたら、原則として、同種の業務に従事する派遣労働者にも同じ教育訓練を実施するなど、必要な措置を講じなければなりません。ただし、派遣労働者がすでにその業務に必要な能力を備えている場合や、派遣元で同じ教育訓練を実施することが可能な場合には、教育訓練を実施する必要はありません。

派遣法40条2項

[3] 福利厚生

派遣先は、派遣先の労働者が利用できる福利厚生施設のうち、①給食施設、②休憩室、③更衣室については、派遣労働者に対しても利用の機会を与えなければなりません。

また、これら3つ以外で派遣先の労働者が通常利用できる福利厚生施設（診療所等）についても、その利用に関する便宜を供与するなど必要な措置を講ずるよう配慮しなければなりません。

派遣法40条3項・4項

[4] 情報提供等の配慮義務

派遣先は、派遣元事業主が段階的・体系的な教育訓練、待遇改善に関する措置、待遇差に関する説明等を適切に行えるよう、派遣先の労働者に関する情報提供等の必要な協力をするよう配慮しなければなりません。

派遣法40条5項

Q284 講義形式による研修ですが、会場の収容人数等の事情で、研修会は当社（派遣先）社員のみにし、派遣社員にはDVDで講義を録画したものを視聴してもらってもよいでしょうか？

A 派遣先の労働者と同じ訓練を実施することが難しい場合は、別の措置を講ずることも認められます。例えば、研修機材の不足、コストが多額になるなどの事情で、派遣先の労働者には集団研修をし、派遣労働者に対しては同内容のDVDを視聴させる方法でもかまいません。

●派遣労働者の待遇等について派遣先に求められる事項
派遣先指針では、適正な派遣就業を確保するための措置として、次のような事項を定めています（同指針第2の9(1)(3)）。
○適切な就業環境の維持（セクハラ防止等）
○派遣元事業主の求めに応じ、賃金、教育訓練、福利厚生等の実状をより的確に把握するための必要な情報を提供すること、派遣労働者の職務の評価等への協力に配慮すること
○派遣元事業主の求めに応じ、派遣元事業主が行う教育訓練、派遣労働者の自主的な能力開発等への協力、便宜を図るよう努めること　　　　　等

派遣労働者の待遇に関する派遣先の責務

	改正前	改正後（令和2年4月〜）
賃金等の情報提供	**配慮義務**（旧法40条5項）	提供義務（新法26条7項）
教育訓練の実施	**配慮義務**（旧法40条2項）	措置義務（新法40条2項）
福利厚生施設の利用機会の付与	（給食施設・休憩室・更衣室）**配慮義務**（旧法40条3項）	（給食施設・休憩室・更衣室）付与義務（新法40条3項）
	上記の福利厚生施設以外の施設の利用に関する**努力義務**（旧法40条4項）	上記の福利厚生施設以外の施設の利用に関する配慮義務（新法40条4項）
必要な情報の提供等の協力	派遣元事業主が適切に措置を講じられるよう、情報提供等の協力をする**努力義務**（旧法40条6項）	派遣元事業主が適切に措置を講じられるよう、情報提供等の協力をする配慮義務（新法40条5項）

📖 ココも チェック！ 同一労働同一賃金ガイドライン（派遣労働者関連部分） ●●●●●●●●●

　同一労働同一賃金ガイドラインは、派遣先の通常の労働者と派遣労働者との間に待遇の相違が存在する場合に、その相違が不合理かどうかの原則的な考えかたや具体例を示しています。

派遣労働者の待遇に関する原則的な考えかたと具体例

■派遣先均等・均衡方式の場合

基本給

■**基本給**▶①職業経験・能力に応じて、②業績・成果に応じて、③勤続年数（派遣就業期間）に応じて支給するなど、それぞれの趣旨・性格に照らして、実態に違いがなければ同一の、違いがあれば違いに応じた支給をしなければならない。

■**昇給**▶労働者の勤続（派遣就業の継続）による能力の向上に応じて行うものについては、勤続による能力が同一であれば同一の、違いがあれば違いに応じた昇給を行わなければならない。

賞　与

会社（派遣先）の業績等への労働者の貢献に応じて支給するものについては、同一の貢献には同一の、違いがあれば違いに応じた支給をしなければならない。

各種手当

■**役職手当**▶役職の内容に対して支給するものについては、同一の内容の役職には同一の、違いがあれば違いに応じた支給をしなければならない。

《次の場合の手当は、派遣先の通常の労働者との間で同一の支給としなければならない》
■**特殊作業手当**
（業務の危険度・作業環境が同一の場合）
■**特殊勤務手当**
（交替制勤務等の勤務形態が同一の場合）
■**精皆勤手当**（業務の内容が同一の場合）
■**時間外・休日・深夜労働手当の割増率**（派遣先の通常の労働者の所定労働時間を超えて同一の時間外労働等を行った場合）
■**通勤手当・出張旅費**
■**食事手当**
（労働時間の途中に食事休憩時間がある場合）
■**単身赴任手当**（同一の支給要件）
■**地域手当**（特定地域での勤務に対する補償）（同一の地域で働く場合）

注意！　賃金の決定基準・ルールに相違がある場合

　派遣先の通常の労働者と派遣労働者との間で賃金に相違がある場合、その要因として賃金の決定基準・ルールの違いがあるときは、「派遣労働者に対する派遣元事業主の将来の役割期待は、派遣先の通常の労働者に対する派遣先の将来の役割期待と異なるため」という主観的・抽象的説明では足りず、賃金の決定基準・ルールの相違は、職務内容、職務内容・配置の変更範囲、その他の事情の客観的・具体的な実態に照らして不合理なものであってはなりません。

福利厚生・教育訓練

■**福利厚生施設**（食堂・休憩室・更衣室）**の利用**▶派遣先の通常の労働者と働く事業所が同一であれば、同一の利用を認めなければならない。

■**転勤者用社宅**（転勤の有無等の支給要件が同一の場合）、**慶弔休暇等**▶派遣先の通常の労働者と同一の利用・付与を行わなければならない。

■**病気休職**▶無期雇用の派遣労働者には、同一の、有期雇用の派遣労働者には、**派遣就業が終了す**るまでの期間を踏まえて取得を認めなければならない。

■**法定外休暇等**▶勤続期間（派遣就業期間）に応じて取得を認めているものについては、派遣先の通常の労働者と同一の勤続期間（派遣就業期間）であれば同一の付与を行わなければならない。

■**教育訓練**（現在の職務に必要な技能・知識習得のためのもの）▶同一の職務内容であれば同一の、違いがあれば違いに応じた実施を行わなければならない。

■**安全管理に関する措置・給付**▶派遣先の通常の労働者と同一の勤務環境に置かれている場合には同一の措置・給付を行わなければならない。

14 派遣労働者

278

■**労使協定方式の場合**

┌───┐
│ **賃　金**
│
│ ■同種の業務に従事する一般の労働者の平均的な賃金の額と同等以上の賃金の額となるものでなければならない。
│
│ ■職務の内容、職務の成果、意欲、能力または経験その他の就業の実態に関する事項の向上があった場合に賃金が改善されるものでなければならない。
│
│ ■協定対象派遣労働者の職務の内容、職務の成果、意欲、能力または経験その他の就業の実態に関する事項を公正に評価し、賃金を決定しなければならない。
└───┘

┌───┐
│ **福利厚生・教育訓練**
│
│ ■**福利厚生施設**（食堂・休憩室・更衣室）**の利用**▶派遣先の通常の労働者と働く事業所が同一であれば、同一の利用を認めなければならない。（＊）
│
│ ■**転勤者用社宅**（転勤の有無等の支給要件が同一の場合）、**慶弔休暇等**▶派遣元の通常の労働者と同一の利用・付与を行わなければならない。
│
│ ■**病気休職**▶無期雇用の派遣労働者には、派遣元の通常の労働者と同一の、有期雇用の派遣労働者には、労働契約が終了するまでの期間を踏まえて取得を認めなければならない。
│
│ ■**法定外休暇等**▶勤続期間に応じて取得を認めているものについては、派遣元の通常の労働者と同一の勤続期間であれば同一の付与を行わなければならない。
│
│ ■**教育訓練**（現在の職務に必要な技能・知識習得のためのもの）
│ 　▶派遣先の通常の労働者と同一の職務内容であれば同一の、違いがあれば違いに応じた実施を行わなければならない。（＊）
│
│ ■**安全管理に関する措置・給付**▶派遣元の通常の労働者と同一の勤務環境に置かれている場合には同一の措置・給付を行わなければならない。
└───┘

（＊）労使協定方式であっても、派遣先の通常の労働者との均等・均衡を確保しなければならない。

●13　待遇に関する説明義務

（1）派遣労働者として雇い入れようとする時の説明

　派遣元事業主は、派遣労働者として雇用しようとする労働者に対し、待遇に関する事項などを説明しなければなりません。

〔派遣法31条の2第1項〕

説明すべき事項と説明方法

説明すべき事項	説明方法
Ⓐ派遣労働者として雇用した場合における賃金額の見込み、労働・社会保険の資格取得（被保険者になること）に関する事項その他の待遇に関する事項 （想定される就業時間、就業日、就業場所、派遣期間、社会・労働保険の適用の有無、教育訓練、福利厚生等）	①書面の交付 ②ファクシミリの送信 ③電子メール等の送信 ④その他の適切な方法（口頭、インターネット等）など
Ⓑ事業運営に関する事項（派遣会社の概要）	※賃金額の見込みについては、①～③のいずれかによらなければならない。
Ⓒ労働者派遣制度の概要	
Ⓓ教育訓練（☞263ページ参照）、キャリアコンサルティングの内容	

●説明する時期

　「派遣労働者として雇用しようとする労働者」に対する説明義務は、労働契約締結前の時点を想定しています。具体的には、登録状態にある労働者に対して説明する場合などが該当します。

　なお、労働契約を締結する際には、使用者は、労基法15条1項の規定により、労働条件を明示しなければなりません（☞23～24ページ参照）。

Q285　賃金額の見込みの説明に代えて「派遣会社のホームページをご参照ください」としてもよいでしょうか？

A　賃金額の見込みは、労働者にとってはとくに重要な事項ですから、説明内容が直接手元に残

るようにするため、①書面の交付、②ファクシミリの送信、③電子メール等の送信のいずれかによらなければなりません。

　「派遣元事業主のホームページを参照」としたり、ホームページのリンク先を示し、クリックして該当ページに飛ぶようにしただけでは、説明したことにはなりません。

注意!

　右の労働条件の明示に加え、労基法15条1項に基づく労働条件の明示も必要です（☞23〜24ページ参照）。

●待遇に関する措置の説明方法

　待遇に関して講ずる措置について説明する方法は、派遣労働者が、派遣元事業主が講ずる措置の内容を理解できるよう、書面を活用し、口頭により行うことが基本です。

　ここでいう「書面」とは、就業規則、賃金規程、派遣先の通常の労働者の待遇のみを記載した書面などが考えられます。また、説明に活用した書面は、派遣労働者に交付することが望ましいとされています。

　なお、派遣労働者が容易に理解できる内容であれば、説明すべき事項をすべて記載した書面を交付する等の方法でも差し支えありません。

（2）派遣労働者の雇入れ時の説明
［1］労働条件の明示

　派遣元事業主は、派遣労働者を雇い入れる際、あらかじめ、その労働者に対し、次の労働条件を明示しなければなりません。

派遣法31条の2第2項1号

労働条件の明示事項と明示方法

明示すべき労働条件	明示方法
①昇給の有無 ②退職手当の有無 ③賞与の有無 ④労使協定の対象となる派遣労働者であるか否か（対象である場合には、労使協定の有効期間の終期） ⑤派遣労働者から申出を受けた苦情の処理に関する事項	文書（書面）の交付 （派遣労働者が希望した場合はファクシミリまたは電子メール等の送信による方法）

※明示する内容は、事実と異なるものとしてはいけません。

［2］待遇に関して講ずる措置の説明

　派遣元事業主は、派遣労働者を雇い入れる際、あらかじめ、その労働者に対し、次の事項を説明しなければなりません。

派遣法31条の2第2項2号

説明すべき事項と説明方法

説明すべき事項	説明方法
◆派遣先の通常の労働者との間で不合理な待遇差を設けない・差別的取り扱いをしない旨 ◆一定の要件を満たす労使協定に基づき待遇が決定される旨 ◆賃金*の決定にあたって勘案した事項 （職務内容、成果、能力、経験など）	書面の活用その他の適切な方法

＊職務の内容に密接に関連して支払われる賃金以外の賃金（通勤手当、家族手当、住宅手当、別居手当、子女教育手当など）を除く。

（3）派遣労働者を派遣する時の説明
［1］労働条件の明示

　派遣元事業主は、派遣労働者を派遣しようとするときは、あらかじめ、その労働者派遣に係る派遣労働者に対し、労働条件に関する次の事項を明示しなければなりません。

派遣法31条の2第3項1号

労働条件の明示事項と明示方法

明示すべき労働条件	明示方法
①賃金（退職手当・臨時に支払われる賃金を除く）の決定等に関する事項 ②休暇に関する事項 ③前ページの労働条件の明示事項の①〜④の事項	文書（書面）の交付 （派遣労働者が希望した場合はファクシミリまたは電子メール等の送信による方法）

（労使協定方式の場合は④のみ）

ただし、労働者派遣の実施について緊急の必要があるため、これらの方法による明示ができないときは、これら以外の方法でもOK

次の場合は、労働者派遣の開始後遅滞なく、上記の方法により明示しなければならない。
・派遣労働者から請求があったとき
・労働者派遣の期間が1週間を超えるとき

［2］待遇に関して講ずる措置の説明

　派遣元事業主は、派遣労働者を派遣しようとするときに、あらかじめ、その労働者派遣に係る派遣労働者に対し、待遇に関して講ずる措置について説明しなければなりません。説明する事項や説明方法は、前記の雇入れ時の説明と同様です。

派遣法31条の2第3項2号

（4）派遣労働者から求めがあった場合の説明

　派遣元事業主は、派遣労働者から求めがあったときは、その派遣労働者に対し、比較対象労働者の待遇等との間の待遇の相違の内容および理由、派遣労働者の待遇の決定にあたって考慮した事項を説明しなければなりません。

派遣法31条の2第4項

説明すべき事項と説明方法

派遣先均等・均衡方式の場合 〈派遣元指針第2の9(1)〉
【待遇差の内容】 ①　それぞれの待遇を決定するにあたって考慮した事項の相違の有無 ②　待遇の具体的な内容または実施基準 【待遇差の理由】 　職務内容、職務内容・配置の変更範囲その他の事情のうち、待遇の性質・目的に照らして適切と認められるものに基づき説明

> 注意！
> 　左の明示に加え、派遣法34条1項に基づく就業条件の明示も必要です（☞265〜266ページ参照）。

Q286　派遣労働者からの求めに対して説明義務を果たさないとどうなりますか？

A　説明義務を果たさない派遣元事業主については、行政指導の対象となり、事業許可が取り消される場合もあります。
　また、待遇差の内容やその理由等についての説明は、労使交渉の前提となり得るものですから、派遣元事業主が十分な説明をせず、その後の労使交渉においても十分な話し合いがなされず、労使間で紛争となる場合も考えられます。待遇差が不合理かどうかの判断要素の一つである「その他の事情」に労使交渉の経緯も含まれますので、十分な説明をしなかったという事実が、待遇差の不合理性を基礎づける事情として考慮されることもあり得ます。

14 派遣労働者

●待遇の相違の内容等に変更があった場合

派遣元事業主は、派遣労働者から求められなくても、比較対象労働者との間の待遇差の内容・理由や、待遇を決定をするにあたって考慮した事項に変更があったときは、その内容を情報提供することが望ましいとされています（派遣元指針第2の9(4)）。

> ■労使協定方式の場合
>
> ◆協定対象派遣労働者の賃金が協定で定めた賃金水準、公正な評価に基づき決定されていること
> ◆協定対象派遣労働者の待遇（賃金、協定の対象とならない教育訓練、福利厚生施設を除く。）が派遣元事業主に雇用される通常の労働者（派遣労働者を除く。）との間で不合理な相違がなく決定されていることなど

説明方法	派遣労働者がその内容を理解できるよう、資料を活用し、口頭により説明する。 ただし、説明すべき事項を漏れなく全部記載した資料で派遣労働者が理解しやすいものであれば、そのような資料を交付する方法も認められる。 〈派遣元指針第2の9(3)〉

また、派遣元事業主は、派遣労働者が説明を求めたことを理由として、解雇その他不利益な取り扱いをしてはいけません。

派遣法31条の2第5項

●14 派遣契約の解除と雇用安定のための措置

派遣元事業主と派遣先との労働者派遣契約が中途解除されると、派遣先での派遣労働者の就業も打ち切られ、派遣労働者の就業の場や雇用が失われ、派遣労働者の生活に大きな影響を与えることになります。

そこで派遣法や派遣元指針、派遣先指針は、派遣契約が中途解除された場合に派遣元事業主・派遣先の双方が派遣労働者の雇用の安定を図るための措置を講ずべきことを定めています。

（1）派遣契約への定め

派遣契約には、派遣契約が解除された場合について、派遣労働者の新たな就業機会の確保、休業手当等の支払いに要する費用の負担に関する措置その他の派遣労働者の雇用の安定を図るために必要な措置に関する事項を定めなければなりません。

派遣法26条1項8号

●派遣契約締結にあたって配慮すべき事項

派遣元事業主と派遣先は、派遣契約を締結するにあたっては、事前に、契約締結に際し定めるべき就業条件の内容（業務の内容および当該業務にともなう責任の程度、当該業務を遂行するために必要とされる知識、技術または経験の水準等）を双方で十分に確認しておく必要があります（派遣元指針第2の1、派遣先指針第2の1）。

派遣契約で定める事項

① 派遣労働者が従事する業務の内容
② 派遣労働者が労働者派遣に係る労働に従事する事業所の名称・所在地その他派遣就業の場所、組織単位
③ 労働者派遣の役務の提供を受ける者のために、就業中の派遣労働者を直接指揮命令する者に関する事項
④ 労働者派遣の期間・派遣就業をする日
⑤ 派遣就業の開始・終了の時刻、休憩時間
⑥ 安全・衛生に関する事項
⑦ 派遣労働者から苦情の申出を受けた場合の苦情の処理に関する事項
⑧ 派遣労働者の新たな就業の機会の確保、派遣労働者に対する休業手当（労基法26条）等の支払いに要する費用を確保するための当該費用の負担に関する措置その他の派遣契約の解除にあたって講ずる派遣労働者の雇用の安定を図るために必要な措置に関する事項
⑨ 派遣契約が紹介予定派遣に係るものである場合は、当該職業紹介により従事すべき業務の内容、労働条件その他の紹介予定派遣に関する事項
⑩ 派遣労働者が従事する業務にともなう責任の程度
⑪ 派遣元責任者・派遣先責任者に関する事項
⑫ 労働者派遣の役務の提供を受ける者が④の派遣就業をする日以外の日に派遣就業をさせることができ、または⑤の派遣就業の開始の時刻から終了の時刻までの時間を延長することができる旨の定めをした場合には、当該派遣就業をさせることができる日または延長することができる時間数
⑬ 派遣労働者の福祉の増進のための便宜の供与に関する事項
⑭ 派遣先等が派遣終了後にその派遣労働者を雇用する場合に、その雇用意思を事前に派遣元事業主等に示すこと、派遣元事業主等が職業紹介事業者である場合は紹介手数料を支払うこと等派遣終了後の派遣契約当事者間の紛争防止措置
⑮ 派遣労働者を協定対象派遣労働者に限るか否かの別
⑯ 派遣労働者を無期雇用派遣労働者または60歳以上の者に限定するか否か
⑰ 期間制限を受けない業務について行う労働者派遣に関する事項

● 派遣契約書等の作成

派遣契約の当事者（派遣元事業主と派遣先）は、派遣契約の締結に際し、左の「派遣契約で定める事項」を書面に記載しておかなければなりません（派遣則21条3項）。

この書面は、電磁的記録（パソコン等のデータ）により作成することも認められます。この場合は、作成された電磁的記録を電子計算機（パソコン）のファイルまたは磁気ディスク等で調製・保存するか、書面に記載されている事項をスキャナで読み取り、パソコンのファイルまたは磁気ディスク等で調製・保存し、必要に応じて出力・表示できるようにする必要があります。

また、派遣契約の解除に関して、派遣元事業主と派遣先が協議して、**次ページの表**の事項に関する必要な措置を具体的に定める必要があります。

派遣先指針第2の6・派遣元指針第2の2

（2）派遣先都合による派遣契約の解除

派遣先の都合により派遣契約を解除する場合は、派遣先は、派遣労働者の新たな就業機会の確保、休業手当等の支払いに要する費用の負担その他の派遣労働者の雇用の安定を図るために必要な措置を講じなければなりません。

派遣法29条の2

14 派遣労働者

派遣先	派遣契約の締結	●派遣先の責に帰すべき事由により期間満了前に派遣契約を解除する場合について、①派遣労働者の新たな就業機会の確保を図ること、②①ができないときは少なくとも損害賠償（休業手当、解雇予告手当等の相当額以上の支払い）を行うことを派遣契約で定める。 ●派遣期間を定める際には、派遣元事業主と協力して、できる限り長く定める等、必要な配慮をするよう努める。 ●派遣先が派遣終了後にその派遣労働者を雇用する場合に、派遣元事業主の求めに応じ、その雇用意思を事前に派遣元事業主に示すこと、派遣元事業主等が職業紹介事業者である場合は紹介手数料を支払うこと等を派遣契約に定め、これらの措置を適切に講ずる。
	派遣契約解除の事前申し入れ	●専ら派遣先に起因する事由により、期間満了前に派遣契約を解除する場合には、派遣元事業主の合意を得ることはもとより、あらかじめ相当の猶予期間をもって派遣元事業主に解除の申し入れをする。
	就業機会の確保	●派遣労働者の責に帰すべき事由によらず、期間満了前に派遣契約が解除された場合は、派遣先は、その関連会社での就業のあっせん等、当該派遣労働者の新たな就業機会の確保を図る。
	損害賠償等に係る適切な措置	●派遣先の責に帰すべき事由により期間満了前に派遣契約を解除する場合には、派遣先は、①派遣労働者の新たな就業機会の確保を図ること、②①ができないときは、少なくとも派遣元事業主に対し損害賠償（休業手当、解雇予告手当等の相当額以上）を行わなければならない。 ●派遣先は、派遣元事業主と十分協議して適切な善後処理方策を講ずる。 ●派遣元・派遣先双方の責に帰すべき事由がある場合は、それぞれの責に帰すべき部分の割合についても十分考慮する。
	派遣契約の解除の理由の明示	●派遣先は、期間満了前に派遣契約を解除しようとする場合に、派遣元事業主から請求があったときは、派遣契約の解除の理由を明らかにする。
派遣元事業主	労働契約の締結	●派遣労働者を雇い入れようとするときは、本人の希望と派遣契約における労働者派遣の期間を勘案して、労働契約の期間を派遣契約における労働者派遣の期間と合わせる等、必要な配慮をするように努める。
	派遣契約の締結	●派遣先の責に帰すべき事由により、期間満了前に派遣契約の解除が行われる場合には、派遣先は①派遣労働者の新たな就業機会の確保を図ること、②①ができないときは少なくとも派遣契約の解除にともなう損害の賠償（休業手当、解雇予告手当等の相当額以上）を行うことを派遣契約で定めるよう派遣先に求める。 ●派遣先が派遣終了後にその派遣労働者を雇用する場合に、その雇用意思を事前に派遣元事業主に示すこと、派遣元事業主が職業紹介事業者である場合は紹介手数料を支払うこと等を派遣契約で定めるよう派遣先に求める。
	派遣契約の解除	●派遣労働者の責に帰すべき事由によらず、期間満了前に派遣契約が解除された場合は、派遣先と連携して、派遣先からその関連会社での就業のあっせんを受けること、他の派遣先を確保すること等により、当該派遣労働者の新たな就業機会の確保を図る。 ●新たな就業機会の確保ができないときは、まず休業等を行い、当該派遣労働者の雇用の維持を図るようにするとともに、休業手当の支払い等の労基法等に基づく責任を果たす。 ●やむを得ない事由により、休業等ができず、当該派遣労働者を解雇しようとするときであっても、労働契約法の規定を遵守し、その者に対する解雇予告、解雇予告手当の支払い等の労基法等に基づく責任を果たす。
	無期雇用派遣労働者等の解雇	●当該派遣終了のみを理由として、無期雇用派遣労働者または労働契約が継続している有期雇用派遣労働者を解雇してはならない。

●15　労働契約申し込みみなし制度

（1）労働契約申し込みみなし制度

　派遣先等（労働者派遣の役務の提供を受ける者）が下記の違法行為を行った場合は、その時点で派遣先等が派遣労働者に対して、その派遣労働者の派遣元事業主等（労働者派遣をする事業主）における労働条件と同一の労働条件を内容とする労働契約の申し込みをしたものとみなされます。ただし、派遣先等が違法派遣について善意無過失（過失なく違法派遣であることを知らないこと）の場合はみなされません。

①労働者派遣の禁止業務に従事させた場合
　　┗ 港湾運送業務、建設業務等（☞253ページ参照）

②無許可事業主から労働者派遣を受け入れた場合

③事業所単位の期間制限（☞258～259ページ参照）に違反して労働者派遣を受け入れた場合

④個人単位の期間制限（☞259～260ページ参照）に違反して労働者派遣を受け入れた場合

⑤いわゆる偽装請負等（☞291ページ参照）の場合

派遣法40条の6

（2）申し込み・承諾・労働契約の成立時期

　派遣先等が労働契約の申し込みをしたものとみなされるのは、前記の違法行為を行った時点です。考えかたとしては、違法行為が始まった時点から違法状態がずっと続くのではなく、原則として、違法行為が行われた日ごとに労働契約の申し込みをしたものとみなされます。

　そして、この制度によりみなされた派遣先等の申し込みに対して派遣労働者が承諾すれば、派遣先等と派遣労働者との間に労働契約が成立します。申し込みは、違法行為の日ごとにしたものとみなされますので、派遣労働者はどの申し込みに対しても承諾できますし、いったん「承諾しない」と言ってから、再度違法行為があって申し込みがみなされた場合に、新たな申し込みに対して承諾することもできます。

●労働契約申し込みみなし制度の規定の性格

　労働契約申し込みみなし制度は、みなされた申し込みに対して派遣労働者が承諾すれば派遣先等との間に労働契約が成立するという民事的効力を定めたものです。このため、派遣先等と派遣労働者との間で申し込みみなしの効力が争われた場合には、最終的には個別の事案に応じた裁判所の判断に委ねられることになります。

　行政（労働局）は、労働者の申告・相談に応じて調査し、派遣法等違反の行為について取り締まりを行いますが、個別の事案についてみなし制度が適用されるかどうかを判断するわけではありません。

●「労働者派遣の役務の提供を受ける者」「労働者派遣をする事業主」

　派遣法では、同法に基づく事業許可を受けて労働者派遣をする者を「派遣元事業主」と呼び、このような派遣元から派遣を受け入れる者を「派遣先」と呼んでいます。

　労働契約申し込みみなし制度は、事業許可を受けていない派遣事業者（派遣元）から派遣を受け入れている者にも適用されます。このため、派遣法では、これらの者も含めて「労働者派遣の役務の提供を受ける者」（派遣先等）、「労働者派遣をする事業主」（派遣元事業主等）と使い分けています。

Q287　労働契約の申し込みがみなされると、派遣労働者は派遣先等に直接雇用されることになるのですか？

A　派遣先等が労働契約の申し込みをしたものとみなされても、それによって自動的に派遣先等と派遣労働者との間で労働契約を締結したことになるわけではありません。

　あくまで派遣先等との労働契約は、派遣労働者が希望していることが前提ですので派遣労働者が派遣先等に雇われることを希望しないときは、派遣労働者はこれを拒むことができます。

Q288 労働契約申し込みみなし制度に基づいて派遣先等と労働契約が成立したら、派遣元事業主等との労働契約は自動的になくなるのですか？

A 労働契約申し込みみなし制度は、派遣労働者に派遣先等との労働契約を強制するものではありませんので、これまでの派遣元事業主等との労働契約が当然に終了するわけではありません。したがって、派遣元事業主等と派遣労働者との労働契約を終了させるには、当事者の意思に従って、労働契約を解除（一方的解除）するか、合意解約することになります。

●偽装請負等
　派遣法等の規制を免れる目的で、請負契約等の名目で、派遣契約を締結せずに労働者派遣を受け入れている場合をいいます。

●みなし制度による派遣先等との労働契約期間
　みなし制度に基づく派遣先等との労働契約の期間は、派遣元事業主等との労働契約期間と同じです。現実には、派遣元事業主等との契約期間の途中で違法行為があり、派遣先等の申し込みがみなされ、派遣労働者がこれに承諾しても、契約期間の始めにさかのぼるわけではありません。事実上、派遣労働者が承諾した時点からの残期間が、派遣先等に雇用される期間、ということになります。

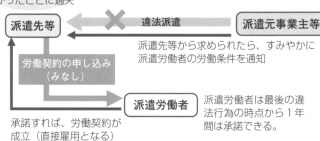

労働契約申し込みみなし制度のしくみ

違法派遣が行われた時点で

派遣先等は、その派遣労働者に対して、労働契約を申し込んだものとみなす

労働条件は、派遣元事業主等のもとでの労働条件と同じ内容

違法行為であると知っている、または知らなかったことに過失

派遣先等　←　違法派遣　←　派遣元事業主等

派遣先等から求められたら、すみやかに派遣労働者の労働条件を通知

労働契約の申し込み（みなし）　→　派遣労働者

派遣労働者は最後の違法行為の時点から１年間は承諾できる。

承諾すれば、労働契約が成立（直接雇用となる）

（３）善意無過失・偽装請負等の目的

　労働契約申し込みみなし制度は、派遣先等が違法行為であることを知らなかった、または知らなかったことに過失がなかった（善意無過失）場合には、適用されません。

　ただし、偽装請負等によって派遣先等の申し込みがみなされるには、派遣先等に「派遣法等の適用を免れる目的」があったことが必要です（☞なお、**適正な請負の基準については291ページ参照**）。

（４）申し込みの内容となる労働条件

　労働契約申し込みみなし制度により、派遣先等は、その違法行為時点での、派遣元事業主等と派遣労働者との労働契約上の労働条件と同じ内容で労働契約の申し込みをしたものとみなされます。労働契約上の労働条件（当事者間の個別の労働契約で決めたもののほか、就業規則等で定める労働条件も含まれます。）であって、およそ使用者が変わっても承継されることが社会通念上相当であるといえるようなものは、派遣先等との労働契約のもとでの労働条件になります。

　また、派遣元事業主等との労働契約の契約期間（始期、終期、期間）は、そのまま派遣先等との労働契約期間となります。

●16 紹介予定派遣

（1）紹介予定派遣の意義とメリット

紹介予定派遣とは、労働者派遣のうち、派遣の開始前または開始後に派遣先へ派遣労働者の職業紹介を行う、または行うことを予定するものをいいます。

つまり、派遣先での直接雇用を前提に、まずは一定期間「労働者派遣」で働き、派遣労働者と派遣先との希望が合致すれば、派遣期間終了後、派遣労働者は派遣先に直接雇用されることになります。

紹介予定派遣は、「労働者派遣」の期間を置くことにより、派遣先・派遣労働者双方が能力や適性、仕事内容や職場が本人と合っているかどうかを見極めることができ、転職によるミスマッチを回避できるメリットがあります。

紹介予定派遣のしくみ

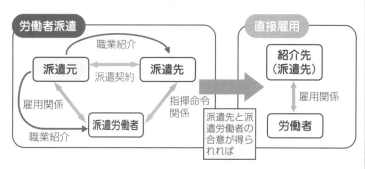

（2）紹介予定派遣を行うときのルール

①紹介予定派遣に関する事項を労働者派遣契約に明記する。
②紹介予定派遣に関する事項を派遣労働者に明示する。
（もともと紹介予定派遣の対象でなかった派遣労働者をその対象とするには同意が必要）
③紹介予定派遣の期間は、同一の派遣労働者について6カ月以内。
④派遣労働者の特定にあたって、年齢・性別による差別禁止。
⑤派遣先が紹介を受けることを希望しない場合、または職業紹介を受けた派遣労働者を採用しない場合は、派遣先は派遣元事業主の求めに応じて理由を明示する。また、派遣元事業主は、派遣労働者の求めに応じて、派遣先に対し理由の明示を求めたうえで、派遣先から明示された理由を書面、ファクシミリまたは電子メール等（☞24ページ参照）で明示する。

●紹介予定派遣は派遣労働者の特定が可能

紹介予定派遣は、通常の労働者派遣の場合とは異なり、派遣先への職業紹介（直接雇用）を前提としているので、派遣労働者がどんな人なのかは、派遣先にとって重要です。そのため、この場合は派遣労働者を事前に特定することも認められています。

【紹介予定派遣で認められていること】
①派遣就業開始前の面接・履歴書の送付
②派遣就業開始前・派遣就業期間中の求人条件の明示
③派遣就業期間中の求人・求職の意思の確認・採用内定

●障害者である派遣労働者に対する合理的配慮の提供

派遣先が障害者に対し面接等の特定を目的とする行為を行う場合には、障害者に対する合理的配慮の提供に関する措置（☞300～301ページ参照）について、派遣元事業主は、障害者と話し合ったうえで、自社で実施可能な措置を検討するとともに、必要に応じて派遣先と協議等を行い、協力を要請することとされています（派遣元指針第2の15(3)）。

また派遣先は、派遣元事業主からの求めに応じ、派遣元事業主と協議等を行い、可能な限り協力するよう努めなければなりません（派遣先指針第2の18(5)④）。

●派遣労働者の特定にあたっての年齢・性別・障害の有無による差別防止措置

派遣先は、紹介予定派遣に係る派遣労働者を特定するにあたっては、直接採用する場合と同様に、募集・採用時の年齢制限禁止規定（☞15ページ参照）、性別による差別禁止指針（☞211ページ参照）および障害者差別禁止指針（☞300ページ参照）に従い、年齢・性別・障害の有無による差別を行ってはなりません（派遣先指針第2の18(3)～(5)）。

14
派遣労働者

本来、労基法や安衛法などの労働関係法の義務の主体は、労働者と雇用関係にある事業主（使用者・事業者）です。

労働者派遣の場合は、派遣労働者と雇用関係にあるのは派遣元事業主ですから、原則として派遣元事業主が労働関係法の義務の主体となります。しかし、派遣労働者が従事する業務について指揮命令するのは派遣先です。そこで、労基法等の適用の特例として、一定の事項について派遣先を事業主とみなして派遣先に責任を負わせることが定められています。

派遣法44条～47条の4

【労基法の適用に関する派遣元・派遣先の責任分担】

- ……派遣元事業主が使用者（事業者、事業主）としての責任を負う事項
- ……派遣先が使用者（事業者、事業主）としての責任を負う事項
- ……派遣元事業主と派遣先の双方が使用者（事業者、事業主）としての責任を負う事項

	適用条項	元	先
総則	均等待遇（3条）	■	■
	男女同一賃金の原則（4条）	■	
	強制労働の禁止（5条）	■	■
	公民権行使の保障（7条）		■
労働契約	労基法違反の契約（13条）・契約期間（14条） 労働条件の明示（15条）・賠償予定の禁止（16条） 前借金相殺の禁止（17条）・強制貯金（18条） 解雇制限（19条）・解雇の予告（20条・21条） 退職時の証明（22条1項）・解雇理由の証明（22条2項） 金品の返還（23条）	■	
賃金	賃金の支払い（24条）・非常時払い（25条）・ 休業手当（26条）・出来高払いの保障給（27条）	■	
労働時間・休日・休憩・休暇	労働時間（32条・33条・141条3項）		■
	変形労働時間制等の協定の締結・届出（32条の2～32条の4）	■	
	休憩（34条）・休日（35条）		■
	時間外・休日労働の協定（36協定）の締結・届出（36条）	■	
労働時間・休憩・休日・休暇	時間外・休日労働（36条）		■
	時間外・休日・深夜労働の割増賃金の支払い（37条）	■	
	事業場外労働に関する協定の締結・届出（38条の2）	■	
	専門業務型裁量労働制に関する協定の締結・届出（38条の3）	■	
	年次有給休暇（39条）	■	
	労働時間・休憩の特例（40条）・適用除外（41条）		■
年少者	最低年齢（56条）・年少者の証明書（57条）	■	
	労働時間・休日（60条）・深夜業（61条） 危険有害業務の就業制限（62条）・坑内労働の禁止（63条）		■
	帰郷旅費（64条）	■	
女性	坑内業務の就業制限（64条の2） 妊産婦等に係る危険有害業務の就業制限（64条の3）		■
	産前産後休業（65条）	■	
	産前産後の時間外・休日労働・深夜業に係るもの（66条）・育児時間（67条）・生理日の就業が著しく困難な女性に対する措置（68条）		■
災害補償（75条～88条）		■	

Q289　派遣先が通勤手当や出張旅費を派遣労働者に支払ってもよいでしょうか？

A　派遣労働者の雇用主は派遣元事業主ですから、派遣元事業主と派遣先が文書であるか否かを問わず何らかの取り決めを行い、通勤手当を含む賃金の一部を派遣先が支払うことは、賃金の直接払いの原則（労基法24条）に反し、または労働者供給事業に抵触することとなるため、禁止されています。

　また、派遣労働者が業務上の出張を行うために必要な出張旅費等の経費については、派遣先が負担しなければなりません。

Q290　派遣労働者から「派遣先で、就業条件明示書に記載された時間外労働の時間数よりも長い残業をさせられている」との苦情がありましたが、派遣元としてはどうしたらよいでしょうか？

A　派遣先が派遣労働者に時間外労働や休日労働をさせることができるのは、派遣元で締結・届出をした時間外・休日労働に関する協定（36協定）の範囲内に限られています。派遣元としては、派遣先に対して是正を求める必要があります。

　なお、派遣先が協定で定めた

	適用条項	元	先
就業規則	就業規則の作成・届出（89条・90条）	●	
	制裁規定の制限（91条）	●	
	法令・労働協約との関係（92条）・労働契約との関係（93条）	●	
監督機関・雑則	申告を理由とする不利益取り扱いの禁止（104条2項）	●	●
	報告の義務（104条の2）	●	●
	法令等の周知義務（106条）	●	●
	労働者名簿（107条）・賃金台帳（108条）	●	
	記録の保存（109条）	●	●

【安衛法の適用に関する派遣元・派遣先の責任分担】

	適用条項	元	先
総則	事業者の責務（3条1項）・労働者の責務（4条）	●	●
安全衛生管理体制	総括安全衛生管理者の選任等（10条）		●
	安全管理者の選任等（11条）		●
	衛生管理者の選任等（12条）	●	●
	安全衛生推進者の選任等（12条の2）		●
	産業医の選任等（13条～13条の3）	●	●
	作業主任者の選任等（14条）		●
	統括安全衛生責任者の選任等（15条）		●
	元方安全衛生管理者の選任等（15条の2）		●
	店社安全衛生管理者の選任等（15条の3）		●
	安全委員会の設置（17条）		●
	衛生委員会の設置（18条）	●	●
	安全管理者等に対する教育等（19条の2）	●	●
危険・健康障害防止措置	事業者の講ずべき措置等（20条～27条、31条の3）		●
	危険性・有害性の調査・低減措置（28条の2）		●
	元方事業者等の講ずべき措置等（29条～30条の3）		●
機械・有害物規制	定期自主検査（45条1項、3項、4項）		●
	化学物質の有害性の調査（57条の3～57条の5）	●	
労働者の就業にあたっての措置	雇入れ時の安全衛生教育（59条1項）	●	
	作業内容変更時の安全衛生教育（59条2項）	●	●
	危険有害業務就業時の安全衛生教育（59条3項）		●
	職長教育（60条）		●
	危険有害業務従事者に対する教育（60条の2）		●
	就業制限（61条1項）		●
	中高年齢者等についての配慮（62条）		●
健康の保持増進措置	作業環境測定（65条）		●
	作業環境測定結果の評価等（65条の2）		●
	作業の管理（65条の3）		●
	作業時間の制限（65条の4）		●
	一般健康診断（66条1項）・当該健康診断結果についての意見聴取（66条の4）・健康診断結果の記録（66条の3）	●	
	有害業務に関する健康診断等（66条2項～5項）・当該健康診断結果についての意見聴取（66条の4）・健康診断結果の記録（66条の3）		●
	健康診断実施後の作業転換等の措置（66条の5）	●	●
	健康診断の結果通知（66条の6）	●	
	医師等による保健指導（66条の7）	●	
	面接指導等（66条の8・66条の9）	●	●

内容に反して残業をさせていることを知りながら黙認していると、派遣先のみならず派遣元も労基法違反として処罰の対象となります。

	適用条項	元	先
	労働時間の状況の把握（66条の8の3）		
	病者の就業禁止（68条）		
	受動喫煙の防止（68条の2）		
	健康教育等（69条）・体育活動等についての便宜供与等（70条）		
快適な職場形成のための事業者の措置（71条の2）			
安全衛生改善計画等（78条〜80条）			
監督等・雑則	計画の届出等（88条）		
	申告等を理由とする不利益取り扱い禁止（97条2項）		
	使用停止命令等（98条）		
	報告等（100条）		
	法令等の周知（101条）		
	書類の保存等（103条）		

【均等法の適用に関する派遣元・派遣先の責任分担】

適用条項	元	先
妊娠・出産等を理由とする解雇その他不利益取り扱いの禁止（9条3項）		
セクハラに関する雇用管理上（指揮命令上）の措置（11条1項）、事業主の責務（11条の2第2項）		
妊娠・出産等に関するハラスメントに関する雇用管理上（指揮命令上）の措置（11条の3第1項）、事業主の責務（11条の4第2項）		
妊娠中・出産後の健康管理に関する措置（12条・13条1項）		

【育介法の適用に関する派遣元・派遣先の責任分担】

適用条項	元	先
育児・介護休業制度等を理由とする不利益取り扱いの禁止（10条・16条・16条の4・16条の7・16条の10・18条の2・20条の2・21条2項・23条の2）		
育児・介護休業等の関するハラスメントに関する雇用管理上（指揮命令上）の措置（25条）、事業主の責務（25条の2第2項）		

【労働総合施策総合推進法に関する派遣元・派遣先の責任分担】

適用条項	元	先
パワハラに関する雇用管理上（指揮命令上）の措置（30条の2第1項）、事業主の責務（30条の3第2項）		

Topics >>> 請負と労働者派遣との区分

　労働者派遣と類似する形態の1つとして、注文主から請け負った仕事を請負業者がその労働者を使用して行う場合があります（☞252ページ参照）。

　この請負による場合は、派遣法の規制を受けません。ところが、形式的には請負契約によりながら、実態は労働者派遣を行っているケース（いわゆる偽装請負）が少なからず見られます。偽装請負のケースでは、派遣法や職安法に違反している（労働者供給事業になる）場合も多いのです。

　下記のとおり、請負と労働者派遣とを区分する要素は、①注文主が請負業者の労働者に対して指揮命令を行っているかどうか、②請負業者は、注文主から独立性を保って請け負った仕事を処理しているかどうかという点であり、実態を見て判断されます。

　偽装請負が行われているところでは、適正な雇用・就業管理が行われず、派遣労働者の就業条件や安全衛生が十分に確保されないことが懸念されます。偽装請負と認められるケースに対しては、厳正な指導監督などが行われます。

労働者派遣事業と請負により行われる事業との区分に関する基準の概要

適正な請負であるためには

① 労務管理上の独立性

——自己の雇用する労働者の労働力を自ら直接利用

①業務の遂行に関する指示その他の管理を自ら行うこと。

②労働時間等に関する指示その他の管理を自ら行うこと。

③企業における秩序の維持、確保等のための指示その他の管理を自ら行うこと。

② 事業経営上の独立性

——請負契約により請け負った業務を自己の業務としてその契約の相手方から独立して処理

①業務の処理に要する資金を自己の責任で調達・支弁すること。

②業務の処理について、民法、商法その他の法律に規定された事業主としてのすべての責任を負うこと。

③単に肉体的な労働力を提供するものではないこと。

③ 故意に偽装されたものではないこと

（昭和61年労働省告示37号）

14 派遣労働者

その他の働く人の特性に応じたルール

　これまで説明してきたルールのほかにも、例えば、高年齢者や障害者などのうち、働くことを希望している人たちの雇用・就業機会を広げ、働き続けられるような環境をつくるために、それぞれ特別な法令によって一定の措置を講ずることなどが事業主に義務づけられています。

　また、外国人を雇い入れる場合は、就労が認められる在留資格を確認し、就労させるときは労働関係法令を遵守する必要がありますし、さらに、外国人であることからとくに労務管理上留意しなければならない点もあります。

　ここでは、高年齢者、障害者、外国人について、その特性に応じて労働関係法令で定めているおもなルールを取り上げて説明します。

●01　高年齢者の雇用の確保

　高年齢者等の雇用の安定等に関する法律（以下「高年齢者雇用安定法」といいます。）には、高年齢者の定年後の雇用に関するルールなどが定められています。

（1）法定定年年齢

　労働者の定年を定める場合は、原則として、その定年年齢は60歳以上としなければなりません。

> 高年齢者雇用安定法8条

（2）65歳までの雇用確保措置

　事業主には、高年齢者の65歳までの雇用確保措置として、①定年の引き上げ、②継続雇用制度の導入、③定年の定めの廃止（エイジフリー）のいずれかの措置を講ずることが義務づけられています。

> 高年齢者雇用安定法9条1項

［1］希望者全員を対象とする継続雇用制度

　事業主は、前記3つの雇用確保措置のうち②の継続雇用制度を導入する場合は、希望者全員を制度の対象としなければなりません。

　ただし、平成24年の法改正の際に設けられた経過措置により、改正法施行前（平成25年3月31日まで）に労使協定で対象者の基準を設けていた場合は、年金の報酬比例部分の支給開始年齢に達した者について、令和7年3月31日までの間、引き続きその基準を利用することができます。

Q291　定年退職者を継続雇用するにあたり、嘱託やパートなど、従来の労働条件を変更して雇用することは可能ですか？

A　継続雇用後の労働条件については、高年齢者の安定雇用の確保という高年齢者雇用安定法の趣旨を踏まえたものであれば、最低賃金などの雇用に関するルールの範囲内で、フルタイム、パートタイムなどの労働時間、賃金、待遇を、事業主と労働者の間で決めることができます。

　ただし、就業の実態は変わらないのに賃金を引き下げるような場合、定年前後の待遇差が不合理なものと判断される場合もあります（☞226〜227ページ参照）ので、注意が必要です。

　参考判例▶長澤運輸事件（最高裁平成30年6月1日第二小法廷判決）

継続雇用制度の対象者の基準に関する経過措置

 継続雇用制度の導入

原則 希望者全員を対象とする

（法改正前） 労使協定で対象者の基準を定めるしくみ ➡ 廃止（平成25年4月〜）

 ただし

経過措置

平成25年3月末までの間に対象者の基準を設けていた事業主は、経過措置により、左欄の期間中は、右欄の者について対象者の基準を適用することができる。

H 25. 4. 1〜H 28. 3. 31	61 歳以上の者
H 28. 4. 1〜H 31. 3. 31	62 歳以上の者
H 31. 4. 1〜R 4. 3. 31	63 歳以上の者
R 4. 4. 1〜R 7. 3. 31	64 歳以上の者

［2］継続雇用制度の対象者を雇用する企業の範囲（特例）

　継続雇用制度を導入する場合は、特例として、定年前に雇用していた企業以外の一定のグループ企業（親子会社等の特殊関係事業主）で雇用する場合でも、高年齢者雇用安定法が求める雇用確保措置を講じているものと認められています。

　特殊関係事業主により雇用を確保しようとするときは、事業主は、その雇用する高年齢者を当該特殊関係事業主が引き続いて雇用することを約する契約を、当該特殊関係事業主との間で締結する必要があります。

高年齢者雇用安定法9条2項

特殊関係事業主のもとでの継続雇用

Q292 本人の健康状態など業務遂行上問題がある者は制度の対象とならないことを就業規則などで定められますか？

A 「高年齢者雇用確保措置の実施及び運用に関する指針」（☞次ページ参照）によれば、心身の故障のため業務に堪えられないと認められること、勤務状況が著しく不良で引き続き従業員としての職責を果たし得ないこと等就業規則に定める解雇事由または退職事由（年齢に係るものを除きます。）に該当する場合には、継続雇用しないことができます。

　ただし、労働契約法16条（解雇権濫用法理、☞196〜197ページ参照）の規定を踏まえると、継続雇用しない場合でも、継続雇用しないことに客観的合理性、社会的相当性が認められることが求められます。

☞ 定年後、有期労働契約により継続雇用する場合は、240ページ以下を参照。

●親法人等、関連法人等の要件
　親法人等は、財務上・営業上・事業上の関係から見て、他の法人等の財務・営業・事業の方針を決定する機関を支配していると認められること（支配力基準）が必要です。
　一方、関連法人等は、財務上・営業上・事業上の関係から見て、法人等が子法人等以外の他の法人等の財務・営業・事業の方針の決定に対して重要な影響を与えることができること（影響力基準）が必要です。

＊1　高年齢者雇用確保措置の実施及び運用に関する指針（平成24年厚生労働省告示560号）

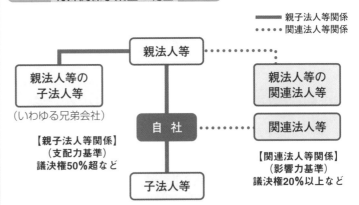

特殊関係事業主の範囲

――――親子法人等関係
・・・・・・関連法人等関係

親法人等の子法人等
（いわゆる兄弟会社）

親法人等

自　社

子法人等

親法人等の関連法人等

関連法人等

【親子法人等関係】
（支配力基準）
議決権50％超　など

【関連法人等関係】
（影響力基準）
議決権20％以上　など

［3］雇用継続措置における労働条件の留意事項

　高年齢者雇用安定法9条3項に基づいて策定されている指針＊1では、高年齢者の雇用継続にあたって賃金・人事処遇制度の見直しが必要な場合の留意事項として次のような事項を定めています。

労働条件見直しのポイント

① 年齢的要素重視型の賃金・人事制度から能力・職務等の要素重視型の制度への見直し
② 高年齢者の就業の実態、生活の安定等への考慮
③ 短時間勤務・隔日勤務等の高年齢者の希望に応じた勤務が可能となる制度の導入
④ 有期労働契約の場合に、65歳までは契約更新ができる旨の周知
⑤ 職業能力を評価するしくみの整備、高年齢者の意欲・能力に応じた適正な配置・処遇
⑥ 勤務形態や退職時期の選択を含めた多様な選択が可能な人事処遇制度の整備　　　　　　　　　　　　　　など

（3）70歳までの就業確保措置

　65歳以上70歳未満の定年を定めている事業主または65歳までの継続雇用制度（70歳以上まで引き続き雇用する制度を除きます。）を導入している事業主は、70歳までの就業機会を確保するための以下のいずれかの措置を講ずるよう努めなければなりません。

高年齢者雇用安定法10条の2

●70歳までの就業機会の確保
　従来の65歳までの雇用確保措置に加え、65歳から70歳までの就業機会を確保するため、高年齢者雇用安定法が改正され、高年齢者の雇用の確保措置のほか、高年齢者の創業・起業の支援やボランティア事業活動なども含め、就業機会を確保するための措置の実施を事業主の努力義務とすることとされました（令和3年4月1日施行）。

70歳までの就業確保措置

雇用	①70歳までの定年引き上げ
	②定年の定めの廃止
	③70歳までの継続雇用制度の導入 ➡特殊関係事業主（☞294ページ参照）のほか、他の事業主によるものも含む。
創業支援等措置（過半数労働組合等の同意、計画の作成）	④70歳まで継続的に業務委託契約を締結する制度の導入
	⑤70歳まで継続的に以下の事業に従事できる制度の導入 (a)事業主が自ら実施する社会貢献事業 (b)事業主が委託、出資（資金提供）等する団体が行う社会貢献事業

これらの就業確保措置のうち、雇用によらない「創業支援等措置」（上記④、⑤）を実施する場合には、労働者の過半数を代表する労働組合（過半数労働組合）がある場合はその労働組合、これがなければ労働者の過半数を代表する者（過半数代表者）の同意を得る必要があります（☞次ページ参照）。

なお、高年齢者雇用安定法10条の2第4項の規定に基づき、就業確保措置の実施・運用についてその留意点や具体的な措置の内容等を定めた指針*2が策定されています。

高年齢者の雇用・就業を確保するための措置（まとめ）

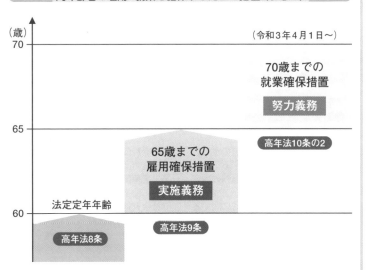

注意！

高年齢者を有期労働契約により継続雇用する場合、契約を更新して通算で5年を超えると、労働者の申し込みにより無期労働契約に転換します（労働契約法18条、☞240ページ参照）。

これに関して、都道府県労働局長の認定を受けることによって定年後再雇用者について無期転換申込権が発生しない特例が認められます（☞246ページ参照）。これは、認定を受けた特殊関係事業主のもとで継続雇用される高年齢者についても同様です。しかし、特殊関係事業主以外の他社で継続雇用される場合には、この特例の対象になりません。

Q293　就業確保措置である「社会貢献事業」とは、どのようなものですか？

A　不特定かつ多数の者の利益に資することを目的とした事業のことです。特定の事業が「社会貢献事業」に該当するかどうかは、事業の性質や内容等を勘案して個別に判断されます。

例えば、特定の宗教の教義を広め、信者を教化育成することを目的とする事業や、特定の公職者、政党を推薦・支持・反対することを目的とする事業などは、これに該当しません。

＊2　高年齢者就業確保措置の実施及び運用に関する指針（令和2年厚生労働省告示351号）

Q294　就業確保措置として、高年齢者と継続的に業務委託契約を締結して仕事を発注していましたが、その仕事ぶりに著しく問題がある場合、契約を打ち切ることはできますか？

A　ご質問のように、勤務（業務）状況が著しく不良で引き続き職責が果たせない場合や、心身の故障のため業務に堪えられないような場合には、継続雇用しないことや業務委託契約等を継続しないことが可能です。このような場合には、あらかじめ解雇・退職事由や契約を継続しない事由等として就業規則や創業支援等措置の計画（☞右記参照）に記載しておくことが必要です。

☞ 計画を作成する際の留意点など詳細については、「高年齢者就業確保措置の実施及び運用に関する指針」に示されています。

［１］対象者の選定基準を設ける場合

70歳までの就業確保措置は、事業主の努力義務ですから、継続雇用制度や創業支援等措置の対象となる高年齢者を限定する基準を設けることも可能です。

この場合は、次のような点に留意してください。

対象者選定基準を設ける場合の留意点

①過半数労働組合等の同意を得る

基準の内容は、労使に委ねられることが原則。しかし、過半数労働組合等との間で十分に協議したうえで、その同意を得ることが望ましい。

②法の趣旨や公序良俗に反する基準は認められない

労使間の協議のうえで設けられた基準であっても、事業主が恣意的に高年齢者を排除しようとするような、法の趣旨や他の法令、公序良俗に反するものは認められない。

【不適切な例】

✕「会社が必要と認めた者に限る」
✕「上司の推薦がある者に限る」 ➡ 基準がないことと等しく、改正の趣旨に反する

✕「男性（女性）に限る」 ➡ 男女差別に該当

✕「組合活動に従事していない者に限る」 ➡ 不当労働行為に該当

［２］創業支援等措置を実施する場合に必要な手続き

創業支援等措置を実施する場合には、その実施に関する計画を作成すること、過半数労働組合等の同意を得ることなどが必要です。また、これらと合わせて、高年齢者の就業先となる団体等との契約や、個々の高年齢者との契約を締結することも必要です。

創業支援等措置を実施する場合の手続き

❶ 計画を作成する

【計画に記載する事項】

①高年齢者就業確保措置のうち、創業支援等措置を講ずる理由
②高年齢者が従事する業務の内容に関する事項
③高年齢者に支払う金銭に関する事項
④契約を締結する頻度に関する事項
⑤契約に係る納品に関する事項
⑥契約の変更に関する事項
⑦契約の終了に関する事項（契約の解除事由を含む。）
⑧諸経費の取り扱いに関する事項
⑨安全および衛生に関する事項
⑩災害補償および業務外の傷病扶助に関する事項
⑪社会貢献事業を実施する団体に関する事項
⑫そのほか、創業支援等措置の対象となる労働者のすべてに適用される事項

❷ 過半数労働組合等の同意を得る
└ 過半数労働組合（なければ過半数代表者）

過半数代表者の要件	①管理監督者（労基法41条2号、☞72ページ参照）でないこと ②創業支援等措置の計画に関する同意を行うことを明らかにして実施される投票、挙手等の方法による手続きで選出された者であって、事業主の意向に基づき選出された者でないこと

同意を得ようとする際には、過半数労働組合等に下記の事項を十分に説明する。

① 労働関係法令が適用されない働き方であること
② そのために❶の計画を定めること
③ 創業支援等措置を選択する理由

❸ 計画を周知する
❷の同意を得た計画を労働者に周知する。

❹ 必要な契約を書面で締結する
(1)団体との契約（295ページ⑤(b)の場合）
自社と団体との間で、当該団体が高年齢者に対して社会貢献活動に従事する機会を提供することを約する契約
(2)個々の高年齢者との業務委託契約、社会貢献活動に従事する契約

（4）中高年齢離職者に対する再就職の援助等
［1］再就職援助措置

事業主は、解雇等により離職する45歳以上70歳未満の高年齢者等が希望するときは、求人の開拓など本人の再就職の援助に関し必要な措置を実施するよう努める必要があります。この再就職援助措置は、具体的には、求職活動に対する経済的支援、再就職や教育訓練受講等のあっせん、再就職支援体制の構築等が挙げられます。

高年齢者雇用安定法15条

［2］多数離職届

事業主は、45歳以上70歳未満の者が、1ヵ月以内に5人以上解雇等により離職する場合は、離職者数や当該高年齢者等に関する情報等をハローワークに届け出る必要があります。

高年齢者雇用安定法16条

注意!
創業支援等措置（295ページの④、⑤）と雇用の措置（295ページの①～③）の両方を講ずる場合は、雇用の措置により努力義務を達成したことになるため、創業支援等措置に関して過半数労働組合等の同意を必ずしも得る必要はありませんが、法の趣旨からは、このような場合にも同意を得ることが望まれます。

注意!
個々の高年齢者と業務委託契約等を締結する際は、❶の計画を記載した書面を交付するとともに、❷の過半数労働組合等への説明事項と同様の事項を高年齢者にも十分に説明してください。

●再就職援助措置等の対象範囲の拡大
令和2年の改正で70歳までの就業確保措置が努力義務となったことにより、再就職援助措置、多数離職届および求職活動支援書の対象となる高年齢者等の範囲が65歳以上70歳未満の者まで拡大されました（令和3年4月1日施行）。

注意!
再就職援助措置・多数離職届をする事業主は、原則として、離職時に高年齢者を雇用している、あるいは高年齢者と業務委託契約を締結している事業主です。
ただし、他社での継続雇用制度で、その上限年齢（70歳未満）に達した者や、他の団体が実施する社会貢献事業に従事できる制度により就業する者については、その者を定年まで雇用していた事業主が実施することになります。

[3]　求職活動支援書の交付

　事業主は、解雇等により離職する45歳以上70歳未満の高年齢者等が希望するときは、本人の職務の経歴、職業能力、事業主が講ずる再就職援助措置等を記載した「求職活動支援書」を作成し、本人に交付する必要があります。

> 高年齢者雇用安定法17条

●02　障害者の雇用の促進

　障害者の雇用義務等に基づく雇用の促進等のための措置、職業リハビリテーションの措置等を通じ、障害者の職業の安定を図ることを目的として、障害者の雇用の促進等に関する法律（以下「障害者雇用促進法」といいます。）が定められています。ここでは、事業主が講ずる措置に関連するおもな制度を取り上げます。

（1）障害者の範囲

　障害者雇用促進法により対象とされる障害者とは、「身体障害、知的障害、精神障害（発達障害を含む。）その他の心身の機能の障害があるため、長期にわたり、職業生活に相当の制限を受け、又は職業生活を営むことが著しく困難な者」をいいます。

> 障害者雇用促進法2条1号

（2）障害者雇用率制度

　事業主は、その雇用する労働者に占める身体障害者・知的障害者・精神障害者の割合が一定率（法定雇用率）以上になるようにしなければなりません。民間企業の場合は、法定雇用率は2.3％（令和6年4月からは2.5％、令和8年7月からは2.7％）とされています。

> 障害者雇用促進法43条・同法施行令9条

法定雇用率

事業主区分		令和3年3月～	令和6年4月～	令和8年7月～
民間企業		2.3％	2.5％	2.7％
	対象事業主（常時雇用者数）	43.5人以上	40.0人以上	37.5人以上
国、地方公共団体等		2.6％	2.8％	3.0％
都道府県等の教育委員会		2.5％	2.7％	2.9％

🔢 常時雇用している労働者数が120人の企業

120人 × **2.3%** = **2.76人**
(法定雇用率) (小数点以下切り捨て)

2人の障害者を雇用する義務がある

──── 障害者雇用率の算定 ────

$$\text{障害者雇用率}_{\text{(実雇用率)}} = \frac{\text{身体障害者・知的障害者・精神障害者である常用労働者の数}}{\text{常用労働者数}}$$

[障害者のカウント]

※短時間労働者(週所定労働時間が20時間以上30時間未満)については、0.5カウント(0.5人)として計算します。
　また、令和6年4月1日から、週所定労働時間が10時間以上20時間未満の重度の身体・知的障害者および精神障害者について、0.5カウント(0.5人)として算定できるようになります。

令和6年4月〜

週所定労働時間		30時間以上	20時間以上30時間未満	10時間以上20時間未満
身体障害者		1	0.5	―
	重度	2	1	0.5
知的障害者		1	0.5	―
	重度	2	1	0.5
精神障害者		1	0.5	0.5

令和5年度から、週所定労働時間が20時間以上30時間未満の精神障害者について、雇入れからの期間等に関係なく、当分の間、1人をもって1人とみなして算定できることとなりました。

(3) 障害者雇用納付金制度

　障害者の雇用にともなう事業主間の経済的負担を調整するため、雇用する障害者数が法定雇用率に満たない事業主から納付金を徴収し、これを原資として、法定雇用率を超えて障害者を雇用する事業主に対して調整金が支給されます(障害者雇用納付金制度)。この制度は、労働者数が100人を超える事業主が対象となっています。

(障害者雇用促進法53条)

Q295　雇用率の対象となる障害者はどんな人ですか?

A　身体障害者の場合は、身体障害者手帳1〜6級に該当する人、知的障害者の場合は、児童相談所などで知的障害者と判定された人、精神障害者の場合は、精神障害者保健福祉手帳の交付を受けている人が対象となります。

●特例子会社制度
　大企業等において、障害者を多数雇用する等一定の要件を満たす会社(特例子会社)を設立した場合には、特例として、その子会社に雇用されている労働者を親会社に雇用されているものとみなして、実雇用率を算定することができます。
　また、特例子会社を持つ親会社については、関係する子会社も含め、企業グループによる実雇用率の算定が可能です。

●精神障害者の算定特例の延長
　平成30年4月から精神障害者の雇用が義務化されるとともに、雇用率が引き上げられたことにともない、精神障害者の職場定着を進める観点から、精神障害者である短時間労働者の実雇用率の算定に関して、令和4年度末まで短時間労働者を1カウントとする特例措置が設けられていました。この特例措置は、令和5年度以降も、当分の間、延長することとされました。
　なお、令和5年度からは、雇入れからの期間等にかかわらず、1人とカウントされます。

●報奨金制度
　労働者数が100人以下の事業主については、障害者を各月の常用雇用労働者数の4%の年度間合計数または72人のいずれか多い人数を超えて雇用する場合に、超過1人つき月額21,000円が支給される報奨金制度があります。
　なお、令和6年4月から、支給対象人数が35人を超える場合には、当該超過人数分への支給額は16,000円となります。

●特例給付金

　週所定労働時間が10時間以上20時間未満の障害者を1年を超えて雇用する事業主に対して支給される「特例給付金」が設けられています（令和2年4月1日施行）。詳しくは、（独）高齢・障害・求職者雇用支援機構へお問い合わせください。

＊1　障害者差別禁止指針

　障害者に対する差別の禁止に関する規定に定める事項に関し、事業主が適切に対処するための指針（平成27年厚生労働省告示116号）

●障害者虐待防止法

　「障害者虐待の防止、障害者の養護者に対する支援等に関する法律」は、使用者の障害者に対する虐待についてもその適用対象とし、障害者虐待を受けたと思われる障害者を発見した者は、都道府県や市町村にすみやかに通報しなければならないこととしています。

　障害者虐待の類型には、①身体的虐待、②放棄・放置、③心理的虐待、④性的虐待、⑤経済的虐待があります。例えば、事業場で障害者に対して不当に低い賃金で労働させることは⑤の経済的虐待にあたります。

　使用者による虐待の通報を受けた都道府県等から労働局へ報告されると、その使用者は労働局による監督指導等を受けることとなります。

Q296　差別禁止や合理的配慮の対象となるのはどんな障害者ですか？

A　障害者雇用促進法2条1号に定める障害者が対象となります（☞298ページの（1）参照）。
　したがって、障害者手帳の所持者に限られませんし、週の所定労働時間数によって区別されません。また、入社時は障害がなかったが、在職期間の途中で障害者となった場合（中途障害）も対象となります。

障害者雇用納付金制度

	対　象	金　額
障害者雇用納付金	雇用率未達成事業主	不足1人につき月額50,000円徴収
障害者雇用調整金	雇用率達成事業主	超過1人につき月額29,000円支給※

※令和6年4月から、支給対象人数が10人を超える場合には、当該超過人数分への支給額は23,000円

（4）障害者に対する差別禁止

　事業主は、労働者の募集・採用について、障害者に対して、障害者でない者と均等な機会を与えなければなりません。また、事業主は、賃金の決定、教育訓練、福利厚生施設の利用その他の待遇について、労働者が障害者であることを理由として、障害者でない者と不当な差別的取り扱いをしてはなりません。この点に関して、障害者差別禁止指針＊1に差別にあたる事項等が示されています。

障害者雇用促進法34条・35条

障害者差別禁止指針のポイント

①基本的な考えかた

・直接差別を禁止。
　（例：車いす、補助犬等の利用、介助者の付添い等の社会的不利を補う手段の利用等を理由とする不当な不利益取り扱いも含む。）

・事業主や同じ職場で働く者が障害特性に関する正しい知識の習得や理解を深めることが重要。

②差別の禁止

・募集・採用、賃金、配置、昇進等の各項目について、障害者であることを理由に、その対象から排除することや、その条件を障害者に対してのみ不利なものとすることが差別に該当する。

〈差別に該当しないもの〉

・障害者を有利に取り扱うこと（積極的差別是正措置）
・合理的配慮を提供し（☞下記（5）参照）、労働能力などを適正に評価した結果として、障害者以外の者と異なる取り扱いをすること。
・採用選考時または採用後に、仕事上の能力・適性判断、合理的配慮の提供のためなど雇用管理上必要な範囲でプライバシーに配慮しつつ、障害の状況等を確認すること。

（5）合理的配慮の提供義務

　事業主は、職場で働くにあたって、原則として、障害者が障害者でない者と均等な機会を得るのに支障となっている事情を改善するための措置を講じなければなりま

せん（これを「合理的配慮の提供義務」といいます。）。ただし、合理的配慮の提供が事業主に対して過重な負担となる場合は除きます。

この点に関して定められている合理的配慮指針[*2]には、合理的配慮の手続きや内容、例外である「過重な負担となる場合」等について具体的に示されています。

また、事業主は、合理的配慮の提供措置に関して、相談窓口の設置など、障害者からの相談に適切に対応するために必要な体制を整備しなければなりません。

障害者雇用促進法36条の2 ～ 36条の4

合理的配慮指針のポイント

①**基本的な考えかた**
合理的配慮は個々の事情を有する障害者と事業主との相互理解の中で提供されるべきもの。

②**合理的配慮の手続き**
・支障となっている事情等について、募集・採用時の障害者からの申出、採用後の障害者に対する支障の有無の確認
・障害者との話し合いを経て、講ずる措置の内容、理由を障害者に説明。

③**合理的配慮の内容**（→指針別表に例示）
例：採用面接を筆談等で行う（聴覚・言語障害）
机や作業台の高さを車いすに合わせて調節する（肢体不自由）
本人の習熟度に応じて業務量を徐々に増やす（知的障害）
勤務時間・休暇等に関し、通院・体調に配慮する（精神障害等）

④**過重な負担**
合理的配慮の提供義務が事業主に対して過重な負担となる場合は除く。過重か否かは、[1]事業活動への影響の程度、[2]実現困難度、[3]費用負担の程度、等総合的に勘案して個別に判断。

⑤**相談体制の整備**

（6）苦情処理、紛争解決の援助

事業主は、障害者に対する差別や合理的配慮の提供に係る事項について、障害者からの苦情を自主的に解決することが努力義務とされています。

企業内で自主的に解決することが難しい場合は、紛争解決援助制度として、①都道府県労働局長による助言、指導または勧告、②第三者による調停制度を利用することができます（☞紛争解決のしくみについては312ページ参照）。

障害者雇用促進法74条の4 ～ 74条の8

[*2] 合理的配慮指針
雇用の分野における障害者と障害者でない者との均等な機会若しくは待遇の確保又は障害者である労働者の有する能力の有効な発揮の支障となっている事情を改善するために事業主が講ずべき措置に関する指針（平成27年厚生労働省告示117号）

Q297 障害者が希望する合理的配慮に関する措置が過重な負担であるときは、その措置を講じなくてもよいでしょうか？

A 事業主にとって過重な負担となる場合にまで、障害者の希望に沿った措置を強いるものではありません。ただし、その場合であっても、障害者と話し合い、その意向を十分に尊重し、過重な負担にならない範囲で、合理的配慮に関する何らかの措置を講ずる必要があります。

Q298 入社してから障害者であることがわかったのですが、採用後何も措置を講じていないことが合理的配慮の提供義務の違反になりますか？

A 採用後においては、労働者からの申出の有無にかかわらず、事業主が労働者の障害の有無を把握・確認することとなります。当該労働者が障害を持っていることを把握した場合には、合理的配慮の提供について検討する必要があります。

ただし、全従業員への一斉メール送信、書類の配布、社内報等の画一的な手段により、合理的配慮の提供の申出を呼びかけている場合には、「必要な注意」を払っているものとして、義務の違反を問われないものと考えられます。

15 その他のルール

（1）外国人の受け入れ

外国人については、「出入国管理及び難民認定法」（入管法）で定められている在留資格の範囲内で、日本国内での活動が認められています。また、在留資格ごとに在留期間が定められています。

そのため、外国人を雇い入れる場合にはまず、就労が認められるかどうか（就労させようとする仕事の内容が在留資格の範囲内の活動か、在留期間を過ぎていないかなど）を確認する必要があります。在留資格や在留期間は、在留カード、旅券（パスポート）などで確認することができます。

在留資格

就労目的での在留が認められる外国人	
それぞれの在留資格で認められた範囲で報酬を受ける活動が可能。	
在留資格	**具 体 例**
教 授	大学教授等
芸 術	作曲家、画家、著述家等
宗 教	外国の宗教団体から派遣される宣教師等
報 道	外国の報道機関の記者、カメラマン
高度専門職 1号・2号	ポイント制*による高度人材
経営・管理	企業等の経営者・管理者
法律・会計業務	弁護士、公認会計士等
医 療	医師、歯科医師、看護師
研 究	政府関係機関や私企業等の研究者
教 育	中学校・高等学校等の語学教師等
技術・人文知識・国際業務	機械工学等の技術者、通訳、デザイナー、私企業の語学教師、マーケティング業務従事者等
企業内転勤	外国の事業所からの転勤者
興 行	俳優、歌手、ダンサー、プロスポーツ選手等
介 護	介護福祉士
技 能	外国料理の調理師、スポーツ指導者、航空機の操縦者、貴金属等の加工職人等
特定技能1号・2号	特定産業分野（12分野（2号は介護以外の11分野））の各業務従事者

＊高度な資質・能力を有すると認められる外国人に対し、ポイント制を活用した出入国管理上の優遇措置を与える制度。

就労活動が認められていない在留資格

留学、家族滞在など

就労が認められるためには、資格外活動許可が必要。

●在留期間

就労目的での在留が認められる在留資格の多くは、在留期間が5年、3年、1年または6カ月などとされています。

●就労に関する在留資格の新設

平成30年12月の入管法改正により、一定の専門性・技術を持ち、即戦力となる外国人を想定した在留資格として、「特定技能1号」「特定技能2号」が新たに創設されました（平成31年4月1日施行）。

「特定技能」は、介護、ビルクリーニング、外食業など12の特定産業分野について、相当程度の知識・経験を要する技能（1号）または熟練した技能（2号）を有する外国人向けの在留資格です。

1号の場合は、在留期間が通算5年までと限られており、技能水準のほか日本語能力水準を試験等で確認します。また、家族の帯同は基本的には認められません。

2号の場合は、在留期間の更新による上限はなく、日本語能力水準の試験等での確認は不要です。また、一定の要件を満たせば配偶者や子の帯同が認められます。

☞ 高度人材に対するポイント制の詳細については、法務省出入国在留管理庁のホームページなどを参照してください。

●資格外活動許可

原則として就労活動が認められていない留学生や家族滞在者などについては、出入国在留管理庁の許可を得た場合は、本来の在留資格の活動が阻害されない範囲内（就労時間が1週間あたり28時間以内）で、就労活動が認められます。

このような外国人を雇うときは、在留カードの資格外活動許可欄などで許可を受けていることを確認してください。

身分に基づき在留する者	
在留中の活動に制限がないため、報酬を受ける活動が可能。	
在留資格	**具 体 例**
永住者	法務大臣から永住の許可を受けた者（入管特例法の「特別永住者*」を除く。）
日本人の配偶者等	日本人の配偶者・実子・特別養子
永住者の配偶者等	永住者・特別永住者の配偶者およびわが国で出生し引き続き在留している実子
定住者	日系3世等

＊在日韓国・朝鮮人等

技能実習生	
技能移転を通じた開発途上国への国際協力を目的とする技能実習制度により、講習を受けた後、雇用関係のもとで技能等を修得する。	
在留資格	**具 体 例**
技能実習 （1号・2号・3号）	1号は1年目、2号は2・3年目、3号は4・5年目。学科または実技の試験に合格すれば2号・3号へと移行する（ただし、職種限定あり）。

（2）外国人雇用状況の届出義務

外国人労働者を雇い入れたとき、または外国人労働者が離職したときは、事業主は、その都度、その者の氏名・在留資格・在留期間などを、管轄のハローワークに届け出なければなりません（この届出は、ハローワークインターネットサービスからの電子申請も可能です。）。

> 労働施策総合推進法28条

外国人雇用状況の届出

	雇用保険被保険者資格のある外国人労働者	雇用保険被保険者資格のない外国人労働者
届出事項	①氏名　②在留資格* ③在留期間　④生年月日 ⑤性別　⑥国籍・地域 ⑦資格外活動許可の有無（雇入れ時のみ） ⑧在留カード番号 ⑨事業所の名称、所在地等の雇用保険被保険者資格取得届または喪失届に記載すべき事項	①氏名　②在留資格* ③在留期間　④生年月日 ⑤性別　⑥国籍・地域 ⑦資格外活動許可の有無（雇入れ時のみ） ⑧在留カード番号 ⑨雇入れまたは離職年月日 ⑩雇入れまたは離職に係る事業所の名称、所在地等
確認方法	外国人労働者に在留カードまたは旅券（パスポート）などの提示を求め、上記届出事項を確認する。 資格外活動許可を受けて就労する場合は、在留カードやパスポートまたは資格外活動許可書などにより確認する。	
届出先	雇用保険の適用を受けている事業所を管轄するハローワーク	勤務する事業所施設（店舗、工場など）の住所を管轄するハローワーク
届出期限	雇入れ時 ▶ 雇入れの翌月10日まで 離職時 ▶ 離職の翌日から起算して10日以内	雇入れまたは離職の翌月の末日まで

＊在留資格が「特定技能」の場合は分野、「特定活動」の場合は活動類型を含む。

● その他の在留資格

　左に挙げたほかに、EPAに基づく外国人看護師・介護福祉士候補者、ワーキングホリデーなどの「特定活動」の在留資格があります。

注意！

　外国人雇用状況を届け出なかったり、虚偽の届出をしたりすると、罰則（30万円以下の罰金）が適用されます。

Q299　雇い入れるときに、氏名や日本語での会話から、日本人だと思われたので、在留資格の確認・届出をしなかったのですが、このような場合はどうなりますか？

A　在留資格などの確認は、通常の注意力をもって、雇い入れようとする人が外国人であると判断できる場合に行ってください。
　氏名や言語によって、その人が外国人であると判断できなかったケースであれば、確認・届け出をしなかったからといって、法違反を問われることにはなりません。

Q300　外国人雇用状況の届出が不要な場合がありますか？

A　届出の対象となるのは、日本国籍を有しない人で、在留資格が「外交」「公用」以外の人です。また、「特別永住者」（在日韓国・朝鮮人等）の場合は届出の対象外とされています。

Q301　短期のアルバイトで受け入れた外国人についても届け出なければなりませんか？

A　短期のアルバイトであっても、届出は必要です。
　なお、届出書に、雇入れ日と離職日の双方を記入して、まとめて届出を行うことができます。

（3）外国人労働者の雇用管理

＊「外国人労働者の雇用管理の改善等に関して事業主が適切に対処するための指針」（平成19年厚生労働省告示276号）

●外国人雇用労務責任者の選任
　外国人労働者を常時10人以上雇用するときは、右の指針に定める雇用管理の改善等に関する事項等を管理させるため、人事課長等を雇用労務責任者として選任してください。

　日本国内で就労する限り、外国人労働者にも労基法、最賃法、安衛法、労災法などの労働関係法令の適用があります。労基法3条では、労働条件面での国籍による差別が禁止されています。

　また、労働施策総合推進法では、外国人労働者の雇用管理の改善や離職時の再就職援助に必要な措置を講ずることが、事業主の努力義務とされています。事業主が行うべき措置や留意事項などについては、同法の規定に基づく外国人の雇用管理指針＊に示されています（☞**指針の概要については下記参照**）。 ⌈労働施策総合推進法7条・8条⌉

=== 外国人の雇用管理改善のための措置のポイント（指針概要）===

募集・採用

募　集	・募集時の労働条件の明示（変更明示も同じ） 　（母国語や平易な日本語等により外国人労働者が理解できるようにする） ・国籍による条件を付けるなどの差別的取り扱いの禁止 ・違約金、保証金の徴収等を行う職業紹介事業者等からあっせんを受けないこと
採　用	・在留資格の確認、公平な採用選考

適正な労働条件の確保

均等待遇	・国籍を理由とした労働条件の差別的取り扱いの禁止
労働条件の明示	・外国人労働者が理解できるよう母国語や平易な日本語等による明示
賃金の支払い	・最低賃金以上の賃金の支払い ・基本給、割増賃金等の賃金の適正な支払い ・労使協定に基づき食費、居住費等の控除を行う場合、不当な控除額にならないようにすること ・強制貯金の禁止
適正な労働時間等の管理	・時間外・休日労働の上限規制の遵守 ・労働時間の状況の客観的方法での把握 ・年休の付与
関係法令等の周知	・労基法等の内容、就業規則、労使協定等の周知 　（外国人労働者が理解できるよう配慮）
労働者名簿等	・労働者名簿、賃金台帳、年休管理簿の調製
金品の返還等	・外国人労働者の旅券、在留カード等を保管しないこと ・退職時の金品の返還（返還を請求されてから7日以内。それより早く出国するときは出国前に返還する）
寄宿舎	・事業附属寄宿舎に寄宿させる場合の労働者の健康保持等に必要な措置
雇用形態または就業形態に関わらない公正な待遇の確保	・パート・有期労働法または派遣法に定める、正規雇用労働者と非正規雇用労働者との間の不合理な待遇差や差別的取り扱いの禁止 ・待遇差の内容・理由等の説明義務（母国語や平易な日本語等により外国人労働者が理解できるようにする）

安全衛生の確保

安全衛生教育	・外国人労働者がその内容を理解できる方法（母国語を用いる、視聴覚教材を用いる等）により行うこと （使用させる機械等、原材料等の危険性または有害性、これらの取扱方法等が確実に理解されるよう留意）
労働災害防止のための日本語教育等	・外国人労働者が理解することができるようにするために必要な日本語、基本的な合図等を習得させるよう努めること
労働災害防止に関する標識・掲示等	・図解等の方法を用いる等、外国人労働者がその内容を理解できる方法により行うよう努めること
健康診断等	・健康診断、長時間労働者に対する面接指導、ストレスチェックの実施
健康指導・健康相談	・産業医、衛生管理者等による健康指導・健康相談
母性保護措置等	・女性の外国人労働者に対する産前産後休業、妊娠中・出産後の健康管理措置等
安衛法等の周知	・安衛法等の内容の周知（外国人労働者が理解できるよう配慮）

労働・社会保険の適用等

制度の周知 必要な手続きの履行等	・労働・社会保険関係法令の内容、保険給付に係る請求手続き等についての外国人が理解できるような方法による周知 ・離職時の健保被保険者証の回収と国保・国年への加入手続きの教示 ・社会保険の適用事業所以外の事業所での、国保・国年への加入支援 ・労働保険の暫定任意適用事業所における、労働者の希望に応じた加入の申請
保険給付の請求等についての援助	・離職時の離職票の交付等、失業等給付の受給に関するハローワーク窓口の教示等 ・労災保険手続きについて、本人や家族等からの相談に応じること ・（公的年金の加入期間が6カ月以上の外国人労働者が帰国する場合）脱退一時金についての留意事項の説明等 ・傷病手当金や障害年金についての教示

適正な人事管理、教育訓練、福利厚生等

適正な人事管理	・社内規程等の多言語化等、職場における円滑なコミュニケーションの前提となる環境整備 ・職場で求められる資質・能力等の社員像の明確化、評価・賃金決定、配置等の人事管理に関する運用の透明性・公正性の確保等、多様な人材が適切な待遇のもとで能力を発揮しやすい環境整備
生活支援	・日本語教育および日本の生活習慣、文化、風習、雇用慣行等について理解を深めるための支援 ・地域社会における行事・活動の参加機会を設けること ・居住地周辺の行政機関等に関する情報提供、同行等の必要な支援
苦情・相談体制の整備	・外国人労働者の苦情や相談を受け付ける窓口の設置等、生活上・職業上の苦情・相談等への対応、必要に応じ行政機関の設ける相談窓口の教示
教育訓練の実施等	・教育訓練の実施、母国語での導入研修の実施等
福利厚生施設	・適切な宿泊施設の確保、給食、医療、教養、文化、体育、レクリエーション等の施設の利用機会の保障

15 その他のルール

帰国・在留資格 変更等の援助	・在留資格の更新がなされない場合の帰国のための手続きの相談等 ・帰国費用を支弁できない場合の援助 ・在留資格の変更等の手続きのための勤務時間の配慮等 ・一時帰国を希望する場合の休暇取得への配慮
共に就労するうえ での必要な配慮	・文化、慣習等の多様性の理解等

解雇等の予防・再就職の援助

解　雇	・事業規模の縮小等を行う場合であっても、外国人労働者に対して安易 な解雇を行わないようにすること
雇止め	・外国人労働者に対して安易な雇止めを行わないようにすること
再就職の援助	・解雇等事業主の都合により離職する場合の再就職を希望する外国人労 働者への必要な援助（関連企業等へのあっせん、教育訓練等の実施・ 受講あっせん、求人情報の提供等）
解雇制限	・解雇・雇止めが認められない場合があることに留意すること
妊娠・出産等を 理由とした 解雇等の禁止	・妊娠・出産等を理由とした解雇その他の不利益取り扱いの禁止

労働者派遣・請負を行う場合の留意事項

労働者派遣	・[派遣元事業主] 派遣法を遵守、適正な事業運営の実施 ・[派遣先] 労働者派遣事業の許可を受けていない者から外国人労働者 に係る労働者派遣を受けないこと
請　負	・職安法・派遣法の遵守（請負契約の名目で実質的に労働者供給事業・ 労働者派遣事業を行わない） ・[他の事業主（注文主）の事業場内で就業させる場合] 当該事業所内での業務の処理の進行管理、雇用労務責任者等に人事管 理、生活支援等の職務を行わせること ・安定的な雇用の確保（労働契約期間に関する配慮など）

在留資格に応じて講ずべき必要な措置

特定技能の在留資格 を有する者	・入管法等に定める雇用契約の基準、受入機関の基準、必要な支援・届 出等の義務への留意
技能実習生	・技能実習に関する基本方針等の内容への留意、実効ある技能等の修得 への取り組み
留学生	・留学生であることを理由として新卒採用の対象から除外しないこと ・新卒採用等にあたり、在留資格変更が必要であることへの留意 ・インターンシップの適正な運用 ・アルバイト等の場合は資格外活動の許可の範囲内で就労させること

（4）技能実習制度

［1］技能実習制度のしくみ

技能実習制度は、外国人の技能実習生が、最長5年の期間、当初の研修を除き、日本において企業や個人事業主等の実習実施者との雇用関係のもとで、技能等の修得・習熟・熟達を図るものです。技能等の修得は、技能実習計画に基づいて行われます。

技能実習の大まかな流れは、次のとおりです。

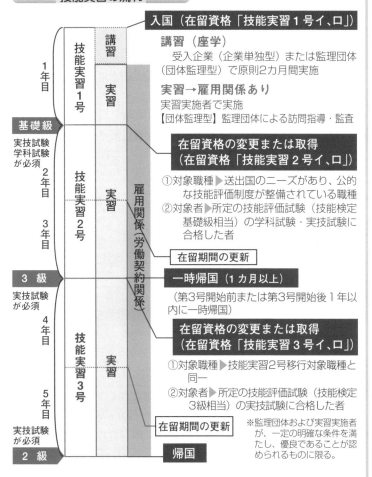

技能実習の流れ

また、技能実習には、①日本の企業等（実習実施者）が海外の現地法人、合弁企業や取引先企業の職員を受け入れて技能実習を実施する「企業単独型」と、②事業協同組合や商工会等の営利を目的としない団体（監理団体）が技能実習生を受け入れ、傘下の企業等（実習実施者）で技能実習を実施する「団体監理型」があります。

●技能実習法

技能実習制度は、開発途上地域等への技能等の移転を図り、その経済発展を担う「人づくり」に協力することを目的とする制度として、わが国の国際貢献において重要な役割を果たしています。

しかし、技能実習生が、最低賃金を下回る賃金、賃金の未払い、長時間労働、ずさんな安全衛生管理といった劣悪な就労環境に置かれたり、不当な精神的・身体的拘束（例えばパスポートを取り上げるなど）による人権侵害行為が行われている実態も少なからず見られます。

従来から、技能実習制度は、入管法上の制度として実施されてきましたが、上記のような状況を踏まえ、技能実習の適正な実施と技能実習生の保護を目的として、平成28年11月、新たに「外国人の技能実習の適正な実施及び技能実習生の保護に関する法律」（技能実習法）が制定されました（平成29年11月施行）。

●講習

講習は、座学により行います。

期間は、技能実習1号の活動時間全体の6分の1以上となっています（入国前に一定の講習を受講している場合には、12分の1以上に短縮されます。）。

したがって、技能実習1号の活動を1年間行う場合には、原則として2カ月以上（入国前に一定の講習を受講している場合は、1カ月以上）の講習を実施することになります。

15 その他のルール

[団体監理型の場合]

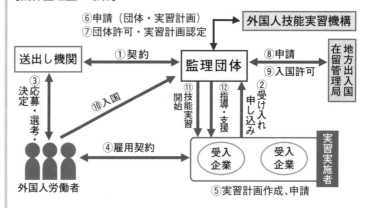

［2］技能実習法に定める重要事項

　技能実習法は、技能実習が適正に実施されるとともに、技能実習生を保護するための各種規定を設けています。そのポイントは次のとおりです。

```
━━━━ 制度の適正化・技能実習生の保護に関する規定 ━━━━
```

実施体制
法……技能実習法

■**技能実習計画は認定制**（法8条〜16条）
・技能実習計画は、実習実施者が技能実習生ごとに作成。
・技能実習生の技能等の習得に係る評価を行うことなど認定基準を満たすことが必要。
・認定の欠格事由、認定取り消し、報告徴収、改善命令等を規定。

■**実習実施者は届出制**（法17条・18条）

■**監理団体は許可制**（法23条〜45条）
・許可基準を満たすことが必要（無許可団体からの受け入れはできない）。
・許可の欠格事由、許可取り消し、報告徴収、改善命令等を規定。

技能実習生の保護

■**技能実習生に対する人権侵害行為等について、禁止規定と違反に対する罰則を規定**（法46条〜49条、111条）

■**国による技能実習生に対する相談、情報提供**（法50条）

■**実習実施者・監理団体間の技能実習生の転籍の連絡調整等**（法51条）

［3］労働関係法令の遵守と適正な労働条件の確保

　技能実習期間のうち、講習を除く実習期間は、技能実習生と受入企業等とは雇用関係にありますので、通常の労働者と同様に、労基法などの労働関係法令が適用されます。

●**外国人技能実習機構**
　技能実習法に基づいて設立された認可法人で、実習実施者が作成・申請した技能実習計画の内容や受入体制の適正性等の審査、実習実施者・監理団体の実地検査、監理団体の許可に関する調査、技能実習生に対する相談・援助などを実施しています。

●**優良企業・監理団体等に対する制度の拡充**
　技能等の修得等をさせる能力が高い実習実施者や技能実習の実施状況の監査等の業務遂行能力が高い監理団体については、実習期間を3年から5年まで延長し、第3号技能実習生を受け入れること（4・5年目の技能実習の実施）ができます。また、常勤の職員数に応じて受け入れる技能実習生の人数枠が定められていますが、これらの実習実施者・監理団体については、通常の場合よりも2倍以上の人数枠が認められています。

☞ 労働条件の適正化などのための措置、留意事項は304〜306ページの指針概要参照。

労使間でトラブルが発生したときは

賃金不払い、解雇、ハラスメント、その他労働関係に関する労使間のトラブルが増加しています。事業主と労働者との個別的なトラブルは、本来は民事紛争として、裁判（訴訟）によって解決されるものですが、多くの場合、トラブルの決着を見るまでには、多額の費用と時間をともなうものです。

そこで、全国の都道府県労働局では、労使間のトラブルの早期解決のために、個別労働紛争解決制度による相談・助言指導・あっせんを行うサービスを無料で行っています。また、特定分野の事案については、個別の法律により、都道府県労働局長による援助制度や第三者機関による調停制度が設けられており、これらを無料で利用することができます。

また、個別の労使間紛争について、裁判所での簡易・迅速な紛争解決を目的とした労働審判制度が整備されています。

●01 個別労働紛争解決制度のしくみ

（1）個別労働紛争解決制度

労使関係は、継続する人間関係によって成り立っていますから、労使当事者間でトラブルが起こったときは、当事者の実情を踏まえたうえで、できるだけ早期かつ円満に自主的な解決を図るのが望ましいことです。

そこで、「個別労働関係紛争の解決の促進に関する法律」によって、個別の労使間で起こったトラブルを解決するシステムが整えられています。

この法律で定められる紛争解決システムは、労働問題に関する専門機関が労使の間に入り、労使間での自主的な解決を促すことを目的としています。トラブルの内容や状況に応じて、①総合労働相談コーナー・監督署・ハローワークなどによる相談、②都道府県労働局長による助言・指導、③紛争調整委員会によるあっせんが行われています。

（2）取り扱われるトラブルの内容

個別労働紛争解決制度で取り扱われるものは、下記のように、広い範囲にわたっています。

┌─ **対象となるのはこんなトラブル** ─┐
◆募集・採用（助言・指導のみ）　◆配置転換
◆転籍出向・在籍出向　◆解雇の有効性　◆雇止め
◆就業規則の変更にともなう労働条件の不利益変更
◆会社分割による労働契約の承継　◆同業他社への就業禁止　など

Q302 総合労働相談コーナーはどこにあるのですか？

A　全国の労働局および主要な監督署内にあります（☞連絡先は付属データに収録）。

┌─ **注意！** ─┐
労働者が助言・指導・あっせんを求めたことを理由として、解雇・配置転換・降格・減給・雇用契約の打ち切りなど不利益な取り扱いは禁止されます。

┌─ **注意！** ─┐
次のような紛争はこの紛争解決制度の対象にはなりません。
①労働争議（労働関係調整法6条）
②国営企業・特定独立行政法人の労働関係に関する紛争

①公平・中立性
　▶厳正中立・公正を保ち、法に忠実かつ客観的な立場から援助を実施します。
②互譲性
　▶当事者双方の譲り合い、歩み寄りにより、紛争の現実的な解決を図ります。
③簡易・迅速性
　▶裁判よりも手続きが迅速で簡便です。
④無料
⑤当事者のプライバシーの保護
　▶関係者以外に援助や調停の内容は公にされません。

注意！
労働者が援助・調停を求めたことを理由として、解雇・配置転換・降格・減給・労働契約の打ち切りなど不利益な取り扱いは禁止されます。

注意！
均等法上の紛争解決制度では、募集・採用については調停の対象外となります。

●02　個別の法律による紛争解決制度のしくみ

　個別の労働者と事業主との間（労使当事者間）で生じた特定の分野の紛争については、前記01の制度とは別に、個別の法律に基づく紛争解決制度があります。

　以下に挙げるいずれの法律による紛争解決制度も、基本的なしくみや流れは同じです。労働者と事業主の双方または一方から申出・申請があれば、①都道府県労働局長による援助（助言・指導・勧告）、または②学識経験者などの専門家で構成された第三者機関である紛争調整委員会による調停制度を利用することができます。

（1）均等法上の紛争解決制度

　個別の労使当事者間で生じた均等法上の取り扱い等に関する紛争について、均等法に都道府県労働局長による援助制度および調停制度が設けられています。

> 均等法16条〜27条

対象となるのはこんなトラブル
①性別を理由とする差別〈法5条・6条〉
　（募集・採用、配置、昇進・降格、教育訓練、福利厚生、職種の変更、雇用形態の変更、定年、解雇、退職の勧奨、労働契約の更新（雇止め））
②間接差別〈法7条〉
③妊娠・出産等を理由とする不利益取り扱い〈法9条〉
④職場でのセクハラ〈法11条1項・2項〉
⑤妊娠・出産等に関するハラスメント〈法11条の3第1項・2項〉
⑥母性健康管理措置〈法12条・13条1項〉　　　　　　法……均等法

（2）育介法上の紛争解決制度

　個別の労使当事者間で生じた育児・介護休業制度等に関する紛争について、育介法に都道府県労働局長による援助制度および調停制度が設けられています。

> 育介法52条の3〜52条の6

対象となるのはこんなトラブル
①育児休業（産後パパ育休を含む。）〈法2章〉
②介護休業〈法3章〉
③子の看護休暇〈法4章〉
④介護休暇〈法5章〉
⑤所定外労働の免除〈法6章〉
⑥時間外労働の制限〈法7章〉
⑦深夜業の制限〈法8章〉
⑧所定労働時間の短縮措置等〈法23条〉
⑨妊娠・出産等の申出があった場合の措置等〈法21条〉
⑩①〜⑨の措置の申出・請求等を理由とする不利益取り扱いの禁止
⑪育児休業・介護休業等に関するハラスメント〈法25条〉
⑫労働者の配置に関する配慮〈法26条〉
　　　　　　　　　　　　　　　法……育介法

（3）労働施策総合推進法上の紛争解決制度

職場でのパワハラに関する紛争について、労働施策総合推進法に都道府県労働局長による援助制度および調停制度が設けられています。

労働施策総合推進法30条の4 ～ 30条の8

（4）パート労働法上の紛争解決制度

個別の労使当事者間で生じたパートタイマーの待遇に関する紛争について、パート労働法に都道府県労働局長による援助制度および調停制度が設けられています。

パート・有期労働法23条～ 27条

対象となるのはこんなトラブル

①労働条件の明示〈法6条1項〉　　　法……パート・有期労働法
②不合理な待遇〈法8条〉
③通常の労働者と同視すべきパートタイマー・有期雇用労働者に対する待遇の差別的取り扱い〈法9条〉
④職務の遂行に必要な教育訓練の実施〈法11条1項〉
⑤福利厚生施設の利用〈法12条〉
⑥通常の労働者への転換推進措置〈法13条〉
⑦待遇に関する説明〈法14条〉
（雇入れ時に説明する措置内容、待遇決定の際の考慮事項、待遇差の内容・理由）

（5）派遣法上の紛争解決制度

派遣労働者と派遣元事業主、または派遣労働者と派遣先との間で生じた派遣労働者の待遇に関する紛争について、派遣法に都道府県労働局長による援助制度および調停制度が設けられています。

派遣法47条の6 ～ 47条の10

対象となるのはこんなトラブル

派遣労働者-派遣元事業主間　　　　法……派遣法

①派遣先均等・均衡方式〈法30条の3〉
②労使協定方式〈法30条の4〉
③雇入れ時の説明〈法31条の2第2項〉
④派遣時の説明〈法31条の2第3項〉
⑤派遣労働者からの求めによる説明（待遇決定の際の考慮事項、待遇差の内容・理由）〈法31条の2第4項〉
⑥説明を求めたことを理由とする不利益取り扱い〈法31条の2第5項〉

派遣労働者-派遣先間

①業務遂行に必要な教育訓練〈法40条2項〉
②食堂・休憩室・更衣室の利用機会の付与〈法40条3項〉

● パワハラ事案の紛争解決制度
　令和元年6月の改正で、労働施策総合推進法に、事業主のパワハラ防止措置義務規定が新設（☞171ページ参照）されるとともに、パワハラに関する紛争について、都道府県労働局長による助言・指導・勧告制度や調停制度が設けられました（中小企業の場合、パワハラ防止措置に関する紛争については、令和4年4月1日以降に生じたものが対象）。

● パート・有期雇用労働者の賃金に関するトラブル
　パート・有期労働法上、事業主の努力義務とされているパート・有期雇用労働者の賃金の決定に関するトラブルは、個別労働紛争解決制度で取り扱われます。

☞ （1）～（4）の紛争解決制度の詳細については、労働局の雇用環境・均等局（室）にお尋ねください。

● 非正規雇用の待遇に関する紛争解決制度
　平成30年に成立した働き方改革関連法による改正により、従来のパート労働法上の紛争解決制度の対象に、有期雇用労働者の待遇に関する紛争も含まれることとなりました。
　改正後のパート・有期労働法のもとでも、紛争解決制度の基本的なしくみや流れは、従来のパート労働法のときと変わりはありません。
　また、派遣労働者の待遇に関する紛争についても、上記の改正により、パート・有期労働法と同じように、派遣法に紛争解決制度が設けられました。

☞ （5）の紛争解決制度の詳細については、労働局の職業安定部需給調整事業室（東京・大阪・愛知は需給調整事業部）にお尋ねください。

☞ （6）の紛争解決制度の詳細については、労働局の職業安定部にお尋ねください。

●助言・指導
…法律や判例などを参考に解決を促すこと。
●調停
…労使双方の言い分を聞き、調停案による解決を促すこと。
●あっせん
…労使双方の言い分を聞き、あっせん案を示すなどして、話し合いによる合意を目指すこと。

●紛争調整委員会
・男女均等取り扱いに関する事案（均等法）→機会均等調停会議
・育児休業等に関する事案（育介法）→両立支援調停会議
・パワハラに関する事案（労働施策総合推進法）→優越的言動問題調停会議
・パート・有期雇用労働者の待遇に関する事案（パート・有期労働法）→均衡待遇調停会議
・派遣労働者の待遇に関する事案（派遣法）→派遣労働者待遇調停会議
・障害者雇用に関する事案（障害者雇用促進法）→障害者雇用調停会議

Q303　労働局長の助言・指導・勧告には必ず従わなければなりませんか？

A　労働局長の助言、指導・勧告は、紛争の解決を図るため、当該紛争の当事者に対して具体的な解決策を提示し、これを自発的に受け入れることを促す手段として定められたものです。
　紛争の当事者に対し、これに従うことを強制するものではありません。

Q304　これらの制度で解決しない場合はどうしたらよいのですか？

A　これらの制度は、行政サービスの一環として、当事者間の紛争解決を支援するものですの

（6）障害者雇用促進法上の紛争解決制度

　個別の障害のある労働者と事業主との間で生じた障害者に対する差別禁止や合理的配慮の提供に関する事項に関する紛争について、障害者雇用促進法に都道府県労働局長による援助制度および調停制度が設けられています。

障害者雇用促進法74条の5 ～ 74条の8

対象となるのはこんなトラブル

■障害者に対する差別禁止
①募集・採用における均等な機会の付与義務〈法34条〉
②賃金の決定、教育訓練、福利厚生等の待遇の差別的取り扱いの禁止〈法35条〉
■合理的配慮の提供
③募集・採用における障害者の申出による合理的配慮の提供義務〈法36条の2〉
④採用後の合理的配慮の提供義務〈法36条の3〉

紛争解決システムの流れ

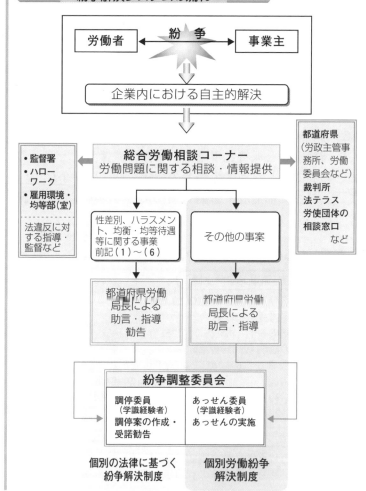

●03 労働審判制度

　個別の労働者と事業主との間の労働関係をめぐる紛争の簡易迅速な解決を目的とした制度として、労働審判制度があります。

　労働審判制度は、個別の労使間の民事紛争について、地方裁判所で、専門的な知識・経験を持つ者で構成される労働審判委員会が審議を行い、適宜調停を試み、調停がまとまらなければ、事案の実情に応じた解決をするための判断（労働審判）をします。調停が成立し、または労働審判が確定すれば、「裁判上の和解」と同一の効力が生じますが、労働審判の結果に異議申し立てをすれば、最終的に訴訟へ移行することになります。

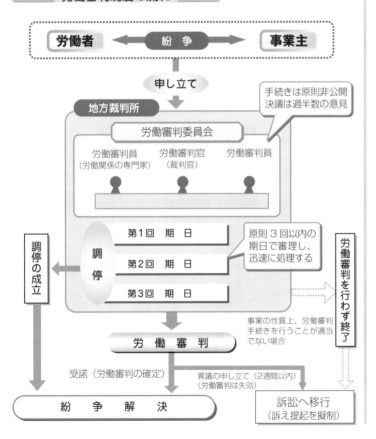

労働審判制度の流れ

で、助言・指導あるいはあっせん等によって紛争が解決しない場合には、改めて、裁判所での民事手続きによる解決を図ることが可能です。

Q305　労働審判手続きの対象となるのはどのような紛争ですか？

A　労働審判法では、「労働契約の存否その他の労働関係に関する事項について個々の労働者と事業主との間に生じた民事に関する紛争」が対象とされています。

　例えば、解雇や賃金などの支払いに関する紛争や、セクハラなどの事案で会社の職場環境配慮の責任を問う紛争などはこれにあたります。

　逆に、集団的な労使関係（労働組合と事業主）に関する紛争や、加害者個人のみを相手方とするセクハラなどの紛争は対象になりません。

改訂8版　知らなきゃトラブる！　労働関係法の要点

平成15年12月10日	（初版）	知らなきゃトラブる！労働基準関係法の要点　発行
平成18年 6 月20日	（改訂版）	改訂　知らなきゃトラブる！労働基準関係法の要点　発行
平成20年 7 月10日	（改訂 2 版）	改訂 2 版　知らなきゃトラブる！労働基準関係法の要点　発行
平成22年 6 月18日	（改訂 3 版）	新版　知らなきゃトラブる！労働基準関係法の要点　発行
平成25年 6 月 5 日	（改訂 4 版）	新訂 2 版　知らなきゃトラブる！労働基準関係法の要点　発行
平成28年 4 月15日	（改訂 5 版）	新訂 3 版　知らなきゃトラブる！労働基準関係法の要点　発行
令和元年10月16日	（改訂 6 版）	知らなきゃトラブる！労働関係法の要点　働き方改革関連法に対応　発行
令和 3 年 3 月25日		改訂 7 版　知らなきゃトラブる！労働関係法の要点　発行
令和 5 年11月 9 日		改訂 8 版　知らなきゃトラブる！労働関係法の要点　初版発行
令和 6 年10月31日		改訂 8 版　知らなきゃトラブる！労働関係法の要点　 3 刷発行

編者・発行　公益社団法人 全国労働基準関係団体連合会
　　　　　　　〒101-0047 東京都千代田区内神田 1 － 12 － 2
　　　　　　　三秀舎ビル 6 階
　　　　　　　TEL　03-5283-1030
　　　　　　　FAX　03-5283-1032
　　　　　　　https://www.zenkiren.com

発 売 元　労働調査会
　　　　　　　〒170-0004 東京都豊島区北大塚 2 － 4 － 5
　　　　　　　TEL　03-3915-6401
　　　　　　　FAX　03-3918-8618
　　　　　　　https://www.chosakai.co.jp/

ISBN978-4-86788-005-0 C2032